U0909729

最受欢迎
领导致辞
写作技巧与范例

苏豫/编著

ZUISHOU HUANYING
LINGDAOZHICI
XIEZUOJIQIAO YU FANLI

时事出版社

图书在版编目（CIP）数据

最受欢迎领导致辞写作技巧与范例 / 苏豫编著. —北京：时事出版社，2011.11

ISBN 978-7-80232-423-7

Ⅰ. ①最… Ⅱ. ①苏… Ⅲ. ①演讲-写作 Ⅳ. ①H152.3

中国版本图书馆CIP数据核字（2011）第139156号

出版发行：时事出版社

地　　址：北京市海淀区万寿寺甲2号

邮　　编：100081

发行热线：（010）88547590　88547591

读者服务部：（010）88547595

传　　真：（010）68418647

电子邮箱：shishichubanshe@sina.com

网　　址：www.shishishe.com

印　　刷：大厂回族自治县正兴印务有限公司

开本：700×1000　1/16　印张：21.5　字数：389千字

2011年11月第1版　2011年11月第1次印刷

定价：36.00元

前　言

领导讲话是领导参与公务活动的一种重要方式，是领导实施其领导职能的重要途径和手段。无论是高层级领导还是基层领导，无论是机关领导还是企事业单位领导，只要是从事了领导工作，有领导职责，就离不开讲话。在某些场合，领导即兴讲话，不需要讲话稿；但在大多数正式场合，为了提高讲话质量，都需要事先拟写好讲话稿或讲话提纲。由于领导公务繁忙，一般都是由秘书工作人员代拟讲话稿，所以掌握领导讲话稿的写作方法，是每个秘书工作人员应具备的一项基本技能。

领导的理论素养往往比较高，因此，为他们拟定讲话稿的秘书工作人员就需要认真学习马列主义、毛泽东思想、邓小平的理论、“三个代表”重要思想、胡锦涛同志的重要论述、党的路线方针政策、国家的法律法规和军队的条令条例，只有这样才能站在领导的政治高度上去把握问题。

秘书工作人员还要有领导的深度。要做到这一点，就要求秘书工作人员应对所拟讲话的内容掌握得越多越好。这样既可以在众多事例中精选最典型、最生动的例子。也可以从众多情况中发现工作中存在的主要矛盾或主要问题。

由于不同的领导有不同的语言表达习惯以及不同的关注方向，这就要求秘书工作人员必须努力按照领导喜欢的方式去写。拟出的讲话稿要符合领导的喜好、风格、地位和职务等。

本书根据领导讲话的种类与特征，分三章十九节，分别讲解了领导讲话稿的创作技巧与注意事项，并选取最新、最全面、最典型的范例，深入浅出地详细讲解了领导讲话稿的创作方法，旨在为广大的秘书工作人员提供帮助，以使其能够更好地服务于领导同志。

目　录

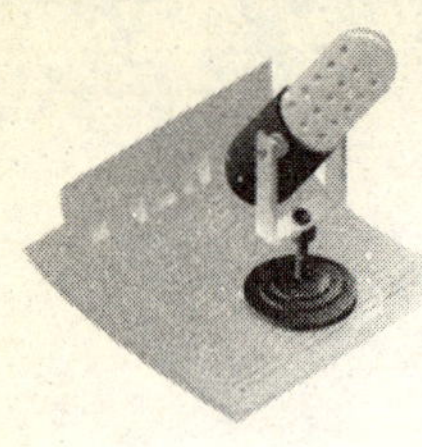

目　录

第一章　会议类讲话稿

第一节　党代会、人代会等代表大会的报告

一、代表大会报告的含义

报告是党政机关与企事业单位向上级机关或业务主管部门反映情况、汇报工作、报送文件、报告查询事宜时所写的汇报性文件。党代会、人代会等代表大会的报告，内容一般是对上一届或上一次会议以来工作情况的回顾总结和对今后工作的部署，要求内容全面，表述严谨、庄重。

二、代表大会报告的种类

人代会上有提请人民代表审议、批准的各种报告，如政府工作报告、财政预算执行情况和预算草案的报告、国民经济和发展计划的报告、人大常委会工作报告、人民法院工作报告、人民检察院工作报告，以及代表资格审查、议案办理情况报告等。

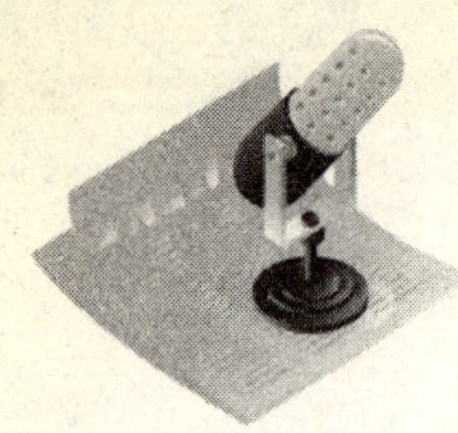

三、代表大会报告的写作技巧

下面就这三种报告的基本写作技巧做一些介绍。

1. 人大常委会工作报告被老代表戏称为“四菜一汤”，即有五项内容是该种报告中不可缺少的条目。“四菜”是指人大常委会的四项主要职权：立法、监督、重大事项决定、人事任免，“一汤”则为代表工作。

人大常委会工作报告的主体构成通常有两种结构：一是二分式结构。即整个报告分为两大部分：关于前段工作的回顾与总结；关于今后工作的任务。二是多分式结构。即将“工作总结”作为一部分，将“工作任务”分为几部分，与总结部分并列。如，某同志在党代会上的报告共分为四个部分：一是对三年来全县工作的回顾；二是全县国民经济持续稳定增长情况；三是坚持“两手抓”的方针，把社会主义精神文明建设继续推向前进；四是进一步加强党的建设，改善党的领导。也可以把“工作总结”分为“成绩”和“经验”两部分，或在“工作任务”部分将基本任务写成一块，另将特殊任务写成一块。

2. 人大会议上的报告，特别是政府工作报告，是人代会的主体文书。一般的写法是，除开头和结尾外，中间分两大部分。开头写报告的委托者和请代表审议；结尾提出希望、号召或要求。中间两大部分的内容为：第一部分写上一届或上一次会议以来的情况，包括成绩、经验和问题；第二部分写今后几年或下届会议期间的工作建议，包括指导思想、任务指标、具体措施的要求等。这两部分可以概括成几个主要问题，或立小标题，或用一二三四序数词隔开。每个标题里可分层次段落，也可再立小标题，或者使用开行句。报告的篇幅可根据内容确定。一般来说，政府工作报告的内容全面，篇幅需要长些；法院、检察院的工作报告以及财政预算情况报告内容单一，涉及面不大，篇幅可以短些。但总的要求是，各种报告的篇幅都应力求精炼、简洁、节省文字。特别是各种报告的内容，包括引证的数据，事实必须绝对准确，不能掺假掺杂，有半点水分。这不是一个小问题，而是对人民高度负责的政治责任问题。

四、代表大会报告的注意事项

1. 要真实地反映自己年度工作的实绩和问题。

2. 要客观地评价自己。对自己的评价要客观实在，不夸大，不缩小，不说过头话、大话、假话、套话、空话。要注意处理好以下几个关系：一

是处理好成绩和问题的关系，就是实事求是摆成绩，诚恳讲不足；二是处理好集体与个人的关系，不能把集体之功完全归于个人，但也要如实反映个人所做的工作和所起的作用；三是在文字表述上要处理好叙和议的关系，就是以叙述为主，把自己做的工作实绩写出来，议论只是对照岗位规范，根据叙述的事实引出评价。

3. 要抓住重点，突出个性。凡重点工作、经验、体会或问题等，一定要有理有据，充实具体，而对一般性、事务性工作，宜概括性说明，不必面面俱到。抓住重点，突出中心，还应突出自己工作的特色和贡献，让人能分辨出自己在具体工作中所起的作用。

五、范例

例文一

××县
第×××届人民代表大会常务委员会
工作报告
—×年×月×日在县第×××届人民代表大会第×次会议上
县人大常委会主任×××

各位代表：

我受县×××届人大常委会的委托，向大会报告常委会五年来的工作，请予审议。

五年工作的回顾

县×××届人大常委会任期的五年，是全县经济和社会各项事业健康快速发展的五年，也是县人大常委会工作积极探索，不断发展完善的五年。五年里，全县经济社会发展顺利跨入“十一五”计划，迎来了西部大开发这一千载难逢的历史良机，新的形势对人大工作也赋予了许多新的任务和机遇。常委会在县委的正确领导下，以邓小平理论和十七大精神为指导，紧紧围绕经济建设这个中心，努力实践江泽民同志“三个代表”重要思想，认真履行宪法和法律赋予的职权，为加强社会主义民主法制建设，推进依法治县，坚持和完善人民代表大会制度，进行了不懈的努力，为促进我县改革开放和现代化建设顺利发展，保持社会稳定发挥了应有的作用。

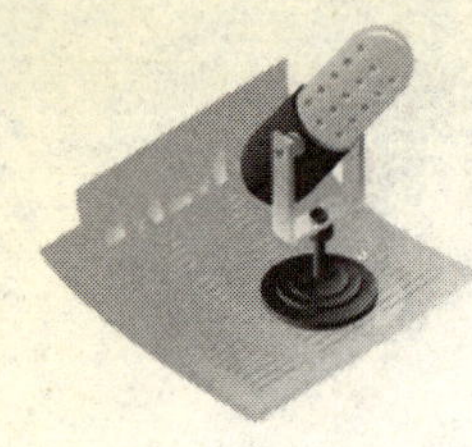

一、加强民族地方立法，保障经济社会发展

常委会依据宪法、民族区域自治法等国家法律法规，结合本县实际，本着“急需先立，注重实效”的原则，在广泛调研的基础上，制定了××－××年五年立法规划；根据《行政处罚法》和草原法、矿产资源管理法，认真修改了本县的草原管理办法和矿产资源管理办法；根据加入世贸组织新形势和新修改后的民族区域自治法，认真清理了自治条例和四个单行条例，并报县委批准调整了立法领导小组，成立了自治条例修订领导小组和编写组，开展了自治条例修订的调研等前期准备工作。

在立法工作中，常委会注意了以下两点：一是坚持拾遗补缺，突出地方特色。修改后的《××县草原管理办法》、《××县矿产资源管理办法》就是解决本行政区域内突出实际问题的地方法律法规，是国家大法的“补充”、“细化”和“变通”。二是坚持群众路线，实行民主立法。每一项立法活动，从调查论证到座谈讨论都广泛发动全县干部群众积极参与，听取意见，集思广益，充分体现民意，促进了学法用法，立法的意义远远超过了立法本身。

二、强化监督职能，促进“一府两院”工作

监督本级人民政府和人民法院、人民检察院的工作，保障宪法和法律在本行政区域内的贯彻实施，是人大常委会的重要职权。县人大常委会始终把监督权的行使摆在重要位置，不断改进监督的形式和方法，探索监督的内容和范围，对“一府两院”积极进行法律监督和工作监督，促进依法行政、公正司法，督促改进经济社会各项工作。

对法律实施情况进行检查是人大常委会进行监督的重要形式。五年来，常委会坚持“少而精，重实效”的原则，每年选择安排三、四部法律法规，组成以代表为主体的执法检查组，由常委会主任或副主任带队，先后对劳动法、建筑法、农业法、未成年人保护法、食品卫生法、县人大常委会依法治县决定和民族区域自治法等19部法律法规进行了全面的执法检查。“一室四委”也配合相关部门对一些专业法律法规的实施情况进行了执法检查。通过执法检查，常委会解决了一些法律实施中存在的问题，推动了法律法规在本县区域内的贯彻执行，同时推动了普法教育，改善了执法环境。

在工作监督方面，除每年召开人代会听取和审议“一府两院”工作报告外，常委会围绕全县中心工作和群众关注的社会热点、难点问题，采取听取和审议工作汇报、组织代表视察、调查等活动，对“一府两院”工作进行了监督。五年来，常委会共召开会议31次；组织开展视察调查等活动

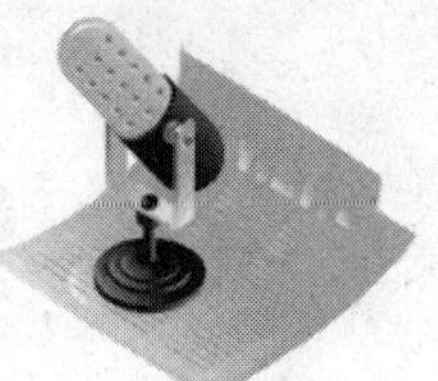

38次；先后听取和审议了县人民政府国有企业改革、牧农业生产、依法行政、牧农村经济结构调整、“两院”司法工作、作风转变情况等57项专题汇报或报告。通过审议，既充分肯定了“一府两院”的工作成绩，又对存在的问题提出了改进的意见建议，支持和促进了“一府两院”的工作。

常委会还通过狠抓“三五”普法，同“一府两院”签订执法责任书，在“两院”、工商、土管、公安等部门进行“两化一制”规范执法试点，以及在党城乡开展依法治乡试点等工作，督促各行各业依法治理，有力地促进了依法治县决定的落实。

为了增强监督实效，常委会注意改进监督方式，围绕监督工作内容事先开展相应的视察调查，为常委会审议提供依据。常委会在充分审议的基础上，对“一府两院”报告或汇报实行票决制，经会议审议形成的有法律约束力的审议意见和建议限期整改，跟踪督办。由于常委会强化监督，近年来“一府两院”对常委会的汇报普遍比较重视，汇报质量明显提高，整改力度加大，使监督工作取得了实效。

三、依法行使任免权，加强人事监督

常委会依法任免国家机关工作人员，这是人民当家作主，选择人民公仆的具体体现。常委会认真贯彻党委意图，正确处理党管干部和人大依法任免的关系，进一步规范任免程序，坚持依法提请任免。每次干部任免都采取听取提请单位说明、被任命人员供职表态发言和审议表决等方式，较好地行使了人事任免权。五年来，共任免国家机关工作人员112人（次）。

常委会注意加强对国家机关工作人员的监督。述职评议是把监督和任免工作紧密结合的重要举措。常委会重点开展了法院正副院长和政府一些部门局长、主任的述职评议活动。述职评议前，常委会组织评议工作组深入宣传动员、调查了解，进行民主评议。在此基础上，县人大常委会会议听取审议、评议对象的述职报告，进行票决、测评，评议结果向述职者反馈。之后，要求述职者对审议意见限期整改，并跟踪督促落实。通过强化述职评议，增强了人大选举及其常委会任命的国家工作人员的公仆意识、人大意识和民主法制意识，改进了作风，推动了工作。同时，常委会还要求政府组成人员和任命的“两院”工作人员总结履职情况，向县人大常委会报送书面述职报告，加强了对被任命人员的监督工作。

四、积极创造条件，保障代表履行职务

人民代表是国家权力机关的组成人员，代表工作是人大常委会的基础性工作。为了充分发挥代表作用，常委会把组织代表在闭会期间开展代表

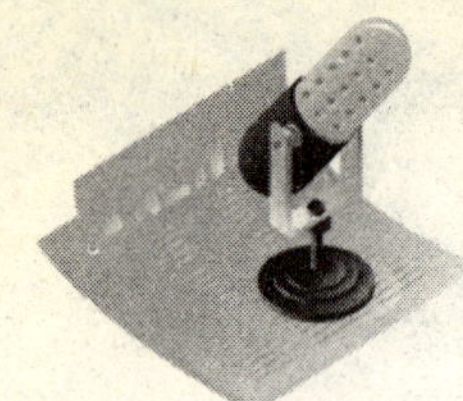

活动作为重要工作来抓。按照就近方便代表活动的原则，常委会在届初将县乡342名人大代表混合编组，成立了41个代表小组，制定了活动制度。为了促进代表活动，确定了一名常委会副主任分管代表工作，在代表中开展了“五个一”争先创优活动，并致信全县各级人大代表积极履行代表职责，充分发挥模范带头作用。在全县人大工作会上，有8名人大代表和3个代表小组受到了县委和县人大常委会的表彰。

为代表依法履职搞好服务，是常委会义不容辞的责任。常委会通过培训代表、为代表订阅刊物、寄送文件资料、通报政情、邀请代表列席常委会会议、走访联系代表和组织代表考察学习等方式，为代表知政、议政创造条件。五年来，仅组织代表参加视察调查、执法检查、评议活动就达280多人次，为代表发挥作用提供了机会，创造了条件。

督促“一府两院”认真办理代表议案和意见建议，是代表工作的重要内容。每次人代会后，常委会都与“一府两院”及时联系，召开代表议案意见建议交办会，提出具体办理要求，安排常委会有关委室催办，保证了办理进度，提高了办理质量。今年在督查代表建议意见办理情况的基础上，常委会代表工委在党城乡召集部分人大代表、承办部门负责人，现场答复建议意见办理情况，面对面沟通，争取使代表对办理工作满意。五年来，共督促办理各次人代会议案2件、建议意见344件。

受理人民群众对国家机关和工作人员的申诉和意见，维护公民的合法权益，这是法律赋予地方人大常委会的一项重要职权。五年来，常委会机关共受××众来信134件，接待来访244人次，按照“分级负责，归口管理”的原则，转交有关部门办理，对其中要求报告办理结果的督促办理，尽快给予了答复，从而化解了社会矛盾，维护了社会稳定。

常委会在县委的领导下，充分发扬民主，严格依法办事，通过深入细致的工作主持了本级人大代表的换届选举，指导了两届乡级换届选举工作，并依法纠正了选举中的违法问题。

乡镇人大是我国最基层的国家权力机关。常委会在乡镇换届后及时培训乡镇人大主席、副主席，提高他们对人大工作的认识，增强做好人大工作的信心，尽快进入角色，投入工作。常委会还通过调研乡镇人大工作，指导乡镇人大评议乡镇政府工作，组织乡镇人大工作者观摩交流学习，推动了乡镇人大工作的正常开展。

五、加强常委会自身建设，提高常委会整体功能

常委会把加强自身建设摆在重要位置，坚持常抓不懈，不断提高常委会和机关整体素质，较好地发挥了常委会整体功能。

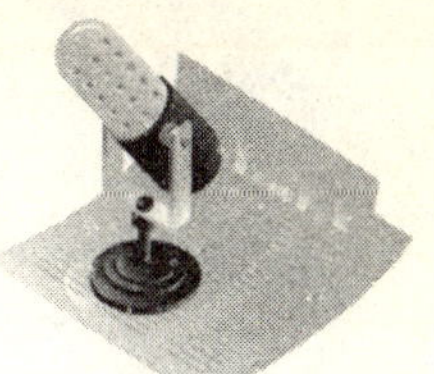

在思想作风建设方面，党组、机关干部职工坚持学习制度，集中学习政治理论、法律法规、人大业务知识，学习ＷＴＯ和市场经济知识，在理论与实践的结合上下功夫，做到学以致用，讲求实效。特别是江泽民同志“七一”讲话和十五届六中全会决定发表后，常委会组成人员带头学习，深入思考如何在人大工作中贯彻落实“三个代表”重要思想，落实十五届六中全会精神，做好人大工作等问题。大家坚持经常深入基层调查研究，体察民情，了解民意，努力为群众解决实际问题。常委会各工作机构结合常委会审议议题开展专题调查，撰写提供了大量有参考价值的调查、视察报告。

在机关组织制度建设方面，结合“三讲”、克服一般化教育和“三个环境”大讨论等活动，常委会机关进一步修订完善了机关管理制度，制定了常委会党组工作制度、常委会议事规则、常委会组成人员联系代表、代表联系选民的双联系等制度，在机关推行了首问责任制和服务公示制，使常委会的工作逐步迈向制度化、规范化。同时，通过狠抓业务培训、岗位锻炼、理论学习、法制教育，使常委会组成人员和工作人员服务素质、服务质量、机关工作效率和工作质量都明显提高。

为适应社会主义民主法制建设的需要，加强人大宣传工作，县人大办和县委宣传部联合召开了两次全县人大宣传工作会议，提出了加强和改进人大宣传工作的意见，聘请组建了通讯员队伍，人大宣传渠道进一步拓宽，力度进一步加大，宣传我县人大工作的文章经常在《人民之声报》《人大研究》刊发。曾有两篇稿件获两届全区、全省宣传人大工作好新闻二、三等奖。1999年，县人大常委会还编撰完成了约10万字的县人大志，全面记述了1949—1999年50年县人大及其常委会依法行使职权的实践活动和组织形式沿革状况。

常委会通过“三讲”教育、警示教育、权力观教育，落实党风廉政建设各项政策条规，逐步建立完善党风廉政建设各项制度，使党风廉政建设内容明确，责任到人，按照“八个坚持、八个反对”的要求，全面加强和改进党的作风。这一届班子成员和机关干部职工中没有发生违纪违规和违法行为。

通过狠抓自身建设，常委会班子成员思想上从严要求，工作上勇于创新，作风上敢于讲真话、办实事，班子内部讲团结、讲政治、顾大局，为本届人大工作全面完成奠定了基础。

县×××届人大常委会工作取得了一定成绩，但是同宪法和法律赋予的职责，同人民群众的期望相比，还存在不小的差距。其主要表现为：常

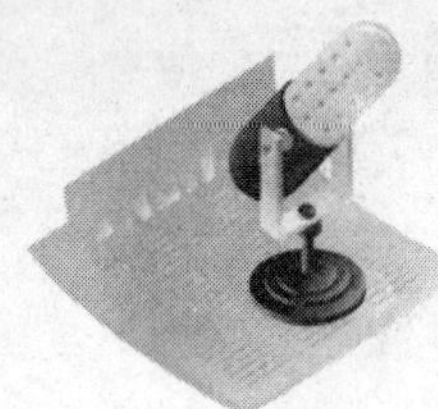

委会各项职权的行使还没有完全到位；监督不力的老问题仍然存在；代表工作还需继续加强，代表作用还有待于进一步发挥；乡镇人大工作还相对薄弱；人大的队伍状况，办公条件和设施还不能完全适应人大所承担的任务。这些都需要在今后的工作中认真加以解决。

五年工作的体会

各位代表，回顾五年来的工作实践，我们体会较深的主要有以下几点：

一、人大工作必须把加强社会主义民主法制建设作为根本任务。社会主义民主法制是建设有中国特色社会主义的重要组成部分，是实现我国现代化建设目标的可靠保证。党的十五大提出的依法治国的方略已被载入宪法；依法治县是地方实施依法治国方略，发展社会主义民主，加强社会主义法制的具体体现。人大工作只有把加强社会主义民主法制建设作为根本任务，认真履行宪法和法律赋予的各项职权，积极推进依法治县进程，才能促进经济和社会各项事业的健康发展。

二、人大工作必须努力实践“代表最广大人民的根本利益”的要求。江泽民“三个代表”重要思想的落脚点是“始终代表最广大人民的根本利益”。人大及其常委会是代表人民行使权力的，实践“三个代表”必须把人民的根本利益贯穿于行使职权的每项具体工作中。只有实现好、维护好最广大人民群众的根本利益，才能充分调动人民群众的积极性，使改革开放和现代化建设事业不断取得新的胜利。

三、人大工作必须坚持与时俱进，勇于探索。坚持解放思想，更新观念，树立与时俱进、开拓创新的思想；坚持工作创新，始终从实际出发，大胆实践，积极探索，提高监督质量效果。这样人大工作才能充满生机和活力。

四、人大工作必须切实加强常委会自身建设。人大工作的性质与特点，飞速发展的新形势，依法治国、建设社会主义法制国家的历史重任，都要求常委会自身建设必须不断加强，以适应时代前进的步伐。只有坚持不懈地加强理论学习教育，把人大领导班子建设成为高标准的班子，把人大干部队伍建设成为高素质的队伍，树立兢兢业业立党为公，扎扎实实执政为民的思想，全县人大工作才能开创新局面。

五、人大工作必须自觉坚持和依靠党的领导。人民代表大会制度是我们党政权建设的经验总结，是党对国家事务实施领导的一大特色和优势，

人大工作是党委工作的重要组成部分。县人大工作之所以届届有发展，年年有进步，是与县委直接领导分不开的。坚持和依靠党的领导，就是坚持和完善人民代表大会制度，这是任何时候都不能动摇的做好人大工作的一条基本经验。

对县十五届人大常委会工作的建议

各位代表，党的十六次代表大会翻开了新世纪社会主义现代化建设的新篇章，即将产生的县十五届人大常委会肩负光荣而艰巨的历史使命。新一届人大常委会要坚持以邓小平理论和江泽民“三个代表”重要思想为指导，深刻领会并全面贯彻党的十六大精神，在县委的领导下，以加强社会主义民主法制建设为根本任务，认真履行宪法和法律赋予的各项职权，与时俱进，开拓进取，进一步推进依法治县进程，促进全县两个文明发展。

一、加强法制建设，贯彻依法治国方略

依法治国是我们党治理国家的基本方略，依法治县是实施依法治国方略的实际步骤。人大常委会要把依法治县工作放在突出位置，加强全县法制建设。要督促行政、司法部门全面实施“四五”普法规划，促进法制宣传教育深入持久地开展，提高全县公民法律意识，特别是各级领导干部的法律素质和依法办事的能力，为依法治县创造良好的社会环境；要继续以落实执法责任制和“两错”责任追究制为重点，促进政府各部门和“两院”依法行政、公正司法；要贯彻落实《××省各级人大常委会司法案件监督条例》，依法加强大案、要案的监督，敢于纠正违法行为，树立法律权威；要认真搞好执法检查工作，在解决法律实施中存在的问题上下功夫，以求检查实效；要进一步落实依法治理各项措施，推进各个领域的依法治理进程。

立法是依法治理的前提。县人大常委会要充分运用法律赋予民族自治地方的地方立法权，根据经济社会发展的需要制定今后几年的立法规划和年度计划并付诸落实。当前要抓紧做好自治条例的修订工作。

二、突出监督重点，完善监督机制，增强监督实效

加强监督工作要突出重点。要围绕经济工作这个中心，对实施“十五”计划和西部大开发战略中的重大问题适时作出决议决定，及时把党委的决策转化为国家和人民的意志；要围绕“十五”计划和西部大开发中的重大项目，通过视察、调查、听取和审议报告等方式开展监督，保障和促进经济建设；要加强对计划和预算执行情况的监督，特别是调整和变

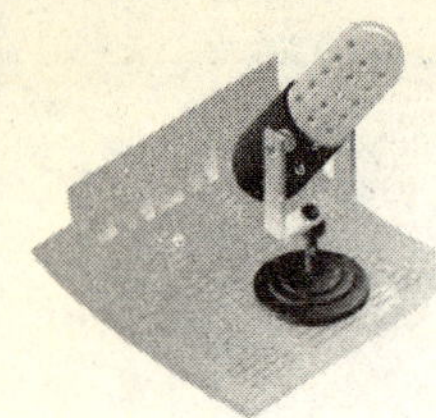

更计划预算要进一步规范。要继续坚持和完善人事任免制度，进一步改进述职评议工作，把对事监督和对人监督结合起来，加大对选举和任命干部的监督力度。要做好人民来信来访工作，注意从人民来信中获取监督信息，针对群众反映强烈、社会关注的热点难点问题开展及时的监督工作，并跟踪检查落实，维护好人民群众的合法权益。

要进一步完善监督工作各项制度，以监督工作的具体化、程序化、制度化来保证监督工作的质量。要坚持票决制和审议意见跟踪督促落实限期汇报制，并尽快建立和完善与执法责任制、错案责任追究制、述职评议、人事任免、执法检查、听取和审议“一府两院”工作汇报这些监督工作方式相应的监督制度，以利于常委会依法履行监督职权，强化监督力度，增强监督实效。

三、做好代表工作，充分发挥代表作用

我县现有县乡两级人大代表351名，做好代表工作，促进代表在闭会期间积极履行职务，这必然会对我县经济社会各项工作起到重要促进作用。要认真宣传贯彻代表法，积极探索代表工作的新路子、新方法，健全完善代表工作制度，加强同代表的联系，努力为代表履职创造条件，做好服务工作。要进一步强化对代表议案、意见建议的督办力度，提高办理质量，尊重代表的民主权利。要加强对代表小组活动和乡镇人大工作的指导，总结工作经验，宣传代表先进事迹，充分发挥代表联系群众、反映民意、知政监政、模范带头的作用。要重视代表在党和政府联系群众中的桥梁纽带作用，注意听取代表对“一府两院”工作的意见建议，努力把代表的意见建议转化为人大常委会的监督，调动代表依法履职的积极性。

四、抓好常委会自身建设，提高工作水平

常委会组成人员和机关工作人员要认真学习马列主义、毛泽东思想和邓小平理论，认真学习贯彻党的十六大精神，用科学的理论武装头脑，指导工作。要认真学习宪法、法律和党的方针政策以及人大工作的知识，学习市场经济和现代科学知识，通过学习提高自身素质，增强工作中的原则性、系统性、预见性、科学性和创造性，进一步提高人大工作的整体水平。要深入基层、深入群众，注意调查研究，广泛听取代表和群众的各种意见建议，努力实践“三个代表”重要思想。要加强常委会机关和人大干部队伍建设，倡导认真、积极、务实、高效的工作作风，重视干部队伍培训教育、锻炼、交流，增强干部队伍活力，搞好机关服务设施建设，改善机关工作条件。

各位代表，县×××届人大常委会工作已届满。愿新一届常委会在县

委领导下，使人大工作有新局面，进一步推进全县民主法制建设，为我县经济和社会发展做出新的贡献！

例文二

正视现实振奋精神励精图治
推进××镇经济社会追赶发展、跨越发展、科学发展

——在中共××市××镇第十五次代表大会第六次会议上的报告

××

2010年1月20日

各位代表、同志们：

这次会议的主要任务是，以邓小平理论和“三个代表”重要思想为指导，认真贯彻落实党的十七届四中全会、中央农村工作会议和省市党代会精神，回顾总结2009年各项工作，研究部署2010年的各项目标任务，团结和动员全镇各基层党组织和广大干部群众进一步认清形势、正视现实，坚定信心、振奋精神，攻坚克难、负重前进，为推动××镇经济社会追赶发展、跨越发展、科学发展而努力奋斗。

现在，我代表中共××市××镇第十五届委员会向大会作报告，请予审议。

第一方面，开拓进取，扎实工作，2009年经济社会发展取得一定成效

2009年是建国60周年，也是××镇全面小康的必成之年，更是实践科学发展观、实现经济社会健康发展的关键之年。一年来，在市委、市政府的正确领导下，我们坚持以邓小平理论和“三个代表”重要思想为指导，全面贯彻落实科学发展观，不断推进园区建设、集镇建设、新农村建设和党的建设，攻坚克难，扎实工作，全镇经济建设和社会事业取得一定成效。

一、经济总量小幅攀升。全年完成国内生产总值3.28亿元，实现工商税收2375万元，基本与上年持平；农民人均纯收入9580元，增长13.6%。完成工业产值6亿元，其中规模以上工业实现产值4.5亿元；全部工业实现应税销售3亿元，其中规模以上工业2.15亿元。完成民资投入1.5亿元，新增民资注册资本2660万元，注册资本1000万元以上1个。实现三产增加值0.85亿元。

二、项目建设略有增长。全年引进项目12个，其中外资1个、民资项目11个，其中总投资2000万元以上项目3个、1000万元以上项目1个。新办个体工商户89户、私营企业22户。其他在手在谈项目9个，其中外资2个、民资项目7个。

三、新农村建设健康发展。东大片万亩土地整理项目顺利完工，实施了国家级土地治理项目和丘陵山区高效农业基地项目，发展高效农业8095亩，完成农业总产值1.89亿元，增长7.1%。成立了粮油种植协会以及土地股份合作社等9个专业合作组织。及时调整村镇布局规划，将原先53个居民点调整为22个农民集中居住区。××村土地“增减挂钩”项目示范点一期工程已全部竣工。推进了秸秆禁烧，开展了农村环境综合整治工作。新农村示范村和小康村建设圆满完成任务，加快了全面小康社会的创建进程。

四、基础设施持续完善。投资900多万元，异地新建了陈中操场和二中操场，新安装路灯207盏，××镇××线、上林路等部分道路两侧进行了绿化。新增通村道路3.5公里，铺设村道10.8公里，修复路面450多平方米，沥青灌缝8公里，铺设硬质路肩12公里，道路管护养护工作取得成效。投入200多万元，实施了区域集中供水工程，镇区已与××并网通水。

五、社会事业协调进步。新建村级图书室8个，参加了全市第四届体育运动会部分比赛，创建了体育强镇，新增有线电视1000多户，14个行政村和街道安装了数控高音喇叭。加强了成教中心校建设，兴建了中心幼儿园500多平方米的教学楼，各学校实施精致管理，教育教学质量明显提升，成功创建教育现代化乡镇，落实了区域教育现代化创建工作。完成改厕1341座，为中心卫生院争取病房楼平改坡国资项目，获上级政策补助50万元。开展了城乡统一灭鼠及爱国卫生运动、亿万农民健康促进行动的各项工作。建立了镇村两级世代服务中心，开展了“婚育新风进万家”活动。

六、民生工作渐进改善。加强了农村低保覆盖和危房改造工作，新增农村低保保障到位36户、城镇低保保障到位15户，改造危房3户。现有农村五保户323户，均落实了供养措施，其中集中供养21人。申办失地农民保险109人。办理残疾证593人，其中已领取市农村无固定收入重残人员生活救助金157户162人。签订劳动合同341人，签订集体合同8份。分别配套78.79万元、198.6万元，推进了新型合作医疗制度和新型农民养老保险制度。

七、法治平安创建全面开展。发挥信访工作站和村信访代理员作用，认真处理人民来信来访，接待信访件69起，办结率100%。深入开展了法制

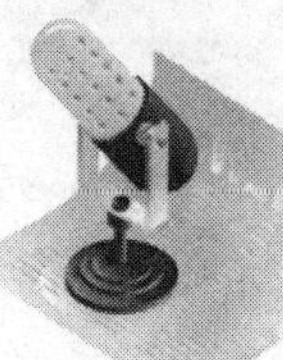

宣传工作，完善了集镇重要路口视频监控系统，实现了毒品“零种植”目标。协助解决蓝天海改制9名职工清算等社会问题，有效维护了社会稳定。全年镇、村两级共调处矛盾纠纷75件，调处率100%，调处成功率达95%。组织安全生产检查和食品安全检查6次，治理各类隐患23起，没有发生一起重大灾害事故，被××市政府命名为“食品安全示范镇”。深入开展了“双拥”活动，加强了预备役工作，完成了民兵点验和冬季新兵征集任务。

八、党的建设不断加强。结合建设学习型党组织，开展了第三批学习实践科学发展观活动。深入开展“三级联创”活动，加强基层党组织建设和村级后备干部培养，从退伍军人、个私业主中选拔7名年轻同志充实到村，发展党员18名。加强党委中心组学习的制度化，不断加强理论武装。开展了文明单位和基层满意站所等创建活动，烈士陵园被命名为市爱国主义教育基地，党校被评为××市2006-2008年度先进基层党校。认真落实党风廉政建设责任制，强化廉政教育，严格执纪执法，严肃查处挪用资金、私设小金库、违规承包、渎职失职等违纪案件。全面实施农村党风廉政建设“五化”工程，推行财务审批、财务公开，以公开、透明、阳光操作推进工程项目招投标。妇女儿童合法权益得到保障，群团组织建设稳步开展。

各位代表、同志们，过去一年的成绩来之不易，这是全镇各基层党组织团结带领广大党员干部群众努力奋斗的结果，是社会各界、驻镇企事业单位大力支持的结果。在此，我代表中共××镇委员会，向为全镇经济社会发展作出贡献的同志们和朋友们表示衷心的感谢和崇高的敬意！

在充分肯定成绩的同时，我们也要清醒地看到，发展中还存在不少矛盾和问题，主要是：在综合实力方面，经济总量偏小，工业经济对财政收入的贡献份额亟待增加，财源建设渠道不宽，工商税收严重偏少，财政拮据的形势十分严峻；在招商引资方面，项目建设未能实现突破，招引企业总量偏小、质量不高，工业项目储备不多，经济增长的后劲明显不足，支柱型企业少，尚未形成优势明显的集约化、产业化发展格局；在富民工程方面，农村经济基础薄弱，基础设施配套能力还不够强，农民持续增收的任务艰巨，保持农业稳定发展的难度依然很大；在基础工作方面，目标定位不高，要求失之于宽，履职未能尽责到位；在自身建设方面，统领发展的本领有待增强，协调利益关系和务实创新的能力有待进一步提高，个别党员干部党性观念、自律意识和法纪观念不强，影响经济社会发展环境的不正之风还没有得到完全治理。这些问题必须引起我们的高度重视，并加

以认真解决。

第二方面，认清形势，正视现实，切实增强加快发展的信心和决心

各位代表、同志们，站在新的历史起点上，我们应当清醒认识我镇发展的历史方位。着眼全市的发展格局，全面审视××镇发展面临的总体形势，认真分析我镇经济社会发展的实际状况，科学把握我镇当前的机遇与挑战。我们认为：当前和今后一个比较长的时期，××经济社会发展仍将处于艰难爬坡阶段。

这么一个艰难的爬坡阶段既是我镇加快发展不可多得的战略机遇期，又是经济社会结构发生深刻变化而产生各种矛盾的转型期。我们正面临着诸多历史机遇，同时也面临着诸多现实挑战。目前，我镇主要矛盾集中体现在广大人民群众对物质文化生活的需求与现实发展水平之间的巨大差距，政府工作平稳运转对财源的需求与现实发展之间的巨大差距，周边地区的经济社会快速发展与本区域发展水平形成的巨大差距。而矛盾的主要方面是经济工作近年来未能有突破性进展，经济结构不合理。矛盾的深层次原因是我们对自己的发展水平认识不足，对我们的发展需要认识不足，对我们的工作要求定位不高。在这场强手如林的区域竞争中，不发展没有出路，慢发展只会掉队，唯有又好又快发展，才能争取主动，才不会在“新三年、新跨越”的实践中再次落伍。

在当前的形势下，谁能够审时度势，率先积极作为，找准加快发展方向，谁就能够更多地获取优质要素，赢得发展先机，爆发巨大活力。我们必须以解放思想为切入点，跳出××看××，用宽广视角谋划发展，用战略思维指导实践，用务实举措推动工作，“苦干三年、经济翻番，争先进位、跨越发展”，为实现××追赶发展、跨越发展、科学发展多作贡献。

一、把认识提高到对××发展阶段的准确定位上来，用宽广视角谋划发展。纵向比，××近几年的发展基本上是徘徊不前的，生存和发展的压力愈来愈大；横向比，周边乡镇发展的态势咄咄逼人，标兵离我们越来越远，若干数据已经表明××处于全市末位。由于历史基础、资源禀赋和区位条件等因素的影响，相对于发达地区，我镇的经济发展处于爬坡地位将是长期的现实。我们必须审时度势，立足××发展阶段的现实定位，准确把握爬坡阶段的特征，正视面临的困难，以思想的解放来统一认识，切实增强忧患意识、爬坡意识和进取意识，破满、破慢、破难，求快、求好、求强，进一步树立“经济薄弱、意志不薄弱，发展落后、思想不落后”的观念，变差距为潜力，化压力为动力。

二、把思想统一到对××发展路径的科学把握上来，用战略思维指导

实践。思路决定出路，定位决定成败，创新推动发展。“二产立镇、三产强镇、教育兴镇、生态活镇”是当前和今后较长一段时期指导我镇发展的根本思路。我们要准确把握发展目标和发展路径，以“新三年、新跨越”的目标统一全镇上下的思想，振奋加快发展的精神，排除一切干扰，唱响发展主旋律，一切着眼发展，一切为了发展，一切服从发展，用发展凝聚人心，用发展破解难题，用发展为民谋福祉。当前最迫切的任务就是动员广大干部群众增强紧迫感和责任感，增强奋力爬坡的精神动力，积极投身建设“二产立镇、三产强镇、教育兴镇、生态活镇”的伟大实践。

三、把力量凝聚到对××发展举措的有效落实上来，用务实作风推动工作。坚持发展为大、发展为重、发展为先，着眼于社会的全面发展，以经济建设为中心，以工业经济为主导，以项目建设为载体，以集镇开发为依托，以作风建设为抓手，努力实现经济社会发展的突破。通过压力传递和严格考核，把工作措施落实在推进发展上来，把力量凝聚到加快发展上来，动员全镇上下群策群力，同心同德，负重奋进不停步，埋头苦干不懈怠，以昂扬的斗志、扎实的作风、振奋的精神，确保全年各项目标任务的圆满完成。

各位代表、同志们！认识差距，是为了缩短差距；分析形势，是为了驾驭形势；了解全局，是为了把握全局。在机遇和挑战面前，我们广大党员干部和群众既要保持清醒头脑，增强忧患意识，积极应对经济形势复杂多变局面的挑战；又要增强信心，开拓思路，看到促进加快发展具有的很多有利条件和积极因素，进一步坚定做好经济社会发展的信心和决心。尤其是各级干部和广大投资者更要坚信“办法总比困难多”，以更加奋发有为的精神状态，更加扎实有力的工作措施，落实好中央和省、市的有关决策部署，用新理念、新观点来认识当前扩大内需的政策，用大思路、大气魄、大手笔来谋划发展方向和目标，破解难题保增长，加快调整促转型，全力推动全镇经济社会较快发展。

第三方面，奋发有为，攻坚克难，全力保证2010年全镇经济社会较快发展

2010年是实施“十一五”规划的最后一年，也是实施“新三年、新跨越”规划的开局之年。做好今年经济社会各项工作，对于打好翻身仗，保持经济平稳较快发展，为编制“十二五”规划奠定良好基础，具有十分重要的意义。

今年全镇工作的总体要求是：深入贯彻落实党的十七届四中全会精神，全面落实科学发展观，坚定发展信心，积极应对挑战，抢抓发展机

遇，促进产业升级，坚持“二产立镇、三产强镇、教育兴镇、生态活镇”战略，把握“保增长、促发展”重点，优化发展环境，强化招商引资，加快推进工业化、城镇化和农业产业化进程，推进××经济社会跨越式发展。

2010年全镇的主要预期目标是：实现国内生产总值4.09亿元，增长24.7%；工商税收3200万元，增长34.7%；农民人均纯收入1.0825万元，增长13%。完成工业总产值8亿元，增长33.3%；其中规模以上工业产值6亿元，增长33.3%。全部工业实现应税销售4亿元，增长33.3%；其中规模以上工业3亿元，增长39.5%。完成固定资产投入2.2亿元，技改投入1.5亿元，实际利用民资2亿元，新增工商注册资本4200万元，其中1000万元以上项目2个，合同利用外资1500万美元，实际利用外资550万美元。完成农业总产值2.05亿元，增长8.2%；新增高效农业面积7000亩。

要实现上述目标任务，我们要强力推进以下五个方面的重点工作：

一、做好平台构筑文章，在要素集聚上求突破。工业集中区是承载项目的主阵地、主战场。要在完善规划的基础上，加大投入，实现园区的加快发展。

1.强化载体建设。抓住扬宿高速公路从镇域内穿过的契机，启动新一轮工业集中区总体规划修编，做好高速沿线控制规划，推进工业集中区北移。同时逐步完善工业集中区水、电、路等基础设施，打造好发展经济的载体。坚持集约节约利用土地，创新工业集中区建设运作方式，用多元投资的方式着力推进标准化厂房建设，切实提高承载力和孵化功能。

2.充实招商力量。调整充实招商办和工业办公室力量，调优配强人员，并派员到开发区等园区跟班学习、跟踪服务，增强招商引资实效。加强资源整合，进一步健全招商服务平台，不断提升服务水平和质量，积极为招商引资、项目建设提供无障碍、一站式、全方位、个性化的深层次服务。

3.加大招商力度。抓住××市新一轮城乡规划调整机遇，加大对××周边地区驻点招商力度，主动承接××城区“退二进三”工业企业的转移。进一步充实项目源、项目库，挖掘和捕捉项目线索，有组织地开展外出招商活动。强化对招商引资的考核，坚持招商引资项目化、项目推进责任化，努力形成良好的压力传递机制。

二、做好项目建设文章，在总量扩张上求突破。项目是经济发展的主导元素。要围绕全市的“项目建设提升年”活动，扶持企业做稳做大做强。

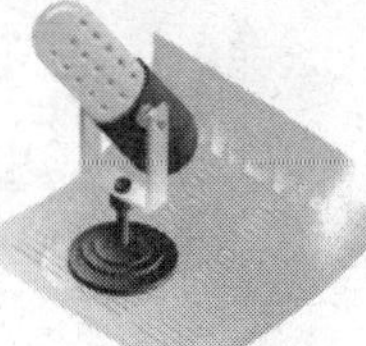

1. 支持企业做稳。进一步完善和落实工业扶持政策，帮助企业解决资金、招工等方面的难题，大力发展橡胶、机械和新型材料等主导产业，全力扶持馋神集团渡过难关、完成合资、走出困境，培植特色产业，促进企业向发展势头好、运行效益高发展。

2. 支持企业做大。分析优质企业在上下游产业链上的易投资项目，进一步拉长产业链。通过大项目派生、全方位开发项目源，在现有工业基础上催生新项目。推动企业以投入扩规模，以技改增效益。扶持苏明电器、东星橡胶、日发干燥等企业新上技改项目，做大规模。

3. 支持企业做强。引导重点骨干企业加快技术改造和技术创新，不断提高产品竞争能力。支持橡胶公司加强技术嫁接，卓和新上医药制造项目，祥生公司并购德力普公司、将本部迁至××，力争使以上3家企业实现低成本扩张和裂变增长，在两三年内应税销售过亿。

三、做好集镇开发文章，在统筹发展上求突破。统筹发展是科学发展观的本质要求，也是促进社会和谐的基本途径。要紧扣规划，加大力度，推进集镇开发建设。

1. 做好规划修编。按照建设新农村的要求，全面完善中心集镇建设规划。抓住集镇规划和22个农民集中居住区规划修编的机遇，编制好控制性详规。加快公用、环卫、服务等设施向农村延伸，努力推进重点基础设施项目的实施，实现村镇共建、共享，改变农村基础设施落后的状况。

2. 推进村庄建设。重点推进××公路、××线、××线等沿线片区整合，推进农民集中居住点建设，在集镇选择一定区域编制控制性详细规划，供农民进镇建房和项目区内拆迁农户建房。依托水库资源，按照休闲观光生态的标准，编制好凤岭、塔山两个水库的开发详规，建设沿库生态观光园。

3. 加快开发进程。启动13.8亩的陈中老操场开发工程，开发建设上林路以北55亩地块，规划建设上林路以北至人民路以南约140亩的集中居住区。投资150万元，兴建占地30亩左右的集镇休闲广场。发挥集镇商贸繁荣的优势，完善整体功能，全面提升传统服务业，积极谋划现代服务业发展新格局，吸引民间资本投入，提升市场发展水平。通过开发建设，拉动第三产业的发展，努力提高服务业税收对财政收入的贡献份额。

4. 加大基础投入。投资150万元，开工建设东升路、新建南路工程、隋苑路部分路段，进一步完善集镇道路网络体系；投资250万元，改建江淮路。投资约100万元，新安装180盏路灯、景观灯等，完善集镇及工业集中区道路亮化工程。进一步提升集镇绿化覆盖率，对××镇部分道路、公共

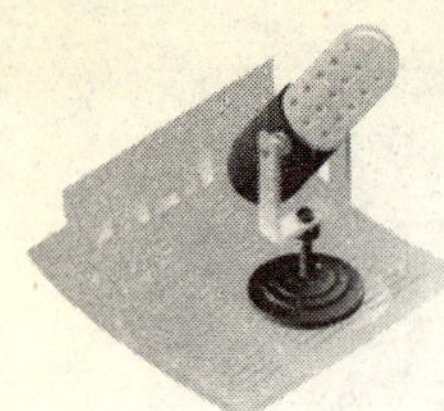

场地进行补绿。加强农村环境综合整治工作，建立“四位一体”长效管理机制，保持村镇面貌的整洁。

四、做好政策利用文章，在高效农业上求突破。充分利用国家投资政策，推进农业项目的实施，不断改善农村耕作条件，提高生产效益。

1.加强基地建设。挖掘生态资源，把招引和培育龙头企业、种养大户作为发展高效农业的重要抓手，按照优质、高效、外向、生态、安全的要求引进工商资本，加快实现传统农业、粗放农业向高效农业、集约农业转变。围绕无公害稻米、经济林果、畜禽养殖、花卉苗木，促进土地适度规模经营，培育一批百亩、千亩的农庄、农场和休闲生态园。每个村建立一个高效农业示范基地，以起到示范带动作用。

2.发展高效农业。围绕项目资源优势，吸引“三资”投资农业，力争招引1-3个高效农业，推进农业产业化经营，着力培植一批竞争力、带动力强的农业龙头企业，争取培植××市农业龙头企业1个。确保全年新增高效农业面积7000亩，其中规模农业1000亩、设施农业200亩。继续推进“三大合作”，扶持发展各类专业合作组织，建立健全农业服务体系，不断增加农民收益。

3.改善生产条件。抓好国家政策的利用，推进西大片1.78万亩土地整理项目和万顷良田建设项目，把项目建设成为精品工程、形象工程和惠民工程。配合抓好立新水库除险加固工程、塘田灌区渠道衬砌、泵站改造工程，疏浚向阳河、联合河7.5公里，清淤整治庄塘5口，改善水环境，增加蓄水能力。申报丘陵山区高效农业基地项目1-2个，小农桥建设计划8座，农业产业化项目1-2个，通过项目建设切实改变丘陵山区田块零碎、基础设施落后、生产成本较高的现状。

五、做好社会发展文章，在保障民生上求突破。民生连着民心，民心凝聚民力。要认真落实“民生五有”，不断提高人民群众利益福祉、生活品质和幸福指数。

1.加强社会管理。不断深化法治建设，深入开展平安创建活动，依法加大社会治安综合治理力度。高度重视信访和调解工作，引导群众依法合理地表达利益诉求。关注征地农民的生产生活，妥善处置集镇开发和工业发展的历史遗留问题。建立健全维护社会稳定联席会制度，发挥社会矛盾调处中心作用，全力维护社会稳定，构建和谐社会，努力营造人民群众安居乐业的平安社会环境。

2.推进社会事业。做好教育资源的整合，推进教育均衡发展，巩固教育现代化乡镇创建成果。抓好义务教育阶段控辍工作，积极开展农村职业

教育和成人教育。实施农民素质培训工程，开展农村劳动力技能培训。完善公共文化服务体系，加强农家书屋、农民健身点等公共设施建设，创建2个村级示范图书室。广泛开展健康向上、群众喜闻乐见的文体活动。加大农村改厕力度，力争建设改厕普及村1-2个。结合中央农村复核饮用水安全工程，完成二次改水管网改造和区域供水任务。完善公共卫生服务体系，切实加强社区卫生室管理工作。

3.强化计生工作。把稳定低生育水平作为人口和计划生育工作的首要任务，强化镇、村两级计生网络队伍建设，深化优质服务。利用世代服务中心的载体，深入推进婚育新风进万家活动，不断提高人口素质。切实加强流动人口信息管理，确保计划生育在98%以上。

4.推进民生工程。巩固提高新农合和新农保工作成果，加大扩面征缴力度，进一步提高社会保障水平。畅通各类诉求渠道，妥善处理人民内部矛盾，切实维护农民利益。加大对弱势群体、困难群众的帮扶救助力度，多方筹措资金，帮助弱势贫困人口解决增收等实际问题，妥善解决人民群众的实际困难。认真落实失地农民保障、农村最低生活保障、农村五保集中供养等制度，努力提高群众生活水平。

第四方面，励精图治，强基固本，为加快经济社会发展提供坚强政治保障

实现既定工作目标，加强和改进党的建设是根本保障。我们要以党的十七大和十七届四中全会精神为指导，突出建设高素质干部队伍和加强基层党组织建设这两条主线，围绕优化干部队伍结构，进一步加大年轻干部培养和选拔力度，切实提高基层党组织的战斗堡垒作用，为推进××经济社会持续较快发展提供强有力的保障。面对科学发展观的新要求，面对宏观经济环境发生的新变化，面对周边乡镇竞相发展的新形势，全镇各级党组织和党员干部必须坚持与时俱进，着力提高经济工作领导水平和构建和谐社会的能力，牢牢把握领导经济社会发展的主动权。坚持做到思想上高站位，办事上高效率，建设上高标准，开放上高水平，发展上高速度。

一、激发工作热情，切实改变工作作风。广大党员干部一定要始终保持奋发有为的精神状态，以争创一流的志气、百折不挠的勇气、奋力开拓的锐气全身心地投入到推进××发展的火热实践中去。要满腔热忱，认真思考自己的角色定位，做到对工作有执着的热情，对事业有昂扬的激情，对群众有深厚的感情，切实为人民办一些实事、增一点收入、减一些烦忧。要优化作风，建立强化干部管理的“机关干部学习制度”、“请假制度”、“考勤制度”、“岗位职责”等，使干部管理工作有章可循、有制

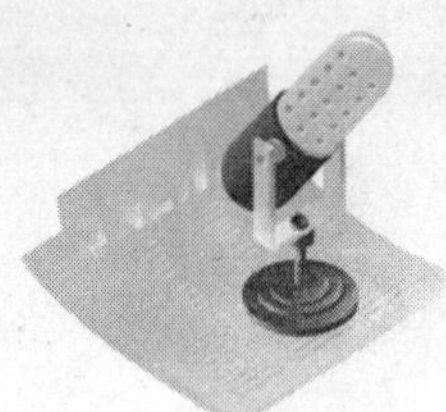

度可依，进一步倡导“严、细、实、快”的工作作风，坚持埋头苦干、寡诺重行，坚持深入实际、深入基层，坚持实事求是、真抓实干。要敢于负责，坚决破除怕担风险、怕负责任的意识，牢固树立敢于决策、敢于负责的思想，在当前发展矛盾较多、困难较多的情况下，对一些久拖不决的问题敢于碰硬，对一些容易得罪人的问题敢于碰硬，对一些事关原则的问题敢于碰硬，在合理规避风险的基础上勇于推功揽过。

二、咬定工作目标，切实创新工作方法。困难并不可怕，可怕的是丧失知难而进的勇气；挑战并不可怕，可怕的是失去应对挑战的信心。只要我们精神不疲、勇气不丢，就一定能实现既定的目标。要更新执政理念，坚持以科学发展观谋划发展，以正确的政绩观评判业绩，善于把上级精神与本地实际有机结合起来，创造性地开展工作。科学制定追赶发展的目标，实行严格的目标管理，在班子内部对党委作出的决议要按照分工，将任务分配到具体人，明确完成任务的标准、时限、措施和要求。要坚持高点定位，坚决破除不求有功、但求无过的心态，牢固树立奋发进取、敢为人先的思想。确定目标时要自我加压，提升标杆，高标准、严要求、争先进、创一流，克服唯条件论、因循守旧的观念，开拓创新、积极进取，努力开创工作新局面。要弘扬协作精神，我们提倡分级负责、分工负责、团结协作、相互补台，就是要通过团队合作将单兵作战能力的不足弥补起来，使整体威力呈几何级放大。要实现××持续较快发展，迫切需要我们全镇上下心往一处想，劲往一处使，共同营造出一个和衷共济、和善对外、和气生财、和谐发展的氛围，同舟共济、共创辉煌。

三、完善考核机制，切实落实工作责任。要强化目标管理，对党委和政府排出的年度总目标要逐层分解展开，分别落实到有关部门，落实到机关科室，落实到行政村和街道，明确完成时限、阶段目标以及责任承担方式，使各项工作任务有明确责任主体，形成层层抓落实的工作局面。对认准的目标，要有一抓到底的狠劲、一以贯之的韧劲、一鼓作气的拼劲，做到议一件定一件、干一件成一件。要强化责任意识，各级党组织和广大干部要牢固树立“分内事、马上办”的责任意识，“部门事、主动办”的大局意识，“突发事、快速办”的高效意识，“重大事、跟踪办”的督查意识，“经办事、精细办”的质量意识，“任何事、干净办”的廉政意识。要严格考核机制，建立健全招商引资考核、各项工作考核、机关干部考核和农村考核制度，以考核推进各项工作的正常开展，促使党员干部对工作时时抓、事事抓、处处抓。将工作考核与党员干部的切身利益挂钩，实行“奖优罚劣、奖勤罚懒”，让“想干事、敢干事、干成事”的人有地位、

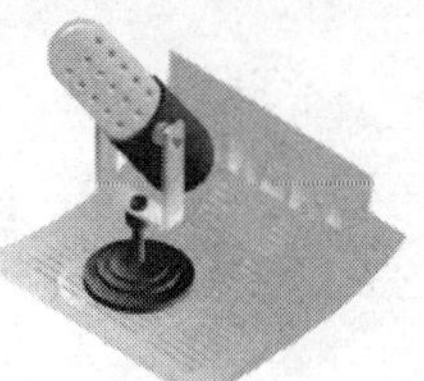

得实惠，让“不想干事、不敢干事、干不成事”的人时刻有种危机感，使奖惩真正能够触动“人心”，有利于保护党员干部的工作积极性，激发他们的内在工作动力，推动各项工作任务的完成。

四、坚持勤政廉政，切实提升工作能力。要以加强理想信念和思想道德建设为基础，进一步深化党风廉政建设。坚持从自身做起，常修为政之德、常思贪欲之害、常怀律己之心，算好“人生账”，走好人生路，不断增进党员干部廉政拒腐的能力，保持共产党员的光辉形象，带头弘扬新风正气，以优良的党风促政风带民风。要以建设学习型党组织和提高执政能力为抓手，提高全镇各级领导干部科学发展的能力。要以科学把握××镇发展阶段特征为切入点，不断提高各级领导干部战略思维能力；以经济建设为主战场，不断提高各级领导干部市场经济驾驭能力；以招商引资上项目为突破口，不断提高各级领导干部开放合作能力；以优化投资环境为着力点，不断提高各级领导干部依法行政能力。

各位代表、同志们，立足新起点，应对新挑战，推进大发展，实现新跨越，是时代赋予我们的历史重任和光荣使命！发展，有挑战更有机遇；前进，有阻力更有动力。让我们深入贯彻落实党的十七届四中全会精神，认真实践科学发展观，凝心聚力谋发展，矢志不移抓建设，以求真务实的作风和奋发有为的精神状态，紧紧依靠广大党员和全镇人民，进一步解放思想，开拓进取，励精图治，克难求进，为实现“新三年、新跨越”的目标而起好步开好头，为推进××追赶发展、跨越发展、科学发展，再创“西山小××”新辉煌而努力奋斗！

例文三

××县2011年政府工作报告

——在××县第十七届人民代表大会第一次会议上

各位代表：

现在，我代表县人民政府向大会作工作报告，请予审议，并请县政协委员和其他列席人员提出意见。

一、过去五年工作的简要回顾

过去五年是全县上下团结奋进、铸就辉煌的五年。五年来，在县委的正确领导和县人大、县政协的监督支持下，县政府以科学发展观为指导，

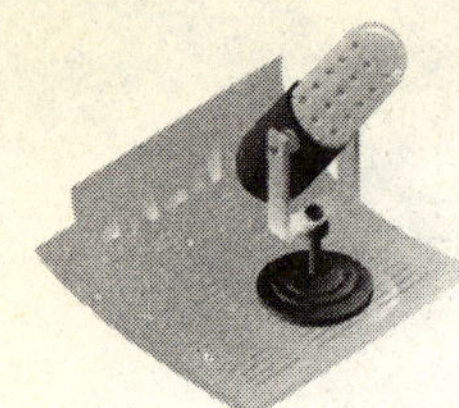

率领全县人民积极实施“生态立县、工业强县、文化兴县”三大战略，大力弘扬“三创”精神，扎实推进“五化”进程，圆满完成了县第十六届一次人民代表大会确定的各项目标任务，使全县经济社会迈入了新的发展阶段。

——综合经济实力显著增强。到2010年底，预计全县生产总值达到31亿元，较2005年翻一番，年均增长14.4%。工业强县战略深入推进。蜀河电站、尧柏水泥等一批重大工业项目启动建设，骨干企业提质增效，预计今年年底全县工业总产值36亿元，年均增长23%，并且规模以上工业产值超过规模以下工业，实现了全县工业发展的历史性突破。农业结构调整步伐加快。落实“强烟、壮畜、扩桑、优姜、兴林、稳粮”思路的成效显著，劳务经济发展迅速，预计今年农业总产值10亿元，年均增长9.7%。全县固定资产投入和财政收入的增速均创历史最高纪录。五年累计完成固定资产投资48亿元，其中2010年将完成16亿元，是2005年的3.92倍；财政总收入达5亿元，比2005年增长1.89倍，年均增长22%。金融存贷规模不断扩大，预计年末各项存款余额28亿元，年均增长17%；贷款余额17亿元，年均增长8.8%。产业结构进一步优化，三次产业比例由2005年的27.9：32.5：39.6调整到18.7：41.6：39.7。

——财政公共投入力度加大。在“保工资、保运转、保稳定”的基础上，不断优化财政支出结构，大幅增加公共投入。五年来，全县教育支出4.2亿元，年均增长26.44%，其中：财政拨款3.78亿元，预算内教育经费支出占财政总支出的30.53%。卫生事业投入9901万元，占财政总支出的10.19%，其中：乡镇卫生院建设投入1500多万元，新型农村合作医疗财政投入2107万元，农民看病难问题得到初步解决。各项社会保障支出累计达7142万元，其中县财政配套1132万元。财政累计投入城镇、交通等基础建设方面资金2.9亿元。化解县乡债务4000万元，其中：解决拖欠乡镇干部的工资1254万元，消化两政一教债务2668万元。全县人民充分享受到了经济发展的丰硕成果和公共财政的“阳光普照”。

——全县城乡面貌大为改观。交通“瓶颈”逐步缓解。县内的铁路和国省干线公路及地方公路正在全面提等升级，全县新增通路里程1200公里，新铺油路368公里，新修通村水泥路约1000公里，新建桥梁860延米/28座、便民桥202座，公路网络基本形成。城镇化步伐不断加快。五年来城镇建成区面积新增3.8平方公里，新增街道14条2.5万延米，相继完成了县城区祝尔慷广场、商贸街改造、宋莲景观公路、县城电力网改等重点项目建设，白柳、双河、赤岩、赵湾、蜀河等集镇扩容改造积极推进，城镇

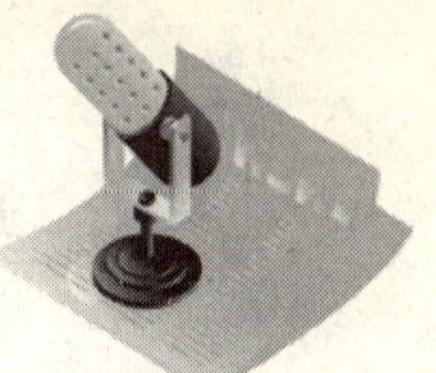

化率达到25%，较2005年提高5个百分点。农村基础设施进一步改善。新修水窖6.6万口，发展沼气1.2万户，解决了7万人饮水困难；全面实现电力村村通；启动建设扶贫重点村117个，搬迁安置1048户4047人；完成生态移民1132户4112人。生态环境建设取得新成果。在有效控制环境污染的同时，治理水土流失面积531平方公里，造林60万亩。

——各项社会事业全面发展。九年义务教育得到全面落实。五年新建校舍17.2万平方米，中小学办学条件进一步改善，小学、初中入学率均达100%，“两基”巩固工作顺利通过国、省复验。高中教育和职业技术教育同步快速发展，高中校舍面积翻了一番，高中阶段升学率达75.9%，较2005年提高48.8个百分点，高考上线率始终保持全市领先水平。计划生育工作再上新台阶。人口生育政策符合率达95%以上，人口自增率控制在3‰以内。卫生服务网络进一步健全。先后完成中医院搬迁、县医院住院部、疾控中心、28个乡镇卫生院和120个村级卫生室建设，基本建立了疾病医治、公共防疫、突发事件应急、食品药品监管四大体系，全民健康水平不断提高。文化、广电、体育事业蓬勃发展。完成了文化中心、体育场扩建、广播电台、棕溪和吕河无线数字电视发射中继站等基础建设，以打造“动感乡村”为主题的群众性文化活动方兴未艾。科技、气象、统计、档案、残联、老龄等各项工作都取得了新成绩。

——人民生活水平不断提高。城乡居民收入增幅较大。预计今年农民人均纯收入2200元，比2005年净增665元；城镇居民人均可支配收入7600元，比2005年净增2144元。社会保障体系不断完善。五年间享受城镇和农村居民最低生活保障9077户21557人，累计发放低保资金2552万元；养老保险、医疗保险等5项社会保险参保人数从2005年的31967人次增加到39388人次；农村并户帮困3265人，新建乡镇敬老院和五保户集中安置点26个，五保户集中供养率达35%；新型农村合作医疗在全省率先开展，年参合人数达38万人；享受义务教育“两免一补”4404人。就业和再就业工作积极推进。五年来共解决了8774人的就业问题，新增城镇就业人口7380人。群众看病难、上学难、就业难等事关民生的突出问题得到较好解决。

——民主法制建设得到加强。扎实推进依法治县进程。全面完成“四五”普法规划，顺利启动实施“五五”普法规划，深入开展“平安××”创建活动，全县公民的法律素质和全社会的法治化管理水平有了新的提高。自觉接受人民群众监督。认真执行县人大及其常委会的各项决议决定，五年来共办理人大代表建议731件，政协委员提案564件，满意率均达99%以上。努力加快政府职能转变。在完成乡镇机构改革的同时，不断

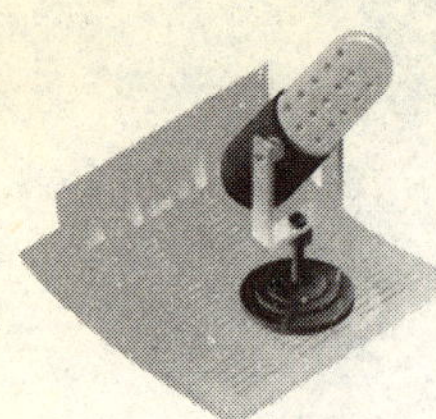

深化行政审批制度改革，五年共精简行政审批事项400余项；大力推行政务公开、厂务公开和村务公开，支持群众当家作主；加速电子政务建设，在全市率先开通了视频会议系统。高度重视信访稳定工作，积极贯彻信访工作新《条例》，全力化解社会矛盾，维护群众合法权益，积极稳妥地处理社会热点、难点问题，维护了社会大局稳定。切实加强廉洁政府建设，强化领导干部经济责任审计，规范财务管理、政府采购和建设工程招投标，深入开展行风评议和纠风活动，干部廉政勤政意识进一步增强，作风进一步转变。

各位代表，过去的五年是中央出台惠民政策最多的五年，是全县人民获得实惠最多的五年，也是××经济社会发展最快的五年。回顾五年来的工作，政府在组织落实方面值得总结的基本经验有四条：一是高度重视创建学习型政府。通过一把手带头，经常性、制度化的学习，深化了对科学发展观的理解，掌握了相应的知识，提高了科学决策、科学发展的能力和自觉性。二是高度重视县域经济理论研究。通过举办“工业强县论坛”，作出了县域经济处于工业化初期的准确判断，制定了“工业强县”的发展战略，明确了加快发展的重点和方向。三是高度重视经济社会协调发展。在“工业强县论坛”之后，又相继举办了“汉江（××）生态论坛”和“太极城保护与开发高峰论坛”，制定了生态建设规划，发出了“兴汉水文化，创××特色，建文化大县”的号召，为实现经济、文化、生态的协调发展进行了统筹部署。四是高度重视思想作风建设。在全县上下大力弘扬“三创”精神和“四实”作风，大力倡导一线工作法，极大地激发了全县干部群众的热情和干劲，形成了实施率先突破发展的强大合力。这些成就和经验既是县政府努力工作的业绩，更是全县人民的智慧结晶和实践创造。在此，我谨代表县政府向各位代表和全县人民，以及所有关心支持××发展的各界朋友、各个单位，表示崇高的敬意和衷心的感谢！

总结过去的五年，我们也清醒地认识到，在县域经济社会发展中还存在着不少困难和问题。其主要表现在：一是县域经济结构性矛盾突出。工业化还处在初期阶段，产业链条短，科技含量低，名优品牌少，市场竞争力不强；农业产业化水平不高，生产条件较差，抵御市场风险及自然灾害的能力非常有限；市场体系不完善，市场引导能力弱。二是统筹城乡发展难度很大。一方面，城乡的交通“瓶颈”问题依然突出，难以实现城乡一体化发展；另一方面，城镇容量小、功能不完善，缺乏产业支撑，自身发展乏力，更无力带动乡村发展。三是政府工作效能不理想。一些干部工作作风不够扎实，机遇意识、发展意识、开放意识和服务意识还跟不上突破

发展新形势的需要，甚至还有少数部门的个别干部吃、拿、卡、要等等。对于这些困难和问题，我们必须以高度的责任感、危机感和紧迫感，在今后的工作中努力加以解决。

二、未来五年的目标任务和工作重点

未来五年是我县实现率先突破发展的重要时期，县域经济社会发展面临的机遇与挑战并存，但总的来看，机遇大于挑战，有利多于不利。一是中、省将进一步加大对西部地区基础设施、生态环境建设和社会事业发展的扶持力度，为我们加快发展提供更多的项目和资金支持；二是我县被省上确定为扩权强县试点县，为我县的项目建设和经济社会率先突破发展赋予了更多的自主权；三是随着全县境内的高速公路、铁路复线和水电站、火电厂、水泥厂等重大项目相继建设和竣工，将会极大地改善发展环境，拉动经济增长，增强发展后劲；四是县内主导产业正在提等升级，全县突破发展的思路明晰，全民创业思进的愿望迫切，动力强劲。这些因素对今后五年的发展不仅是十分有利的，而且是非常重要的。最大的不利因素是，我县的工业大多集中在矿产领域，属于高污染、高耗能产业，节能降耗和环境保护的压力很大。我们必须因势利导，把握主动，抢抓机遇，迎接挑战，在新一轮的发展中奋力夺取更加辉煌的成就。

面对新的形势，今后五年政府工作的基本思路是：以党的十七大精神为指导，高举中国特色社会主义伟大旗帜，认真贯彻落实科学发展观，大力实施“生态立县、工业强县、文化兴县”三大战略，努力加快交通、城镇和新农村三大建设，继续提升烟草、畜牧、蚕桑、黄姜四大产业质量，进一步发展壮大烟草食品、矿产加工、电力能源、水泥建材、生物制品五大工业集群，不断加快工业化、产业化、城镇化、生态化、人文化建设进程，经过五年努力，使全县各项主要经济指标在2010年的基础上再翻一番，力争把××建成陕南强县。贯彻落实这个思路必须更加关注解决民生问题，更加关注农民增收问题，更加关注社会稳定问题。

站在新的起点上，我们的奋斗目标是：

——县域经济发展更快。到2012年，全县生产总值达到62亿元以上，年均增长15%以上；固定资产投资达到40亿元，年均增长20%；财政收入达到10亿元，年均增长15%；三次产业结构由18.7：41.6：39.7调整为12：47：41，产业化有质的提高，工业化向新的阶段迈进，商贸流通业更加繁荣活跃。

——人民群众受益更多。城镇居民人均可支配收入达到1.2万元，比2010年增长57.9%；农民人均纯收入达到3500元，比2010年增长59%；城镇

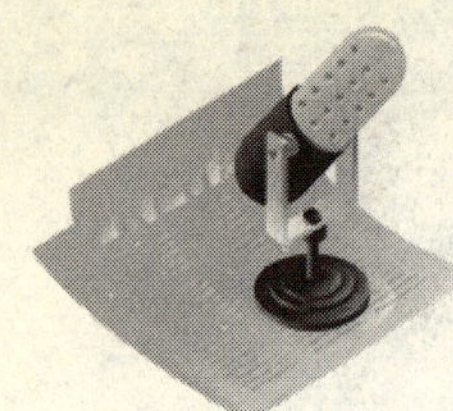

登记失业率控制在3.8%以内。实现城乡居民最低生活保障、城乡义务教育“两免一补”和贫困生资助政策、城乡困难群众大病医疗救助、农民和缺乏基本医疗保障的城镇居民合作医疗、五保户集中供养“五个全覆盖”。

——城乡面貌变化更大。县城建成区面积达到15平方公里，全县城镇人口达到15万人左右，城镇化率达到33%。城乡交通“瓶颈”基本消除，过境高速公路连接线达到二级公路标准，境内国省干线更加通畅安全，彻底消灭县乡沙石路，基本实现通乡公路等级化、通村公路水泥化，让更多的群众走水泥路、饮安全水、上卫生厕、住整洁房、用清洁能。

——社会秩序更加和谐。义务教育实现“双高普九”，高中阶段教育基本普及；卫生服务覆盖全县城乡，人人享有公共卫生和基本医疗服务；计划生育优惠政策全面落实，达到国家级计划生育优质服务先进县标准，人口自然增长率控制在4‰以内；广播、电视、网络、移动通讯实现村村通；城乡文化生活丰富多彩，社会大局安定和谐。

实现上述奋斗目标，新一届政府要着力抓好以下几项重点：

（一）兴办大工业，壮大县域经济

率先突破发展，工业首当其冲。全县工业要以结构调整为主线，以“双五”企业为骨干，以“双百”企业为龙头，以“1350”工程为抓手，全力提等升级，五年实现工业增加值翻番目标。

调整结构，提高质量。一要大力推进工业入园，坚持从布局上抓调整。加快园区基础设施建设，引导初加工向资源地集中、深加工向工业园区集中。力争通过五年努力，使全县工业“两园三线”布局建设初具雏形。二要加快行业内部整合，坚持从规模上抓调整。矿产业以10万吨锌冶炼为龙头，加速重组整合，延伸链条，形成铅、锌、铁、镁、汞锑等优势资源的成龙配套开发；生物化工行业以黄姜皂素深加工为龙头，组建黄姜企业集团，关闭100吨以下的加工企业；建材行业以尧柏水泥为龙头，按照“上大关小、扶优去劣”的原则，关闭小水泥厂和粘土制砖厂，大力扶持尾矿砖生产企业，提升行业整体竞争力。三要加快技术改造，坚持从企业内部抓调整。加快新技术、新工艺、新设备的推广应用，严格执行节能降耗标准，大力开展清洁生产，促使传统工业向低消耗、低排放、高效益的产业升级。

培育骨干，壮大实力。一方面，要着力壮大县域支柱工业。要通过加快日产4000吨熟料水泥项目建设，力争10万吨锌冶炼、3000吨/日磁铁采选、5万吨纳米氧化锌和400万千瓦火电厂等重大项目尽快开工建设，以及烟厂的技改和产品结构调整、黄姜加工企业的整合等，做优烟草业，做强

矿产业，做大电力能源业，振兴黄姜加工业，力争通过五年努力使烟草工业实现产值6亿元，矿产工业实现产值50亿元，水电工业实现产值6亿元，医药化工企业实现产值2亿元，建材业实现产值6亿元。同时，要大力培育大企业、大集团，力争到2012年产值过亿元企业达到12个以上，其中5亿元以上5个，规模以上企业增加到50个，组建上市公司2个以上。另一方面，要大力发展乡镇群体工业。以“两园三线”工业规划布局范围内的乡镇为重点，力争每个乡镇每年至少新上1个产值过100万元的企业，着力培育一批工业强镇大乡，形成县域骨干工业率先突破、乡镇群体工业梯次补充的发展格局。

改进服务，优化环境。按照严格监管与热情服务相结合的原则，进一步优化县内投资环境。一要依法严格监管。土地征用、环境保护、安全生产、群众利益和企业财务规范管理，是我们在加快发展的过程中必须要特别注意解决好的热点问题，政府职能部门要严格履行职责，依法加强监管，切实维护各方合法利益。企业要在自觉接受监管中树立良好的社会形象。二要热情提供服务。要进一步完善政务大厅功能，积极推行并联审批制度，坚持推行领导挂联、部门包抓责任制，积极为企业发展排忧解难。要加强市场秩序的整顿和规范，加强银企合作的推介和协调，积极为企业发展搭建平台。三要建立企业评定投资环境机制。环境好不好，企业说了算。政府部门的工作由服务对象来监督评判，应严肃查处影响和破坏投资环境的行为。

（二）培育大产业，建好新农村

以促进农民增收为核心，围绕主导产业的发展，加快基础设施建设，健全完善服务体系，扎实推进具有××特色的新农村建设。

着力提升产业化水平。坚持强烟、壮畜、扩桑、优姜、兴林、稳粮的发展思路，以工业化的理念发展农业。一是以提高质量效益为重点，建好基地。粮食要确保全县年总产量不低于14万吨，农村人均占有粮食350公斤以上；烤烟产业要稳固10万亩优质烟田，力争年实现产值1.2亿元；畜牧产业突出生猪规模养殖，力争年饲养量突破100万头；蚕桑产业桑园面积达到10万亩，年发种突破10万张；黄姜产业实现恢复性增长，年种植面积达到10万亩左右；青竹产业继续按照“巩固成果，重点突破”的思路，扎实抓好基地建设，积极推进产品开发；特色林业基地达到100万亩，水产养殖、大棚蔬菜、药材、苗木等高效产品的生产规模进一步扩大。新建5万亩魔芋基地，大力培育狮头柑、拐枣、油桐等地方知名产品。强化劳务输出，重点抓好技能培训和基地建设，年稳定输出10万人左右，实

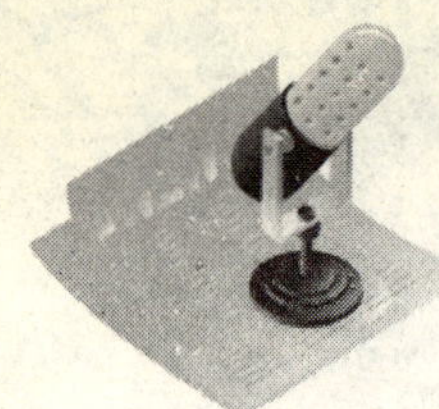

现劳务收入5亿元以上。二是以实施"一村一品"为重点，培育龙头。促进生产要素适度向专业大户集中，加快构建产业大户→产业大村→产业大乡（镇）→产业带发展格局，力争到2012年全县"一村一品"示范村达到50%以上。切实加强农业龙头企业建设，积极扶持农产品加工、营销企业做大做强。三是以科技推广为重点，搞好服务。加快科技创新与推广运用，深入开展"科技入户"工程，抓好科技示范乡镇建设。继续培育和发展农村专业合作经济组织，组建农民专业协会，在不断提高农民组织化程度的同时，不断完善农村主导产业的服务体系。

努力改善农业基础条件。一是结合"东桑西移"、"烟水路配套"、"农业综合开发"、"丹江口上游水土保持"以及生态移民、扶贫搬迁、土地整理、天保工程等项目建设，捆绑资金，集中布局，配套建设田、路、电、水、沼、窖、渠、塘等农业基础设施，努力改善生产生活条件。二是要加快人工增雨、防雹气象设施建设和农业生产病害监测及防治系统建设，并积极探索农业产业保险的新途径，提高产业抗灾能力。三是要按照市场经济规则和自然界的客观规律，调动各个方面的资金和力量，科学合理地开发土地资源，增加耕地总量。

积极培育新型农民和新型农户。新农村建设的根本任务，是塑造新型农民和新型农户。新型农民，是有文化、懂技术、会经营的农民；新型农户是经济殷实、家园优美、文明守法的农户。要通过加强培训指导，树立典型示范，经过五年努力，使全县农民的整体素质有新的提高，并在城镇周边、干线公路沿线、重大项目及产业园区周围，建设5000户经济殷实、家园优美、文明守法的新型农户。

（三）抢上大项目，统筹城乡发展

项目建设是工业化、城镇化的支撑。统筹城乡发展，必须大力实施项目带动战略，逐步形成以县城为中心、重点集镇为支撑、一般集镇为纽带、新农村为基础的一体化格局。

加快城镇建设，扩大城市容量。县城区建设要围绕打造生态太极山水园林城市，科学规划两河三岸（汉江南岸、旬河两岸），南提北扩分步实施。近两年内，以"一街、两路、三桥、四场、五堤、六区"为重点，建好城关片区，并完成太极城森林公园、旬河景观带、城区及周边绿化、美化、亮化工程建设，完善城市功能，提升城市品位。后三年重点向白柳扩张，以旬河为轴线，拉大城市骨架，实施白柳—城关一体化发展。小城镇建设要坚持与库区移民、扶贫开发、旅游开发、园区建设相结合，因地制宜发展一批有产业支撑、有地方特色的集镇。通过五年努力，进一步增强

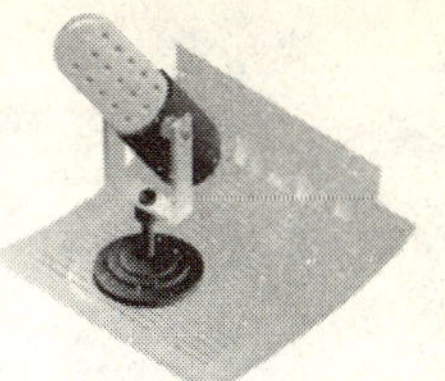

城镇对人流、物流、信息流的承载能力，吸引更多农村人口和外来人员在城镇安居，力促全县城镇化率达到33%以上。

强化城镇管理，建设文明城镇。一是加强规划质量管理。进一步修编完善县城区详细规划、小城镇建设规划以及农村村庄建设规划。严格城市建设规划审批程序，严肃查处乱批、乱占、乱建行为。二是加强城市资源管理。进一步完善国有土地收储制度，全面实行经营性用地招拍挂制度。加快市政公用事业产业化改革步伐，吸引各类主体参与城镇建设与经营，逐步建立多元化投入、多主体开发的城镇发展机制。三是加强城镇公共秩序管理。以创建省级“山水园林城市”和文明集镇为目标，坚持不懈地开展城镇环境卫生综合整治，加快城镇专业市场建设，严格实施划行归市管理，切实解决城镇“脏、乱、差”问题。

完善基础设施，打通城乡“瓶颈”。重点解决交通不畅、信息不灵、供电不足等突出问题。公路交通方面，要全力争取316国道××过境大桥、西康高速小河出口至甘溪的二级路连接线等项目尽快立项和开工建设，并力争三年内完成全县县乡道路的等级化硬化建设，力争在国家扶持政策不变的情况下，通过五年努力实现所有通村道路水泥化。进一步规范运输市场管理，加快重点乡镇农村汽车站建设。全面推进农村道路养护体制改革，达到有路必养。电力能源方面，要加强城乡电网改造，完成农网改造工程，力争在“十一五”期间建成白柳110KV和330KV、棕溪110KV、赤岩110KV变电站，完成吕河变电站扩能改造，全县基本形成供电充足、布局合理的电力网络体系。广播电视和通讯网络建设，要查缺补漏，提等升级，特别要解决好新时期农村看电视难的问题，尽快实现村村通。

（四）促进大开放，增强发展活力

对欠发达地区来讲，扩大开放是增添发展活力的主要渠道。要实现全县的率先突破发展，就必须要在进一步扩大开放方面有新举措，有大作为。

广泛开展招商引资。要充分利用“西洽会”、“龙舟节”、“常博会”以及杨凌“农高会”等平台，开展有准备、有质量、有成效的招商引资活动。要认真做好项目研究和储备工作，切实拿出有吸引力的项目；要合理设置准入门槛，切实把有实力、有诚信、有社会责任感的客商引进来。要实行优惠政策动态管理，对有特殊贡献的客商在政策法规许可的范围内给予特殊优惠；对不守规则、不讲诚信的，中止或取消优惠。要加强项目跟踪落实，确保引进一个客商，建成一个项目，带动一个产业，激活一方发展。

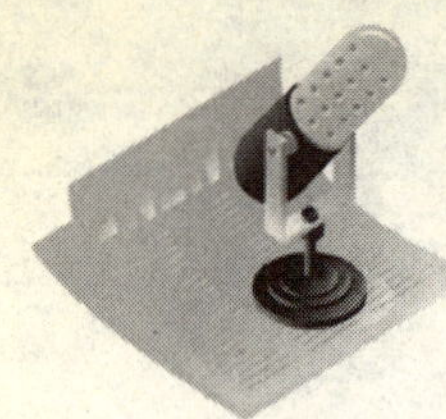

积极培育旅游产业。发展旅游产业不仅能直接带动经济增长，而且对宣传××、推介××，让外界知晓、了解××起着特别重要的作用，是扩大开放的特殊途径。要抢抓西康高速公路即将贯通的机遇，以太极城景观和蜀河古镇开发为重点，打造旅游品牌，培育旅游产业，促进对外开放。要以规范管理为前提，加快发展交通运输、餐饮服务、休闲娱乐、商贸流通等与旅游业相配套的行业，充分展示××的发展成果、发展环境和发展前景。

切实加强对外交流。扩大开放不仅要请进来，而且要走出去。要通过走出去与外界交流，开阔眼界，启发思维，推介产品，扩大影响，促进更广领域的开放。要以经济交流为主题，以地方特色产品推介为重点，主动走出去，与大城市和发达地区进行密切联系与合作，以扩大销售促生产加工、带产业发展。要根据县内经济社会发展的需要，及时组织目的明确、准备充分、规模适度的外出考察活动，在增长见识、解放思想的同时，学习和引进县外和省外的先进技术、先进经验、先进理念，促进县内经济社会更好更快地发展。

（五）盘活大财金，提高保障能力

针对“财力不强、金融不活”的突出问题，加快建立公共财政体制，积极探讨金融支持机制，着力提高财政、金融为地方经济社会发展的保障能力。

广开财源。一是壮大骨干财源。通过建立完善对“双百”企业的保护、支持、监管机制，促进骨干财源不断发展壮大；通过多上税收贡献份额大、时限长的项目，不断夯实稳定增收的财源基础。二是要盘活国有资产。通过依法建立合理的政府与部门、个人的利益分配机制，严格实施土地统征储备经营制度，盘活国有资产，开发国家资源，增加财政收入。三是要强化非税征管。以矿产业非税收入集中征管为重点，依法规范资源开发、行政罚没、行政事业性收费等领域财政性资金的管理，力促非税收入每年保持一定比例增速。四是要争取上级支持。要把增加财政转移支付等各项资金支持和重大项目税收分成等，作为扩大财源的重要途径，加强研究，加大力度，通过扎实有效的争取工作，不断增强地方的可用财力。

优化支出。要在严格预算管理，坚持增收节支的基础上，拿出更多的财力为人民群众办实事、办好事。一方面，要确保基本支出。严格执行国家有关政策，按时足额兑现干部工资和津贴补贴，逐步提高村级干部待遇，试行和推广村干部养老保险，确保正常运转和社会稳定。另一方面，要确保社会公益事业投入。认真落实各项惠民政策，逐年增加财政资金投

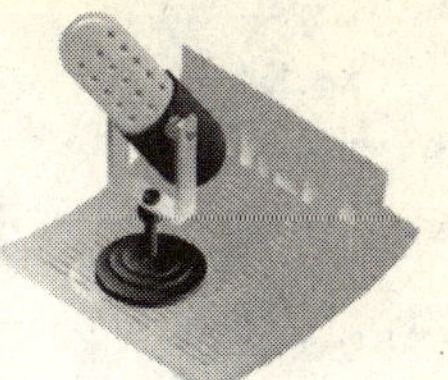

入，保证义务教育“两免一补”、农村群众和城镇居民养老保险、合作医疗、最低生活保障、困难户生活救助等财政配套资金足额到位，不断加大对改善城乡人民生产生活条件的资金投入。通过优化支出，进一步提高人民生活质量，增强干部的为民意识。

激活金融。金融是现代经济的核心，是突破发展的保障。在今后五年的发展中，金融工作至关重要，金融工作大有作为。全县金融机构要紧密结合县域经济社会发展的总体部署，围绕重点项目建设和主导产业发展，创新服务手段，研发金融产品，合理防控风险，加强队伍建设，进一步扩大传统业务，不断拓展中间业务，全方位提高金融服务质量，为地方经济社会发展提供强有力的资融保障。各级政府及其职能部门要在积极推进银企协作的同时，密切配合金融机构开展金融环境综合整治，建立健全企业和个人信用体系，增强社会各界的守信意识，进一步优化金融生态环境，努力实现××经济发展与金融发展的良性互动。

（六）构建大和谐，抓好公益事业

统筹办好公共事业。始终坚持把教育放在优先发展的战略地位，巩固提高“两基”成果，全面实施素质教育，大力发展职业教育和民办教育，完成三所高中改扩建、职中迁建和危房校舍改造等基础工程，尽快设立安康技术学院××分院。坚持以“兴汉水文化、创××特色、建文化大县”为目标，着力抓好文化示范县和文化示范乡镇创建工作，不断丰富城乡群众文化生活。切实抓好重大疾病防控和地方病防治工作，加强食品、药品监管，不断提高全民卫生健康水平。毫不放松地抓好人口计生工作，切实稳定低生育水平。积极开展全民健身活动，努力提高竞技体育水平。抢抓上级项目扶持机遇，建好村级活动室。关心支持群团工作，进一步做好物价、工商、审计、统计、科技、气象和劳动人事等社会管理和服务工作。

大力实施民生工程。要坚持以人为本，着力解决事关广大群众切身利益的突出问题，提高城乡居民的生活水平和保障能力。一要认真落实就业再就业优惠政策，大力实施“人人技能”工程，多渠道开发就业岗位，搞好“零就业”家庭帮扶，新增城镇就业1万人；二要继续完善城镇职工基本养老、医疗和失业保险制度，提高参保率，扩大覆盖面；健全和完善农村新型合作医疗制度，全面实施城镇居民合作医疗保险，确保各类参保率达到95%以上；三要进一步完善城乡低保和困难群众医疗救助制度，对城乡“五保户”实行集中供养、应保尽保；四要认真落实义务教育“两免一补”政策，健全助学贷款新机制和进一步完善贫困学生资助体系，让每一个孩子都能上得起学；五要坚持抓好扶贫工作，新建扶贫重点村120个，

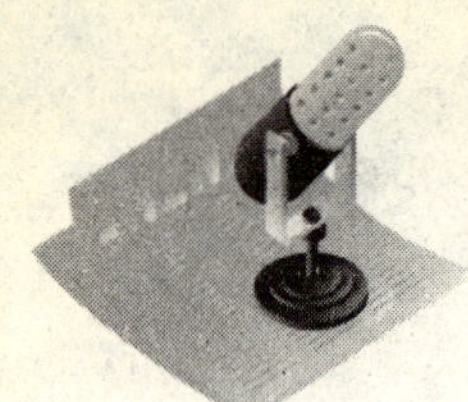

实现扶贫搬迁和生态移民1000户4000人；六要加快城镇廉租房和经济适用住房建设，五年内建设廉租住房1万平方米以上，经济适用房5万平方米以上；七要逐步提高农村基层干部待遇，使他们干有希望，退有保障。

全面优化人居环境。坚持实施《生态示范区建设规划》，进一步加强环境保护、治理和生态修复，治理水土流失面积800平方公里；大力开展节能减排，扎实搞好农村面源污染治理；严格实施耕地保护与占补平衡，深入开展地质环境保护与治理。通过五年努力，基本绿化汉江两岸直观坡面，使全县森林覆盖率达到55%，环境质量有较大改善，空气质量达到功能区划标准；建成白柳生态工业园区、3个环境优美乡镇、26个生态文明村，实现生态示范区建设的初期目标。

维护社会安定和谐。持之以恒抓好安全生产专项整治，严格落实安全生产责任制，坚决杜绝重特大事故发生。认真做好森林防火及防汛防滑工作，全力维护好人民群众的生命财产安全。加强和改进信访工作，充分发挥基层人民调解组织作用，不断深化“三排查，三落实”工作，切实解决好影响人民群众生产生活的各类突出问题，积极预防和妥善处置群体性事件。深入推进“平安××”建设，完善社会治安防控体系，严厉打击暴力犯罪和黑恶势力，营造良好的社会治安环境，努力维护全县大局和谐稳定。

不断加强民主法制建设。要把提高公民的道德和法律素质作为推进民主法制建设的重要任务和构建和谐社会的重大举措，以树立社会主义荣辱观和推进“五五”普法工作为载体，全面加强公民的职业道德、家庭美德、社会公德和法治教育，着力提高城乡群众的道德水平和法律素质。组织修编和完善符合××社情民意的《社区居民文明公约》、《村规民约》，积极开展文明城镇、文明乡村、文明行业、文明单位创建活动。深入贯彻落实行政许可法，严格干部执法监督，坚持实施执法过错责任追究，规范行政机关执法行为。继续深化政务公开、村务公开、厂务公开，自觉接受群众和社会的监督，努力营造民主、法制、公平、清明和健康向上的社会氛围。

三、全面加强政府自身建设

建设一个坚强有力的政府是实现经济社会又好又快发展的重要保证。面对新形势、新任务，要着重从四个方面抓好政府自身建设。

第一，围绕提高执政能力，加强干部队伍建设。一要加强思想建设。以学习贯彻党的十七大精神为契机，着力强化全县干部高举中国特色社会主义旗帜、科学发展的思想意识，增强贯彻落实科学发展观的自觉性和能力；强化干部热爱××、乐于奉献的思想意识，不断增强同心同德实施率

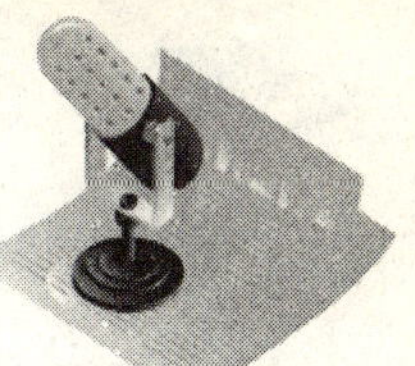

先突破发展的责任感和紧迫感；强化干部先公后私、执政为民的思想意识，切实维护好、实现好、发展好群众的根本利益。二要加强作风建设。按照“三创”精神的要求，大力弘扬敢想敢干、敢为人先的思想作风，根据新形势、新任务、新要求，不断解放思想、更新观念，在突破发展的过程中敢于迎难而上、敢于开拓创新、敢于挑战一流；大力弘扬求真务实、雷厉风行的工作作风，说实话、干实事、出实招、求实效，以只争朝夕的紧迫感履行好职责；大力弘扬俭朴整洁、健康文明的生活作风，减少客套应酬，杜绝铺张浪费，保持整洁的仪表和良好的精神状态，集中精力做好工作。三要加强能力建设。要根据“扩权强县”和突破发展的新要求，健全学习制度，加强干部培训，不断提高广大干部的组织协调能力、依法行政能力、工作落实能力和服务群众能力，努力建设一支人民满意的干部队伍。

第二，围绕激发“三创”热情，加强工作机制建设。一要完善科学决策机制。明确决策权限，规范决策程序，强化决策责任，推行决策评价，努力实施科学、民主、理性的政府决策。二要完善制度约束机制。大力推行首问责任制、马上就办制、责任追究制等工作制度，坚决做到失职必究，渎职必罚。同时，加强对领导干部的经济责任审计，接受组织监督。三要完善工作落实机制。正确处理贯彻上级精神与结合实际、因地制宜的关系，鼓励干部群众创造性地抓好落实；加强落实工作的绩效考核，防止流于形式的以会议落实会议。四要完善奖惩激励机制。科学设置考核指标，加大奖惩兑现力度，真正建立操作性强、公认度高、富有实效的激励机制，达到一人受奖全县思齐、一人受罚全县为戒的效果，形成政令畅通的良好局面。

第三，围绕提高行政效能，加强政府设施建设。健全完善行政设施是提高公共服务和社会管理能力的基础。一要加快电子政务建设。顺应信息时代发展的趋势，大力加强电子政务建设，加快政府网站体系建设步伐，借助电脑、网络等载体，力争三年内形成以政府网站为中心，联通全县乡镇、部门的互联网络基础平台；用五年时间实现政府系统网上办公，行业管理部门网上审批，建立便民服务平台，不断提高政府工作的透明度和公众参与度。二要加快党政办公楼建设。面对县政府办公大楼迫切需要排危重建的实际，严格按照上级要求和管理程序整合、盘活国有资产，建设简朴、庄重、实用的党政办公楼，实行集中办公，提高办事效率。三要加强政务大厅建设。正确处理程序与效率的关系，结合政府职能转变，规范行政审批，促进廉政建设，进一步整合行政管理资源，增强政务大厅功能，

实行“一站式”办公、“一条龙”服务。要改进行政审批方式，全面推行服务承诺、并联审批、一次告知、限时办结等制度，为广大群众和投资客商提供高效便捷、优质规范的服务。

第四，围绕塑造清廉政府，加强党风廉政建设。公生明，廉生威。要坚持把廉政建设作为树立政府威望和促进政府工作的重要任务来抓，认真落实党风廉政建设责任制，深入推进反腐败斗争，坚决破除影响公正的各类“潜规则”。一要加强反腐倡廉教育。要把廉政法纪教育作为干部培训的重点内容，尤其是对违纪干部不能简单地以处理了之，要进行严肃认真的教育帮助。要经常性开展对干部的警示教育，筑牢拒腐防变的思想防线。二要完善防腐反腐制度体系建设。进一步推进行政审批制度改革、财政管理体制改革，健全和落实述职述廉、诫勉谈话、民主生活会等制度，加大行政效能监察力度，构建警示训诫防线，从源头上预防和治理腐败。三要加大违纪违法案件查处力度。从工程招标、土地出让、行政执法、资源开发、产权交易等群众关注的重点领域着手，严肃查处违纪违法案件，特别是对严重损害群众利益的干部要严肃处理，绝不姑息。要通过切实抓好党风廉政建设，努力树立公正廉洁、勤政务实的政府形象，真正让人民信赖政府、拥护政府。

四、全力冲刺今年的发展目标

今年是实现本届政府既定目标的总结年，也是新一届政府五年规划的奠基年，圆满完成全年目标任务，意义重大，影响深远。前三个季度，全县经济运行态势总体良好，完成生产总值21亿元，工业总产值28.3亿元，财政总收入3.3亿元，固定资产投资11亿元。但对照年度目标任务，抓超补欠任务还十分艰巨。现在距离年终仅剩两个月时间，全县上下必须振奋精神，再鼓干劲，大干60天，全面完成任务。

（一）力促骨干工业增产增效

要加强协调帮促，使规模以上企业开足马力生产。××烟厂、青铜沟汞锑公司、××亨通矿业公司、鑫源矿业公司、秀山龙水泥厂、科达锌业有限公司等一批骨干企业要满负荷生产，力争超额完成计划任务，为实现全县的年度目标多作贡献。对完成年度任务有差距的企业，要落实包抓班子，加快生产，以超补欠。对停产和半停产的企业要认真分析原因，采取得力措施，尽快恢复生产。各乡镇、各行业主管部门和包抓单位要及时掌握企业生产经营动态，帮助解决好道路运输、电力供应等企业生产经营中的实际问题。各执法部门要严格控制入企检查，让企业集中精力抓生产。通过各方面的共同努力，确保后两个月完成工业产值8.2亿元。

（二）加速推进重点项目建设

以列入全年固定资产投资计划的69个项目为重点，要进一步落实领导责任、工作责任和包抓责任，全力推进项目建设。蜀河电站、大岭电站、大地复肥公司5万吨锌焙砂副产10万吨硫酸生产线、日产4000吨熟料水泥生产线、通村水泥路、党家坝河堤、康华园二期工程等重点项目要千方百计加快进度。力争超额完成年度投资计划；××电站、中科公司1万吨纳米氧化锌扩产等重大项目，要加快准备，加强协调，争取尽快开工建设。要进一步夯实包抓责任，把任务分解到周，责任夯实到人，确保后两个月完成固定投资5亿元。

（三）扎实做好秋冬农业生产

认真抓好明年10万亩烟草面积落实，继续深入推进畜牧强乡镇建设，组织群众搞好秋冬造林、农田水利基本建设以及畜、沼、菜生态循环农业示范点建设，推动29个新农村示范点、74个扶贫重点村、25个特困村和10个移民安置点建设。搞好退耕还林管护，加强森林防火，确保林业资源安全。抓住农民工年底集中返乡的有利时机，积极组织开展农民技术培训，搞好劳务能人联谊座谈，开展劳务信息、法律服务进农村活动，为提高来年劳务输出数量和质量打好基础。

（四）狠抓财政增收节支

财税各部门和各乡镇要根据调整后的全年财政收入任务，切实抓好重点税源、费源监控，严格依法征税，确保5亿元收入任务只超不欠。全力抓好矿产业非税收入集中征管和烟叶税入库工作，搞好各类财政资金统收统管，积极争取上级转补资金和各类项目扶持资金及时兑现到位。狠抓支出管理，严格控制年终各种名目的检查、评比、奖励支出，严格控制会议、招待、购置等，严格执行财政预算追加审批制度，千方百计确保干部职工人头工资、津补贴按时足额发放，确保各类重点支出基本满足。

（五）统筹推进社会事业

人口计生工作已跨入新的一年，要认真落实计划生育四级联责制度，扎实开展“三查两清”和打击“两非”专项行动，做好春节前后流动人口计生监管。扎实推进教育强乡镇创建工作，做好农村危房校舍改造，积极做好安康技术学院××分院筹建工作。扎实开展秋冬季传染疾病防控，认真做好2008年农村合作医疗参合基金征缴工作。妥善安排好秋冬困难群众生活，抓好民政救济救助，加快灾民建房进度，确保春节前灾民顺利入住新居。加快县境内316国道、102省道沿线等重点旅游景区景点建设，不断规范旅游市场管理，逐步健全旅游服务体系。

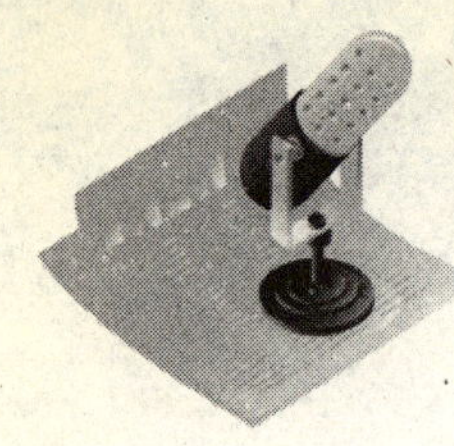

（六）全力维护社会稳定

继续开展平安××创建活动，深入开展非煤矿山、道路交通、水上运输、民爆物品、危险化学品、消防安全专项整治，全面消除各类事故隐患。持之以恒地抓好防灾减灾工作，全力确保人民群众生命财产安全。高度重视信访工作，深入开展“三排查、三落实”工作，切实解决好事关群众切身利益的各类突出问题。要认真开展非正常上访集中整治活动，依法严处非法上访、恶意缠访，坚决维护正常的信访秩序。扎实推进社会治安综合治理，深入开展“严打”斗争，全力维护社会稳定。

在奋力冲刺年度发展目标的同时，要及早着手研究明年的工作盘子，特别是明年的重点项目。要积极适应扩权强县试点改革的新形势，加强项目的研究与衔接，特别是与省上对口部门的衔接，争取有更多更好的重大项目挤进省、市明年的计划盘子，为实现新一轮翻番目标打好基础，赢得主动。

各位代表，××正处在新的发展起点上，实现突破发展，构建和谐××是本届政府神圣而光荣的使命，也是全县人民的共同心愿和期盼。让我们在县委的坚强领导下，同心同德，再接再厉，为谱写××率先突破发展的壮丽篇章而努力奋斗！

第二节　会议开幕词

一、会议开幕词的含义

会议开幕词一般在比较隆重的大型会议上使用，是大会的前奏，内容通常为提出会议的指导思想、中心任务，阐明会议的目的、要求和重要意义，对开好大会具有指导性的意义。

二、会议开幕词的种类

1. 开幕词依照内容来划分可以分为侧重性开幕词和一般性开幕词两

种。侧重性开幕词通常对会议召开的历史背景、重大意义或中心议题等作重点阐述，其他问题一带而过。一般性开幕词则只对会议的目的、议程、基本精神、来宾等作简要概述。

2.文体活动开幕式和闭幕式致辞是指在文艺博览会、展览会、艺术节、文化节、电影节等仪式上，或体育赛事开幕式和闭幕式上的致辞。

3.会议开幕式致辞是党政机关、社会团体、企事业单位的领导人在会议开幕时所作的致辞，旨在阐明会议的指导思想、宗旨、重要意义，向与会者提出开好会议的中心任务和要求，或对会议的成功表示祝愿。开幕词是大会正式召开的标志，主要领导人亲临大会并发表开幕词显示了组织者对大会的重视。开幕词所提出的会议宗旨是大会的主导思想，所阐明的目的、任务、要求等对于会议有着重要的指导作用。会议结束之后，与会者传达会议精神时，开幕词也是其重要的依据之一。

4.地方性节日开幕式致辞是地方机关、社会团体、企事业单位的领导人在地方性节日仪式开幕时所作的致辞，旨在说明地方性节日仪式的日程安排，举行该仪式的目的、意义和指导思想，向参加节日仪式者提出期望和对仪式的成功表示祝愿。开幕式致辞就是节日仪式正式开始的标志。

三、会议开幕词的写作技巧

开幕词通常由标题、称谓及正文三部分组成。

1.标题

会议开幕词的标题常见的有四种写法：

（1）只写文种“开幕词”。

（2）由致词人姓名、大会名称、文种组成，如《×××同志在××××大会上的开幕词》。

（3）另拟主标题，以会议名称加文种作为副标题，如巴金所作的《我们的文学应该站在世界的前列——中国作家协会第四次会员代表大会开幕词》。

（4）由大会名称加文种组成，如邓小平所作的《中国共产党第十二次全国代表大会开幕词》。需要注意的是，无论是哪一种标题，开幕词的时间要加括号标注在标题下之正中位置（有时也可省略）。

2.称谓

会议性质不同，称谓也不同。如果是党的会议，称谓即为“同志

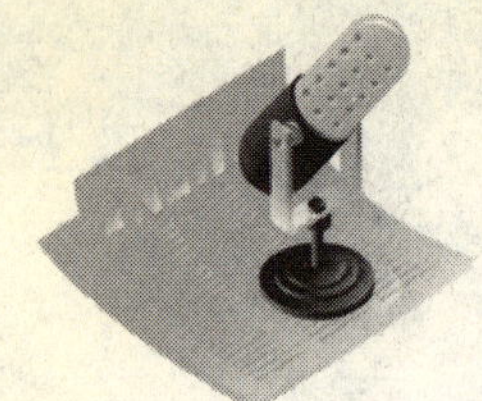

们”；如果是代表大会，称为“各位代表”；如果是国际会议，要按照国际惯例来排列顺序，称为“各位来宾、各位朋友“或“女士们、先生们”等。

3.正文

正文可分为开头、主体、结尾三部分。

（1）开头。开头的主要内容是宣布大会开幕。最简单的说法是：“××××大会现在开幕。”宣布大会开幕时，会议的名称要写全称，以示庄重、严肃。开头的内容还可以对会议的规模和意义、在什么形势下召开、出席会议的人员情况、会议的筹备情况等作简要的介绍，并且要对会议的召开及与会人员表示祝贺。

（2）主体。主体是开幕词的核心部分，主要包括以下几个方面的内容：

A.阐明会议的重要意义，概括说明与会议有关的形势及会议的目的。

B.阐明会议的指导思想、主要议程和安排。

C.向与会者提出希望和要求，从而保证会议的圆满完成。

（3）结尾

开幕词的结尾一般用祝颂语结束全文，如：“最后，祝大会取得圆满成功。祝各位在北京愉快。谢谢！”结尾的语言一定要富有鼓动性和号召力。

四、会议开幕词的注意事项

会议开幕词的注意事项主要有以下几个方面：

1.谨记篇幅要求简短，内容要求明快。

会议开幕词是对会议内容和有关事项的概要说明，主要的作用是宣告、导入，并作简要动员。因此，开幕词的篇幅不可过长，内容力求简洁明快。

2.切记语言要热情，要富有感染力。

开幕词的语言要铿锵上口，要富有较强的感情色彩，要具备一定的鼓动性和感染力，要能够激发与会者主动参与的热情，因此语言要生动活泼，热情洋溢。

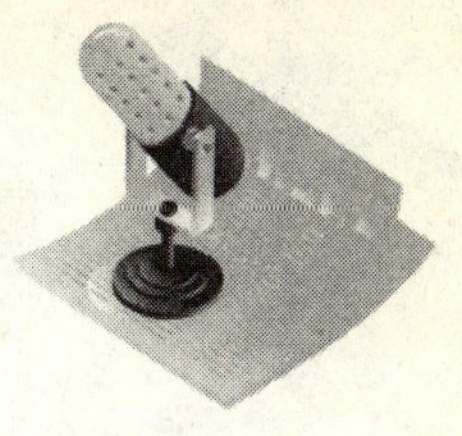

五、范例

例文一

职工代表大会暨工会会员代表大会开幕词

各位代表、同志们：

在党的十六大精神鼓舞下，××科学研究总院××分院第五届职工代表大会在上级工会和党委的关心下，今天隆重开幕了！这是我院广大职工和工会会员政治生活中的一件大事，也是我院民主管理建设进程中的一件大事。

×××在繁忙的工作中抽时间参加了这次会议。在此，我谨代表大会主席团，向莅临大会的领导和列席代表表示热烈的欢迎！向各位职工代表，并通过你们向全院职工特别是在战斗在科研、生产和经营第一线的职工致以崇高的敬意和亲切的问候！

本次职代会是根据《工会法》和《工会章程》的规定和职代会筹备工作会议精神的要求，征得××市总工会、分院党委和行政领导同意召开的。分院党委高度重视这次大会的筹备工作，多次召开党委会，认真听取工会的专项汇报，研究职代会筹备进程中的各项重要议题，加强对大会筹备工作的领导。分院工会和各基层分会，按照党委的要求，高标准、高质量地做好大会的各项组织工作，认真起草有关工作报告和文件；分院党委和工会严格把握标准，按照要求认真细致地做好代表的推选和资格审查工作，充分发扬民主，选举产生职工代表共70名。其中，一线职工、先进模范、女职工以及35岁以下职工代表均占有一定比例，有着广泛的代表性。

分院第四届职代会召开以来的四年间，分院工会在党委和上级工会的领导下，认真实践“三个代表”的重要思想，全面贯彻落实中华全国总工会十三大、十四大精神，紧紧围绕分院改革、发展与稳定的中心工作，全面履行工会的各项职能，取得了丰硕成果，得到了党委和上级工会组织的充分肯定。特别是分院1999年转制以后，工会按照党委的要求，完成了由事业单位工会向企业工会的转变，建立了职工代表大会制度，推行了院务公开，初步建立起符合现代企业制度的工会工作机制，全面推进了分院的企业民主管理和职工民主政治建设的进程。

这次职工代表大会，主要任务就是全面回顾分院第四次职代会以来的工作，肯定成绩，总结经验，找出差距；分析面临的形势和任务，确定今

后一个时期分院工会的主要工作任务；认真探讨分院建设和发展的经验与教训，积极参与分院的民主管理和民主监督，为分院的深化改革出谋献策，为实现分院新时期远景蓝图而奋发图强。

当前，分院正处于快速发展的战略机遇期，也是改革与发展的关键时期，这为我们的职代会工作创造了更加广阔的天地，也提出了新的挑战。希望新一届职代会一定珍惜这个机遇和挑战。职工的信任不仅仅是荣誉和权力，更重要的是责任和义务，要以良好的精神状态，扎实的工作作风，切实有效地履行职责，共同努力，奋发有为，团结职工、关心职工，维护广大职工的合法权益，推动工会工作和分院民主管理的全面发展和进步。

我们相信，在党委和上级工会的关心领导下，各位代表一定不会辜负全院职工的重托，认真完成预定的各项任务，把职代会开成一个民主团结、求真务实、开拓奋进的大会。

预祝大会圆满成功！

例文二

县气象工作会议上的开幕词

同志们:

首先让我代表县政府欢迎全市气象系统各位领导的到来！这次全县的气象工作放在我们×××县召开，体现了市气象局领导对××县气象事业的厚爱，给我们提供了一次绝好的学习机会，感谢市气象局领导对××县气象工作的关心和支持；同时也真诚地欢迎来自兄弟县市的各位代表，欢迎你们来××县传经送宝。

××县地处黄淮平原南端，淮河、颍河在××县交汇。全县面积1859平方公里，有151万人口、160万亩耕地。××县历史悠久，西周时期建制设县，隋朝定名——。××县有一个古代大政治家管仲，协助齐恒公成就了一代霸业，他提出的依法、依德治国的思想几千年历久不衰。我们县气象局的新址就和管仲广场毗邻，广场内有一座管仲塑像。我相信我们的气象人员将来和大政治家管仲“朝暮相处”，一定会成就一气象的“霸业”。××县资源丰富，地下煤炭蕴藏量100亿吨，可采储量80亿吨，皆为5700大卡以上优质煤炭。1997年投产的谢桥煤矿，设计年产400万吨，经过技改已经达到600万吨。刘庄、罗园煤矿正在建设中，到2007年全县年产煤炭可达2000万吨。我们和国投新集集团合作，准备上一个4×60

万千瓦的坑口发电厂，一旦建成，每年可提供税收10亿元左右。——是全国粮食产量百强县、全省畜牧水产十强县，年产粮食近百万吨、肉类8万吨、水产品3万吨，发展农产品加工业具有广阔的前景。——环境优美，——县有不少与自然环境相关的桂冠：环保全球500佳、中国生态农业示范县、全国造林绿化模范县、全省农产品质量安全和农业标准化工作先进县；××县有三个风景区，其中×××是国家4A级风景区；有五个公园：南湖公园、张庄公园、竹音寺、生态园、尤氏庄园。××县受到高层关注，党和国家领导人江泽民、胡锦涛、温家宝、李鹏、朱镕基、乔石、回良玉、邹家华都亲临——做过视察，给——的发展带来较大的支持。

为贯彻实施省“861”行动计划和县“6611”工程，紧紧抓住我县煤炭资源大开发的机遇，实现我县经济跨越式发展和经济结构战略性调整，加速全面建设小康社会的进程，县委、县政府在认真分析我县资源优势、现有产业发展水平和今后经济发展走势的基础上，做出实施“5511”计划战略决策，即着力发展煤电、化工、造纸、医药、农产品加工等五大支柱工业；重点建设防洪保安、综合交通、城镇化建设、文明县城创建、人才强县五项基础工程，打造一个基地，即生态旅游基地；实现一个目标，即到2010年我县经济综合实力跨入全省十强县。我县“5511”计划建设的五项基础工程中，防洪保安工程被放在第一位，这是由××的地理环境所决定的。××地处沿淮，淮河在我县境内有98公里。××的防汛知名度虽然没有阜南的王家坝高，防汛任务却丝毫不比阜南轻。××处在暖温带向亚热带气候的过渡带，易涝易旱，自然灾害频繁，严重制约着××社会经济的发展，因此大力发展气象事业，提高防灾减灾能力是我县县委和政府常抓不懈的一项重要工作。气象事业作为国民经济基础性和公益性事业，在经济建设和社会发展中以及人民生活等各方面具有举足轻重的作用，特别是在农业增产、农民增收和为重大社会活动提供气象服务方面意义尤为重大。几年来县委、县政府对气象事业的发展给予高度重视和大力支持，在加快经济和社会事业发展的同时，充分发挥气象科技的保障和促进作用，把防灾减灾、趋利弊害作为关系××经济社会可持续发展的重大问题来抓，切实提到了重要议事日程。

一是营造良好政策环境。

县委、县政府把气象事业的发展融入经济发展总体规划，在全县认真组织学习宣传《气象法》，县政府先后出台了一系列政策文件，为气象部门更好地履行职责提供了有力保障；

二是不断加大支持力度。

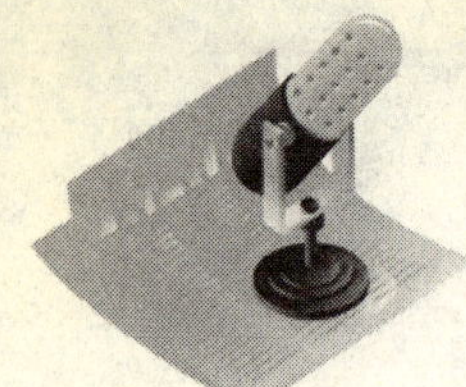

根据气象部门双重计划财务体制特点，建立地方财政预算体制，将气象事业发展经费纳入财政预算。同时投入专项经费购置了人工影响天气作业车一辆；利用项目资金在全市率先完成了第一批乡镇自动雨量站的布点建设，上一周第二批乡镇自动雨量站的布点工作也已结束。

三、支持重点工程建设，加快发展地方气象事业。

我县气象局的新址建设是国家、省、市气象局对××事业的关心和厚爱，也是××气象事业下一步发展与腾飞的平台，因此县委、县政府十分关注新址建设进度，从人员、资金和建设环境等多方面给予大力支持。在前不久市人大组织的气象执法调研中，市领导对××新址的建设质量和建设规模给予充分肯定，对××县委县政府对气象事业的支持力度给予充分表扬。××气象事业到今天有了长足的发展，这不仅是县委、县政府大力支持的结果，最主要的还是县气象局领导班子和全体职工共同努力的结果。

近几年来县气象局为××社会经济发展做了大量工作，主要体现在：

一是以服务地方社会经济为己任，以服务三农为宗旨。

强化服务意识，努力提高气象服务水平，按照“一年四季不放松，每次过程不放过”的要求，认真研究天气和气候变化规律，研究社会发展和人民生活对气象服务的需求，围绕领导决策、防灾减灾和人民生活需要，切实搞好气象服务工作，积极拓展气象服务领域。在今年的防汛救灾工作中，为了让领导和群众及时了解雨情、水情变化情况，县气象局除了利用电台、电视台和网络及时发布气象信息，还利用移动通讯每天向手机用户发送雨情、水情和灾情信息，极大地方便了在抗洪抢险第一线的干部群众对实时信息的了解，提高了气象服务的主动意识，增强了气象决策服务的敏锐性，为全县战胜洪涝灾害提供了有效的科学保障。

二是以人工影响天气为重点，进一步提高气象防灾减灾能力。

干旱、冰雹等严重影响着我县经济的发展。开展以增雨、防雹的人影作业，投入产出比在1：40以上，是最科学、最便捷的防灾减灾手段紧紧围绕全县农业生产发展这个中心，以粮食为重点，防灾减灾为农业生产服务为目的，应用先进的气象科技手段，科学有序地组织了干旱季节人工增雨、人工防雹作业，降低和缓解了旱情、有效地遏制了冰雹的危害，最大限度地降低了气象灾害造成的损失，受到全县人民群众的欢迎和称赞。如2004年的夏旱和秋旱，县气象局分别实施了四次人工增雨作业，减轻和解除了旱情。特别是2004年11月9号，县气象局在我县六十铺镇和十八里铺乡炮点，实施作业，有二十多个乡镇受益，解除了当时严重的旱情，为小

麦播种创造了良好的土壤墒情条件，充分发挥了气象的科技优势，体现了气象科技成果转化为现实生产力的价值，取得了很大的社会效益及经济效益。县气象局以服务三农为宗旨，加强对各种灾害性天气的监测，着重做好重要农事季节的气候预报。提高了气象预报预警、防灾减灾的水平，为全县经济社会的快速发展提供了强有力的保障。

在上级气象部门领导的关心支持下，××气象事业得到迅速发展，基本形成了设施齐全、功能完善、手段先进的现代化气象。发展地方气象事业是各级政府责无旁贷的法定责任和义务。县委、县政府将一如既往地支持全县气象事业的发展，并随着经济的发展和财力的增加逐年加大对气象事业的投入，大力推进气象事业现代化进程，加快××气象事业的现代化建设步伐。以防灾减灾为重点，充分发挥气象在现代化建设中的基础作用，推动全县经济的快速发展和加快实现全面建设小康社会的目标。同时也期望上级气象部门给××更大的倾斜，也衷心地欢迎兄弟市县的领导为××气象事业的发展献计献策传经送宝。

最后祝大会圆满成功！祝同志们在××期间开心愉快！

第三节　会议闭幕词

一、会议闭幕词的含义

会议闭幕词又叫会议总结讲话稿，是一些大型会议结束时由有关领导人或德高望重者向会议所作的讲话，主要是总结会议的收获，要求贯彻落实会议精神并富有号召性。

二、会议闭幕词的种类

会议闭幕词与会议开幕词一般，按照内容可以分为侧重性闭幕词和一般性闭幕词两种。侧重性闭幕词往往对会议的某一个方面作重点阐述或总结或号召，其他问题一带而过。一般性闭幕词要对会议内容、会议精神和

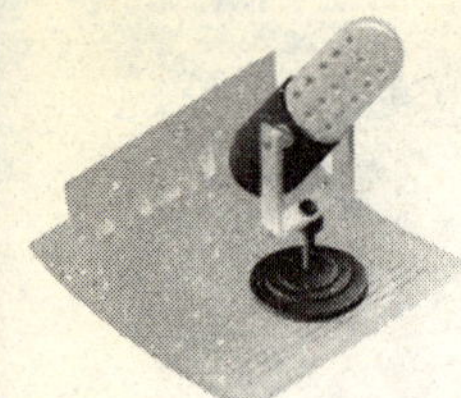

进程进行简要的总结会并作出恰当评价，肯定会议的重要成果。

三、会议闭幕词的写作技巧

闭幕词由标题、称谓和正文三部分组成。

1. 标题

闭幕词标题的写法与开幕词基本相同。

2. 称谓

闭幕词的称谓与开幕词的称谓一样，要根据会议性质和与会者的身份来确定。

3. 正文

正文包括开头、主体、结尾三部分内容。

（1）开头

在标题和称谓之后，另起一段首先说明会议已经完成预定任务，现在就要闭幕了；然后概述会议的进行情况恰当地评价会议的收获、意义及影响。

（2）主体

主体是闭幕词的核心，概述会议情况与评价、会议集中解决的问题和收获，号召与会代表为贯彻会议精神而奋斗等。一般说来，这几方面内容都不能少，而且顺序是基本不变的。

（3）结尾

结语宣布会议胜利闭幕，或写祝愿之类的话。

四、会议闭幕词的注意事项

1. 要针对会议或活动的中心内容作简明扼要的综述，评价要中肯恰当，并与开幕词前后呼应；

2. 对会议或活动中没有展开但已认识到的重要问题可在闭幕词中适当予以强调，作出必要的补充；

3. 语言要富有感染力和号召力，真正起到促人奋进的作用，切忌空洞单调的说教，篇幅宜短不宜长。

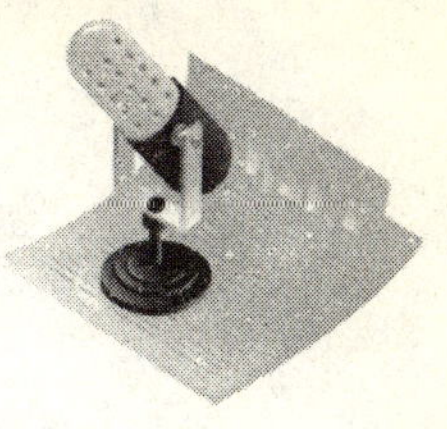

五、范例

例文一

中共××市第十四届代表大会第三次会议闭幕式词

各位代表、同志们：

中共××市第十四届三次代表大会，在全体代表和同志们的共同努力下圆满完成了各项议程，就要胜利闭幕了。这次大会以学习实践科学发展观为主线，全面贯彻落实党的十七大和十七届四中全会精神，总结了我市2009年的工作，分析了新的发展阶段面临的挑战和机遇，确立了2010年全市工作的总体思路、奋斗目标和重点任务，明确了加强党的执政能力建设和先进性建设的重要举措，是一次团结鼓劲、务实创新的大会，是一次规划发展、开启未来的大会，必将对敦煌今后的发展产生重大而深远的影响，必将进一步动员和激励全市人民意气风发地向着新的目标阔步前进！

会议期间，各位代表和列席的同志们以饱满的政治热情和崇高的使命感、责任感，尽职尽责，建言献策，为大会取得圆满成功做出了不懈努力；全体工作人员在大会筹备领导小组的带领下，夜以继日，辛勤工作，为大会的顺利进行提供了良好的服务。在此，我代表大会主席团向各位代表和全体工作人员表示衷心的感谢！

蓝图在手，重任在肩。我们必须以更加昂扬的斗志、更加扎实的作风和更加勤奋的工作，不断开创我市经济社会发展的新局面，努力把这次党代会描画的壮丽蓝图变成美好的现实。

贯彻落实好这次党代会精神，必须上下一心、团结奋进。全市各级党组织和广大党员干部，要坚决服从市委的统一领导，听从市委的统一指挥，落实市委的统一部署，讲大局，讲党性、讲团结，思想同心、步调一致，切实形成推进科学发展的强大合力。要把宣传好、贯彻好、落实好这次党代会精神作为当前的首要政治任务，切实用市委提出的目标要求统一全市广大党员干部的思想，凝聚全市各界人士和人民群众的力量，在解放思想、推进科学发展上下功夫，在改善民生、构建和谐社会上求实效，进一步形成同心协力、共谋发展的良好局面。全市广大共产党员要进一步强化党性观念和责任意识，在各自岗位上勇当先锋，勇挑重担，努力创造一流的工作业绩。特别是党员领导干部要率先垂范、身体力行，谋划工作想在前，落实任务干在前，攻坚克难冲在前，以自己的切身行动为干部群众

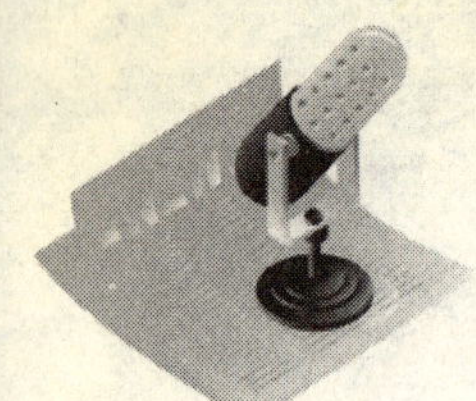

作出表率。各位党代表要切实发挥表率作用，立足各自的工作岗位，积极宣传党代会精神，带头贯彻党代会决议，广泛联系群众，积极建言献策，为顺利实现党代会确定的目标任务作出应有的贡献。

贯彻落实好这次党代会精神，必须开拓创新、锐意进取。创新是一种勇气，是一种精神。全市各级党组织和广大党员干部要清醒地看到发展面临的困难和挑战，清醒地看到周边县市竞相发展的态势和氛围，清醒地看到肩上担负的责任和使命，在挑战中寻找机遇，在差距中挖掘潜力，在压力中激发动力，在实干中创造佳绩。要始终保持知难而进、迎难而上的坚定信念，始终保持永不满足、永不懈怠的精神状态，始终保持敢想敢干、敢为人先的创新意识，进一步放宽视野、放下包袱、放开手脚，坚持用改革和发展的办法解决前进中的一切困难和问题。

贯彻落实好这次党代会精神，必须突出重点、狠抓落实。加快发展是全市人民的最大愿望，也是全市的工作大局和主题。全市各级党组织和广大党员干部要紧紧围绕全面建设“三城一基地”的战略任务，突出抓好旅游、光电、城乡一体化等重点工作，统筹抓好项目、城建、生态、民生、党建等事关全市经济社会发展大局的各项工作。要善于抓住工作重点，分清轻重缓急，把有限的人力、物力、财力用在重点部位和关键环节，通过以点带面促进整体工作的稳步推进。要进一步提升工作标准，强化执行效率，对于认准的事要不折不扣、一鼓作气、一抓到底。要进一步健全责任机制，加强协调配合，努力在全市上下形成领导带头、部门联动、多方参与、齐抓共管的工作格局，把党代会确定的各项任务一件一件落到实处。

贯彻落实好这次党代会精神，必须立足当前、谋划长远。全市各级党组织要围绕党代会作出的各项决策部署，不断深化对市情的认识，结合实际，找准优势，把贯彻落实会议精神与各自工作实际结合起来，精心研究部署当前各项工作，及早谋划“十二五”各项规划，进一步理清发展思路，制定具体措施，细化目标任务，为实现率先发展、跨越发展开好头、起好步。现在正值元旦、春节临近之际，各级各部门要深入基层，掌握实情，把涉及群众利益的事想全、想细、想周到，把为群众排忧解难的事办实、办好、办到位，尤其要关注下岗失业人员、城市贫困人口、农村特困户等困难群体，切实把他们的生产生活安排好。要高度重视信访维稳工作，及时排查化解各类矛盾纠纷，把问题解决在基层、消除在萌芽状态。要加强社会治安综合治理，严厉打击各种违法犯罪活动，大力加强安全生产和消防工作，进一步整顿和规范市场经济秩序，努力为全市经济社会发展和人民群众的生产生活创造一个安定和谐的社会环境。

同志们，这次大会各项议程已全部结束，现在我宣布：中国共产党××市第十四届代表大会第三次会议胜利闭幕！

请全体起立，奏《国际歌》。

散会。

例文二

××市第三届政协委员会第四次会议闭幕词

各位委员、同志们：

政协××市第三届委员会第四次会议，已经圆满地完成了各项议程，就要闭幕了。

这次会议是在全区上下深入贯彻落实科学发展观，积极应对国际金融危机，保持经济平稳较快增长的新形势下召开的。经过全体委员和同志们的共同努力，会议开得圆满成功。这是一次坚定信心、汇聚力量、求实鼓劲的会议，是一次民主和谐、团结奋进的会议。

这次会议得到了中共××市委、市人大、市政府的高度重视和大力支持。市委书记汤世保同志在开幕大会上作了重要讲话，对于做好新形势下我市政协工作具有重要的指导意义。会议期间，汤世保书记、张晓钦市长等领导参加小组讨论，听取大会专题发言，充分体现了市委、市政府对我市政协事业的高度重视和对政协履行职能的大力支持。体现了把政治协商纳入决策程序，与政协委员共商我市发展大计的民主作风。这次会议也得到了有关部门的大力支持和帮助。在此，让我们以热烈的掌声对各位领导和同志们的关心和支持表示衷心的感谢！

会议期间，委员们通过专题发言、提交提案、分组讨论、反映社情民意等形式，围绕深入贯彻落实科学发展观和"以港兴工，三化互动"发展战略，围绕把×建设成为××科学发展排头兵、跨越发展先行区、改革开放试验区的战略目标，围绕科学发展三年计划和"三区两路一航道工程"、"千百亿产业崛起工程"的实施等我市经济社会发展中的重大问题，各抒己见，畅所欲言，献计献策，提出了许多富有建设性的意见和建议，体现了高度的政治责任感和参政热情，展现了全体委员良好的精神风貌。

各位委员、同志们，今年是中华人民共和国成立60周年，也是深入实施《××经济区发展规划》和科学发展三年计划的关键之年。新的形势和任务对人民政协工作提出了新的更高的要求，赋予了新的使命，也为人民政协事业的发展提供了更加广阔的舞台。各级政协组织、广大政协委员、参加政协的各民主党派、工商联、各人民团体和各界代表人士，要深入学习贯彻胡锦涛总书记在纪念党的十一届三中全会召开30周年大会上发表的重要讲话精神，始终不渝地坚持党的基本理论、基本路线、基本纲领、基本经验，坚定走中国特色社会主义的信心。

要深入学习实践科学发展观，深刻理解和全面把握科学发展观的科学内涵、精神实质和根本要求，着力转变不适应不符合科学发展的思想观念，不断增强以科学发展观指导政协工作的自觉性和坚定性，切实把科学发展观贯穿于政协履行职能的全过程，落实到政协工作的各个环节。要按照科学发展观的要求，牢牢抓住经济建设这个中心不动摇，坚持把促进科学发展作为履行职能的第一要务，将参加政协的各党派团体和各界代表人士的积极性、主动性、创造性引导到促进科学发展上来，充分发挥政协在推进我市社会主义经济建设、政治建设、文化建设、社会建设和生态文明建设中的重要作用，努力创造政协工作服务科学发展的新业绩。

要围绕中心，服务大局，积极为应对国际金融危机、保持经济平稳较快增长作出贡献。要认真学习中央、全区和全市经济工作会议精神，组织动员参加政协的各党派团体和各界代表人士把思想统一到中央、自治区党委和市委对当前国内外经济形势的分析判断和重大决策上来，统一到自治区党委、政府和市委、市政府的工作部署上来，坚定克难攻坚的信心，形成齐心协力促发展、一心一意保增长的良好局面。要充分发挥政协智力密集、人才荟萃的优势，紧紧围绕建设××科学发展排头兵、跨越发展先行区、改革开放试验区的战略目标，以扩大内需、保持经济平稳较快发展为首要任务，就如何着力加强重点建设和投资拉动、调整经济结构和转变发展方式、深化改革扩大开放、创新体制机制、增强发展活力和改善民生、促进社会和谐等经济社会发展的重大问题，深入开展调查研究，积极献计出力，全力促进我市经济平稳较快发展，全面完成今年的各项工作目标。

要积极为推进农村改革发展服务。要深入学习中共十七届三中全会精神，全面贯彻落实《中共中央关于推进农村改革发展若干重大问题的决定》和《省党委关于贯彻党的十七届三中全会精神推进农村改革发展的决定》，认真研究和把握我市农村经济社会发展的阶段性特征和面临的新情况新问题，深刻认识推进农村改革发展的总体要求和目标任务，进一步增强推动农村改革发展的紧迫感和责任感。要继续把“三农”问题作为围绕

中心、服务大局的重点，积极为加强农村制度建设、推进城乡经济社会发展一体化、发展现代农业、健全农业社会化服务和农业支持保护体系、农村基础设施建设、改善农村民生、加快发展农村公共事业建言献策，为推动农村经济社会又好又快发展，实现农业稳定发展、农民持续增收、农村社会和谐作出贡献。

要努力做好协调关系、化解矛盾、维护稳定、促进社会和谐的工作。扩大团结面、增强包容性，积极促进政党关系、民族关系、宗教关系、阶层关系、海内外同胞关系的和谐。要牢固树立以人为本、履职为民的理念，深入实际、深入基层、深入群众，倾听群众心声，反映群众愿望，关心群众疾苦，积极协助党委和政府推进以改善民生为重点的社会建设，积极协助党委和政府多做统一思想、理顺情绪、排忧解难、化解矛盾的工作，为改革发展稳定减少阻力、增强助力、形成合力，努力维护我市民主团结、生动活泼、稳定和谐的大局。

各位委员、同志们，责任和使命激励着我们，困难和挑战考验着我们，我们必须不负历史赋予的使命，更加紧密地团结在以胡锦涛同志为总书记的中共中央周围，同心同德，群策群力，与时俱进，开拓创新，为把×建设成为××科学发展排头兵、跨越发展先行区、改革开放试验区而努力奋斗。

第四节 工作会议讲话稿

一、工作会议讲话稿的含义

工作会议讲话稿是根据既定的会议内容讲对某一项或几项工作的要求。此种讲话稿要求讲得鲜明、透彻、实在。

二、工作会议讲话稿的写作技巧

工作会议讲话是各种讲话稿使用频率较高的一种，其主体构成通常包

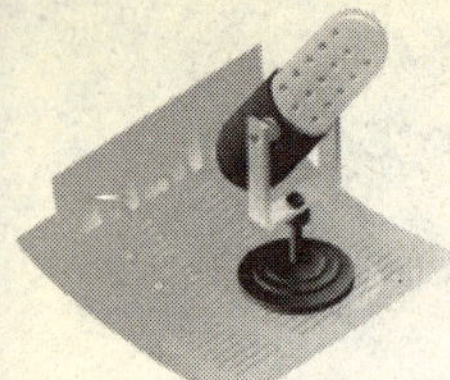

括总结、认识（或经验）、任务和要求几个部分，具体应根据实际情况灵活安排。文中的总结部分有时可以不单独列小标题，而在讲话稿的开头写上一大段，或写在认识部分的开头；认识部分有时也不单独列小标题，而写在讲话稿的开头，或写在要求部分的开头；任务部分有时分为并列的两三个层次。

在文秘人员的日常工作中，会有很多工作会议都是传达贯彻上级会议精神的。这种会议的领导人讲话应从基本情况和需要出发，把上级领导精神和本机关、本单位的实际情况相结合，在领会上级会议基本精神的前提下，讲话稿需要写几部分就写几部分，每一部分里面需要几个层次就写几个层次，不可“生搬硬套”上级领导的讲话，否则容易把讲话稿写成“传声筒”。如某市召开的农业工作会议是为贯彻全国和省农村工作会议精神的一次重要会议，省委委领导在全市农村工作会议上讲了三个问题：“（一）正确分析全省农业生产形势，统一思想认识，牢固确立粮食生产的基础地位；（二）全面强化治本措施，从根本上改善生产条件；（三）各级党委、政府要切实加强对农村经济工作的领导”。在起草市委讲话时，本着上级指示与本地实际情况相结合的原则写了四个问题：（一）以实行粮油作物大轮为中心，积极推进农业耕作制度的改革；（二）以国际市场为导向，加速传统农业的改造；（三）以地上蓄水为重点，正确制定全县水利建设的战略；（四）以倾斜政策、强化服务为重点，进一步加强对农业工作的领导。每个条目里也都按照“结合”文章的原则，提出了适合本市情况和特点的针对性较强的任务和政策措施。这样写成的讲话稿，讲后效果很好。这种讲话稿如必须运用原文传达上级指示，一般宜把它放在开头部分。

三、工作会议讲话稿的注意事项

工作会要在总结前一阶段工作的基础上，对下一阶段的工作进行部署，涵盖的内容较丰富，标题一般要点名主旨，有的加副标题，正文部分列小标题，有的在小标题下加二级标题、三级标题，语言比较庄重；业务会是研究某一项业务工作的会议，如会计会、税务会等，专业性强，讲话内容要具体实在、便于操作，语言要朴实，可使用专业术语。

四、范例

例文一

教育系统信息工作会议讲话稿

同志们:

这次全市教育系统信息工作会议是教育行政部门的一次重要会议，原计划准备在今年5、6月份召开，由于种种原因，拖延到现在，请大家予以谅解。这次会议的主要议题是对近两年来教育系统信息工作进行全面总结，表彰信息工作先进集体和先进个人，研究和探讨当前和今后一个时期信息工作如何适应教育改革与发展新形势的要求，更好地为领导决策发挥重要作用和参谋作用，为广大师生提供更多更好的精神食粮和优质服务，充分展示教育成果，弘扬教育正气，促进教育事业健康发展。

下面，我就前一段信息工作作以简要回顾，并就今后如何抓好信息工作讲几点意见:

一、关于2003年以来信息工作的简要回顾:

2003年以来，教育系统的信息工作在局领导的高度重视和关怀下，在各学校、各单位信息工作者的共同努力下，紧紧围绕教育工作重点和确定工作思路，以教育改革与创新为中心，全方位搜集编发各类信息，拓宽信息渠道，努力提高信息质量，为各级领导科学决策和指导工作提供了大量有参考价值的信息，及时把相关教育政策法规传达到基层，反映了人民群众关注的教育热点、难点问题，对全市教育事业的发展起到了重要作用。

据初步统计，2003年，局信息办共收到各学校和单位上报各类信息1000多条，编发《凤城教育信息》30期，向市委办、市政府办、丹东市教育局呈报各种教育信息70余条，采用了15条，市报被市委办、市政府办、市纪委办采用10条。

《教育专刊》共办26期，刊登稿件500余件，去年市教育局被市政府办、丹东市教育局评为信息工作先进单位。

今年前8个月，局信息办共收到各校上报稿件和各类信息条，编发《凤城教育信息》20期，向市委办、政府办和丹东市局上报信息30余条。总体来说，教育系统的信息工作呈现出良好的发展态势。尤其是今年年初创刊的《凤城教育》，我们自己的报刊目前已出版了11期，并逐步得到各级领导和社会各界的认可。在此，我代表市教育局向挚爱这片热土的教育界的

诸位同仁表示诚挚的谢意！

回顾前一阶段的信息工作，虽然取得了一定的成绩，但我们也应该清醒地看到，我们的工作还存在许多差距和不足，主要问题：

一是信息工作发展还不够平衡。有少数单位还没有把信息工作摆在应有的位置上，领导很少过问，信息工作无具体人员负责，也不上报信息和精神，个别学校一直处于空白，年终考核分数必然为零。

二是信息、稿件的质量有待进一步提高。从上报信息和送上稿件来看，反映学校日常工作过程的信息多，教与学方面带有研讨性的信息少，有的学校送来的稿件较多，但由质量低下，很少能用上。

三是有些学校虽然设立了兼职信息员，但由于兼职过多，没有时间和精力搜集、编报信息，影响了信息工作的正常开展。

四是一些单位信息工作制度流于形式或尚未建立健全信息工作制度、网络不健全，信息渠道不畅通，致使信息工作经常出现“断流”现象。

五是一些学校发行工作不及时，不能把报刊按时发到村小、教师和学生手里，更有甚者两、三个月发一次。这些问题都需要我们在今后的工作中认真加以改进和克服。

二、对下步教育信息工作的几点要求：

新的学期开始了，随着教育改革的不断深化，教育事业的不断发展，我们信息工作也面临着许多新情况、新问题，对信息工作也提出了新的更高的要求。在这种情况下，我们必须努力工作，开拓进取、大力提高信息服务水平和质量，更好地为领导科学决策和指导工作服好务。为此，我们要抓好以下几方面工作：

一要抓需求。教育信息的功能就是让领导机关和全社会了解教育，关心教育，展示教育教学成果，促进教育事业健康发展，要使信息工作有针对性、有时效性、有参考性，就必须认真研究对信息的需求。从事信息搜集、加工、报送、刊发的工作的同志，要善于找准本学校、本单位与教育行政部门需求的结合点，根据需求拓宽和拓涂信息工作的领域。要积极报送本学校业务范围内的具体业务性信息。提倡报送由本学校教师、学生涉及其他领域引申的，具有一定科研水平、学术价值的信息。

二要抓重点。教育信息工作要围绕教育的中心，要善于捕捉信息点，提高稿件的命中率。比如，新学期开学之后，新课程改革如何搞，这个题目就够准备许多内容。新一轮课程改革，各学科都给老师们留有充分的、任你创造性开发的空间，需要我们充分地发挥主观能动性。新课程倡导在新理念指导下的富有个性的创造性教学，教师除了具有崇高的职业道德、

丰厚的专业知识、扎实的教学基本功外，尤为重要的是应具备创造性教学的意识和能力。这就需要我们每一位新课程的实践者坚持不懈地去探索“如何做、怎样做才会更好？类似这样信息题目很多、很多，需要我们去挖掘、探讨、引导、总结。所以，我们写的内容是丰富的，教育天地是广阔的，就看我们如何来把握。

三要抓精品。要树立严格的质量意识。教育系统全体信息工作人员，在信息稿件的开发、收集、编写以及报送、刊发上抓精品，要想解决好目前教育信息稿件选编方面数量不足、质量不高的问题，克服信息报送刊发上的“旧”、“虚”、“晚”现象，在信息队伍和信息工作中大力倡导求真务实的学风。

四要抓队伍。高质量的信息要依靠一支高素质的信息员队伍。根据目前各校信息队伍的现状，主要抓三点：一是抓配备，对本系统网络信息员队伍配备进行一次调查和检查，督促各校、各单位配齐信息员，消灭空白点。要求不论机构、人员如何变动，信息工作必须有人管、有人去做，不能断档。有校报的单位应处理好与局信息办的关系，要有大局观念，局部利益服从整体利益。二是抓好激励政策。暑假期，局信息办同志经过反复琢磨、认真研究论证，制定并出台了《关于进一步加强信息工作的意见》，在这里对作考核通报、具体评比办法等做详细规定，大家拿回去之后要向领导及时汇报并加以学习，并在实际工作中加以落实。同时我有个想法将试行定期把信息工作名次向单位主要领导通报的办法。三是进一步抓好培训。今后定期组织教育系统网络单位的信息员进行培训，帮助指导信息员把握工作重点，提高业务水平和信息工作能力。

同志们，当前教育改革与发展需要教育信息工作发挥更重要作用。为此，全市教育系统从事信息工作的同仁们，要团结一致，努力工作，积极探索，不断创新，树立终身学习的理念，默默耕耘，孜孜以求，不计清苦，甘于奉献，用我们手中的笔去书写、描绘凤城教育事业更加美好的明天。

谢谢大家！

例文二

纪检监察工作会议讲话稿

同志们：

这次纪检监察工作会议是一次重要会议。党组对这次会议很重视，并

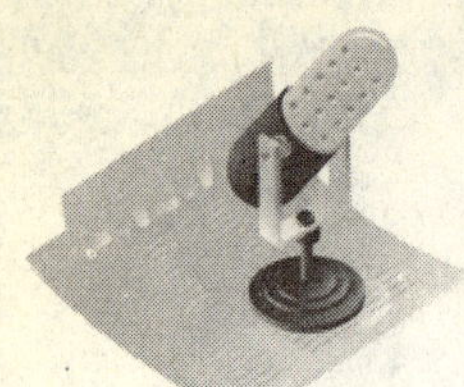

于1月上旬专门听取了党风建设和纪检监察工作情况汇报，就今年反腐倡廉任务进行了专题研究，特别对贯彻落实中央纪委第五次全会和国资委纪检监察工作会议精神，提出了明确要求。在集团公司工作会议上，又对两个会议精神进行了学习传达。刚才，克成同志做了一个很全面的报告，总结了去年的工作，部署了今年的任务，对落实好今年反腐倡廉任务提出了要注意把握好几个重点问题，我完全同意。过去的一年是集团公司各项工作取得新进展、创造新业绩的一年。全年实现销售收入5600亿元、税费1050亿元、利润总额1100亿元以上，分别比上年增长17.8、29.3和50。油气储量增长较快，产量创历史最好水平；炼油化工产销两旺，赢利水平大幅提升；未上市企业产业结构趋于优化，收入和盈利水平有了新的提高；国外油气生产快速发展，国际业务成效明显；重点改革稳步推进，资源配置更趋合理；科技自主创新能力有新的提高，科研攻关取得重要进展；坚持标本兼治，安全和稳定形势有所好转；作为国家西部大开发标志性工程的西气东输，正式投入商业运营，实现了建设世界一流工程的目标；党的建设、队伍建设和企业文化建设进一步加强，职工队伍保持了奋发向上的精神风貌。纪检监察工作为促进企业全面完成各项任务、保证改革发展稳定的大局，发挥了重要作用。纪检监察工作任务重、难度大，非常辛苦。在此，我代表集团公司党组、代表集团公司，向辛勤工作在纪检监察战线上的同志们表示亲切的慰问和衷心的感谢！下面，根据中央的指示精神和国资委的有关要求，我讲三点意见。

一、要从巩固党的执政地位和实现集团公司持续有效较快协调发展的高度，充分认识加强党风建设和反腐倡廉工作的极端重要性，增强政治责任感胡锦涛总书记在中央纪委第五次全会上强调指出：必须深刻认识到，执政基础最容易因腐败而削弱，执政能力最容易因腐败而降低，执政地位最容易因腐败而动摇。反腐倡廉、拒腐防变在任何时候、任何情况下都轻视不得、放松不得。国有企业作为特殊的经济组织，既承担着国家振兴与发展的重要经济责任，还担负着重要的政治责任和社会责任，是党执政兴国的重要经济基础。企业越发展，越要重视反腐倡廉工作，越要坚定不移地反对腐败、提高拒腐防变的能力。多年来，集团公司党组始终重视党风建设和反腐倡廉工作，将其作为加强各级领导班子和领导干部管理能力建设的重要内容，作为事关企业改革发展稳定大局、事关企业形象的大事，坚持同各项重点工作共同部署、共同落实。各级党组织紧紧围绕企业发展这个中心开展党风建设和反腐倡廉工作，正确处理反腐败斗争与改革发展稳定的关系，及时发现和解决党风方面存在的妨碍企业发展的突出问题，

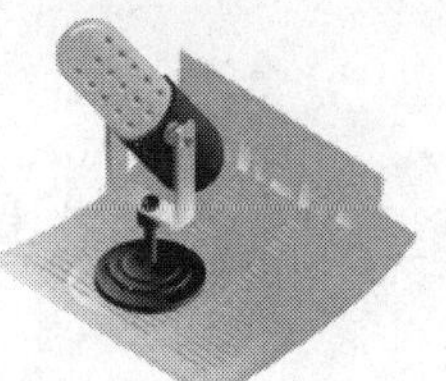

在保证企业的社会主义方向、维护企业改革发展与稳定、促进企业正确履行责任等方面发挥了重要作用。这个作用是不容忽视、无法替代的，也是我们企业不断发展壮大的一条重要体会和经验，必须继续坚持和发展。今年是集团公司全面实现十五规划目标，衔接十一五发展的重要一年。集团公司党组在分析企业面临的新形势新任务的基础上，提出了要以科学发展观统领全局，以建设一流的社会主义现代化企业和具有国际竞争力的跨国企业集团为目标，以加快主营业务发展为重点，继续深化改革，加强科技创新和科学管理，加强安全稳定工作，加强领导班子建设和队伍建设，全面完成今年和十五计划任务，推进集团公司持续有效较快协调发展。完成今年的工作任务，有利条件占主导地位。但是，也必须清醒地看到，我们面临许多新的挑战和考验。国内石油石化产品市场需求旺盛，消费持续增长，我们肩负着保障国家石油安全供应的重大责任；国际油价继续在较高价位震荡波动，给我们下游发展增加了盈利难度；国内市场国际化进程加快，市场竞争将更趋激烈；世界油气资源市场对外开放不断扩大，但走出去的风险也越来越大；随着改革进程的不断加快，影响稳定的矛盾更加错综复杂。这些形势特征既带来机遇，也带来挑战。各级党组织一定要从面临的形势、任务和发展战略的高度，充分认识加强党风建设和反腐倡廉工作，是实践三个代表重要思想、实现集团公司发展战略的迫切需要，是全面开创各项工作新局面的必然要求，是我们永远立于不败之地的重要保证。要把加强和改进党的建设、抓好反腐倡廉工作放在更加突出的位置，切实抓紧抓好，为集团公司持续有效较快协调发展，提供坚强有力的政治保证。

二、以建立健全惩治和预防腐败体系为主线，加大预防腐败工作力度，深入推进企业反腐倡廉和纪检监察工作抓紧建立健全惩治和预防腐败体系，是党中央从完成经济社会发展的重大任务、巩固党的执政地位的全局出发，推进党风廉政建设和反腐败斗争的一项重大战略决策。前不久，中央颁布了《建立健全教育、制度、监督并重的惩治和预防腐败体系实施纲要》。各单位要把思想统一到中央的部署上来，结合实际，认真贯彻落实。

（一）要积极构建与现代企业制度相适应、具有中国石油特色的惩治和预防腐败体系中央颁布的《实施纲要》明确提出：到2010年，初步建成惩治和预防腐败体系的基本框架。再经过一段时间的努力，建立起思想道德教育的长效机制、反腐倡廉的制度体系、权力运作的监控机制，建成完善的惩治和预防腐败体系。集团公司各级党委和领导班子要坚决贯彻党中

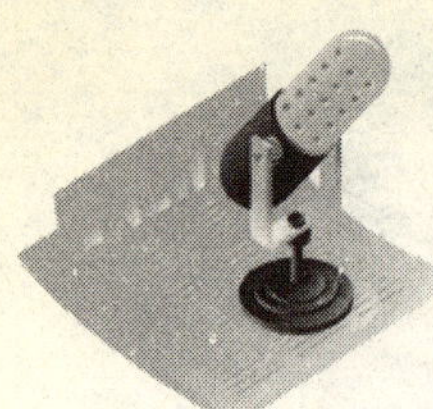

央的战略部署，把惩防体系建设作为事关企业改革发展大局、加强领导管理能力建设的一项政治任务，作为树立和落实科学发展观的一项重要举措，纳入企业发展的总体规划，统筹考虑，周密部署。要抓紧制定贯彻落实《实施纲要》的意见和办法。要以建立自律、防范、监管三个机制，规范事权、财权、人事权、物权四项权力，筑牢思想道德、制度建设、监督约束三道防线为核心，构建集团公司惩治和预防腐败体系。要把惩治和预防腐败体系建设与建立现代企业制度、完善法人治理结构结合起来，促进企业建立完善权力机制、决策机制、监督机制和经营管理的制衡机制，推进企业制度创新、管理创新。要把提高企业的发展活力和竞争力，促进国有资产保值增值，作为构建惩治和预防腐败体系的出发点和落脚点，与建设一流的社会主义现代化企业、建立具有国际竞争力的跨国企业集团相适应，与企业经营管理相结合。要以改革统揽预防腐败的各项工作，把惩治和预防腐败寓于重要的改革措施之中，坚持用改革的办法解决发生腐败的深层次问题。要进一步发挥党组织监督、出资人监督、监事会监督、审计监督、纪检监察监督、职工民主监督和运用信息化手段加强监督的作用，积极探索各监督主体形成合力的机制和制度。要落实好建立健全惩治和预防腐败体系的工作责任。建立健全惩治和预防腐败体系是一项多层面、全方位的系统工程，涉及到企业党的建设、宣传教育、经营管理、内控制度、企业监督等各方面，必须分工负责、齐抓共管。按照党风廉政建设责任制的要求，各级党委和行政要把建立健全惩治和预防腐败体系列入重要议事日程，形成有效的工作机制，定期召开会议，研究协调重要问题。各级党政领导要把落实反腐倡廉工作的责任与落实国有资产经营管理责任结合起来，自觉担负起领导职责。各职能部门要各尽其责，自觉承担起治本抓源头的重要责任，进一步提高认识、加强管理、完善制度、严格自律。纪检监察部门要加强调查研究，搞好组织协调和分类指导，及时研究和解决构建惩治和预防腐败体系中出现的新情况新问题，增强工作的针对性。构建惩治和预防腐败体系是一项长期的任务，涉及面广，工作难度大，在工作中要突出重点、循序渐进、稳步推进。党组已责成纪检组、监察部牵头，会同有关部门，在认真调查研究的基础上，结合企业实际，制定《集团公司建立健全惩治和预防腐败体系实施意见》，今年内出台。各企业情况差别很大，在构建惩治和预防腐败体系上，要结合实际，突出各企业特点，大胆探索，创造性地贯彻《实施纲要》，并在发展中逐步完善。

（二）要突出抓好反腐倡廉四项重点工作抓好领导人员廉洁自律、查办案件、效能监察和治本抓源头四项重点工作，是中央纪委第五次全会和

国资委纪检监察工作会议对国有企业反腐倡廉工作部署的重点任务。各企事业单位要联系实际，抓好落实。领导人员廉洁自律工作要突出落实《国有企业领导人员廉洁从业若干规定（试行）》。《规定》是新形势下企业领导人员廉洁从业，加强自身建设，正确处理权力、地位和利益关系的基本行为准则，体现了中央对国有企业的重视和对国有企业领导人员的爱护。各级领导干部尤其是主要领导同志要自勉自励、以身作则、率先垂范。按照中央纪委第五次全会提出的五条要求，认真对照执行。对存在的问题要采取切实有力的措施，坚决加以纠正。在严肃执纪的同时，加大组织处理力度，对顶风违纪者，必须按照中央纪委的新规定，严肃处理、决不迁就。查办案件工作要落实胡锦涛总书记提出的对任何违纪违法行为，都必须毫不留情地予以追究，绝不能手软的指示，继续保持严厉惩治腐败的工作力度，尤其对大要案的查处，不能有丝毫放松。必须看到，对腐败分子严厉惩处所产生的警示和震慑作用，是其他任何手段都替代不了的。各级党委要态度坚决、旗帜鲜明地支持纪检监察部门的工作，重大案件亲自协调、靠前指挥，做他们的坚强后盾。效能监察工作要始终突出促进国有资产保值增值这一要求，抓准关键部位，抓住薄弱环节，加大工作力度，提高实际效果。要注意围绕工程建设、物资采购、产权交易、产品销售、财务管理等关键环节选题立项，抓好工作落实，促进企业加强和改善经营管理、完善制度、降低成本、提高效益。治本抓源头工作要进一步以规范四项权力为重点，规范企业行为、规范领导人员用权行为、规范重要关键岗位人员从业行为，逐步形成用制度规范行为、按制度处理事务、靠制度管人用人的机制。要把握好惩治和预防腐败体系建设与反腐倡廉四项重点工作的关系。四项重点工作是惩防体系的重要组成部分，是惩防体系的基础性工作；惩防体系是四项重点工作的升华和理论概括，对四项重点工作起指导作用。工作中要注意理清思路、把握关系，用重点工作的落实和深化，丰富惩防体系建设的内容，推动惩防体系的完善和发展；用惩防体系的丰富和完善，指导、促进反腐倡廉工作不断创新发展。各级党委和领导班子要进一步加强对纪检监察工作的领导，每年至少集体听取两次反腐倡廉和纪检监察工作情况汇报，对重大问题和重要事项及时做出决策。要从提高反腐倡廉能力出发，加强纪检监察机构设置、人员配备、培训交流，保证纪检监察工作必需的工作经费。同时，借鉴兄弟企业的做法，探索形成效能监察、案件查处激励政策，调动和保护纪检监察人员的工作积极性，使他们更好地履行职责，发挥作用。

三、按照党的先进性建设要求，加强领导班子建设，把各级领导干部

锤炼成为共产党员先进性的实践者和推动者目前，集团公司总部机关、股份公司机关以及在京单位正在按照中央的统一部署，开展保持共产党员先进性教育活动。在年初召开的工作会议上，党组明确提出，要把各级领导班子建设成为政治坚定、思想敏锐、顾全大局的班子；成为工作勤勉、开拓创新、业绩突出的班子；成为团结协作、分工合理、有战斗力的班子；成为务实清廉、作风过硬、员工信赖的班子，并决定结合领导管理能力建设，全面开展政治素质好、经营业绩好、团结协作好、作风形象好的四好班子创建活动。总体来看，集团公司各级领导班子是坚强的、坚定的、有战斗力的。这些年来，绝大多数领导班子和领导干部认真贯彻中央和党组的工作部署，始终以强烈的政治责任感和历史使命感，组织带领广大党员和职工群众解放思想、开拓创新、求真务实，在企业改革发展稳定等重大考验面前，始终以党和国家的利益为重，表现出了党组织和党员领导干部应有的觉悟和先进性，发挥了中流砥柱的作用，赢得了职工群众的信任。但我们也必须看到，党员干部队伍中仍然存在一些亟待解决的突出问题。结合开展保持共产党员先进性教育，在此我对各级领导干部提出以下几点要求：一是要用正确理论武装头脑，坚定理想信念，在思想上保持先进性胡锦涛总书记在保持共产党员先进性专题报告会上强调：崇高的理想信念，始终是共产党人保持先进性的精神动力。坚定理想信念，必须要坚持用马克思主义的科学理论武装头脑，这是我们不断保持共产党员先进性的根本经验。坚定的理想信念、高尚的人格操守、刚正不阿的凛然正气都不是天生的，而是在长期的学习和实践中培养、锻炼、积累起来的。我们处在一个伟大的发展变革时期，国际国内形势发展迫切需要我们掌握新理论，汲取新知识，解决新问题；企业内部经济成份、组织形式、利益关系和分配方式日益多元化，带来新事物新问题层出不穷，需要我们与时俱进，开拓思路；实现今年工作会议提出的各项任务，完成各项经营指标，需要我们树立和运用科学的发展观。因此，各级领导干部要时刻牢记使命，始终用科学的理论武装头脑，牢固树立马克思主义世界观、人生观、价值观，自觉运用辩证唯物主义和历史唯物主义的立场、观点和方法认识问题、分析问题、解决问题。无论什么时候，无论面对怎样的严峻考验，都要坚定共产主义理想和中国特色社会主义信念。保持共产党员的先进性，当前特别要把马克思主义中国化的最新成果——三个代表重要思想学习好，深刻理解和掌握三个代表重要思想，自觉付诸实践，做三个代表的坚定实践者。二是要严格遵守党的纪律，维护团结统一，在政治上保持先进性党的纪律是党的各级组织和全体党员必须遵守的行为准则，是维护党

的团结统一的根本保证。在党的各项纪律中，政治纪律是最重要的纪律。改革越深入，经济越发展，越要严格党的政治纪律，坚持党的民主集中制，坚决维护党中央的权威，与党中央保持高度一致。在一切事关全局的重大问题上，在大是大非面前、要旗帜鲜明、态度坚决，始终保持政治上的清醒和坚定。要毫不动摇地坚持党的基本理论、基本路线和基本纲领，全面贯彻执行中央的各项方针政策和重大部署，以抓好企业改革发展稳定的实际行动，支持和维护全党全国的大局。当前，集团公司上上下下正在认真贯彻中央和国务院的部署要求，全力以赴，推进企业持续有效较快协调发展，建设一流的社会主义现代化企业和具有国际竞争力的跨国企业集团。实现这个目标，我们有许多优势，其中重要一条就是有顾全大局、团结统一、令行禁止的严明纪律。正是凭着这个优势，集团公司在近几年重组改制、深化改革、体制机制发生深刻变化的过程中，有力地保证了党的路线方针政策和党组工作部署的实现。这个优势同样是我们面对新的历史发展机遇，统一百万职工的思想和行动，使其他各方面优势得以充分发挥的重要政治保证。各级领导干部必须进一步深刻认识严格党的纪律的极端重要性，把整顿和严肃党的纪律，严格遵守党的政治纪律、组织纪律、经济工作纪律和群众工作纪律，作为保持共产党员先进性教育、提高领导管理能力的一个重要方面，认真对待，认真落实。只有这样，我们的事业才能无往而不胜。三是要求真务实，创造一流业绩，在工作上保持先进性保持共产党员先进性，落实到我们企业，就是要以保障国家油气安全供应为己任，率先建成一流的社会主义现代化企业和具有国际竞争力的跨国企业集团，推动企业持续有效较快协调发展，在工作上创造一流业绩。创造一流的工作业绩，要求我们必须坚持和落实科学发展观和业绩观。切实做好国内油气、炼油化工、国际业务、工程技术服务加快发展四篇文章。坚持做到发展共谋、责任共担、稳定共抓、环境共建，实现上市与未上市企业、国内业务与国外业务、油气上游产业与中下游产业、石油石化生产与销售贸易、生产发展与职工生活改善的协调发展。创造一流的工作业绩，要求我们不断提高领导管理企业的能力。贯彻党的十六届四中全会精神，党组已经形成决议，要加强领导管理能力建设，提高领导班子引领企业发展的能力；维护安全和稳定的能力；科学、民主、制度化决策的能力；培育先进企业文化的能力；拒腐防变的能力。各级领导班子和领导干部要按照这五个方面的要求，培养能力、锤炼素质。创造一流的工作业绩要靠每个职工、每个党员，尤其是党员领导干部充分发挥先锋模范作用。要勤勉敬业，真抓实干，把共产党员先进性要求体现到实际工作中，一步一个脚

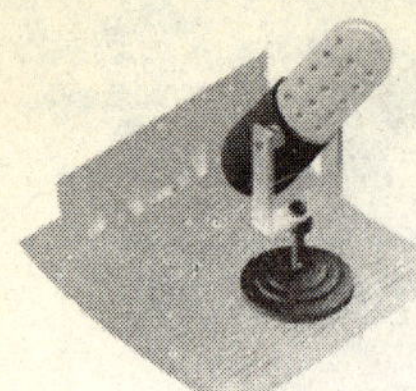

印地做好工作。要察实情、讲实话、办实事，不图虚名，不搞形式主义，带领职工群众开拓进取，奋发有为，把企业搞好，不断提高职工群众的生活水平和生活质量，通过全体干部职工的共同努力，为实现企业发展目标不断创造新业绩。四是要严于律己，密切联系群众，在作风上保持先进性党的作风建设的核心是保持党同人民群众的血肉联系。优良的党风是共产党员先进性的具体体现。胡锦涛同志在中央纪委第五次全会上指出：人民群众的拥护和支持，是党执政最牢固的政治基础和最深厚的力量源泉，能否始终保持党同人民群众的血肉联系，是对党的执政能力和执政地位最根本的考验。搞好国有企业必须全心全意依靠工人阶级，这是我们要把握的重要原则。因此，在作风上保持先进性，必须牢固树立群众观念，相信、依靠职工群众，做好群众工作。当前，企业面临异常复杂的市场环境和艰巨繁重的工作任务，需要我们发扬党的优良传统和作风，进一步密切同职工群众的联系，善解矛盾，创造和谐，调动各方面的力量，增强队伍的凝聚力和战斗力。能不能做到这一点是对领导干部管理能力的重要检验。在作风上保持先进性必须正确对待名利、地位和权力，严格自律，防微杜渐。当前，干部队伍中绝大多数同志面对金钱和名利的诱惑，保持了清醒头脑，经受住了考验。但也有极少数人经不住诱惑和考验，有的不满足已有的合法收入，抱着侥幸心理，收受钱物、贪污受贿；有的利用职务和工作之便，以权谋私，损公肥私；有的为个人晋升，跑关系，托门路，甚至送礼行贿。这些问题影响之坏，不可低估。近几年，职工群众对个别领导干部子女、亲属利用其职务职权影响经商、办企业的问题一直有反映；领导干部兼职取酬、损害企业利益的问题也时有发生。从党组纪检组去年受理的信访举报看，反映领导干部不廉洁问题的信访件占到29，居各类问题的第一位。应当看到，我们现在的收入，特别是领导干部的收入和待遇已经不低了，党培养一名局处级干部的成本也相当高。同志们都是经过十几年甚至几十年艰苦努力才走到今天的领导岗位，来之不易。每一名领导同志都应该牢记党的宗旨，牢固树立正确的权力观、地位观、利益观，以事业和人品为重，珍惜自己的政治生命，珍惜自己的工作岗位，珍惜家庭幸福，身体力行、廉洁自律、洁身自好。在作风上保持先进性，必须大力提倡艰苦奋斗、戒奢以俭。这是石油企业的优良传统。现在工作、生活环境好了，有些同志逐渐滋长了追求享受、贪图安逸的思想，在工作和应酬方面赶时髦、讲排场、比阔气，花钱大手大脚、铺张浪费；名目繁多的会议、过多的文件使基层负担很重；个别干部喝完酒失态，什么无原则的话都说，影响很坏。还有的在职务消费上随意超标，甚至资金来源不当。奢

侈浪费也是一种腐败行为。我们要实现企业持续有效较快协调发展，增强国际竞争力，需要办的事很多，需要花钱的地方很多，办一切事情都要遵循勤俭节约、艰苦创业的原则，量力而为、精打细算、讲求实效。领导机关和领导干部的工作条件只能随着企业发展逐步改善。况且，我们系统内部还有数万名困难职工，还有相当一部分职工收入并不高，生活负担还比较重。如果我们号召职工群众克服困难，而领导干部却大手大脚、挥霍浪费，那就会挫伤职工群众的积极性，就会脱离群众。从这个意义上看，领导干部带头勤俭节约、艰苦奋斗，具有更重要的政治意义。办公厅去年11月下发了《集团公司领导接待工作暂行规定》，各单位也要按照公开、规范的原则，改革完善公务活动接待制度和福利待遇制度，倡导务实、为民、廉洁之风。在作风上保持先进性，还必须做到谦虚谨慎、力戒浮躁、力戒骄傲。浮躁是思想不成熟的表现，骄傲是退步的开始。各级党员领导干部，特别是年轻的领导干部，一定要时时处处注意这个问题。其身正，不教而从；其身不正，虽令不行。各级领导干部肩负着教育群众、领导群众的重要使命，自身严格自律、一身正气，不仅本人在职工群众中威信高，说话办事有力量，而且能形成人格力量、形成感召力，把整个企业的风气带好保持共产党员先进性，领导干部要从自身做起，自觉做到常修为政之道，常思贪欲之害，常怀律己之心，成为诚实守信、廉洁从业、艰苦奋斗、谦虚谨慎的表率。同志们，今年集团公司各项任务十分繁重，国家审计署将对集团公司进行审计检查，保持共产党员先进性教育活动将在全公司逐步展开。反腐倡廉工作要和先进性教育活动紧密结合起来，要充分认识到保持共产党员先进性教育与企业党风建设和反腐倡廉目标是一致的，开展先进性教育活动对于促进企业领导人员提高廉洁自律意识，增强拒腐防变能力具有重要意义。纪检监察部门要为开展共产党员先进性教育活动做好保证。希望各级组织、部门和纪检监察干部继续保持发扬党的优良传统和作风，与时俱进，同心同德，切实做好今年的纪检监察工作，为实现集团公司持续有效较快协调发展作出新的贡献。

第五节　动员会议讲话稿

一、动员会议讲话稿的含义

动员会议讲话稿是主要讲进行某项工作的意义和方法。

二、动员会议讲话稿的写作技巧

动员大会领导讲话的主体构成主要有以下几项：动员讲话的主体构成一般分为认识、任务、要求三个部分。如：一位领导同志在明确创建卫生城重要意义的讲话稿中谈了三个问题：（一）增强责任感、紧迫感；（二）明确重点，分步实施，高标准高质量完成创建卫生城任务；（三）加强领导、协同运作、一鼓作气，按期完成卫生城创建任务。

三、动员会议讲话稿的注意事项

动员大会的目的是让与会人员明确开展某一工作、做好某一事情的意义，以及如何做好这一工作和事情。因此，动员会议讲话稿要求讲得入情入理、振奋人心、鼓舞斗志。

四、动员会议讲话稿的范例

例文一

全县招商引资动员会讲话稿

同志们：

今天这次会议主要是总结去年的招商引资工作，表彰先进，研究部署今年的主要任务和措施，动员全县上下进一步统一思想，坚定信心，加大

措施，乘势而上，以招商引资工作的大突破推动县域经济大发展、大提高。刚才，对2004年度招商引资先进单位、先进个人和项目引荐人进行了表彰奖励。受到表彰的单位和个人都是推动县域经济超常规跨越式发展的有功之臣。在此，我代表县委、县政府，向大家表示热烈的祝贺和衷心的感谢!希望大家戒骄戒躁，再接再厉，再立新功；希望各级各部门和广大干部群众，要以先进为榜样，干事创业，争创一流，为加快发展作出更大贡献。下面，根据县委、县政府研究的意见，我讲四个问题。

一、肯定成绩、认清形势，进一步坚定抓好招商引资工作的信心和决心

去年以来，全县上下认真贯彻党的十六大和十六届三中、四中全会精神，紧紧围绕推进超常规跨越式发展这一目标，始终把招商引资放在推动全县跨跃发展的战略位置来抓，面对国家实行宏观调控带来的不利因素团结开拓，迎难而上，创造性地开展工作，招商引资实现了新的突破。总结去年的工作，主要有以下几个特点：

一是招商氛围更加浓厚。通过多次组织到先进地区参观学习、招商引资，深入开展多种形式的招商活动，全县上下进一步强化了“招商引资是解决××发展问题的根本途径”这一共识。在此基础上，通过层层落实责任制，加大考核奖惩力度等措施，有效地调动了各个层面的招商引资积极性，特别是针对以往引荐人奖励得不到及时足额发放的现实，今年我们通过县财政扣留的方式对项目引荐人和先进单位直接进行奖励，使奖金直接发到引荐人手中，带来了良好的效果，更加激发了全县上下的招商热情，形成了人人想招商、议招商、干招商的浓厚氛围。

二是引进项目总量和质量有了较大提高。2004年，全县共引进项目191个，合同协议引资额237亿元，实际到位资金18亿元，引资额增长21，超额完成了年初确定的确保15亿元的目标。同时，所引进的项目质量较以往也有了很大的提高，比如××纺织引进的日本设备，采用全自动电脑控制；与台湾合资的××散热器，采用先进的生产管理技术，产品出口美国、西欧、韩国、日本等国家和地区。另外，“四百工程”一期、华信碳素、复合木地板园区等一批大项目先后建成投产或开工建设，并储备了铝深加工、纺织、汽车配件等一批大项目，为加快县域经济发展增添了新的后劲。

三是两大产业链条得到良性延伸。在我县已形成的铝、密度板两大产业链条的基础上，通过引进高科技的项目和技术，使两大产业链条进一步向纵深发展。在铝加工方面，比如信通铝业加工铝板带泊，由民用型材向工业型材发展；恒信铝业建设了产品专门出口日本的高精铝车间。在密度

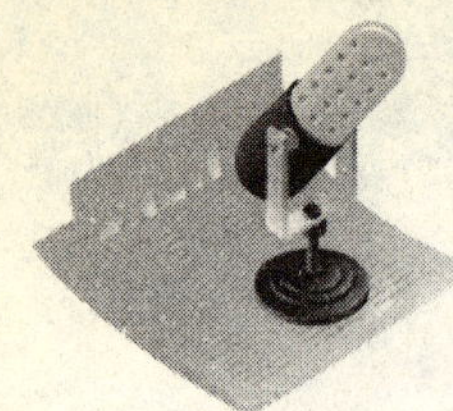

板及其深加工方面，我县新建了密度板加工园区，各密度板企业通过提高生产技术、产品质量和开发多样化的品种，使密度板产业链条得到不断延伸。如信诚板厂生产的高密度薄板，产品出口黎巴嫩、苏丹、叙利亚等多各国家，近期又与美国、俄罗斯签订了供销合同。新亚板材出口新加坡、马来西亚等国家。

四是投资环境进一步改善。工业区规划建设逐步完善，完成了“六纵五横”的道路建设，供电、供热等配套设施基本完善，铝加工、密度板生产加工、汽车配件、纺织等六大园区已具雏形，入园企业达到126家，园区载体功能日益完善，效应进一步显现。并且通过开通多条路段和对道路、园区进行绿化、美化，使投资环境和生活环境得到很大提高，大大增强了我县对外来客商的吸引力。软环境建设方面深入开展了“平安××”建设、行风评议部门等活动，加强了行政执法的监管力度，进一步提高了服务质量和办事效率，亲商、安商、助商蔚成风气。

五是招商引资成效更加突出。一方面，通过坚持不懈地抓招商引资，形成了一批新的经济增长点，促进了县域经济快速发展和运行质量明显提高。另一方面，通过发挥企业招商的主体作用，入园企业不断增多，工业园区不断扩大。去年以来入园企业比往年增加了29家，园区扩大了5平方公里。另外骨干企业迅速膨胀，去年全县规模以上企业发展到63家，销售收入、利税、上交税金稳步增长。

在充分肯定成绩的同时，我们也要清醒地看到，当前招商引资工作面临的形势仍然非常严峻，任务仍然十分艰巨。从我县情况看，在去年引进的项目中，真正对县域经济能够起到支撑和带动作用的大项目还不多，高科技项目、外资项目也十分有限，与先进县市区仍有不同层面的差距；园区的聚集效应还不够突出，尤其是各镇在推进项目落实上，力度还不够大，效果还不够好；企业作为招商引资的主体，其作用发挥得还不够，潜力还没有充分挖掘出来。特别值得注意的是，面对新的形势，有的同志对招商引资工作产生畏难发愁情绪，缺乏积极有效的应对措施，造成了工作上的被动。从大环境来看，今年国家继续采取宏观调控措施，土地和信贷持续紧张，对招商引资的负面影响仍然十分明显；各地在招商引资方面，力度不断加大，新招层出不穷，竞争更加激烈，致使招商难度进一步加大。这种情况下，如果我们再不引起足够重视，再不加大措施力度，将会给今年的招商引资工作带来新的被动，全县跨越式发展的良好势头将很难继续保持，我们与先进地区的差距也将越拉越大。同时我们也要看到，当前我国正处在新一轮经济增长上升期，世界看好中国，南方看好北方，

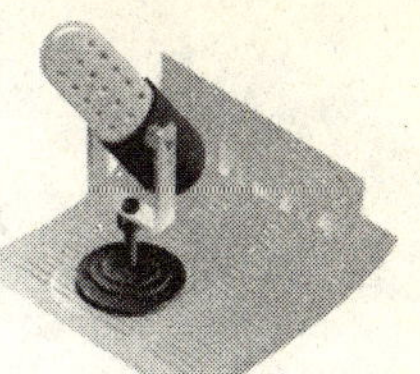

国际国内资本正在加快转移，为我们招商引资提供了难得机遇；经过几年来的招商引资实践，我们探索了一套行之有效的办法和措施，营造了良好的投资环境，结交了大批外商和朋友，储备了一批可供选择的项目，为更有成效、更大规模地招商引资奠定了良好基础。因此，各级各部门特别是各级领导干部，一定要正确把握当前形势，正确对待面临的机遇和挑战，既要看到存在的问题和不利因素，切实增强忧患意识，增强责任感和紧迫感；更要看到有利的一面，进一步坚定招商引资、加快发展的信心和决心，克服困难，发扬成绩，乘势而上，不断开创招商引资工作的新局面。

二、突出重点，加大措施，努力实现招商引资工作的新突破

根据全市经济工作会议提出的要求，今年招商引资工作要坚持以引进“大高外”项目为主攻方向，以搞好项目园区聚集为主要着力点，以产业群体式发展为思路，进一步创新招商方式，强化载体建设，优化投资环境，采取一切行之有效的措施，努力实现招商引资的大突破、大提高。任务目标是：确保全年实际到位资金15亿元，力争突破20亿元。在工作中，要突出抓好四个方面：

一是继续实施全民招商战略。招商引资是全县人民共同的事业，必须全党动员，全民动手。一方面，各级领导干部要充分发挥示范带头作用。我们既要有强烈的自信心和勇气，还要有谦虚谨慎的态度和谋人谋事的智慧，善于借八方能耐、汇四海关系把招商项目促成做大。招商引资在新的历史条件下，对我们的干部来讲就是一块试金石，希望各级干部能在招商引资活动中百炼成金，不断在招商引资工作中增长才干。各级各部门各单位主要负责同志是本单位招商引资的第一责任人，不仅要把招商引资工作摆上重要位置，还要带头走向招商引资第一线，带头完成任务。另一方面，要发动全县广大党员群众积极参与。我们很多同志的亲戚、朋友、同学、熟人在发达地区工作，其中就有不少是大企业、大公司的管理人员，经常和一些企业家、大老板接触，掌握许多企业的投资动态。各部门、各单位要层层召开会议，把工作人员都调动起来，把全县人民都发动起来，把每个人的关系都利用起来，不忘掉任何一位朋友，不怠慢任何一名客商，不漏掉任何一条消息，不放过任何一次机会，把招商引资的网络延伸到全省全国，把招商引资的力量扩大几倍、几十倍，迅速掀起全民招商、大招商、快招商、多招商的热潮。

二是以引进“大高外”项目为重点，在延伸产业链条，提升产业水平上狠下功夫。实践证明，在推进跨越式发展中，真正起决定性作用的是“大高外”项目。如果没有大项目、大投入，加快发展就会缺乏强有力的

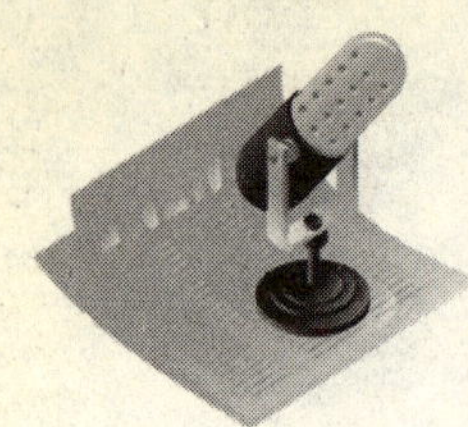

后劲支撑。因此，各级各部门各单位要在坚持大中小项目一起引、内资外资一起引的同时，始终把主攻方向放在大项目、高科技项目和境外资金项目上，力求在引进“大高外”项目上实现新的突破。特别在当前国家宏观政策趋紧，项目用地指标比较紧张的情况下，更要注重项目投资质量和科技含量，在提高项目引进质量上狠下功夫。另外，还要注重投资人的素质和投资项目的可行性操作，避免投资项目成为上访户现象的发生，关于这个问题我们有过这方面的教训，特别是有个别乡镇最有体会，好不容易引进个客商却是外地的下岗职工，既没有资金也没有管理和技术，乡镇政府费尽力气帮着把企业弄起来，还没盈利就倒闭，反而成了累赘。所以说，今后要重点瞄准国内外大企业、大财团、大投资商，集中力量，主动出击，下大气力引进一批技术和资金雄厚，有成熟管理经验的客商。再一个问题是我们在引进项目时要注重围绕我县产业链条，引进高附加值项目。从目前的情况看，特别是铝加工方面，我县前几年上的建筑用铝型材加工已普遍面临困境，如信合铝业、恒信铝业等，利润空间已非常有限。据今年初韩集引来的重庆客商讲，铝加工的下步就是向精深方向发展，他计划投资5000万元上精铝项目，这样每吨铝可增值1万元，如果再进一步加工成高压电子铝箔，每吨铝可升到17万元。

三是创新招商方式，在增强招商工作实效上狠下功夫。面对不断发展变化的新形势，面对越来越激烈的招商引资竞争，各级各部门要在克服畏难发愁情绪、保持良好精神状态的前提下，注意研究招商规律，把握招商特点，积极探索新形势下做好招商引资工作的新路子、新办法，逐步实现由粗放式招商向专业招商、高层次招商转变。今年，我们要在继续调动各方面积极性，努力营造全民招商浓厚氛围的同时，更加注重抓好蹲点招商、组团招商、节会招商等行之有效的招商措施，注重立足实际，打“优势仗”，唱“拿手戏”，进一步增强招商引资工作的针对性和实效性。尤其要突出抓好专业蹲点招商。今年，各乡镇（办事处）要组织几支素质高，懂经济的小团组招商队伍，结合我县产业发展需求，有重点的选择××、浙江、广东等2—3个发达城市，开展深入持久的蹲点招商活动，争取在蹲点招商上实现新的突破。对这项工作，各级各部门要结合各自实际，抓紧研究具体办法，落实招商地点，拿出骨干力量，组成专业招商队伍，力争尽快到岗到位。对参与蹲点招商的同志，各单位要给他们定任务、定责任、定奖惩，充分调动他们的积极性和创造性，确保收到实效。要更加重视节会招商的作用，整合各种节会资源，广泛联络外商，扩大招商引资成果。近年来，我市组织的“水城旅游节”、各种经贸洽谈会等，

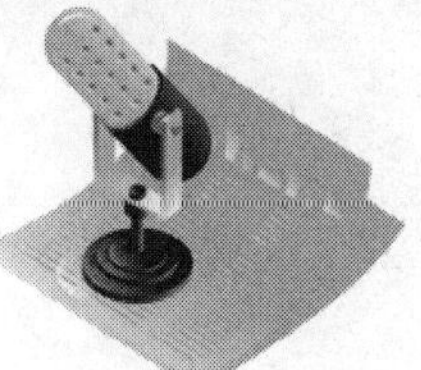

规模越来越大，影响也越来越广。今年5月7日，在徐州邳州市召开有几十个国家参加的第二届国际人造板展销会，各密度板企业及所属乡镇可结合自身实际，理清思路，搞好产品定位，充分利用好这些招商平台，借机引进一批“大高外”项目。围绕节会期间的招商引资，有关部门从现在开始就要进入倒计时，精心包装项目，广泛联系客户，争取工作主动权。

四是突出招商主体，在抓好企业招商上狠下功夫。企业是市场经济的主体，也是招商引资的主体。我县有63家规模以上企业，如果这些企业的招商积极性能够充分调动起来，主体作用能够充分发挥出来，全县的招商引资必将开创新的局面。从招商局前段时间搞的产业优势调查情况看，目前我县有很多企业都有进一步投资扩建的计划和打算，比如华鲁制药拟投资8430万元新上双室软袋大输液车间，齐鲁味精拟投资3605万元新上年产20万吨硫磺制酸项目，投资5500万元新上年产2万吨鸡精生产项目。为此，各级各部门一定要高度重视企业在招商引资中的主体作用，把企业招商与培植“三个一批”（一批支柱产业、企业集群、一批名牌产品、一批“精、专、强”的中小企业群体）有机结合起来，积极引导企业参与招商引资，千方百计为企业招商引资创造条件、提供便利，努力形成企业招商与政府促进良性互动的招商引资新格局。在当前国家实行宏观调控政策、融资难度进一步加大的情况下，各企业要进一步解放思想，更新观念，彻底克服封闭保守思想，把扩大招商引资、增加多元化投入作为加快膨胀发展的重要战略举措，更加自觉地走出去、引进来，寻求合作伙伴，促进企业大发展、大提高。特别是现已初具规模的重点骨干企业，要舍得拿出最好的资产、项目和产品，积极与国内外大企业、大财团搞好对接，敢于让别人参股、控股，以产权换资金，以存量换增量，以市场换技术，在招商引资中不断膨胀发展，尽快做大做强。各个产业的龙头骨干企业，要充分发挥我县的产业优势，围绕产业链条的拓展延伸，带头开展好产业招商，促进优势产业进一步上规模、上档次、上水平。五是要不断拓展招商领域。一方面要拓展农业、第三产业等领域的招商，积极利用好小杨屯鸭业集团、华鲁食品公司、鑫源佳宝乳业小区等龙头企业推进农业产业化，鼓励和吸引外资外商投资农业，大力发展订单农业，做大做强农产品加工、储藏、保鲜和运销企业，促进农产品加工增值。另一方面是开展城市基础设施建设招商引资，加速我县城市化进程。2004年，我县通过城镇基础设施方面的招商引资，建设了人民广场，开通了枣乡街，建设了我县第一个三星级标准的酒店，引进建设了天然气管道工程。今年，围绕我县新城开发与旧城改造工程、建设××公园、实验高中以北地段和枣乡街南段两侧

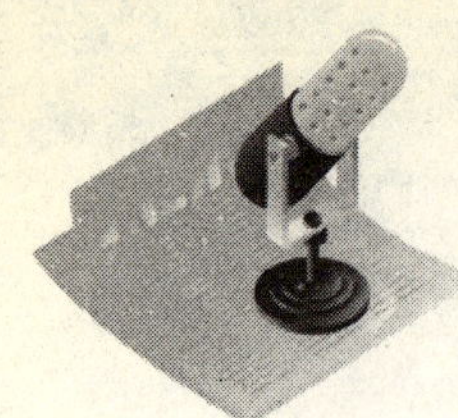

开发建设等城建规划，积极引进外资、高级技术和高级管理人员，引进先进的经营开发理念，提高城建水平。

三、进一步加强软环境建设，努力创造更加优越的投资发展条件

一是要充分用足、用活、用好有关政策。去年以来，国家对有关用地、信贷等宏观经济政策作了适当调整，各级各部门要认真学习，深入研究，科学把握，创造性地抓好贯彻落实。对前期我县出台的有关政策，凡是不违背法律法规，不与上级精神冲突，实践又证明是行之有效的，就要毫不动摇地坚持下去；凡是与变化了的新形势不协调的方面，要及时加以修正，不断调整、完善和创新。总的原则是，在不违背国家方针政策和法律法规的前提下，怎么有利于加快发展就怎么办，怎么有利于招商引资怎么办。各级各部门要正确处理部门利益与全局利益的关系，确保创造性地用足、用活、用好上级有关政策，确保县委、县政府出台的优惠政策不折不扣地落到实处。在此基础上，还要根据形势发展变化的要求，围绕县里确定的工作导向，在鼓励引进“大高外”项目、推动园区聚集等方面，研究、制定一些新的政策措施，充分发挥好政策的“洼地”效应。

二是要进一步加大“三乱”治理力度。解决“三乱”问题，不可能一劳永逸。各级各部门必须树立长期作战思想，坚持不懈、持之以恒地抓好“三乱”整治，不断巩固和扩大工作成果。要进一步落实好行风评议制度，充分发挥各个层面的监督作用。要继续坚持用铁的手腕、铁的纪律整治“三乱”行为，对发生的“三乱”问题和破坏投资环境的案件，不管涉及到什么人，不管问题出在哪个部门，一律严肃查处，决不姑息迁就。各部门要切实加强对执法工作人员的教育、监督和管理，建立行之有效的制约约束机制，从根本上杜绝和减少“三乱”问题的发生。 三是要进一步提高服务质量。当前，招商引资已由优惠政策的竞争转变为服务质量、服务效率的竞争。谁的服务质量好、办事效率高，谁就能赢得客商，赢得投资。前段时间，就发生了投资者利用晚上的时间把设备运走不再继续投资生产的事情。这种事情发生不仅使我们丧失了一个投资者，更重要的是我们丧失了外商对我们的信任，丧失了一个招商引资的地区，影响了我们××的形象。因此，各级各部门要牢固树立“一切为了投资者，为了投资者的一切”的观念，进一步转变职能、转变作风，积极为投资者提供全方位、全过程的服务，真正履行好“只要你投资，一切事情我们办”的承诺。要进一步创新服务方式，针对不同投资者的不同需要，量身定做服务内容，科学确定服务项目，千方百计地让投资者满意。要结合贯彻实施《行政许可法》，进一步提高工作效率，努力为投资者营造审批环节最

少、政府行为最规范、部门服务最到位的投资发展环境，督促各级机关及工作人员进一步转变作风，千方百计为外商提供优质高效的服务。

四、加强领导，狠抓落实，确保各项任务目标落到实处

能否全面完成今年的招商引资任务，再创招商引资新业绩，关键要靠坚强有力的组织领导和工作机制，靠扎扎实实的工作落实。各级各部门一定要按照县委、县政府的工作部署，加强领导，精心组织，真抓实干，努力把招商引资的各项任务目标落到实处。

一要广泛宣传造势。各级各部门要充分利用报刊、广播、电视、网络等宣传工具，大力宣传招商引资工作的重要意义，大力宣传县委、县政府的决策部署，大力宣传在招商引资工作中涌现出的先进典型，大力宣传我县招商引资工作取得的新成就，进一步统一全县上下的思想，调动方方面面的积极性，形成万众一心抓招商、齐心合力促发展的良好局面。同时，要有针对性地搞好对外宣传，广泛宣传××的投资环境、优惠政策和特色优势，不断增强对外影响力和吸引力。

二要落实任务分解机制。对今年分配的招商引资任务，各级各部门要层层量化分解，明确责任，落实到人，做到人人肩上有指标、有责任、有压力。各级各部门要继续落实“三分之一”的工作机制，各单位主要负责同志要切实履行好第一责任人的职责，不仅要统筹安排和组织好本地、本单位的招商引资工作，更要亲自外出招商，发挥好带头作用。对引进的项目要组成专门班子，落实包靠责任，一抓到底，直到项目建成投产。对投资规模大的重点骨干项目要继续落实县级领导包靠制度，及时帮助解决遇到的困难和问题，促进项目早建成、早投产、早达效。

三要加大力度搞好招商引资工作的调度督查和考核奖惩机制。要继续采取观摩调度、分头调度、重点项目调度等行之有效的办法，进一步加大对招商引资工作的调度督促力度，确保招商引资工作扎扎实实地向前推进。对招商引资项目，继续实行“月调度、季通报”制度。同时，要结合年终考核，进一步落实好有关奖惩措施，做到该奖的一定奖，该罚的一定罚，真正奖出动力、罚出压力。为鼓励引进“大高外”项目和促进项目聚集，今年，我们在考核内容上将重点突出固定资产投资过1000万元的国内项目和固定资产投资100万美元以上的境外项目，每个乡镇都要有固定资产投资100万元以上的进“园区”项目，有关部门要尽快修改完善今年的招商引资考核办法，充分发挥好导向作用。四是要不断完善落实项目跟踪落地机制。继续实行县级领导干部分包招商引资重点项目制度，对获得的一些招商线索或已签订的协议、合同等项目实行跟踪，进一步推进招商项

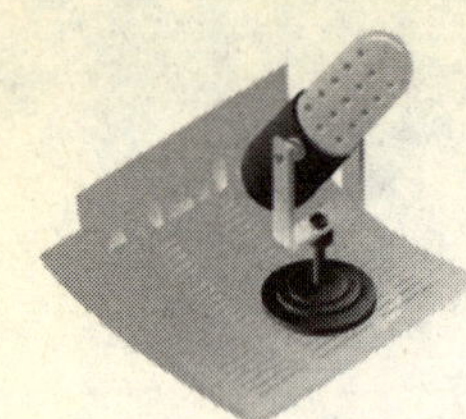

目由协议到合同、再由合同到投产见效，巩固并发展外出招商的成果。进一步实施“一把手负责机制”，督促各级一把手对招商引资工作亲自抓、负总责，身体力行，率先垂范。同时，配合组织人事部门，把事业心强，热爱经济工作的年轻干部推到招商引资第一线。

同志们，做好招商引资工作，事关全县经济发展大局，事关××的长远和未来。各级各部门要按照县委、县政府的部署要求，进一步振奋精神，坚定信心，加大措施，迎难而上，努力实现招商引资工作的新突破，为推进超常规跨越式发展作出新的更大的贡献。

例文二

同心协力精心组织
全力做好第一次全国污染源普查工作

——在全市污染源普查动员电视电话会议上的讲话

副市长××

（20××年××月××日）

同志们：

按照国务院部署，第一次全国污染源普查工作将于2008年在全国展开。目前，普查开始日期进入倒计时，各项前期准备工作正紧锣密鼓进行，正式普查即将在我市全面启动。今天，市政府召开全市污染源普查动员电视电话会议，传达贯彻国家污染源普查文件精神，安排部署我市污染源普查工作，动员全市上下进一步统一思想，提高认识，明确任务，强化措施，确保高质量完成我市污染源普查工作任务。刚才，市污染源普查领导小组副组长、环保局局长××同志传达了国务院《关于开展第一次全国污染源普查工作通知》，希望大家认真学习领会。下面就做好我市污染源普查工作，我讲三点意见。

一、提高认识，深刻领会做好污染源普查工作的重大意义

这次开展的全国性污染普查，是新中国成立以来的第一次，是党中央、国务院为全面掌握我国环境状况，提高环境科学决策水平作出的一项重大决策。就我市而言，这样大规模地在全市范围内开展污染普查也是首开我市环保史上的先河，意义重大，影响深远。我们必须认真学习，深刻领会，进一步增强做好污染源普查工作的责任感和使命感

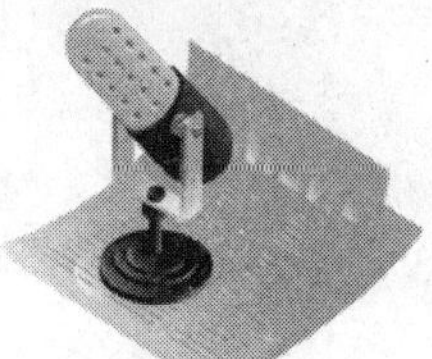

（一）开展污染源普查具有迫切的现实意义。开展污染源普查是党中央、国务院基于当前不容乐观的环境形势，确保尽快实现我国经济社会发展由粗放型向质量效益型转变和国民经济又好又快、长期可持续发展目标所做出的一项重要决策，是当务之急。随着我国经济持续快速发展，结构调整步伐加快，企业数量快速增加而且变动频繁，资源能源消耗量大幅上升，新的工业污染源不断增加，农业面源和生活源污染日益凸显，环境问题已成为当前制约我国经济社会健康快速发展的不利因素之一。全国人大通过的《国民经济与社会发展第十一个五年规划纲要》确定了主要污染物排放总量五年减少10％的约束性指标，标志着我国的环境保护工作进入了历史性转变的新阶段。然而，我国环境统计的现状是，各类统计监测数据基础不牢，时效性不强，数据质量不高，难以及时说清污染物排放的总量、削减的总量，无法满足主要污染物排放总量削减10％需要的各种数据支撑，原有环境统计远远不能适应当前经济发展的现状。这种状况如不尽快改变，节能减排工作将难以落到实处，不但直接制约经济社会发展，还将导致社会和广大民众对环境数据失去信任，政府部门的权威性、公信力也会下降甚至丧失。为此，在中央经济工作会议上温家宝总理明确要求：“要抓紧建立科学统一的单位国内生产总值能源消耗、主要污染物排放总量的指标体系、监测体系和考核体系，以使节能降耗、污染减排这两个约束性指标的评价具有可比性。”搞好污染源普查，摸清全国污染最新情况，将会对节能减排工作提供强有力支持，奠定坚实基础。

（二）开展污染源普查对我市经济发展具有长远的战略意义。当前和今后一个时期是我市经济社会进入新一轮发展的关键时期，也是各种矛盾包括资源、环境等问题最为突出的时期。我们要实现市委、市政府确定的经济社会发展目标，全面推进污染治理和产业结构调整，必须要有详实的环境数据作依据。而搞好这次污染普查是我们掌握重要环境基础数据的有效途径，有利于我们正确判断环境形势，科学制定我市环境保护规划；有利于有效实施主要污染物排放总量控制计划，切实改善环境质量，完成节能减排的约束性指标；有利于我们不断提高环境监管和执法水平，推进资源节约形、环境友好型社会的建设。

二、认清形势，高度把握污染源普查工作的严肃性

污染源普查是一项重大的国情调查，一项严肃的政治任务。第一次全国污染源普查与经济、人口、农业普查具有同等重要地位。国家对污染源普查工作高度重视，普查规格之高，涉及面之广，联系部门、动用人力、投入资金之多史无前例。国务院成立了以曾培炎副总理为组长，国务院副

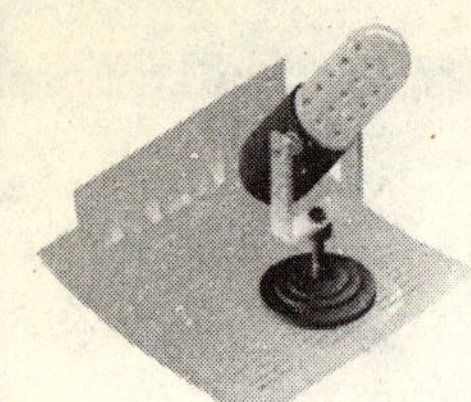

秘书长、国家环保总局局长、国家统计局局长为副组长，10个部委领导组成的领导小组。颁布了《第一次全国污染源普查条例》，印发了《关于开展第一次全国污染源普查工作的通知》和《第一次全国污染源普查工作方案》，配套制定了一系列技术规定和细则，编制了各类污染源普查表格。为了验证这些技术文件的科学性、可行性和实用性，国家在全国14个市、县先期开展普查试点，为全面普查工作开展摸索经验、奠定基础。为确保普查质量，还明确强调普查资料严格限定用于污染源普查目的，不与完成“十一五”总量消减计划挂钩，不作为对普查对象实施处罚和收费的依据。可以看出，国家对全面摸清污染底数的决心和力度，这就要求我们以高度的政治责任心、严肃认真的工作态度正确对待普查工作。

今年，我市有幸作为全国十四个试点市、县之一，参加了普查前期开展的试点工作。能够成为试点城市是国家、省对我们过去工作的认可、肯定和充分信任，不仅光荣，而且责任重大。试点工作在国家、省关心和指导下，在市委、市政府的高度重视下，在试点县（市）区的精心组织和大力支持下，圆满地完成了试点工作任务，受到了国家环保总局的充分肯定。通过试点，我们为正式普查工作摸索了经验，锻炼了队伍，奠定了基础，积累了一笔宝贵财富。但试点工作只是正式普查的一次实兵演练，只有部分县区参加，而且普查时点不同。因此，在即将开始的正式普查工作中，我们不能有丝毫懈怠。

普查数据质量是普查工作的生命线，各级各部门都要牢固树立质量第一的观念，认真研究普查方案和与之相配套的一系列技术规定、工作细则，严格普查工作行为规范，每个环节都要做到精益求精。要按照《中华人民共和国统计法》和《第一次全国污染源普查条例》的有关规定，按时、如实填报普查数据，确保普查数据的真实、可靠、有效，不得虚报、瞒报、拒报、迟报，更不得伪造、篡改普查数据和资料。各级普查机构要加强对普查员的教育管理，引导和帮助普查员严格遵守相关纪律规定。要认真处理好普查工作与维护生产秩序的关系，不能干涉企业正常的生产经营活动，不能增加企业和基层单位的经济负担，同时严格依法履行对普查对象工艺技术、商业秘密等的保密义务。对普查中发现的违法违规行为要依法追究有关领导和人员责任，确保普查工作不走过场、不流于形式。

三、精心组织，全力做好污染源普查工作

此次污染源普查涉及范围广、参与部门多、普查任务重、时间要求紧、技术要求高、工作难度大，是一项庞大的系统工程。要在一年时间内，组织动用上千名具有较高政治业务素质普查人员深入全市所有排污单

位开展普查，内容不仅涵盖了工业污染源，还包括第一产业、第三产业和城镇生活污染源，要高质量完成如此规模和复杂工作，需要有高效协调的工作机制、良好的社会氛围和一定的财力支持作保障。必须加强领导，强化责任，落实资金，加大宣传，充分发挥、调动各级各部门的积极性和主观能动性，通力合作，密切配合，全力推进。

（一）要加强领导。按照国家污染源普查“全国统一领导、部门分工协作、地方分级负责、各方共同参与”的要求，各级各部门领导必须站在讲政治的高度，把污染源普查工作摆上重要议事日程，作为大事来抓。市里成立了由12个部门领导组成的普查领导小组，领导小组作为普查工作的领导机构，要切实负起责任，加强调度指挥和督促检查，协调落实好各项工作任务。各县区、大中型企业也要成立污染源普查领导机构，主要领导要亲自挂帅，统筹安排，科学调度，及时协调解决重点、难点问题。要做到深入细致，精益求精，对每项工作要有部署、有检查、有反馈，事事敲钟问响，确保工作联动、运转高效。要增强工作的自觉性和主动性，做到领导到位、工作到位、服务到位。

（二）要强化责任。要把污染源普查工作列入对各级政府、部门的环境保护目标责任制考核，明确任务，分清责任，把目标层层细化、量化、具体化，把任务落实到部门，落实到人头。要建立健全普查数据质量控制责任制，在普查的各个环节实行严格的质量控制和检查验收。要严格督办检查，跟踪问效，确保按要求、按时限完成各阶段工作任务。要严格考核奖惩，逐项逐条进行验收考核，对普查工作成绩突出的单位和领导给予表彰奖励。对责任心不强，影响全市普查进度和质量甚至造成严重后果的，要追究领导和当事人责任。

（三）要落实普查经费。污染源普查动用人员多，要聘用部分社会人员。培训任务重，不但要选派部分骨干参加国家、省组织的培训，还要对其余大部分普查员自行组织培训。深入企业、乡、村时间长，频次多。需要的监测、数据录入等仪器设备数量多、档次配置高。重点污染源监测数量大，宣传造势任务重。这些工作都需要一定的资金支持，光靠日常办公经费，难以满足普查工作需要。按照国家“各级污染源普查经费由同级财政负责并列入年度预算，国家对中西部地区给予适当补助”原则，各地都要认真编制普查经费预算，纳入地方财政预算管理，保证按时拨付、专款专用。同时，要积极向上争取资金，缓解地方财政压力，确保普查工作顺利开展。

（四）要加大宣传。通过宣传造势，扩大影响，营造氛围。要充分利

用各种宣传媒体，运用各种宣传手段，开展形式多样、广泛深入的宣传发动，为普查工作顺利开展营造良好舆论氛围。要确保宣传效果，不但要让普查对象了解掌握污染源普查的目的、意义，最大限度地消除其思想顾虑和抵触情绪，还要讲明污染源普查具有法定强制性，如果不如实申报，除要承担相应责任外，还有可能失去排污容量甚至排污权，要积极主动配合普查。同志们，此次污染源普查，上级关心，社会关注。我相信，有市委、市政府的领导，有社会各界的广泛参与、支持和配合，有试点工作中积累的宝贵经验，通过全市上下团结协作、扎实工作，我市污染源普查工作一定会取得圆满成功！

例文三

创建卫生城动员会议讲话

同志们：

创建国家卫生城市是市委市政府的重要决策，是“一创六建”工作的重要组成部分。今天的会议就是动员全市上下迅速行动起来，更加扎实深入地开展创建国家卫生城市的工作，确保我市创建工作圆满完成。下面，我再讲几点意见。

一、切实增强创建工作的信心和决心

国家卫生城市称号是反映城市整体卫生文明程度的最高荣誉。创建国家卫生城市既是市委市政府“一创六建”的重要组成部分，也是争创国家环境保护模范城市的重要条件之一，对于打造我市城市名片、提升城市档次和品味、扩大城市知名度具有重要意义。各级、各部门、各单位一定要从实践“三个代表”重要思想和落实科学发展观的高度统一思想认识。首先，创建国家卫生城市是贯彻落实科学发展观的具体体现。开展国家卫生城市创建活动，营造整洁卫生、舒适优雅的城市环境，既是物质文明建设的重要内容，又是精神文明建设的有效载体；既可约束人们的不文明、不卫生行为，又可以陶冶人们的情操；既能提高市民素质和城市文明化程度，又能形成健康向上的社会风尚，从而促进人与自然的和谐共进，促进我市经济、人口、资源、环境的协调发展。其次，创建国家卫生城市是全面建设小康社会的迫切要求。随着工业化、城市化进程的加快，人民生活水平不断提高，全民健康素质和社会“大卫生”问题将更加突出。在各级、各地制定的全面建设小康社会指标体系中，人民健康和卫生都作为

一项重要内容。没有全民的健康，也就没有全面的小康。创建国家卫生城市作为一种有效载体，可以全面改善环境卫生质量，增强全民的健康素质，推进全面建设小康社会进程。再次，创建国家卫生城市是不断改善提升我市人居环境和投资环境的客观要求。通过开展卫生城市创建活动，努力把临沂建成基础设施完善、社会管理有序、环境整洁优美、生活舒适健康的城市，提升城市品位，树立美好形象，形成人才、资金、信息聚集的洼地。

目前，我市创建国家卫生城市面临着十分严峻的形势。从全国来看，××省的国家卫生城市已达17个，数量位居全国第一。××发达地区的城市几乎全是国家卫生城市。中西部地区的河南、四川、新疆等省区的创建活动也如火如荼、卓有成效。从全省来看，各个城市也普遍加快了创建步伐，已先后有威海、烟台、滨州、泰安、淄博、莱芜、青岛、临沂8个市和莱州、胶州、招远、青州4个县级市被命名为国家卫生城市，聊城、日照、寿光、蓬莱等也很快接受国家达标验收，去年全省包括我市在内的13个城市又加入了创建国家卫生城市的行列。目前，已经创建的有12个，正在创建的17个，占比达到60%。特别是全省17个地级城市，已有15个市已经创建或正在创建。从我市"一创六建"的布局来看，自荣膺"全国双拥模范城"、"中国优秀旅游城市"、"省级创建文明城市工作先进城市"后，我们面临的任务就是要抓紧争创"国家卫生城市"，进一步提升××城的档次和水平，为全市争创"全国环境保护模范城市"等打好基础。可以说，只有国家卫生城市创建成功，才能拿到创建国家环境保护模范城市的"入场券"；只有"两城"创建成功，才能夯实创建国家文明城市的基础。从我市的自身条件看，经济基础还比较薄弱，基础设施建设还不够完善，特别是道路硬化、污水处理、垃圾清运、城中村改造、自来水供水率、统一供热供气等硬件建设与创建国家卫生城市的标准还有较大差距。加之我市是商贸大市，流动人口多，卫生意识和生活习惯在许多方面比较落后，给创建工作造成较大困难。从国家卫生城市创建验收标准看，随着国家卫生城市创建工作的不断深入，国家爱卫会的验收标准越来越高，任务越来越细，要求越来越严，这对我们的创建工作提出了更高的要求。

同时，也必须看到我们的有利因素很多，已经初步具备了争创"国家卫生城市"的条件。一方面，这几年我市的城市基础设施建设取得很大进展。特别是随着双河大道建设和岭路、金一路等一大批改扩建工程的实施，蓝天、亮化、碧水、绿化工程和公共卫生管理日益规范。另一方面，国家双拥模范城、中国优秀旅游城市、省级创建文明城市工作先进城市的

创建成功，为我市创建国家卫生城市积累了宝贵经验，奠定了良好基础，市民的整体素质和城市文明程度也得到了很大提高。因此，我们一定要既看到创城工作面临的严峻形势和繁重任务，又看到良好的基础和有利条件，进一步增强责任感、紧迫感，增强创建工作的信心和决心，以不创则已，创则成功，志在必得，决战决胜的精神和勇气，扎扎实实地推进国家卫生城市创建工作。我相信，只要我们坚定信心，下定决心，众志成城，加倍努力，措施到位，方法得当，创建国家卫生城市的目标就一定能够实现。

二、确保各项创建任务落到实处

国家卫生城市创建考核标准包含10大项、60条、近千个得分点。每一个得分点都很重要，必须认真、扎实、全面地抓好。在具体工作中要本着“先急后缓、突出重点”的原则，合理分配资源和精力，突出抓重点、抓难点、抓薄弱环节，实现重点突破，整体推进。

（一）要努力营造创建工作的浓厚氛围。创建国家卫生城市是一项广泛的群众性活动，其成败的关键在于能否宣传群众、发动群众、组织群众积极地参与到创建活动中去，真正把创建工作变成广大市民的自觉行动。一方面，要充分调动基层和广大人民群众的创建积极性。我市创建国家卫生城市工作之所以还存在不少难点和薄弱环节，很大程度上是因为上热下冷，市民的知晓率，特别是参与度不够高。城市管理仅仅依靠政府部门是管不过来的，必须充分发挥好街道、办事处、居委会、社区的作用，发动广大市民积极参与创建，改变目前的被动局面。众人拾柴火焰高。只要广泛发动群众积极参与创建，我相信，大街小巷、城中村、城乡结合部的环境卫生整治和日常管理肯定会有很大的改观。要以街道、居委会、社区为单位，广泛开展形式多样、生动活泼的社区性、群众性创建活动，用活动引导、组织广大市民支持创建、参与创建，把广大群众的智慧和力量凝聚到实现创建目标上来，充分发挥广大群众的主体作用和主观能动性，切实打牢创建工作的基础，形成人人参与国家卫生城市创建的可喜局面。另一方面，电视台、电台、报刊、网站等新闻媒体要开设专栏专题宣传栏目，各部门、各单位、社区和各基层单位要充分利用黑板报、宣传橱窗、广告牌、电视幕墙、宣传栏、墙报等形式，大张旗鼓地宣传创建国家卫生城的重要意义，宣传市委、市政府的决策部署，宣传好典型、好经验、好做法，大力营造浓厚的舆论氛围。同时，要按照职责分工和确定的宣传标语，进一步加强户外广告的清理整顿，在重要路段、公共场所和“窗口”单位有计划地设置公益广告牌，进一步提高社会知晓率。

（二）要加大城市基础设施建设力度。围绕集中供热供水供气、污水处理、公厕建设、城中村改造等，市城建、经贸等部门要搞好配合，尽快拿出集中供热的具体实施方案，尽早组织实施。市规划、建设部门要会同三区政府和高新区、经济开发区管委会，按照有关要求和标准，结合城市建设，对市区内各类公共卫生设施特别是垃圾箱、果皮箱等进行全面调查，提出建设和改造规划，限期完成任务。要搞好公共厕所的改造建设。凡新开发的地片、小区新建和改造，一定要把公共厕所规划在内，并多方筹措资金加快建设步伐，厕所临街的单位要实行对外公用，力争明年上半年建成区内公厕数量和质量达到标准要求。要立足目前市区自来水普及率比卫生城标准相差较多的实际，调动各方面的积极性，大力推进自来水管网的延伸普及工程，最大限度地提高自来水的普及率，力争尽快惠及市民。要进一步加强市区道路的建设，重点搞好较差路段、背街小巷和城中村道路的整修改造，促其尽快达标。要完善粪便垃圾处理设施。三区都要加快粪便垃圾处理设施的规划建设，争取年内每个区建设一处符合标准的粪便处理厂，实现无害化处理的目标。要进一步加强城市垃圾清运处理设施建设，提高机械化作业水平，限期达到集中清运密闭化和处理无害化的要求。城市基础设施建设关键在投入，核心是资金。近两年，政府加大了对城市建设的投入，但只靠这一条还远远不够。要进一步加大市场化融通城市建设资金的力度，积极利用BOT、TOT、BOO等方式筹集资金；要加快市政公用设施市场化运营步伐，千方百计地吸引民间资本投入城市建设；同时，要搞好与金融部门的合作，利用政府信誉吸引银行资金的注入。

（三）要大力开展环境卫生集中整治活动。一是要开展“城中村”卫生整治。组织专门力量，对建成区内241个城中村环境卫生进行一次拉网式排查，逐一提出整治措施。已经列入改造计划的要抓紧落实，短期内不能改造的要加强街巷硬化、清扫保洁、垃圾清运和粪便处理，并落实卫生制度，加大督导力度，全面改善环境卫生面貌。二是要治理和规范集贸市场。由市工商局牵头，市执法局、卫生局、公安局和各区政府联合行动，对市区所有集贸市场特别是农贸市场进行全面整治，做到商品划行归市、摊位摆放整齐，并建立严格的卫生责任区和管理制度，彻底解决乱摆乱放、乱倒污水、乱扔垃圾等问题。要加大市场周边环境的整治力度，坚决取缔无证经营、占道经营等摊点。要建立健全集贸市场保洁专业队伍，严格保洁责任制，提高规范化管理水平。要加快推进“农改超”（即城区农贸市场改超市）建设。工商、食品药品监督、经贸等部门要把“农改超”作为改善市容村貌、提升城市档次的重要措施，在调查研究的基础上，拿

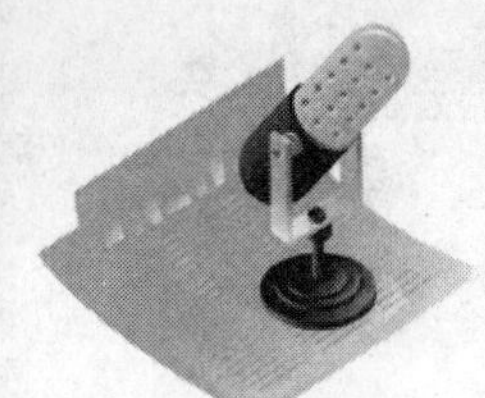

出方案，尽快实施。大力开展食品安全专项整治，抓好放心早餐活动，集中整治露天早餐夜市和烧烤摊点、无证经营和流动摊点业户、学校、医院等周边的小食品经营以及农贸市场中的食品摊点，严厉打击食品污染、掺杂使假等危害群众身体健康的违法行为。三是要开展环境污染整治活动。市环保局要协调有关部门加快实施“蓝天工程”，重点治理市区内小锅炉、汽车尾气污染和噪声扰民等，认真解决工业废水排放、工业废物乱弃及河流污染等问题。罗庄、河东两区要加快建设污水处理厂步伐，尽快解决城市污水净化问题。四是要开展“五小行业”的卫生整治。市卫生局、食品药品监督局要依法加强对市区内小旅店、小饭店、小食品店、小饮食摊点、小美容美发店的整顿管理，凡达不到卫生标准的要责令限期整改，整改后仍达不到标准的要责令停业。五是要开展“除四害”活动。消除老鼠、苍蝇、蚊子、蟑螂“四害”工作指标，是创建国家卫生城市的五个入门硬件之一。从现在起，要在全市范围内集中开展以灭鼠为重点的除“四害”达标活动，通过落实综合防治措施，务求除“四害”工作提前达标。

（四）要建立健全城市卫生保洁机制。改善城市环境卫生质量，必须坚持突击整治与经常监管相结合，专业队伍与全民参与相结合的方针，建立和完善环卫保洁的长效机制。要建立爱国卫生突击周制度。从今年起，要在每年的“五一”、“十一”黄金周之前，安排一周的时间，组织动员驻城单位和全体居民共同参与，像迎接省级创建文明城市工作先进城市检查那样，集中整治“脏、乱、差”，开展全民清扫活动。要强化“门前五包、门内达标”责任制。把门前保洁、绿化、美化、秩序、公共设施看护的责任真正落实到所有单位和居民小区，并加强监督检查。要加快推进环卫体制改革。市环卫管理部门要逐步实施“干、管”分开，走环卫保洁市场化的路子。鼓励和支持社会各类保洁公司参与竞争，将市区大街小巷、集贸市场、“城中村”、城乡结合部、建筑工地、市区内铁路与河流沿线的保洁工作落实到保洁企业，环卫部门主要承担监督管理职能。要坚持依法治城。尽快制定出台《城市环境卫生管理办法》、《市除“四害”管理办法》等规范性文件，使环卫管理、爱国卫生等工作有章可循。各级规划、城建、环保、公安、交通、卫生等部门，要运用好行业性法律法规，坚持依法行政，规范各个领域的卫生秩序，推动城市卫生管理工作逐步走向法制化的轨道。

（五）要切实建立健全创城档案资料。国家卫生城的验收主要是通过看现场、查资料、听汇报来衡量每个城市的综合水平和档次。要把建立健全档案资料作为一项重要的基础工作来抓，市创建国家卫生城市指挥部办

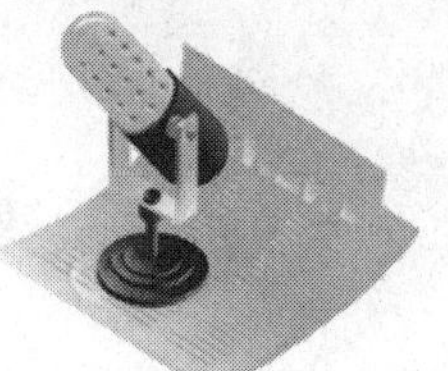

公室要设立专门的档案组，明确人员专门负责档案的收集、汇总、整理、保存。各级、各部门、各单位要在收集、汇总、整理、保存好本系统、本单位的档案资料的基础上，及时向市创建国家卫生城市指挥部办公室提供资料，形成统一、规范、有效的档案资料，确保在档案资料上一分不失。

三、力争创建目标如期实现

创建国家卫生城市，今明两年是决胜时期、冲刺阶段，各级、各部门要发扬求真务实的精神和雷厉风行的作风，高标准、高质量地完成创建任务。市里已经成立了由市级几大班子领导同志担任正、副指挥，三区政府、两个开发区管委会和市直有关部门主要负责同志任成员的市创建国家卫生城市指挥部。指挥部下设办公室，从市直和五区抽调专门人员集中办公，负责组织协调和检查督导。各级、各部门特别是各责任单位要严格按照创建分工安排和要求，真正把创建卫生城工作摆上重要日程，抽调精干力量，组成创建机构，搞好任务落实。各区、各部门、各单位主要负责同志作为创建工作的第一责任人，要亲自部署、亲自指挥、亲自检查。分管领导作为具体责任人，要集中精力，狠抓任务落实。要深入一线，解决实际问题，扎扎实实地把创建工作做好。各级、各部门、各单位要严格按照市委、市政府的决策部署，结合各自责任分工，层层分解任务，明确工作要求，落实责任主体，把目标任务真正落实到部门、岗位和人员。要及时了解掌握工作任务进度、各项指标完成的质量，找准薄弱环节，抓住重点难点，集中力量解决突出问题，决不能因哪个部门、哪个单位工作不力而影响国家卫生城市的创建。各县、乡镇以及没有具体任务的单位也要参照卫生城标准改进各项工作，与整个卫生城市创建工作协调推进。要完善考核奖惩制度，强化监督检查，真正做到事事有人管、件件有着落。纪检监察和组织人事部门要加强对责任单位的效能监察，做到责任全覆盖、管理无漏洞、创建无死角，并将督查情况作为考察干部和年终考核的重要内容。要充分发挥社会监督和舆论监督的作用，对因工作不力、延误整体创建工作进程的部门和单位要通报批评和新闻曝光，影响实现创建目标的要严格追究责任。

创建国家卫生城市的工作也是一个系统的社会工程，各级、各部门、各单位要站在全局的高度，切实增强大局意识和责任意识，讲风格、顾大局、不推诿、不扯皮，必要时要多一点奉献精神、牺牲精神，为创建工作勇挑重担、多做贡献。要牢固树立“一盘棋”的思想，既要各司其职、各负其责，又要协同作战、合力攻坚。特别是职能交叉的部门、单位，要主动搞好沟通与衔接。各创建工作牵头部门要真正发挥牵头协调作用，积极

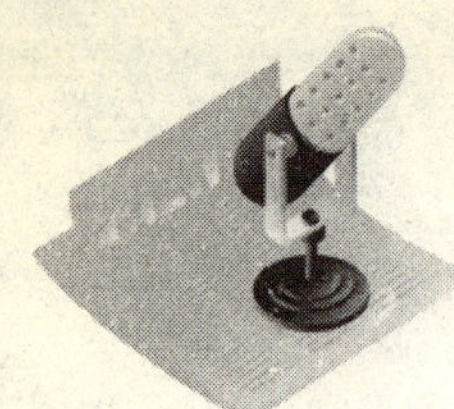

主动地组织实施。各级创城机构和责任单位，要自觉服从市创建国家卫生城市指挥部及其办公室的统一领导和指挥调度，确保政令畅通。

同志们，创建国家卫生城市的任务繁重，要求很高。全市广大干部群众一定要按照这次会议的部署要求，迅速行动起来，团结一致，真抓实干，把每项工作都做扎实，为如期实现创建目标、促进全市经济社会又快又好的发展作出积极的努力。

第六节　庆功会、表彰会讲话稿

一、庆功会、表彰会讲话稿的含义

庆功会、表彰会讲话稿主要是概括、总结、肯定受表彰单位或个人的成绩和经验，对其进行表彰、鼓励，并对其提出学习、推广的要求，要富有激情和感召力。

二、庆功会、表彰会讲话稿的写作技巧

表彰大会领导讲话的主体构成。这类讲话稿的主体构成一般分为颂扬成绩、提出希望、号召学习三个部分，有的也分为总结工作、表彰先进和安排部署今后工作两个部分。如：有一位领导同志在全市农业劳动模范、先进集体表彰大会上的讲话一共分为三个部分：“（一）全市农业发展形势很好，劳动模范和先进集体功绩卓著；（二）在进一步振兴全市农业的艰巨任务面前，劳动模范要弘扬传统、再立新功；（三）广泛开展学先进、赶先进活动，把我市农村两个文明建设提高到一个新水平。”

三、庆功会、表彰会讲话稿的注意事项

1. 逻辑推理和事实印证，就是人们说明问题的标明态度的常用方法。在庆功会、表彰会的讲话稿中，应该尽可能选择事实印证。恰当地列举有

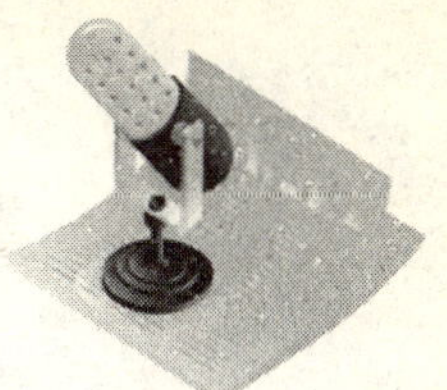

说服力的事例既便于口语表达，又有利于克服用理论解释理论、用概念解释概念的弊病。举例子一定要做到为观点服务，不能只是罗列现象，这样才能使得庆功会、表彰会的讲话稿不再看空洞无味，避免成为华丽语言的堆砌和高帽子的重复。

2. 在庆功会、表彰会的讲话稿语言方面应化长为短既里所说的长与短既包括单个句子的长短，也包括稿件整体的长短。有些同志写稿习惯用长句子、大段落，几十个字才用一个标点，几篇稿纸也见不到一个自然段，这是在写庆功会、表彰会讲话稿时所忌讳的。因为句子和段落太长，读的人和听的人都容易疲劳，也容易听了后面忘了前面，不得要领。因此，要把庆功会、表彰会讲话稿的句式短一些，自然段多一些，整个稿件不宜过长，既可以层次鲜明，也容易让人听清弄懂。

3. 在庆功会、表彰会讲话稿的内容上要化虚为实。讲话稿不宜使用空洞的、华而不实的词句来描述抽象、乏味的理论，应多讲实例而少戴高帽，要尽量给人以实事求是的印象，不宜滥用形容词，不可使人产生长而空、卖弄文笔的感觉。

四、范例

例文一

×机关党委书记在庆祝建党86周年暨表彰大会上的讲话

×××

（2007年×月×日）

同志们：

今天我们在这里隆重集会，热烈庆祝中国共产党建党86周年，并对在“创先争优”活动中涌现出来的先进基层党组织、先进党支部、优秀党务工作者、优秀共产党员进行表彰。在此，我代表局党委，向受到表彰的先进集体和先进个人表示热烈的祝贺！向全局广大共产党员致以节日的问候！

中国共产党已经走过86年的艰辛历程。中国共产党的86年是把马克思主义的普遍原理同中国革命的具体实践相结合，探索救国图强真理，开辟民族振兴道路的86年；是带领中国人民不怕流血牺牲，创造辉煌业绩的86年。在86年的征程中，中国共产党在以毛泽东、邓小平、江泽民同志为核

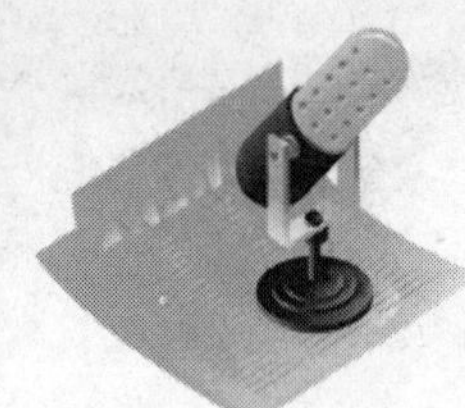

心的三代领导集体的坚强领导下，以崭新的世界观，为着民族的解放、国家独立、社会进步和人民幸福，团结带领人民群众英勇奋斗，经历了战争与和平、革命与执政、建设与改革、挫折与胜利的考验，取得了民主革命和社会主义革命与建设的辉煌成就，成为推动历史前进的强大的政治力量。进入新世纪，面对全面建设小康社会、实现中华民族伟大复兴，以胡锦涛同志为总书记的新的中央领导集体，正带领全国各族人民奋力谱写中国历史上更加辉煌的新篇章。在86年的光辉历程中，历史和现实充分证明，我们的党是富于创新精神，不断开拓进取、与时俱进的党；是经得起各种风浪考验，勇于在困难和挫折中奋进的党；是忠实实践“三个代表”重要思想，脚踏实地为人民群众根本利益奋斗不息的党。每一名共产党员都应为此感到光荣和自豪！

改革以来，全局干部职工团结一心、不畏艰辛、埋头苦干、忘我工作，取得了两个文明建设的丰硕成果。×电网建设实现历史性跨越，×电力市场规范工作取得重大突破，我局综合实力迈上新台阶，取得了“十五”的骄人业绩，为我局“十一五”实现又好又快发展奠定了坚实的基础。全局厂网分开改革以来艰苦卓绝的努力和不平凡的工作业绩，得到了集团公司党委和×伦贝尔市委、政府的充分肯定。

今年以来全局广大干部职工在“享受工作、追求卓越”的企业精神鼓舞下，正精神饱满、士气高昂地全面贯彻落实×电力集团公司2007年工作会暨三届二次职代会精神和我局2007年工作会暨一届四次职代会精神，精心组织，狠抓落实，各项重点工作正在稳步推进，对圆满实现我局2007年各项奋斗目标充满信心。

在完成生产经营等各项工作任务的过程中，全局各级党组织在×电力集团公司党委和局党委的正确领导下，以邓小平理论和“三个代表”重要思想为指导，牢固树立和认真落实科学发展观，坚持“围绕发展抓党建，抓好党建促发展”的工作思路，紧紧围绕“树立科学的发展观，牢牢确立做大做强×伦贝尔电网的发展战略；牢牢确立一年打基础、两年创一流的企业管理战略；牢牢确立建设和培育有序竞争、良性经营管理的×伦贝尔区域电力市场的营销战略；牢牢确立增收节支，挖潜增效，积极减少亏损，树立过紧日子思想的经营战略”，积极开展工作。面对艰巨的改革发展任务和严峻的缺电形势，大力加强领导班子和干部队伍建设，严格按照干部选拔任用有关规定，在厂网改革后和“三改”中进行了两次较大规模的调整，一批有实绩、德才兼备、学历层次较高、年轻有为的同志提拔充实到各级各类领导岗位，机关和所属各单位领导班子的整体功能和素质明

显提高，领导班子和干部队伍的结构进一步优化，凝聚力和战斗力显著增强，更加激发了广大干部职工的积极性和工作热情，为我们完成繁重的改革发展和创一流任务提供了坚强的组织领导保证和人才支持。

各单位党组织以保持共产党员先进性教育活动为契机，加强党员身份意识，严肃政治纪律，有针对性地抓实事、解决具体问题。以“四好”班子建设带动全局领导班子和干部队伍的政治思想作风建设，树立了正气，严肃了纪律，全局党的组织、思想、作风建设进一步加强。认真学习贯彻两个《条例》，落实党风廉政建设责任制，进一步加强了对干部的监督考核，增强了各级班子和全体干部的纪律观念和监督意识。紧密结合创一流工作，大力推进优质服务，全面深入开展“蒙电服务进万家”活动，进一步巩固全局纠风工作和行风建设的良好成果。坚持正确的舆论导向，大力宣传我局的生产经营、基本建设、创一流工作、精神文明建设的成就，振奋全局干部职工的精神，有力地促进了各项重点工作的顺利开展。精神文明建设成果喜人，先后被授予国家电网公司级文明单位和国家级精神文明建设先进单位。企业文化建设迈出了可喜的步伐，策划完成了完整、具体、有针对性、有我局特色的企业文化建设方案，并正在全局范围内逐步推广、深入人心。工会、共青团工作在维护职工权益、加强民主管理、维护企业稳定等各方面又迈出新步伐，文娱活动丰富多彩，极大地调动了全局职工的积极性。

厂网分开改革三年来，全局各级党组织、广大党员干部、全体党务工作者，忠诚敬业，扎实工作，锐意进取，为全局的改革发展作出了突出贡献，涌现出了一批先进集体和先进个人，今天前来参加庆祝表彰大会的各位同志就是其中的典型代表。在这里，我代表局党委向在座各位，并通过你们向全局辛勤工作、无私奉献的广大党员和党务工作者表示亲切的慰问和衷心的感谢！

回顾我局45年来的改革发展历程，在×电力集团公司党委、×伦贝尔市委的正确领导和大力支持下，全局上下始终紧扣发展第一要务，解放思想，锐意改革，团结一致，真抓实干，在安全生产、经营管理、电网建设、党建、精神文明建设等各个方面取得了新突破，实现了新发展，特别是2004年以来，不仅积极稳妥地完成了厂网分开改革，而且完成创国家一流供电企业的艰巨任务，先后获得了国家电网公司文明单位和国家精神文明先进单位等一系列荣誉称号，特别是“五一”劳动奖章的获得，使全局上下无不为之欢欣鼓舞，感到骄傲和自豪。这些荣誉的背后无不渗透着每个共产党员的辛勤汗水，凝结着每个共产党员的智慧结晶。每个共产党员都应倍加珍惜这来之不易的荣誉，以实际行动维护“共产党员”这一光荣称号，为我局实现又好又快发展作出新的贡献。

荣誉属于过去，发展任重道远。我们在看到“十五”取得的可喜成绩的同时，更要清醒地认识到“十一五”发展面临的形势和任务，“十一五”既是发展的“战略机遇期”、“黄金发展期”，也将是一个“发展困难期”，我们仍然处在“爬坡过坎”的关键时期，需要全局各级党组织和广大共产党员勇敢地肩负起新的历史重任，开拓创新，奋发有为，在做大做强×电业局的进程中时时处处发挥模范作用，团结和带领全局广大群众推动我局又好又快发展。当前和今后一个时期，全局党建工作要紧紧围绕“十一五”目标任务的完成，找准工作的着力点和结合点，有针对性地解决各级党组织和党员干部中存在的突出问题，不断把“创先争优”活动推向纵深，为“十一五”经济社会发展提供坚强的组织保证。

自年初工作会既一届四次职代会和政工会以来，全局上下紧紧围绕工作会确定的“三大目标”，各项工作紧锣密鼓、稳步推进。1—5月售电量完成×亿千瓦时，完成年度计划的×%；电网建设方面，宝×和尼×220千伏输变电工程、哈×和乌×至绰×110千伏输变电工程陆续开工建设。围绕全局中心工作，在继续深入开展“永树共产党员先锋形势、争创先进基层党组织”活动的同时，在全局范围内开展创建“五个一”活动，并结合政工同业对标工作的开展，进一步加强各级领导班子思想政治建设，完善党组织发挥政治核心作用，发挥广大党员的先锋模范作用，认真维护企业利益和职工群众的合法权益，为圆满完成生产经营等各项任务，为实现我局战略目标提供强有力的政治保证、组织保证和精神动力。下半年工作要重点把握好以下六个方面。

一、进一步明确加强和改进党建工作的总体目标和主要任务

总体目标是：努力把企业党组织建设成为贯彻“三个代表”重要思想的组织者、推动者和实践者，成为坚决执行党的路线方针政策，推动企业改革发展稳定的坚强政治核心和战斗堡垒。主要任务是：建设一个政治素质好、经营业绩好、团结协作好、作风形象好，致力于为企业建功立业，得到职工群众衷心拥护的企业领导班子；建设一支经得起困难和风险考验，在企业改革发展稳定中发挥先锋模范作用的党员队伍；建设一支有理想、有道德、有文化、有纪律，能够熟练掌握相关科技知识和劳动技能的职工队伍；建立一套符合我国国情和适应现代企业制度要求，保证企业党组织充分发挥政治核心作用的工作机制；形成一条加强思想政治工作、企业文化建设和党组织自身建设的有效途径。

二、党建工作必须围绕企业生产经营这个中心服务，自觉服务于改革发展稳定的大局

着力加强中心意识，首先要进一步强化“第一要务”的意识，全局党组织的全部工作都必须为实现“发展第一要务”服务。其次要统一思想，使全局党建与中心工作合二为一，采取行之有效的宣传形式，使全局党员干部能够及时把握、准确理解全局中心工作任务，切实把思想认识高度统一到各项奋斗目标上来。第三要凝聚力量，使党建与中心工作“合力”，运用组织手段，发挥组织优势，发动全体党员干部全身心地投入到各项重点工作之中，努力做到中心工作在哪里，党建工作就参与到哪里、渗透到哪里，服务到哪里。第四，要促进发展，使党建工作与中心工作“合拍”，把能够促进发展作为评判党建工作好坏的重要标准。

三、切实发挥好企业党组织的“五个作用”

党组织在国有企业中发挥政治核心作用，是实现党对国有企业政治领导的重要途径。加强党的建设，是充分发挥国有企业政治优势，实现×电业局又好又快发展的重要保证。各级党组织肩负着重大责任，承担着光荣使命。各级党组织要自觉履行职责，切实发挥好党组织的“五个作用”：A.即对党和国家的方针政策在本企业贯彻执行的保证作用；B.对企业重大问题决策的参与作用；C.对经营管理人员行使职权的支持和监督作用；D.完成企业生产经营任务的保证作用；E.对思想政治工作、精神文明建设和群团组织的领导作用。

四、切实加强各级领导班子和干部队伍建设

把党管干部原则和经营管理者依法行使用人权结合起来，建立和完善适应现代企业制度要求的选人用人机制。要切实加强各级领导班子思想政治建设和作风建设。领导干部作风建设是党的建设的一项长期战略任务，必须常抓不懈。要认真学习和深刻领会胡锦涛总书记在中纪委第七次全会上的重要讲话精神，自觉倡导和身体力行各个方面的良好风气：A.进一步端正学风，高度重视政治理论学习，不断提高政治理论素养和执政水平，抓好业务知识的学习，尽可能多地掌握本职工作以及相关领域的前沿知识，注重把所学知识转化为实际工作能力，提高工作效率和质量；B.大兴调查研究之风，大干求真务实之事，善于深入基层，深入实际，办实事、讲实效，大力推广“一线工作法”，即提倡情况在一线摸清、决策在一线产生、问题在一线解决，真正把各项工作做实、做细、做好；C.各级党组织和广大共产党员要进一步巩固和发展先进性教育活动成果，采取多种行之有效的形式，激发广大党员干部的先锋意识和奋斗精神；D.进一步加强

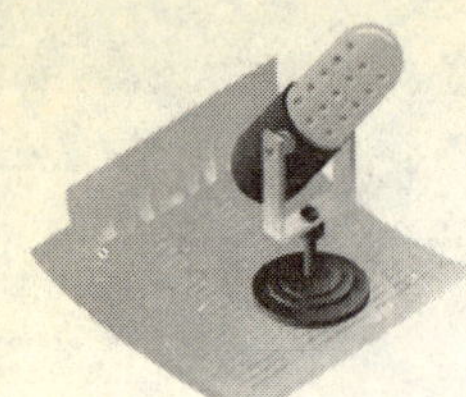

党务干部队伍建设，全体党务工作者要充分认识自身职责和所肩负任务的重要性，努力提高自身思想政治素质，自觉加强学习，不断提高工作能力和水平，改进工作方法，转变工作作风，为加强和改进全局党建工作、构建和谐企业作出积极贡献。

五、全局上下齐努力，共同构建和谐×电业局，为×电业局发展稳定营造良好的内外部环境

全局各级党组织要深刻认识构建和谐企业的重要意义，要充分发挥党组织的政治核心作用和战斗堡垒作用，充分发挥思想政治工作优势，大力加强企业文化建设和精神文明建设，化解矛盾、理顺情绪、激励斗志、凝聚力量，共同推进企业的改革发展稳定，共享企业改革发展成果。要努力坚持“五个服务于”，努力打造和谐发展的“责任蒙电”品牌，诚信立业，服务客户，回报社会，努力实现企业外部的和谐，为实现我局“十一五”规划创造和谐的外部环境。

六、全局上下齐心协力全面完成今年各项奋斗目标

全体党员要充分先锋模范作用，特别是党员领导干部要充分发挥表率作用。党员先锋模范作用发挥得如何、党员领导干部表率作用发挥得如何，极大地影响着各项奋斗目标的全面实现。就如何发挥共产党员在各项工作中的先锋模范作用讲五点意见。

1. 在勤奋学习、勤于实践上发挥先锋模范作用

以知识求提高，以知识推动工作。对于党员干部来说，关键是提高自身的领导能力和执行力。

2. 在树立形象，心系群众上发挥先锋模范作用

坚持立党为公，执政为民，树立勤政高效、清正廉洁的形象，以一身正气作人，一丝不苟做事。要始终保持同职工群众的血肉联系，尊重职工、相信职工、依靠职工，把职工群众满意不满意作为一切工作的出发点和落脚点。为此我们要经得住诱惑，管得住小节，依法办事，按规办事。

3. 在奋发进取开拓创新上发挥先锋模范作用

全体党员必须始终保持与时俱进、奋发有为的精神状态，用新思路、新举措指导工作，绝不能满足现状、因循守旧。

4. 在立足岗位、无私奉献上发挥先锋模范作用

每一个共产党员都要有一种关键时刻能站出来，危难时刻能冲出去，不计得失、任劳任怨的气度和风范，义无反顾地将整个身心投身到工作中去。

5. 在服务全局中心、狠抓落实上发挥先锋模范作用

目前，时间已经过半，下半年的工作任务十分艰巨繁重，希望各部

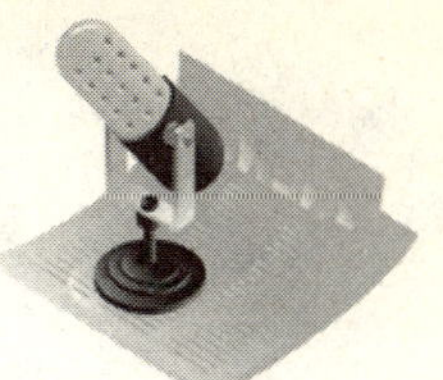

门、各单位要转变工作作风，狠抓工作落实。下半年每一项工作都要落实到具体责任人，要牢固树立高度的责任意识，不断增强会干、善干、巧干的能力。同时，按照抓早、抓准、抓紧、抓实、抓好的要求，对各项工作早打算、早研究、早准备，及早制定工作计划，争取工作的主动权。

我坚信，一名党员就是群众中的一面旗帜，一名党员就是群众中的一根标杆。在全面构建和谐×电业局的进程中，全体党员一定要保持先进性，充分发挥先锋模范作用，与时俱进、开拓创新，脚踏实地的为全面完成我局各项奋斗目标作出新的更大的贡献。

同志们，回顾党的历史，我们心潮澎湃，展望党的未来，我们豪情满怀。我们坚信，在集团公司党委的正确领导下，只要全局各级党组织和广大共产党员团结一心、奋力拼搏，就一定能够创造更加幸福美好的未来。希望今天受到表彰的先进集体和先进个人，珍惜荣誉，戒骄戒躁，再接再厉，将成绩和荣誉转化为不断进取、再立新功的动力，带头振奋精神、鼓足干劲，带头做信念坚定的表率、勤奋学习的表率、真抓实干的表率、作风优良的表率，用自己的言行去感染广大干部群众，把广大干部群众干事创业、建功立业的热情充分激发出来，为做大做强×电业局而共同奋斗！

例文二

在庆祝建党80周年暨表彰大会上的讲话

×××

（2001年×月×日）

同志们：

今天，我们怀着喜悦的心情在这里集会，庆祝建党80周年，同时对先进党支部、优秀党员、党务工作者进行表彰奖励。在即将迎来党的80岁生日之际，我代表公司领导班子向受表彰的先进党支部、优秀党员、党务工作者表示热烈的祝贺！向公司系统各级党组织和在各个岗位辛勤工作、无私奉献的广大党员同志致以诚挚的节日问候！希望受到表彰的先进支部、先进个人要珍惜荣誉，谦虚谨慎，再接再厉，为公司的改革发展作出新的更大的贡献。同时也希望全公司系统的党员同志要以受表彰的先进集体和先进个人为榜样，学习他们的先进事迹，用他们的先进事迹、模范行为鼓舞和鞭策自己，扎扎实实地做好本岗位的工作，为完成公司提出的各项工作任务发奋努力。刚才×书记在讲话中简要回顾了党的光辉历程，同时就

新形势下如何进一步加强"三个代表"的学习，加强党的建设和精神文明建设等项工作进行了安排部署，提出了具体要求，各单位一定要认真学习，深入贯彻，抓好落实。下面，我就公司生产经营情况，着重围绕如何认清和适应形势，提高认识，增强做好当前工作的责任感、使命感，实现全年盈利××万元的奋斗目标讲几点意见。

今年以来，各单位认真贯彻落实×电力公司2001年工作会议以及我公司年初召开的公司工作会议精神，全公司上下坚持以安全生产为基础，以经济效益为中心，以市场为导向，全力以赴增供扩销。继续实施模拟电力市场工效挂钩考核，坚持企业以财务管理为中心，财务管理以资金管理为中心的指导方针，全面加强预算管理，进一步树立过紧日子思想，尽最大限度地降低材料费用，降低成本，控制费用指数，将可控费用指标分解落实到各基层单位，在资金管理上严格执行资金审批制度，实现经营全过程的有效控制，把有限的资金用在刀刃上，提高资金的使用效率。为实现全年盈利××万元的奋斗目标，全公司上下进一步强化市场意识、效益意识，狠抓各项措施的落实，下大力气搞好双增双节，精心安排机组运行方式和检修方式，保持了安全稳定的生产局面，保证了发供电量的稳步增长，为全公司经济效益的提高创造了条件。各单位根据本单位和本地区的实际情况，制定具体措施，继续卓有成效地开展增供扩销活动，使公司生产经营形势呈现出良好势头，生产经营指标完成或基本完成了预定计划，比去年同期有较大幅度的增长，大部分消耗指标有较大幅度的下降，为圆满实现全年工作目标奠定了良好基础。

截至5月底完成发电量×万千瓦时，比计划增长×%，同比增长×%；预计至6月底完成×万千瓦时，比计划增长×%万千瓦时，同比增长×%。售电量：完成×万千瓦时，比计划增长×%，同比增长29.89%；预计至6月底完成×万千瓦时，比计划增长×%，同比增长×%。供热量：完成×万百万千焦，与计划比下降×%，同比上升××%。供电煤耗率：完成×克/千瓦时，比计划下降×克/千瓦时，同比增长×克/千瓦时，预计至6月底完成××克/千瓦时，比计划降低×克/千瓦时，同比上升×克/千瓦时。线损率：完成×%，比计划上升×%，同比上升×%。预计至6月底完成×%，比计划上升1个百分点，比去年同期上升×个百分点。累计实现经营利润×万元，含归还的长期贷款利息实际盈利×万元，完成年度计划的×%（剔除还贷因素），比去年同期多盈利×万元（剔除还贷因素）。预计至6月底完成×万元，与年度计划持平，同比增长×万元。平均售电单价：完成×元/千度，与计划比下降×元/千度，同比上升×元/千度，预

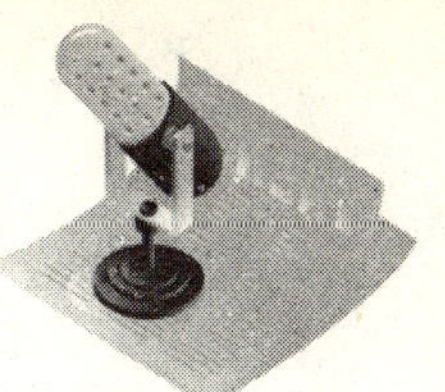

计至6月底完成×元/千度，与计划比下降×元/千度，比去年同期上升×元/千度。全员劳动生产率：完成×元/人，完成年度计划的×%，同比上升××%，预计至6月底完成×元/人，完成年度计划的×%，与去年同期比上升×%。全公司上半年未发生重、特大事故，未发生有人员责任的设备事故，未发生一类障碍，所属五厂五局全部保持了×天以上的安全生产长周期记录。截至5月31日，海×、牙×、扎×三个热电厂已分别实现×天、×天和×天的长周期记录；灵泉发电厂、汇流河发电厂安全记录为×和×天；5个供电局安全记录各为：海××供电局×天，牙×供电局×天，满×供电局×天，扎×供电局×天，岭东×局×天。

从上半年的经营情况来看，经过我公司的一系列增供扩销措施的实施，经过各单位的积极努力，全公司售电量有了一定幅度的增长，但地区之间发展很不平衡，电量增长情况还不够理想，特别是个别地区远没有达到我们的预期值。因此，完成全年工作任务，实现年初制定的全年盈利×万元的奋斗目标，任务十分繁重和艰巨，仍存在一定困难和不利因素，仍需要全公司职工特别是广大党员同志进一步提高认识，充分发挥党员的先锋模范作用，影响和带动周围同志，增强信心，克服困难，真抓实干，这样才能完成全年各项工作任务。

回顾几年来我公司在减亏过程中取得的丰硕成果，我们应当说，分布在公司系统主业、多经、农电的生产经营等各个不同岗位上，约占公司职工总数1/5（党员总数×）的广大党员同志是功不可没的。自1995年以来，为实现扭亏为盈的奋斗目标，公司系统各级党组织、广大党员和党务工作者，以邓小平理论、十五届五中全会精神为指导，深入开展“三个代表”重要思想学习教育、“创先争优”活动，坚持党的基本路线，不断加强和改进党的思想、组织、作风建设，紧紧围绕实现年度经营目标这个中心，充分发挥基层党组织的战斗堡垒作用和党员的先锋模范作用，在主业、多经、农电各个不同的岗位上涌现出了一大批模范的执行党和国家的各项方针政策，模范的执行内××电力公司、我公司的经营发展战略，以及在深化改革、强化经营管理、加强精神文明建设等方面制定的一系列管理措施和办法，能够在日常的生产、经营等各项工作中发挥先锋模范作用，表现出党性强、作风过硬，锐意进取，开拓创新，顽强拼搏，敬业爱岗，无私奉献，受到广大职工群众信赖、赞誉的先进基层党组织、优秀共产党员和优秀党务工作者，为全公司的深化改革，建立现代企业制度，完成电力公司下达的生产经营任务，促进生产经营管理水平的提高，维护公司的发展、稳定的局面作出了突出贡献。无论是在改革的关键时期、生产

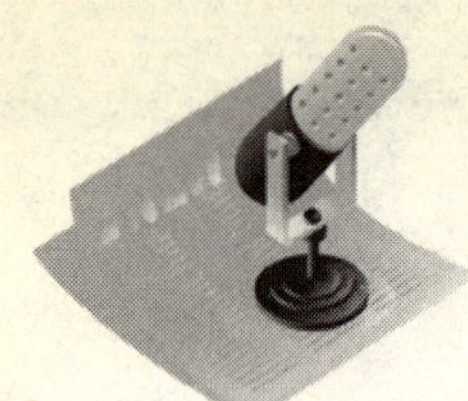

经营任务的攻坚阶段，还是抗洪抢险的紧要关头，广大党员同志都表现出了不甘落后，拼搏进取，自强不息，忠于职守，甘于奉献，勇于自我加压，负重奋进的干劲和爱岗敬业精神，以及与企业甘苦与共，不计名利和个人得失，忍辱负重，识大体，顾大局的全局意识，在群众中真正起到了模范带头作用。

今年是国家实施“十五”计划的开局之年，也是我公司全面实施子公司运作的第一年。做好今年的各项工作，为我公司在新世纪和“十五”期间的改革与发展奠定一个良好基础具有十分重要的现实意义。在下半年里，全公司上下要进一步强化经营管理，大力增供扩销，进一步组织和发动全体党员同志和广大职工群众，克服困难，扎实工作，在确保安全生产的基础上，全面完成×万元的全年经营任务；要进一步加强对满××热电有限责任公司2×29兆瓦热水锅炉工程、东×电厂供热改造工程的管理，组织有关部门、人员深入现场及时掌握施工动态，了解和掌握情况，协调解决施工中出现的问题，做好工程进度、质量、安全管理工作，确保按期投产，保证热用户按计划用热和早日供热；要继续做好拉×至根×、岭×岭×联网等工作的前期工作，以及安×有限公司的组建和上市工作；进入新世纪我公司面临着改革与发展的新的总体思路、奋斗目标和各项任务的全面实施，这些都客观要求广大党员要面对新的形势，新的任务、新的要求，勇于肩负起历史使命，始终站在公司改革与发展的前列，进一步增强责任感，紧迫感和自觉性，明确方向、目标，提高认识，扎实工作，确保公司各项决策的有效贯彻落实。

当前，我公司的改革发展处在一个良好的有利时机和重要的发展阶段。随着市场经济的深化，国家电力公司、×电力公司厂网分开等重大改革措施的实施，必将对我公司产生重大而深刻的影响，同时也给我公司带来了难得的发展机遇，我们一定要抓住机遇，勇于迎接由此而带来的各种风险和挑战，克服前进中遇到的困难和问题，把我公司的生产经营等各项工作稳步推向前进。各单位党组织和广大党员，一定要解放思想，开拓进取，继续发扬顽强拼搏、无私奉献的精神，更好地团结和带领全体职工，不断开创我公司两个文明建设的新局面。

广大党员要有高度的事业心和责任感，满怀信心，振作精神，严格要求自己，做一名合格的党员。首先要适应公司系统改革与发展的需要，加强学习，努力提高自身素质。要结合本单位、本岗位的实际，从自身做起，努力营造一种学习理论、钻研业务的良好氛围，形成一种求真务实的风气，认认真真地学习，踏踏实实地做事。要在工作实践和刻苦学习中

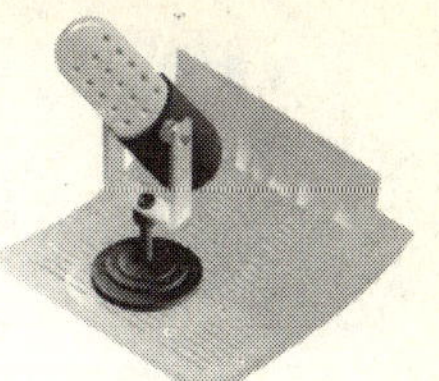

不断增长知识和才干，从而出色地完成好本职工作。其次，要干一行爱一行、干一行钻研一行。要在本职工作岗位上尽职尽责，迎难而上，奋力拼搏，敢于创新，勇于开拓，积极主动，满腔热情地把工作干好。第三，要做遵纪守法的模范。不仅要遵守《中国共产党章程》，严格按党的方针政策办事，还要遵守公司内部的各项规章制度。

同志们，我公司自1962年成立以来，已走过了38年的艰苦创业历程，经过几代电业职工的不懈努力和奋斗，取得了今天的改革、发展、稳定的大好局面。特别是近几年来，我公司始终坚持建立现代企业制度的改革方向，解放思想，更新观念，开拓奋进，使企业生产经营一年一个新起点，一年一上新台阶，企业面貌发生了翻天覆地的变化，形成了主业多经齐头并进、共同发展的良好格局，真正走上了自我约束，自我完善，自我发展的良性轨道。我们一定要加倍珍惜这一来之不易的成果，并通过我们自身的努力使之不断发展、壮大。全体党员同志要勇于肩负起公司发展壮大的历史使命，时刻牢记党的宗旨，与公司同×吸共命运，为全面推进公司的改革与发展作出应有的贡献！

例文三

真抓实干顽强拼搏
向自治区成立50周年献礼

——在全盟庆功大会上的讲话

×××

（××年×月×日）

各位领导、各位来宾、同志们：

正当举国上下庆祝香港回归、党的十五大召开，自治区各族人民怀着无比喜悦的心情热烈庆祝自治区成立50周年的喜庆气氛中，我们在鲜花盛开，风光秀美的××草原隆重举行全盟××（乡）通电庆功大会。值此之际，我代表×电业局向在完成电力扶贫共富过程中，给予×电业局亲切关怀和大力支持的自治区计委、×电管局、金融等有关部门以及×盟委、行署、各旗市领导，表示衷心的感谢！向不辞辛苦，专程来参加会议的×电管局××局长，表示热烈的欢迎和诚挚的谢意！向在通电过程中给予兄弟般支持和配合的各有关旗市委、政府和共同作战的农牧民兄弟，向付出了

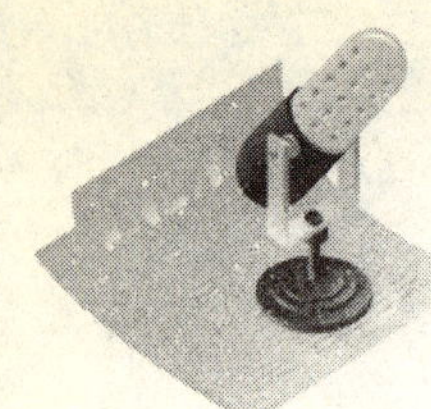

无数辛勤汗水和大量艰苦劳动的农电系统全体干部职工表示热烈的祝贺和亲切的问候！同时也向给予我们充分理解和支持以及无私奉献的农电系统全体职工的家属同志们表示衷心的感谢和敬意！

实施电力扶贫共富工程是国家“八七”扶贫计划的重要组成部分，是自治区“三七”扶贫攻坚计划的重要基础工程之一，也是自治区党委、政府为发展农牧区经济，加快农牧民脱贫致富达小康的重要举措，是体现党和国家政策，造福我盟广大农牧民群众，功在当今、利及子孙后代的伟大工程。为全面完成这一宏伟工程，向自治区成立50周年献礼，早日结束××乡6万农牧民油灯照明的历史，×电业局在×××电管局、×盟委、行署的领导、在各旗市党委、政府和各界的支持配合下，经过艰苦努力、顽强奋斗，历时三年有余的时间，共新建×千伏线路×千米，35千伏变电站3座，主变容量×千伏安，新建×千伏线路×千米，安装配电变压器×台，主变容量为×千伏安，架设低压线路近百公里，解决了23个××乡用电问题，受益人口达6万之众，完成总投资×万元。

×盟实施电力扶贫工程之初，全盟尚有23个无电乡镇、苏木没有通电，分布在全盟6个旗市（其中东旗7个，西旗6个，额×××市4个，鄂××旗，鄂×克旗、扎××市各2个）且大多数是远离电网、交通闭塞、自然环境恶劣，少数民族“老少边穷”地区。面对电网延伸工程大，施工条件差、资金缺口大等不利因素，×盟电业人没有退却，而是变压力为动力，克服重重困难，抓住机遇，争取政策，多方面筹集资金，争时间、抢速度，以必胜的信心和勇气，知难而上，背水一战。首先，从加大宣传力度、提高认识、加强领导入手，充分调动社会各方面的有利因素和实施电力扶贫共富工程的积极性。根据×盟的实际，经过深入细致分析研究，对实施电力扶贫共富工程进行了总体部署和安排。制定了统筹规划，加强宣传，分级负责，集中力量，分步实施的方案。根据1994年12月2—3日自治区农电局“关于开展电力扶贫共富工程、消灭××乡为自治区成立50周年献礼”为主要内容的会议精神，制订了×盟消灭无电乡通电方案。经请示盟委、行署成立了以副盟长××同志为组长、以盟电业局、计划局、财政局、税务局、物价局、银行等十几个局、处领导组成的“×盟电力扶贫共富工程领导小组”。通过会议等形式研究制定并出台了“×盟电力扶贫共富工程实施细则”、×盟加强农电管理规定、“×盟1997年××乡通电计划”三个重要而关键的规范性文件。通过上述措施，切实加强了对电力扶贫共富工程的领导。电力扶贫共富工程自始至终得到了×电管局、×盟、市领导的高度重视，使这项工程从组织领导上给予

了可靠的保障。

大多数缺电、无电地区，往往都是地处偏远、经济落后地区。这些地区由于地理条件、环境因素、历史因素，影响和制约着人们的认识水平和思想意识，这无疑给宣传工作增加了难度，做艰苦细致的宣传工作显得尤为重要。1995年11月14日，×盟电力扶贫共富领导小组会议之后，我局组成了以××副局长带队，由盟农电局、计划局组成的工程组。深入到全盟23个××乡，走遍有××（乡）通电任务的所有旗市。一是传达×盟电力扶贫共富领导小组会议精神，广泛宣传实施电力扶贫共富工程和向自治区成立50周年献礼的重要意义；二是精心组织落实措施，制定规划，合理安排工期，确保××（乡）通电任务如期完成。一时间，在盟、旗、市、乡等各级政府和农牧民中形成了空前高涨的办电热潮，加快×盟无电乡镇苏木通电步伐的舆论氛围迅速形成，各旗（市）政府都相继行动起来。如新×旗、新××旗、额×市等，结合本地区实际情况相应出台了本地区集资办电的政策和办法。新×旗还提出了“走遍千家万户，说尽千言万语，想尽千方百计，完成千秋大业的口号”；新×旗政府提出了“为官一任就要给老百姓办点实事，1996年实现全旗通电目标”，在××大草原上形成了盟委、盟行署要给××乡上“国电”的良好环境。××（乡）的农牧民们切实体会到用“国电”不是梦想，而是即将成为现实，为实施电力扶贫共富工程打下了良好的思想基础。

全面完成电力扶贫共富工程关键在于解决资金问题，仅仅靠上级部门拨款是远远不够的，必须动员社会各方面的力量集资办电，这就需要各级政府进行组织领导，出政策、想办法，解决资金。“只有依靠地方政府的支持，充分发挥农牧民办电的积极性，才有可能实现××乡全部通电目标。”在争取和制定政策过程中，我们主动当好参谋，根据通电计划所需资金，各旗市财政状况和农牧民经济承受能力，合理分配筹措资金，主要采取盟和旗市“两级”筹资政策，努力为×盟电力扶贫共富工程奠定坚实的基础和资金方面的可靠保证。通过积极有效的宣传及我局方方面面的努力工作，多方汇报，特别是自治区政府办公厅转发自治区农电局关于实施电力扶贫共富工程的报告以后，各级政府把电力扶贫列入到重要议事日程，积极行使政府的职责，并将电力扶贫共富工程列入到当地“三七”扶贫计划中。同时大部分无电地区的旗市政府成立了以主要领导挂帅的“电力扶贫共富工程”领导小组，积极开展工作，出台了各种集资办电政策，形成了地方自筹、牧民集资，电力部门支持的多渠道筹资办电局面。×盟物价局汇同×电业局联合出台了《关于加收农电建设集资款的有关通

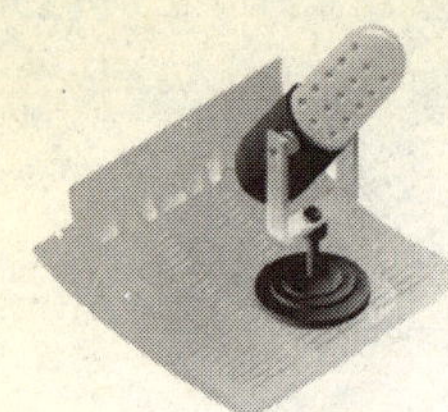

知》，×盟农电局出台了《关于下达23个××乡供电工程取费标准的通知》，在出政策、出办法的过程中，盟旗市政府的计委、财政、物价、扶贫和税务等部门，积极协调，密切配合，以电力扶贫为己任，出主意、想办法、实施集资政策，落实资金到位，给予了极大的支持和配合，帮助和扶持××（乡）通电，使通电工程有了组织、计划、措施上的保证。

对于电力扶贫共富工程来说，争取到的政策来之不易，如何克服苦难，用好用活政策，也是一个至关重要的问题。虽然盟行署出台了一系列优惠政策，但在执行政策、筹集资金的过程中，由于种种困难和原因，许多方面的资金都难以及时到位；而通电工程时间紧、任务重，由此形成了突出的矛盾。为解决这一矛盾，一方面我们积极、耐心细致地开展工作，千方百计落实资金到位；一方面不等不靠，想方设法用活用好政策。我们在政策允许的范围内，采取了先用农牧民的集资款，同时会同旗市政府积极筹措，农电局赊欠一部分设备材料款，设计费、设施费、施工费暂缓不付，待第二个工程开工时再逐步落实第一个工程的资金等办法，化解了矛盾，克服了困难，使1995年就顺利完成了7个乡（苏木）的通电任务，并且，无论从工程质量还是进度方面来讲，都是前所未有的。第三，在×电管局、×盟行署的正确领导下，把××乡的通电工作纳入年度工作重点，积极认真做好规划、计划、供电方案和组织实施工作，不断加大工作力度，行使监督、指导、管理、服务职能，为加速实施电力扶贫共富工程创造良好环境，作出积极努力。

1996年是电力扶贫共富工程进入攻坚阶段的关键年，在1995年完成7个乡的通电任务的基础上，还有16个乡要在1996年完成，且这16个工程都是难度较大，投资较多的工程。面对严峻的形势和紧迫问题，1996年3月21日召开了“电力扶贫领导小组”第二次会议，分析了当时的形势，面对现实，决定在扎兰屯市召开“×盟电力扶贫工作现场会”。副盟长××同志、×电管局副局长××同志出席了会议。这次会议总结了前段的电力扶贫工作，推广了扎兰屯市浩饶山乡的成功经验，部署了1997年如期完成消灭××（乡）的工作，使来自全盟无电乡的领导深受启发，增强了信心，拓宽了视野和思路，鼓舞了农电系统广大干部职工的干劲和斗志。东旗旗长×同志说，在已定的时间内东旗完不成通电任务就交出这顶乌纱帽。这次会议起到了典型示范的作用，对消灭全盟无电乡（苏木）工作起到了巨大的促进和推动作用。

盟农电局从大局出发，从政治上、战略上的高度来充分认识电力扶贫共富工程的重要意义，视电力扶贫为己任，为加速完成这一宏伟工程，上

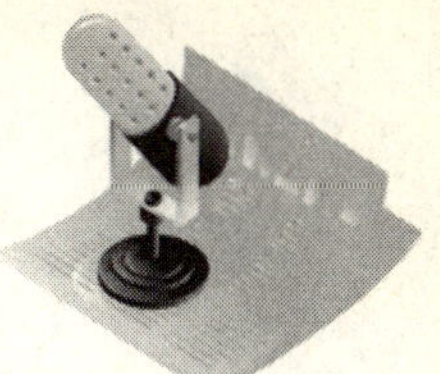

下一心，团结奋斗，真抓实干，会同盟计划局及时编制了《××盟1997年无电乡镇（苏木）通电计划》，并全面组织实施，通过与各有无电乡镇（苏木）通电任务的旗市农电局签定责任状、立军令状，加大对通电工程的考核力度；健全保障体系，制定××（乡）通电工程网络图，用倒计时的方式来计算时间、安排工作，同时从工程设计上合理安排，尽量节省资金，珍惜农牧民血汗钱，在贴费收取方面给予优惠，施工费暂不付等办法全力支持通电工程，×盟电业局担负电力扶贫共富工程建设的各施工单位、设计单位、后勤服务等部门的干部职工表现了高度的责任感和全局观念，充分体现了电业职工作风过硬、敢打硬仗、能打硬仗、吃苦耐劳、无私奉献和特别能战斗的精神，涌现出了许许多多的感人事迹。我局党政班子领导、农电局的干部经常深入到农牧区调查了解情况，指导和解决施工中出现的种种困难，和电业职工一起真心实意为农牧民办实事、办好事。多次被评为民族团结先进个人，主管农电工作的××副局长，为了××（乡）早日通电，走遍了无电乡的山山水水，人们已记不清他曾多少次下乡蹲点，多少次到无电乡政府交换意见，沟通情况，共同研究制订办电方案；他一心扑在工作上，妻子、儿女经常十天、半月甚至一、二个月见不到他的面，××（乡）的干部群众亲切称他为“办电局长”。他给农电系统的干部职工树立了榜样。同样让人难忘的是，在电力扶贫工程中也凝聚着×××电管局从领导到处室普通干部的心血和汗水，他们为了消灭我盟一个个××（乡），做着实实在在的大量工作，才使工程一个个实现，电杆一基基延伸，线路一米米延长，用电业人火热的情和爱换来一处处万家灯火。扎××电杆厂克服原材料、资金紧张等困难，及时供应区优部优电杆。工程的勘测、设计人员历尽千辛万苦，足迹踏遍了农牧区无电（苏木）的山山水水，为了早日送电，为了节约资金，他们反复踏查线路，选择和确定安全、经济的最佳施工方案，他们抛小家为大家，起早贪黑，风餐露宿，每一个施工方案都渗透着他们对农牧民的深情厚意。

在通电的施工过程中，最辛苦、最使少数民族兄弟和广大农牧民难忘的是承担施工任务的一支支电业安装施工队伍。为了减轻农牧民负担，他们生活俭朴，工作扎实，克服一个又一个困难，自己成立简陋的伙食点，天一亮就出发，一干就是日落西山，天近黄昏。施工中大部分时间在秋冬季节，野外作业条件恶劣，挨饿受冻是常事，他们不畏艰苦，心中只有一个目标，就是早日竣工送电，为农牧民送去光明。

各旗市农电局在盟电业局的统一安排和领导下，组织施工队伍，克服重重困难，日夜奋战，相继完成了各自的通电任务。5月31日，终于完成

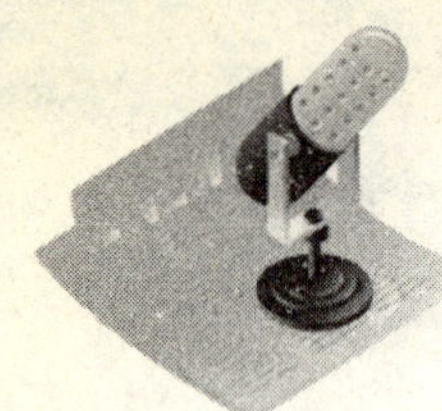

了鄂伦春自治旗最后2个乡的通电工程，距自治区下达给我局完成通电任务的时间提前一个月完成通电任务。至此，在×盟电业职工的顽强努力下，完成了23个××（乡）的通电任务，实现了全盟159个乡镇（苏木）乡乡通电，完成了电力扶贫共富工程这一堪称壮举的宏伟工程。

我局农电系统广大干部职工在完成通电任务，解决了无电区用上电的问题之后，下一步要认认真真研究如何用好电的问题。农电系统各级管理人员、广大职工除继续把好确定方案、设计、施工管理和竣工验收四道关外，一定要切实抓好苏木（乡）通电后的用电管理工作，履行好管电职能和职责，切实抓好安全用电、计划用电和节约用电工作，积极开展“三为”服务达标竞赛活动，真正为农牧民、为农业、为农牧区经济服务，使农牧区群众用上电、用好电、用得起电，努力实现村村通电、户户通电。

被视为振兴农牧区经济的“造血工程”、“光明工程”，被广大乡政府称为“第二次解放工程”的电力扶贫共富工程的实施，已经和正在推动贫困地区经济不断地走向稳步提高的轨道。通了电的苏木（乡）、农牧民的思想观念得到了更新和转变，同时也加快了农牧业基础设施的建设步伐，带动了乡镇企业的发展，不断地改变着农牧民的生产和生活方式朝着文明和进步的方向发展，为实现脱贫致富达小康打下了良好基础。

所有参加电力扶贫共富工程的组织者、建设者们都无法忘记那一个个、一幕幕令人铭记肺腑、激动人心的场面和场景：每一个通电乡的父老乡亲们就像喜迎新春、欢度佳节一样，穿新戴红，包饺子，放鞭炮，欢×雀跃，沉浸在无比的欢乐、幸福之中。有数不清的农牧民带着通电后的喜悦，有的眼含热泪情不自禁地说：“感谢党，感谢政府，感谢电业人给我们带来了光明和希望，使我们又获得了第二次解放。”有的人振臂高呼：“共产党万岁！”

江泽民总书记曾讲过：“没有农村的稳定和全面进步，就不可能有整个社会的文明和进步；没有农村经济的发展，就没有农民的小康，更不可能有全民的小康；没有农业的现代化，就不可能有整个国民经济的现代化。”而农牧区电气化是农牧业现代化和农牧民达小康的前提和基础。我们所努力实施和全面完成的电力扶贫共富工程既是使农牧民消灭贫困、摆脱落后具有重大政治意义的宏伟工程，同时也是国家、自治区扶贫攻坚计划的具体化，体现了我国农业基础地位的巩固和农牧民奔小康的大目标，是我们这一代人对历史的负责，对社会进步，人类文明的一次重要贡献。在今天的庆功会上，我们在感谢电管局领导、感谢各级政府、感谢社会各界大力支持的同时，我们完全有理由说，我们电业人以求真务实、勇于攻

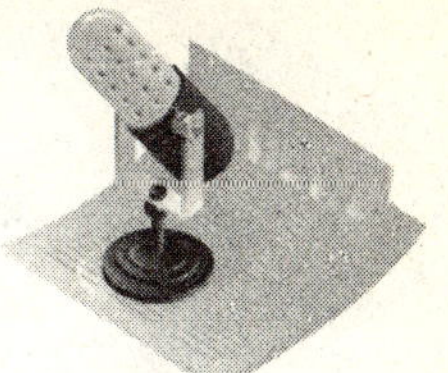

坚的拼搏精神，以我们已经取得的胜利完成了历史赋予我们的重任，我们已经自豪地为自治区成立50周年献上了一份厚礼，为农村牧区的人民办了一件实实在在的大好事，也为历史写下了浓墨重彩的一笔，为我盟农电建设事业谱写了新的篇章。我们所取得的成绩是令人欢欣鼓舞的，但是我们也应牢记那些我们曾走过的充满艰辛、奋斗的日子，从而自我鞭策、自我加压，不断迎接新的挑战，铸就新的辉煌！

第七节　庆祝会、纪念会讲话稿

一、庆祝会、纪念会讲话稿的含义

庆祝会、纪念会讲话稿要根据庆祝、纪念的主题内容，立足实际情况，回顾过往历史，展望美好未来。

二、庆祝会、纪念会讲话稿的种类

庆祝会、纪念会讲话稿的种类主要是由具体的庆祝、纪念内容所决定的，如节日纪念会、事件纪念会、人物纪念会、成绩庆祝会等。

三、庆祝会、纪念会讲话稿的写作技巧

这类讲话稿一般分为三大部分：一部分着重追溯历史原因，回顾所庆祝或纪念的节日、事件的主要来历，阐述其重要历史意义、现实意义和国际意义；一部分着重写最近一个时期以来所纪念、庆祝的事业取得的新成绩、新经验及存在的问题，或借机对这一工作领域中的某些重大问题进行探讨和阐述；最后一部分则着重号召人们继承发扬过去的优良传统和崇高精神，进一步做好当前工作。如：***同志的《在庆祝清华大学建校九十周年大会上的讲话》（见《人民日报》2001年4月30日），共分三个部分：（一）回顾清华大学建校90年来，为祖国培养了大批人才，肯定

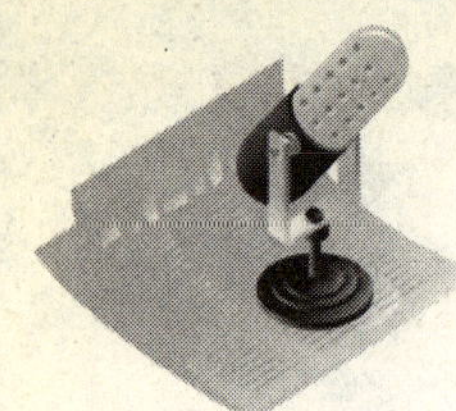

赞美了清华的广大师生心系祖国和人民，为祖国科学教育事业的发展，为中华民族的解放和振兴作出的重要贡献；（二）分析当前国际形势，阅述科学技术的重要性，基于新时代的要求，提出建设世界一流大学的标准；（三）阐述新形势下人才的重要性，并对当代大学生提出殷切的希望。

四、庆祝会、纪念会讲话稿的注意事项

1. 要讲究客观，庆祝会、纪念会讲话稿不以特定人的角度去看待事物，要从客观角度出发。

2. 要做到准确，庆祝会、纪念会讲话稿的语言要精要准确，不能含糊，不能模棱两可，不能有歧义。

3. 要写得实际，要中心突出、目的明确、观点鲜明、简明扼要，切忌夸夸其谈。

4. 表彰会是为褒奖先进单位和英模人物而召开的，讲话要对受奖者的先进事迹和先进经验加以肯定和赞扬，并号召大家向他们学习，篇幅一般较短，但要充满激情，能鼓舞士气。

5. 纪念会纪念的是某一历史事件和历史人物，讲话除对历史事件的重大意义和历史人物的丰功伟绩加以肯定和颂扬外，还要立足当前、面向未来，对继承光荣传统，弘扬革命精神提出要求，语言要热情洋溢、催人奋进。

五、范例

例文一

“七一”庆祝大会讲话稿

各位老领导、党员同志们：

在纪念中国共产党成立85周年的喜庆时刻，我们隆重召开会议，庆祝党的生日，就是要共同回顾我们党走过的85周年光辉历程，增强对党的热爱和信仰，坚定坚决跟党走的信心。同时对在这次先进性教育活动中涌现出来的优秀共产党员和优秀党务工作者进行表彰。这对于我们加强党的建设，提高党的执政能力，增强党的凝聚力、战斗力和创造力，具有十分重要的意义。在此，我代表处党委，向处党委全体共产党员致以诚挚的节日

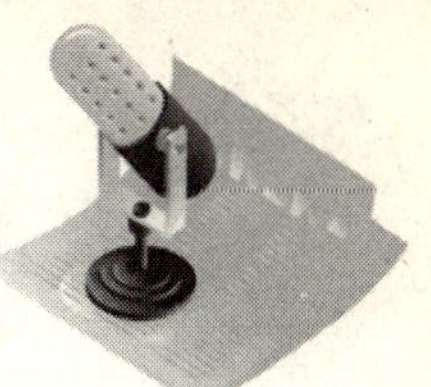

问候和崇高的敬意！向莅临今天会议的、对××后方建设与发展给予一贯支持和关注的老领导表示衷心的感谢！并向即将受表彰的优秀共产党员和优秀党务工作者、向新入党的党员和气排球获奖代表队表示衷心的祝贺！

中国共产党已经走过了85年的光辉历程。这八十五载是历经血与火考验的八十五载。85年前中国共产党诞生之时，党员只有50几人，面对的是一个灾难深重、深受压迫的旧中国。85年后的今天，我们党已成为在全国执政五十多年、拥有六千多万党员的大党，中国人民已拥有一个欣欣向荣、繁荣富强的社会主义祖国。这个巨大变化是中华民族发展的一个历史奇迹。

在今天这个值得纪念的时刻，我们回顾党的历史，展望党在新世纪的伟大征程，既感到由衷的骄傲和自豪，又对未来充满必胜的信心和力量。

85年前，我们的党是在中国工人阶级走上历史舞台，马克思主义与中国工人运动相结合的时代背景下，适应中国先进社会生产力的发展要求，在马克思主义的指导下产生和建立的。中国共产党从诞生之日起，就高举反帝、反封建、反对官僚资本主义的大旗，把中华民族的伟大复兴作为自己的崇高使命，为了民族独立、人民解放和国家富强，领导全国各族人民进行了艰苦卓绝的斗争，取得了一个又一个伟大的胜利。

在新民主主义革命时期，以毛泽东同志为核心的第一代中央领导集体，把马克思主义的基本原理同中国革命的具体实践结合起来，创立了毛泽东思想。在毛泽东思想的指引下，党领导全国各族人民前仆后继、浴血奋战，推翻了严重阻碍中国社会生产力发展和社会进步，严重侵害和剥夺中国最广大人民根本利益的帝国主义、封建主义和官僚资本主义三座大山，夺取了新民主主义革命的胜利，建立了人民当家做主的新中国。

1949年中华人民共和国的诞生，是中国人民前途命运的一个根本转折，它标志着受压迫受欺侮的半封建、半殖民地时代的终结，标志着中华民族历史新纪元的开始。新中国的成立是上个世纪重大的历史事件，对于当代世界的政治格局和历史进程产生了深远的影响。建国以后，我们党顺应中国社会生产力发展的要求和时代进步的潮流，领导人民完成了从新民主主义到社会主义的过渡，建立了社会主义制度，为中华民族的伟大复兴奠定了坚实的基础。新中国成立50多年来，我们从贫穷落后到繁荣昌盛，从山河破碎到强大统一，从受人欺凌到备受尊重，中国人民在中国共产党的领导下谱写了中华民族文明史上最光彩夺目的篇章。

十一届三中全会以来，以邓小平同志为核心的第二代中央领导集体解放思想、实事求是、拨乱反正、正本清源，深刻总结了建国以来正反两方

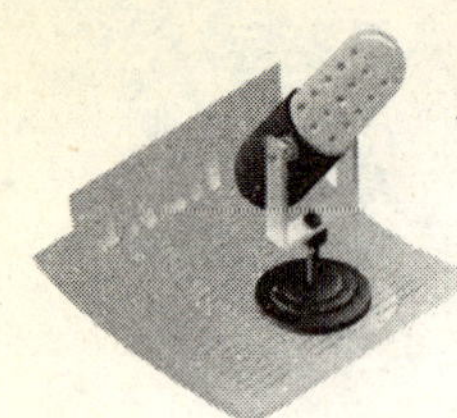

面的经验和教训，果断地把党和国家的工作重点转移到经济建设上来，确立了党在社会主义初级阶段的基本路线，逐步探索出一条中国特色社会主义的道路，创立了邓小平理论。全党和全国人民在马列主义、毛泽东思想和邓小平理论的指引下，坚持以经济建设为中心，集中力量发展社会生产力，开创了改革开放和现代化建设的新局面。

以江泽民同志为核心的第三代中央领导集体，受命于危难之际，面对复杂的国际国内环境，高举邓小平理论伟大旗帜，带领全党和全国人民坚定不移地沿着中国特色社会主义的道路继续前进，战胜了来自政治、经济、文化领域以及自然界的各种风险和挑战，一个欣欣向荣的社会主义中国巍然屹立在世界东方，成为世界和平、发展与进步的重要力量。面对新的形势和任务，江泽民同志以宽广的世界眼光和深邃的战略思维，认真总结建党以来的历史经验，提出了“三个代表”的重要思想，为进一步加强党的建设、推进改革开放和现代化建设提供了强大的思想武器和指导方针。我国国民经济持续、快速、健康发展，综合国力大大增强，科技、教育、文化事业欣欣向荣，各项社会事业全面进步，国防力量日益强大，各民族兄弟团结友爱，人民群众的物质文化生活水平不断提高，香港、澳门回归祖国怀抱，祖国统一大业取得了重大进展。

党的十六大后，以胡锦涛同志为总书记的新的中央领导集体，高举邓小平理论伟大旗帜，全面贯彻“三个代表”重要思想，坚持“两个务必”，全面开展保持共产党员先进性教育活动。冷静、果断、务实地处理一系列重大内政外交事务，国共两党领导人实现建国后第一次握手，海峡两岸同胞的交流不断加强，为最终解决台湾问题、完成祖国统一大业起到了很好的推动作用。面对经济社会生活中的突出矛盾，能沉着应对，科学决策，及时采取了加强和改善宏观调控的一系列策略，确保了国民经济平稳较快发展和社会大局持续稳定。现在的中国，经济实力和综合国力显著增强，人民的物质文化生活水平明显提高，党的执政地位更加巩固，政通人和、国泰民安，我国在国际上的地位和影响与日俱增。中华民族正以站立起来、富强起来的自尊自信和自豪，前进在全面建设小康社会、加快推进社会主义现代化的征程上。

20世纪整个世界发生了翻天覆地的变化。在中华民族近一个世纪的巨变中，最伟大的事情就是诞生了中国共产党。中国共产党是中国各族人民利益的忠实代表，是中国社会主义事业的领导核心。中国共产党在中国革命和建设事业中的领导地位，是由党的工人阶级先锋队、中国人民和中华民族的先锋队性质决定的，是经过长期历史实践考验形成的，

它的产生是时代的选择、是历史的选择、是人民的选择，代表了历史前进发展的方向。

回顾我们党八十五年的光辉历程，中国共产党之所以能够在极其艰难困苦的条件下由小到大，由弱到强，不断发展壮大，在每一个关键时刻，在每一次重大关头，能够把握时代脉搏，顺应时代潮流，经受住各种考验，带领人民，依靠人民，不断开创革命和建设事业的新局面，建立了彪炳千秋的历史功绩，根本的原因就在于我们党始终代表了先进生产力的发展要求，始终代表了先进文化的前进方向，始终代表了最广大人民的根本利益。

沧海桑田，人间正道，充分证明了这样一个真理：没有共产党就没有新中国，没有共产党就没有中华民族的伟大复兴，因为党来自人民，植根于人民，服务于人民，党的全部工作的出发点和落脚点，就是实现好、维护好和发展好最广大人民群众的根本利益。在中国，从来没有一个政党或政治组织像共产党这样集中了那么多先进分子，组织得那么严密和广泛，为中华民族作出了那么多牺牲，同人民保持着那么密切的联系。光荣属于中国共产党。中国共产党不愧为伟大、光荣、正确的马列主义政党，不愧为领导中国人民从胜利走向胜利、不断开创中华民族复兴伟大事业的核心力量。

鉴往知来，值得永远铭记。我们重温党的历史，就是为了缅怀无数为了民族的解放和国家的复兴抛头颅、洒热血的革命先烈，继承和发扬党的光荣传统，学习英雄的革命精神，倍加珍惜来之不易的大好局面，进一步增强对驻邕后方管理工作的责任感和使命感，以庆祝建党85周年为契机，巩固和扩大先进性教育活动取得的成果，充分发挥各党支部的战斗堡垒作用和广大共产党员的先锋模范作用，奋发有为，坚定信心，以实际行动创造优异的成绩，告慰为中国革命和建设呕心沥血的仁人志士。××后方广大干部群众，紧跟时代步伐，抓好党员先进性教育，抢抓机遇，艰苦创业，为构建平安、文明、和谐××后方作出不懈努力，在党的建设、大院管理、资产管理和项目建设等方面都取得了一定的成效。这些成绩的取得，是各位老领导的关心、支持和各党支部、广大党员、干部群众的共同努力的结果。但也应该看到，我们所取得的成绩距离构建平安、文明、和谐驻邕后方的要求，还有非常大的差距。我们作为既是革命老区，又是经济基础较薄弱，工业化、城镇化水平低，教育、科技比较落后，农村还有不少偏远山区群众生活比较贫困的新兴的边境城市的驻邕后方一名共产党员，在前方这样艰苦的条件下，更应该时刻牢记市委提出的“艰苦创业建

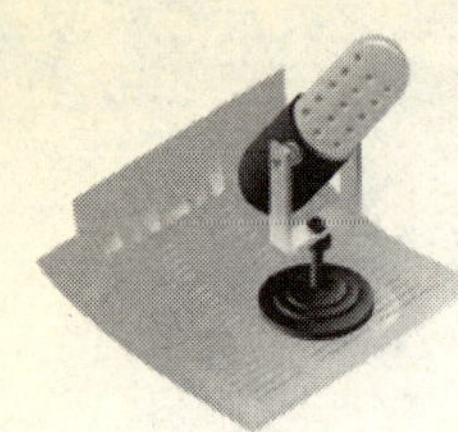

××”的要求，发扬党的光荣传统，学习革命先烈不畏艰难，敢于斗争，艰苦奋斗，勇于奉献，勇于牺牲和勇夺胜利的大无畏革命精神，立足岗位，发奋工作，开拓创新，奋勇争先，切实提高工作效率和工作质量，当好××后方管理勤务兵。同时，也希望各位老党员能继续发挥余热，保持革命晚节，及时向党组织提出合理化建议，一如既往地关心、支持××后方各项事业，为推进新兴××市的建设和发展，加快富民兴边新跨越，全面建设小康社会，实现边境地区的繁荣稳定和人民群众的幸福安康提供有力的支持和保障，为建设桂西南现代化区域性中心城市发挥应有的作用。

同志们，85年来，我们党为民族的振兴和各族人民的幸福作出了历史性贡献，在新世纪的征程上，党又将带领全国人民为实现中华民族的伟大复兴而不懈奋斗。让我们紧密地团结在以胡锦涛同志为总书记的党中央周围，在市委的坚强领导下，团结和带领我市××后方广大干部职工群众，以“三个代表”重要思想为指导，与时俱进，开拓创新，为构建平安、文明、和谐的××后方而努力奋斗！

我就讲到这里，谢谢大家！

例文二

在邓小平同志诞辰100周年纪念大会上的讲话

同志们：

今天，我们怀着无比崇敬的心情，在这里隆重集会，纪念敬爱的邓小平同志诞辰100周年，缅怀邓小平同志在中国革命、建设和改革事业中的丰功伟绩，回顾邓小平同志对甘肃人民的亲切关怀，表达全省各族人民对邓小平同志的深切怀念和崇高敬意，激励我们为加快甘肃的社会主义现代化建设事业努力奋斗。

邓小平同志是伟大的马克思主义者，伟大的无产阶级革命家、政治家、军事家、外交家，久经考验的共产主义战士，是我们党、国家和军队的卓越领导人，中国社会主义改革开放和现代化建设的总设计师，是邓小平理论的主要创立者。在马克思主义、社会主义事业发展的历史进程中，在中华民族伟大复兴的历史进程中，在当代人类社会发展的历史进程中，邓小平同志都具有十分重要的历史地位。他在全党、全军和全国各族人民中享有崇高的威望，在世界上具有巨大的影响。邓小平同志70多年波澜壮阔的革命生涯，是同中国共产党的创建和发展、中国人民军队的创建

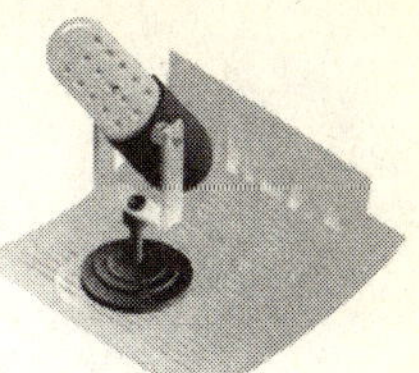

和发展、中华人民共和国的创建和发展紧密联系在一起的，在中国革命、建设和改革的各个时期，他都作出了历史性的卓越贡献。在革命战争年代里，邓小平同志作为毛泽东同志的亲密战友，为中华民族的独立和解放、为新中国的诞生出生入死、浴血奋战，建立了不可磨灭的功勋，成为中华人民共和国的开国元勋。新中国建立后，邓小平同志作为我们党以毛泽东同志为核心的第一代中央领导集体的重要成员，为社会主义制度的建立和社会主义建设的全面展开，为探索中国社会主义的道路，担负着繁重的领导任务，进行了卓有成效的工作。在“文化大革命”中，邓小平同志受到错误的批判和斗争，但他为了党和人民的利益，置个人荣辱安危于不顾，在复出时同“四人帮”进行了针锋相对的坚决斗争。粉碎“四人帮”、结束“文化大革命”后，在重大的历史关头，邓小平同志对毛泽东同志的历史功绩作出了全面正确的评价，提出必须完整准确地理解和掌握毛泽东思想，反对“两个凡是”的错误方针，支持开展真理标准问题的讨论，端正思想路线，进行拨乱反正。特别是在邓小平同志的领导下，我们党胜利召开了十一届三中全会，重新确立了解放思想、实事求是的思想路线，做出了把工作重点转移到社会主义现代化建设上来和实行改革开放的伟大战略决策，开辟了改革开放和集中力量进行社会主义现代化建设的新时期，实现了党的历史上具有深远意义的伟大转折。在改革开放和现代化建设的历史进程中，邓小平同志为我们指明了建设中国特色社会主义的正确方向，确定了“一个中心、两个基本点”的基本路线，制定了分“三步走”、基本实现现代化的发展战略和一系列重大方针政策。在以邓小平同志为核心的第二代中央领导集体的正确领导下，我国改革开放和现代化建设取得了举世瞩目的辉煌成就，使中华民族以崭新的姿态屹立于世界民族之林。实践证明，邓小平同志开创的中国特色社会主义道路是中国人民的强国之路，是实现中华民族伟大复兴的必由之路。

邓小平同志留给我们最宝贵的精神财富就是邓小平理论，这也是他对党、对人民、对马克思主义的最大贡献。这一理论抓住“什么是社会主义、怎样建设社会主义”这个根本问题，深刻揭示了社会主义的本质，第一次系统地回答了中国社会主义的发展道路、发展阶段、发展动力、根本任务、外部条件、政治保证、战略步骤、党的领导和依靠力量，以及祖国统一等一系列重大问题，为改革开放和现代化建设奠定了坚实的理论基础。邓小平理论是对马克思列宁主义、毛泽东思想的继承和发展，是马克思主义中国化的第二次历史性飞跃。邓小平同志这样说过：如果没有毛泽东同志，我们中国人民至少还要在黑暗中摸索更长的时间。

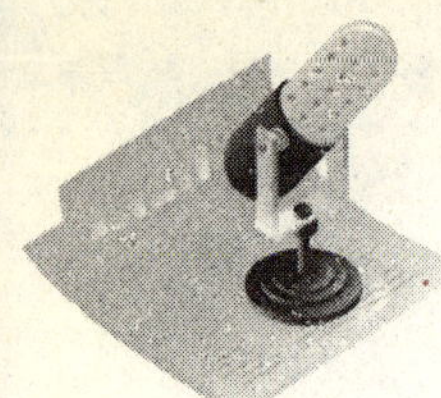

同样，正如江泽民同志指出的：如果没有邓小平同志，中国人民就不可能有今天的新生活，中国就不可能有今天改革开放的新局面和社会主义现代化的光明前景。正如胡锦涛总书记指出的：没有毛泽东思想的正确指引，就没有中国革命的胜利和社会主义基本制度的确立。没有邓小平理论的正确指引，就没有改革开放和建设中国特色社会主义新道路的开辟。邓小平理论永远是我们的旗帜，永远是中国共产党人的理论宝库和中华民族的精神支柱，永远是我们进行社会主义现代化建设的行动指南。

邓小平同志不仅以他创立的光辉理论指引着我们，而且以他在长期革命实践中锤炼出来的革命风范和品格感召着我们。

他的崇高风范和品格，体现在他为中华民族的独立和解放，为中国社会主义制度的建立，为中国改革开放和现代化建设而付出毕生心血的实践活动中，体现在他“三落三起”的曲折经历和他勇敢地开拓中国社会主义发展新道路的进程中。邓小平同志高瞻远瞩的政治远见，坚定不移的革命信念，热爱人民、依靠人民，坚持以人民的利益为最高准则的立场，无私无畏的广阔胸怀，崇尚实干的工作作风和驾驭全局的领导才能，永远值得我们崇敬和学习。他和老一辈无产阶级革命家所创造的彪炳史册的丰功伟绩，永远铭记在人们心中，他的名字、思想和精神永远鼓舞着中国共产党人和全国各族人民，不断推动中国历史的前进。

邓小平同志与甘肃的革命和建设，有着久远的历史联系。他在光辉的一生里，先后8次来到甘肃，在陇原大地上留下了深深的足迹。早在1927年2月底、3月初，邓小平同志就来到甘肃平凉，了解指导平凉地下党的革命斗争。

1935年9月7日到10月16日，邓小平同志在长征途中路经甘肃，历时40天。

1936年5月和1937年2月，邓小平同志第3次、第4次到甘肃工作和战斗。新中国建立后，邓小平同志先后4次来我省视察工作。

1957年4月，他来甘肃视察了一些企业，并在西北民族学院礼堂举行的干部大会上作了重要报告。

1964年4月，他再次来到我省，对甘肃的工作做了重要指示。

1966年3月，他又到兰炼、兰化、兰石、金川公司、白银公司、酒钢公司、刘家峡电厂等企业进行视察。

1981年8月，77岁高龄的邓小平同志最后一次来到我省，视察了敦煌、天水，听取了省上领导同志的工作汇报，鼓励甘肃要搞好改革开放和现代化建设。邓小平同志对甘肃人民的亲切关怀，给予了甘肃人民巨大的精神

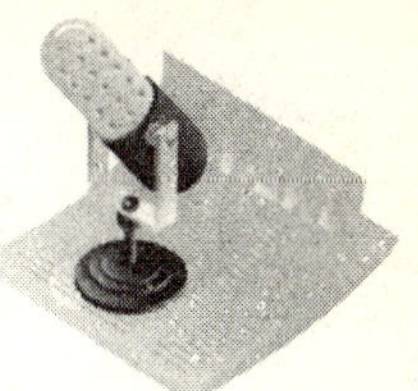

力量，激励着甘肃人民在社会主义建设中取得一个又一个胜利。甘肃人民对邓小平同志永远怀着深深的崇敬、爱戴和感激之情。

新中国建立以来，在党的领导下，全省人民为建设甘肃、发展甘肃进行了长期的艰苦奋斗，使甘肃贫穷落后的面貌发生了巨大变化。特别是党的十一届三中全会以来，省委历届领导班子坚持以邓小平理论和“三个代表”重要思想为指导，全面贯彻党的路线、方针、政策，带领全省人民解放思想，锐意改革，艰苦奋斗，开拓进取，全省改革开放和现代化建设取得了历史性的辉煌成就。国民经济持续快速健康发展，综合实力明显增强，提前实现了现代化建设的第一步战略目标和第二步战略目标，现在正朝着党的十六大确定的全面建设小康社会的宏伟目标阔步前进；农业和农村经济取得了突破性进展，农村面貌发生了根本性变化，长期困扰我省的粮食问题基本解决，实现了正常年景省内自求平衡的目标；工业和城市经济不断发展壮大，形成了一个以石化、有色、冶金、能源、机械、建材、轻纺等支柱产业为骨干，具有较好物质技术基础的工业体系，交通、通信、信息、商贸、金融以及各类社会中介服务等第三产业蓬勃发展；改革开放成效显著，社会主义市场经济体制初步建立，对外开放的领域不断扩展，招商引资、对外贸易、经济技术合作等取得了丰硕成果；教育、科技、文化、卫生、体育等各项社会事业有了长足的发展，社会主义精神文明建设不断取得新成果；人民生活水平和生活质量有了很大提高，城乡居民收入较快增长，如期实现了整体基本解决农村贫困人口温饱的目标，五分之一的农村人口过上了小康生活；党的建设、民主法制建设和民族团结得到进一步加强，全省广大干部群众的精神面貌发生了深刻变化，安定团结的政治局面进一步巩固和发展。这些成就的取得都是坚持党的十一届三中全会以来的路线、方针、政策的结果，都是高举邓小平理论伟大旗帜、全面贯彻“三个代表”重要思想的结果。没有邓小平同志开创的中国特色社会主义道路，没有邓小平理论和“三个代表”重要思想的指导，就不可能有今天甘肃经济社会的繁荣和发展。

建设富强、民主、文明的社会主义现代化国家，实现中华民族的伟大复兴，是邓小平同志和党的几代领导集体的共同愿望，也是邓小平同志为之奋斗了一生的宏伟目标。在邓小平同志诞辰100周年的时候，我们对他的最好纪念就是坚持高举邓小平理论伟大旗帜，全面贯彻“三个代表”重要思想，牢固树立和认真落实科学发展观，把邓小平同志和老一辈无产阶级革命家开创的宏伟事业不断推向前进。当前，甘肃的改革和发展正处在一个非常关键的时期。我们纪念邓小平同志最重要的就是要坚持党的基本

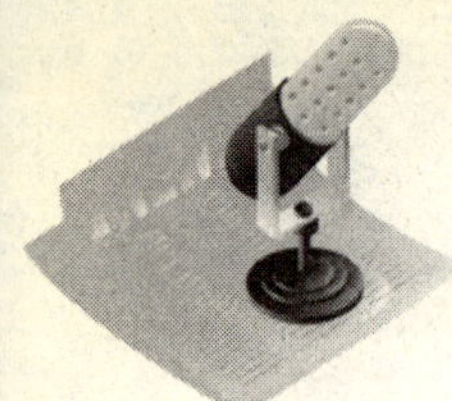

理论、基本路线、基本纲领和基本政策不动摇，全面贯彻党的十六大精神，坚定不移地实施省十次党代会、省十届人大一次会议确定的发展目标和重要举措，认真落实省委十届四次全委会确定的“高举发展的旗帜，高举改革的旗帜，加强党的建设这个根本保证”的战略方针，咬定发展抓项目不放松，认准改革抓企业不动摇，坚持保证抓党建不懈怠，把我省的改革开放和现代化建设不断推向前进。

我们要深入学习贯彻邓小平理论和“三个代表”重要思想，巩固和发展全省人民团结奋斗的共同思想基础。

党的十三届四中全会以来，以江泽民同志为主要代表的当代中国共产党人高举邓小平理论伟大旗帜，准确把握时代特征，科学判断我们党所处的历史地位，集中全党智慧，逐步形成了“三个代表”重要思想。这一马克思主义中国化的最新理论成果和科学理论用一系列紧密联系、相互贯通的新思想、新观点、新论断，创造性地回答了建设什么样的党、怎样建设党的问题。“三个代表”重要思想的形成，表明我们党对共产党执政规律、社会主义建设规律和人类社会发展规律的认识，都达到了新的理论高度，实现了马克思主义与中国实际相结合的第三次历史性飞跃。从邓小平理论到“三个代表”重要思想，新时期中国共产党人的两大理论成果既一脉相承，又与时俱进。我们纪念邓小平同志，就要把学习邓小平理论同学习“三个代表”重要思想结合起来，在全省范围进一步兴起学习贯彻邓小平理论和“三个代表”重要思想的新高潮，牢固确立邓小平理论和“三个代表”重要思想在一切工作中的指导地位，使之成为全省人民为实现全面建设小康社会宏伟目标而团结奋斗的精神支柱和思想基础。

我们要牢固树立和认真落实科学发展观，推动我省经济社会更快、更好地发展。

以胡锦涛同志为总书记的党中央，在邓小平理论和“三个代表”重要思想指导下，提出的科学发展观，是与时俱进的马克思主义发展观，是对社会主义现代化建设规律的最新理论概括，是对社会主义现代化建设指导思想的重大发展。牢固树立和认真落实科学发展观，对于贯彻落实“三个代表”重要思想和党的十六大精神，提高我们党的领导水平和执政能力；对于全面建设小康社会，实现中华民族的伟大复兴，都具有重要的现实意义和深远的历史意义。我们树立和落实科学发展观，就要全面准确地把握其内涵和基本要求，紧密结合甘肃的实际，努力发扬求真务实的作风，切实解决经济和社会发展中的各种矛盾和问题，做到“五个统筹”，实现以人为本和全面、协调、可持续发展，对于我们甘肃这样一个欠发达的省份

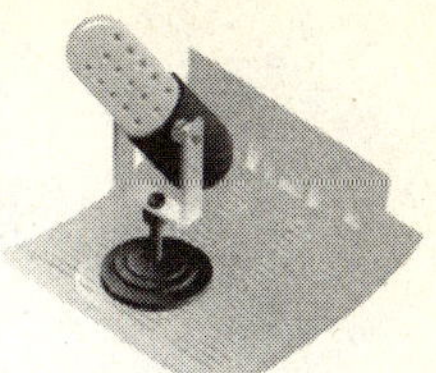

来说，把握发展这个科学发展观的第一要义，紧紧扭住经济建设这个中心不动摇，聚精会神搞建设，一心一意谋发展，显得更为重要和紧迫。牢牢把握了这一点，就从根本上把握了邓小平理论和“三个代表”重要思想的精神实质，把握了科学发展观的核心，把握了全面建设小康社会的关键。我们必须充分认识到抓住本世纪头20年这一重要战略机遇期加快发展，是全省人民的迫切愿望，是甘肃最大的政治，也是时代赋予我们的历史责任。我们一定要抓住当前加快发展的有利时机，全力以赴抓好涉及全省经济社会发展的重点项目建设，努力形成齐心协力抓项目、加大投入促发展的良好局面，改善基础条件，不断壮大经济实力，提高发展质量，力争使甘肃的发展更快一些、更好一些。

我们要抓好以深化国有企业改革为重点的各项改革，完善社会主义市场经济体制。

通过改革实现社会主义制度的自我完善，不断解放和发展生产力，是邓小平理论最鲜明的特征。在新的历史条件下，我们要继续走好邓小平同志倡导的改革之路，认真贯彻落实党的十六届三中全会精神，有重点、有步骤地推进改革，破除束缚生产力发展的体制性障碍，进一步解放和发展生产力。当前，我省深化改革最重要、最紧迫的任务是抓好国有工业企业改革这个重点。我们要按照省委十届四次全委会的部署和要求，坚定不移地推进国有企业改革，打好这场攻坚战，啃下这块硬骨头。努力把国有企业改革发展推进到产权制度创新和技术创新的新阶段，建立以股份制为主要实现形式的现代产权制度和现代企业制度，加快国民经济的战略性调整，推进全省新型工业化进程。

要围绕建立和完善社会主义市场经济体制，深化各项改革，为全面建设小康社会提供强有力的体制保障。要以农村税费改革、粮食流通体制改革、土地征用制度改革和完善农村金融服务体系为重点，推进农村各项改革，进一步减轻农民负担。要全面推进制度创新、科技创新和文化创新，按照“五个统筹”的要求，认真抓紧抓好科技、教育、文化和医疗卫生等社会领域的改革。

加强科技同经济的紧密结合，加速科技成果向现实生产力转化，使科学技术真正发挥第一生产力的巨大作用。强化基础教育，打好“两基”攻坚战，调整高等教育结构，加大人才培养力度。要加快推进投融资体制改革，建立投资主体和融资渠道多元化新体制。要按照行为规范、运转协调、公正透明、廉洁高效的要求，深化行政管理体制改革，转变政府职能，推进依法行政，实现管理创新和工作创新。要不断解放思想，放开手

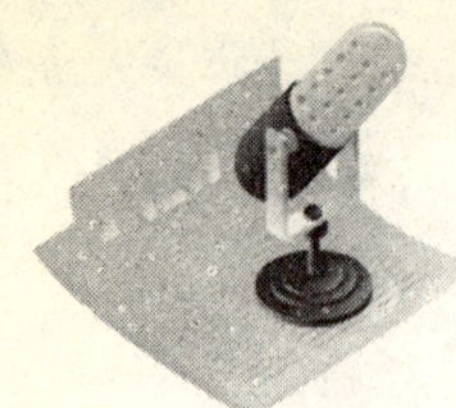

脚，大力发展非公有制经济，加快所有制结构调整。坚持以改革促开放，充分利用两个市场、两种资源，努力改善发展环境，进一步提高对内对外开放水平。

我们要进一步加强党的建设特别是领导班子和干部队伍建设，保证改革开放和现代化建设的顺利进行。

加强党的建设特别是领导班子和干部队伍建设，加强和改善党的领导，是我们党80多年领导革命和建设事业取得胜利的一条根本经验，也是邓小平建党思想的精髓。面对全面建设小康社会的新形势，面对全省深化改革、加快发展的艰巨任务，我们必须以邓小平建党思想和“三个代表”重要思想为指导，坚持以党的执政能力建设为重点，不断推进党的建设新的伟大工程。坚持党要管党、从严治党的方针，围绕提高党的领导水平和执政水平、提高拒腐防变和抵御风险的能力这两大历史性课题，抓好党的思想理论建设，提高广大党员干部的思想政治素质；抓好领导班子和干部队伍建设，提高领导改革开放和现代化建设的能力与水平；抓好党的基层组织和党员队伍建设，充分发挥战斗堡垒作用和先锋模范作用；抓好党的作风建设和反腐败斗争，认真落实领导干部廉洁自律规定和党风廉政建设责任制，巩固和发展党同人民群众的血肉联系。要从实践“三个代表”重要思想的高度，坚持立党为公，执政为民，树立正确的权力观、政绩观，把实现全省人民群众的根本利益作为一切工作的出发点和落脚点，做到为民、务实、清廉。

正确行使人民赋予的权力，真正做到权为民所用、情为民所系、利为民所谋。要从解决现实困难和切身利益问题入手，关心群众生产生活。努力开辟新的就业领域，增加就业岗位。高度重视灾区、贫困地区、城乡困难群众的生产生活。逐步建立同经济发展水平相适应的社会保障体系。要正确把握和处理改革发展稳定的关系，切实做好关心群众生产生活的各项工作，正确处理人民内部矛盾特别是涉及人民群众切身利益的矛盾，保持社会安定团结。全省各级干部特别是党员领导干部，要务必继续保持谦虚、谨慎、不骄、不躁的作风，务必继续保持艰苦奋斗的作风，力戒官僚主义、形式主义，坚持以奋发有为、开拓进取和求真务实的精神状态，做发展抓项目的表率、改革抓企业的表率、干事创业的表率和廉洁奉公的表率，团结和带领全省人民，扎实有效地推进我省的改革开放和现代化建设。

同志们，百年沧桑，神州巨变；伟人虽逝，精神永存。邓小平同志虽然离开了我们，但是他的英名、业绩、思想和风范将永载史册，将世世代

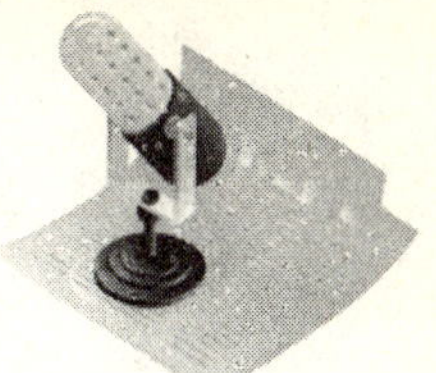

代铭刻在人民的心中。让我们紧密团结在以胡锦涛同志为总书记的党中央周围，高举邓小平理论和“三个代表”重要思想的伟大旗帜，全面贯彻党的十六大和十六届三中全会精神，解放思想、实事求是，与时俱进、开拓创新，奋发有为、扎实工作，为加快我省全面建设小康社会进程而努力奋斗，为推进中国特色社会主义事业作出新的更大的贡献！

第八节　专题报告会的报告

一、专题报告的含义

专题报告会的报告是指向上级反映本机关的某项工作、某个问题、某一方面的情况，要求上级对此有所了解的报告，具有专一性，如学习理论心得报告，外出考察报告等。内容要有厚度、深度，给人以启示和借鉴。

二、专题报告的种类

专题报告会上的报告可以分为事迹报告、问题报告、工作报告等。

三、专题报告的写作技巧

报告内容一般由以下几部分组成：

1. 标题，包括发行单位、事由和文种名称组成。

2. 收文机关或主管领导人。

3. 正文，正文的结构与一般公文相同。从内容方面看，报告情况的，应该有情况、说明、结论三部分；报告意见的，应该有依据、说明、设想三部分。报告正文要明确报告目的。

4. 结尾，可展望、预测，亦可省略，但结语不能省，要有发送机关（印章）、日期。

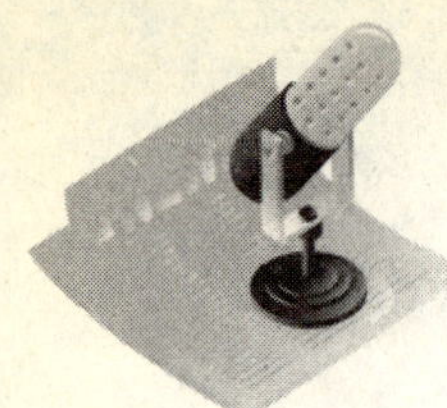

四、专题报告的注意事项

要考虑到内容的全面性，着眼点是反映工作全局，要求反映本系统、本单位的整体情况；要考虑到观点的集体性，它代表一级组织对整体工作的评价和部署。它是领导集体意志的反映，从构思到定稿必须体现集体的意志，初稿形成后必须先在领导班子会议上讨论通过。同时，还要考虑到工作的指导性，准确评价过去的工作，分析面临的形势任务，明确指导思想、奋斗目标，具体安排下级工作，指导和推动全局工作的开展。观点要鲜明，中心要明确，态度要明朗，不能含糊其辞、模棱两可。

五、范例

例文一

李肇星外交生涯专题报告会

今天的主题是做专题报告，刚才我和徐龙同志交换意见，我说是不是限制一下，30岁以上的同志就不要听了，在座的还有一部分是30岁以上的，没有办法，我现在说话不太管用。

刚才一看短片，我从来没有看过自己那个样子，那么不好看，那么好看，没有办法，必须尊重事实，必须尊重现实，我刚才在活动当中也有提到的，我用这个来开头，第一，我到了广东，想到了第一次来到广州，大概是1965年，很多在座的同志还没有出生，今天见面了，那是带着非洲的自由战士参观毛主席广州农民运动讲习所接受教育，然后去看黄花岗七十二烈士墓。一直到后来，多少年之后，我才知道在烈士墓里还埋葬了三位马来西亚槟城的华侨，他们也参加了祖国解放的斗争。第二，我还曾经想起在改革开放初期到南方视察的小平同志，小平同志讲过很多话，我们永远不能忘记的是小平同志说的“我是中国人民的儿子，我深深地爱着我的祖国和人民”。第三，最简单的事情往往难忘，最简单的事情往往是最重要的、最难办得到的，就是在广东广州战斗过的新中国第一任总理、外长周恩来，我看到他永远强调的就是“为”字，就是“为人民服务”，就是这么艰难。所以，最简单的东西往往最重要、最敏感、最值得注意，因为有故事。

我在外交部42年了，有一天上班，突然问自己这个问题，我是外交部

长，什么叫做外交，外交的任务是什么，我能答得上来吗？还有我的前任前任也多次来过广州的钱其琛同志，跟我说外交就是做两件大事：第一，为人类和为祖国建设谋和平，和平的环境就是为了一心一意地建设自己的国家；第二，我们要开放地发展，我们要坚定不移进行改革开放的政策，所以我们需要朋友，需要走出去，我们需要有平等相待、独立共赢的合作伙伴。

又问我，世界上到底有多少个国家，没有调查，就没有发言权，毛主席也是这么说的。全世界有多少个国家？我问了自己两遍，我发现，我不知道，相当惭愧，一个外交部长，当然是以前的外交部长，不是现在的外交部长。这么简单的问题答不上来，很多同志都知道。这名同志，请问全世界有多少个国家，你告诉大家。

现场回答：两三百个。

李肇星：那就是最少两百，最多三百，中间差一百。这样的数字搞通讯可能不行吧，相差就一百，不过你比我厉害，你能回答，水平和三年前的外交部长差不了多少。但一差差这么多，有两三百个国家，我第一次给中央领导做翻译，一位来自非洲，没有国家，是一个地区，现在是一个国家了，叫做莱索托，他们后来宣布独立了，见到我们就问，请问全中国到底有多少人，我们老听中国人说地大物博、人口众多，当时就回答中国大概六七亿人，我就翻译过去六亿到七亿，我一翻完，那些外宾全部都不出声，全场哑然，不知道是不是我翻错了，突然所有的非洲朋友拍着大腿哈哈大笑，说中国太伟大了，我们更加热爱中国朋友了，你们一差就差一亿，而现在一亿就是我们国家人口的一百倍，中国太伟大了。他们国家独立之后，全国是一百多万的人口，一百个一百万就是一亿。

当时我是一个部门的一把手，一把手也经常有一些问题不知道答案，就问部下，部下不知道，领导也不知道，他很认真地回答，我当时就用这个办法，一个电话问一位罗司长，他是江苏人，我就问小罗，全世界有多少个国家，他说报告部上全世界大概有两百多个国家和地区。我说对不起，我没有问你地区，你们江苏也是一个地区，你们的家在苏州，苏州也是一个地区，是不是也要算上，我是问你国家，你究竟知不知道，我一吓唬，他就说不知道。我说你去学，明天上午9点钟到我的办公室。又问担任国际组织、多面外交的（多面外交就是两个国家以上的国家在一块，只是两个国家叫做双面外交），这一位司长姓刘，是北京人。我说小刘，请问一下全世界有多少个国家，他多聪明，他说报告部长，联合国一共有192个成员国，我说不对，我没有问你联合国有多少个成员，我是问你全

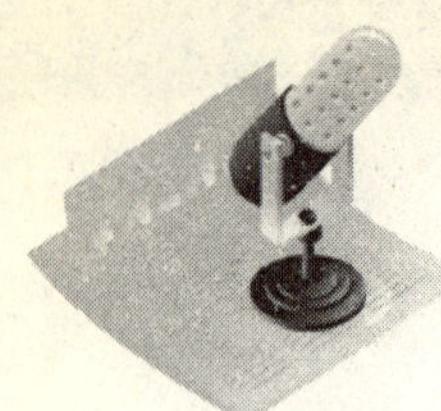

世界有多少个国家，你是不是不知道，你当然知道联合国有多少个成员，他说我确实不知道，我只知道联合国的成员国。我说，你去学习一下，明天早上9点钟到我的办公室回答。我们三个人一块学才发现你现在的答案不够精确，我们发现不到两百个国家。

怎么确认的？首先刘司长说得对，联合国的成员国192个，还有一个巴勒斯坦，我们一直支持巴勒斯坦独立，但美国这些国家不承认。要跟祖国的政策、利益保持一致。还有一个国家，大家都知道，它是世界上我到过最小的国家，她的国土面积比中国移动的基地还要小，跟人民大会堂占的面积差不多，跟南沙群岛中最大的太平岛的面积一样，0.4平方公里，她跟中国没有建交，但我们也有交往，她也不是联合国的成员。然后想一下，一幅世界的地图，世界就是那么大，全世界地球表面的面积一共大约5.1亿多平方公里，其中70%都是水，水的面积是最大的，那就是太平洋，南太平洋有几大最大的岛国，那就是澳大利亚，还有最大的新西兰，新西兰有两个岛，一个南岛，一个北岛。离新西兰不远，有两个岛国，一个叫做库克，一个叫纽埃，他们都认为只有一个中国，台湾是中国领土不可分割的一部分，所以我们跟他们建交，跟他们建立经济贸易合作。我也去过很多国家，访问过，他们国家的领导人都认识，因为人太少，他们全国最大的学校也没有今天这么多人。这个国家的人生活得特别自在，他们就决定不参加联合国，因为参加联合国还要交会费，另外，参加了，联合国又总要开会，开会派人去机票和饭店的费用都是自己出。

你知道吗？我们就是这样算出来的，就这样加多这4个国家，就是196。我们明确地知道，关于国家的定义，世界各国并没有一致的意见。当时我在外交部研究一下到底什么是国家？国家的定义是什么，全世界国家的定义，我们知道的，270种，国家的定义也很麻烦，你说这是国家，有些人不赞成，你说不是，有一些人觉得是。

在我们广州11月要举办亚运会，自己自我表扬一下，我个人为广州申办亚运会做过一些工作，我看到广州申办成功，也很高兴。我们记得2008年8月8日，晚上8点发生什么事吗？当时北京市在举办奥运会，可是正当奥运会的开幕式在进行的时候，开幕式的演出在进行的时候，发生了一件很奥林匹克精神背道而驰的精神，奥运会的精神就是和平，规定至少在奥运会进行期间，任何国家和任何地区、任何人都不得打仗，第二才是要公平、合理、友好地进行竞赛。而那个时候，北京奥运会28个大项的比赛，我都没有参加，很惭愧，但那个时候我参加了北京奥运会的开幕式，我突然回头一看，在贵宾席上，很多外国的元首、首脑没有好好看开幕式的表

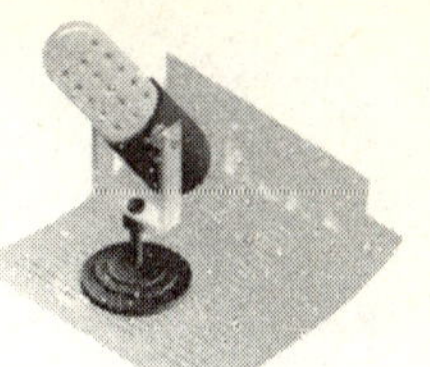

扬，在那里交头接耳，我才知道那个时候发生了一场地区性的冲突，或是叫做局部战争，就是俄罗斯和格鲁吉亚的战争。在那里的两个地方，一个叫做南奥塞梯，一个叫做阿布哈兹，他们宣布我不是地区了，我是独立国家了，他下的定义说自己是国家，咱们中国到现在还没有承认。

1999年，有一场战争是美国为首发动的科索沃战争，5月7日发生了严重的、非常残暴的美国空军飞机袭击中国大使馆炸死人员的事件，科索沃地区宣布独立，我是国家了，尽管有40多个国家承认他们是国家，但我们不承认。这个话题，我个人感到有一种历史悲壮感和历史责任感，你现在看一看。世界上的国家富的也有，穷也有的，但绝大多数都实现统一，而我们国家还没有实现完全统一，关键是我们还有台湾问题。对国家的定义，我们要有准确的理解，而且要体现在言行上。

多年前，我在美国做大使，有一个人和我一样姓李，这个人，我认为是中国政治中最差劲的一个，他就是李登辉。美国政府当时不顾多次我们的坚决反对，允许李登辉以总统的名义访问美国，我们坚决反对，我们连续到五个美国大的电视台接受采访，还有召开记者招待会，揭露事情的真相，抗议美国方面接待李登辉。在记者招待会上，有一个记者提问，他说，李大使，请你评论一下最近李登辉（用他的话说）总统访问美国这件事。我说先生，请你不要继续说下去，你刚才说李什么东西，你怎么提出这么有偏见的，甚至是愚蠢的错误问题，谁听说过一个主权国家的一部分，一个主权国家的一个地区有总统这样的官，不可能的。我说请你立即重新组织你的问题，否则坦率地讲，你还没有资格出席这样重要的记者招待会。他换成“先生”，我才回答。国家的定义，台湾不是国家，台湾是中国不可分割的一部分。第二天，那名记者用大篇幅来攻击我，说“中共大使”，大使是中国派的，应该是“中国大使”，说这一名大使说和平，但一看到我们，那种霸气完全暴露了他本人和他所代表的党的霸权主义那一套，这是偷换概念，攻击我的文章特别长。后来我觉得攻击也好，一个人在一生当中受到比较坏的、比较傲慢的篇幅来攻击也不容易，我那一生就是那一次特别光荣一下。所以千万不能在这些基本问题上，看这些都要十分小心，我们确实是很不容易。基本功是最要紧的，基本问题上的知识也是基本功。

我想讲一讲直到现在，在一些大的问题上，比如最近谷歌事件，我看到有一些记者写出这样的文章，有一些是好的，但表达有问题，说谷歌离开中国，离开就离开吧，让他到香港就去吧，错了。香港也是中国的，它只不过离开了对香港而言的内地，只不过是离开了大陆市场。所以表达要

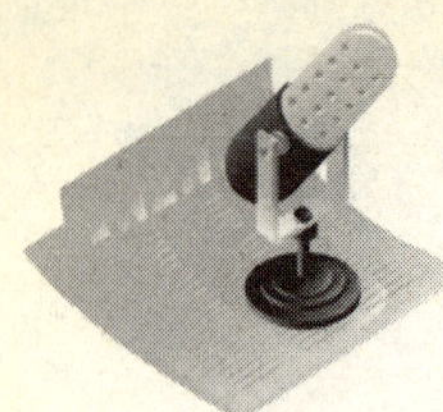

十分地小心。还有的说我们的出口贸易增长多少，比如日本、韩国、泰国、马来西亚、台湾、香港、澳门……把这些国家与中国的地区相提并论，这肯定是不对的。这是我想讲的第一点。

第二点，外交方面的事。我一到外交部，1964年，外交上吃饭，老同志讲中央的精神，在外交上吃饭就得有点规矩，不如不能像在山东老家那样吃面条哗哗地响，或是喝汤、喝水也有声音。还有旁边坐着女士，男的不顾，就先吃。很有意思，在伊拉克，吃饭的时候，他们就等着一名女翻译、女记录员到场才开始触犯，这就是外交礼貌，我们就学了。照外交要求，主人给你的，你都接受，按照要求，主人很礼貌，给你很多吃了，你接受了，那你就得基本吃完，吃不完，至少对主人不礼貌，也是对劳动农民，包括种地的、种菜的农民，还有对厨房厨房、上菜的服务人员等等都不礼貌。不然就是这个外交工作人员、外交官没有教养，是给祖国丢人的。如果正式的外交场所干杯，就是各自国家的最高领导出来干，代表中国政府、中国人民祝愿我们两国的友谊长青等等。你一名部长、副部长也这样，你是谁？所以第一课就是讲这个。这就是1964年，我在外交工作中上的一课，过了两年，我到党校（在广州）说过这个事。

外交的重点就是战争和和平问题。我们要建设国家，要使老百姓的生活一步一步地富裕起来，最需要的就是要有和平的国际环境和周边环境，所以和平是非常重要的。想一想，小平同志当年怎么教导我们，在改革开放初期，小平同志就提出来必须以现代化建设为核心，为中心任务，他也要还有一句话，如果是发生了外来入侵和世界大战，如果遇到什么情况，先不要战争，保卫和平。我1993—1995年在联合国工作时，碰见一位美国同行，他就是那个时候美国在联合国的代表。我们为各自国家的利益辩论、吵架，但个人的关系通过吵架变得很好。所以，有一天，在联合国大厦的走廊时问我，你们中国人老说外交政策，请问中国的一贯政策是什么。我就说女士优先，美国的一贯政策是什么，你也说一说。美国认为自己是超级大国，所以他说国家政策第一个词就是领导，但现在是国际化的趋势，现在一个国家什么都说了算是做不到，所以第二个词就是官方合作伙伴关系，比如愿意跟中国发展共同利益，成为建设中的合作伙伴。我说中国外交政策也很明了，中国外交的出发点是为了和平，中国外交的归宿是和平。包括现在的伊朗核问题，我们都是为了地区和世界的和平，我们中国人民是最痛恨战争的。我们不和任何国家结盟，拉帮结派。他说你说得挺好的，和平最重要。

第三，我们在广东广州谈和平，就特别有亲切感、历史感，你看中国

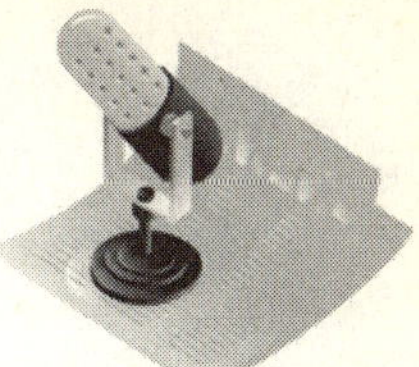

的近代史，中国受到外来侵略战争的影响、受害，从某种意义上来说就是从广东开始的。从一八二几年，中国是最大的经济体，最大的贸易出口国，当时对英国的贸易额很大，而且我们是顺差，就因为中国的顺差太大，英国当时不高兴，就开始想办法解决他的贸易逆差问题，先是收买中国的海关官员偷税、漏税，也不是所有中国官员都是卖国贼，所以效果并不是很显著。另外就是通过亚洲的殖民地印度——东印度公司向中国输入鸦片、毒品。道光皇帝召见林则徐到皇帝办公的地方谈话，道光皇帝下了圣旨，要林则徐骑着皇帝的御马进的皇宫。林则徐是文人，不会骑马，报告皇帝不会骑马，皇帝说怎么回事，连马也不会骑，那就坐着皇帝的马车进来。林则徐到广东来，到广州来，然后到了虎门硝烟，在短时间内硝过的鸦片是数以十万公斤计，我们去虎门纪念馆看到，会受到教育。鸦片有一些是美国商人的，但绝大多数是英国商人的，所以英国国会决定对中国发动鸦片战争，鸦片战争直接后果就是在鸦片战争之后在南京签署了中国和外国的第一个不平等条约——《南京条约》。

我到欧洲访问时才知道，还触动了马克思，22岁的马克思就写过文章了，说中国怎么了，说如果中国的军队都能像中国清朝驻江苏镇压的一千多官兵那样顽强地抵抗，也不会发生这样的事。马克思知道中国那么多的军队，而在英国鸦片战争中顽强抵抗的只有这一千多官兵，而英国大约用死亡五百官兵的代价就把中国变成了半殖民地国家。大家一看，第一次世界大战，中国是战胜国，但西方列强逼着中国，在1916年，把战败国德国原来在中国山东青岛胶州湾的殖民地没有还给中国人民，而要转让给日本。这件事激怒了中国人民，所以就发起了“五四运动”。当时毛泽东同志在北京大学图书馆担任图书管理员，就因为“五四运动”和中华运动相结合的，然后就在上海诞生了中国共产党，这就是历史，这一段历史跟广东、广州密切有关。

第二次世界大战，大约60多个国家，一共死了约六千万人，其中有一半是中国人，怎么样能够特别珍惜和平，所以中国外交要为人民服务，外交第一任务就是谋和平，这是中国人民要的，也是世界人民要的。现在热点问题也离不开这个原则。我们不赞成朝鲜拥有核武器是为了和平，是为了保护包括中国人民在内的世界人民利益。还有伊朗的核问题，我们认为伊朗不应该拥有核武器，有什么问题，应该用谈判的方式来解决，而不是应该用武力威胁。和平是最大的事情，我们要利用和平环境来又好又快地发展同时通过中国的发展，更好地维护世界和平。这是我想讲的第三点。

第四，当前是经济全球化的时代，科技信息化的发展不可想象。一百

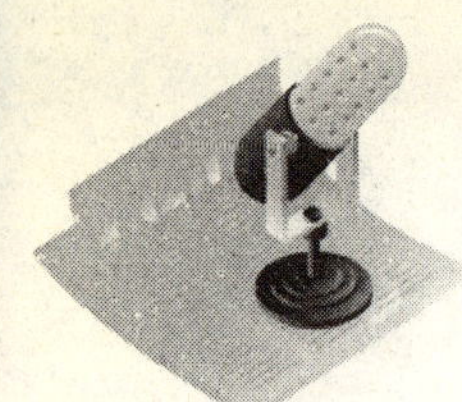

多年前，美国的年轻人通过设计发明了飞行器，现在叫飞机了。发明一样东西可以飞起来，当时美国几个物理学家觉得这几个年轻人可笑，怎么可能飞起来，因为任何材料的比重都大过空气，不可能飞起来。我去波音公司参观时，人家说我们公司的发展，有一部分也要感谢中国人。现在的问题是经济全球化和科学技术发达把握在发达国家中，发展中国家掌握得很少，贫富的差距在扩大。根据世界银行的统计，美国的国民生产总值增量将近十三万亿美元，第二位是日本，第三位是中国。我们中国改革开放取得这么大的成绩，但可以看出这是多么不合理，最富国家的生产总值人均每年8300美元，最穷的国家是一年94美元，这是多少倍？这就是差距。体现在人的生活质量上、生活水平上、健康和寿命上，差距也是很明显。美国一名总统指着他的桌子说，大使先生，这是我自己造的桌子，吃的花生也是我自己种的。当然，他招待我时已经变为前总统了。他原来对中国的人权情况非常不满，观察中国村民委员会的选举，这次看到我，他告诉我两个数字，他说看起来人与人平等这是理想，要实现人人平等，还有很长很长的路要走，比如说一个日本的女婴儿一出生可以活到八九十岁，日本的妇女是世界上最长寿的妇女。一个日本女人一出生，可以活到85岁，但一个非洲地区的女人只可以活到三四十岁。

1949年，全中国的人均寿命是35岁，这跟中国的贫穷分不开，因为那一年中国的人均生产总值29美元，到现在中国人民人均寿命是将近73岁，中国人民人均国民生产总值是3300美元。所以我们有理由改革开放取得的成绩感到自豪，有理由对未来要更加充满信心。但不管怎么样的，我们跟发达国家是有差距的，3300和83000的差距多大。凭什么，日本的妇女活85，中国的妇女就活70多岁，所以我们还要继续发展，让全体中国的老百姓生活得更加富裕，也包括不同地区的，也要包括男的，不光是女的要活得长。

最后一点，三个代表先进思想中有文化，美国一家电影公司就占有了全世界190多个国家，还有若干地区的电影院票房中价格60%以上，这合理吗？我们国家也有大腕，但实际上这样的不多。我们要继续努力，要继承和发扬我们祖国优秀的传统文化，然后通过改革开放，创新自己的文化事业，这富裕了人民，也富裕了社会的进步。中国有什么好事，西方媒体不说，但有什么不好的事，就大肆宣扬。美国的记者就专门挑坏毛病，把坏牙拔下来，这就是记者的工作。但我跟中国记者说，新闻是没有国界的，但新闻记者是有祖国的，真是这样。我们对西方舆论标准也必须要有认识。1863年1月1日，当时美国总统林肯宣布，黑奴（美国人从非洲运来

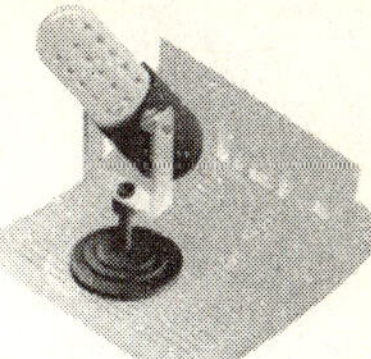

的）自由了，解放了，这是好事。中国的西藏地区是在美国黑奴解放90多年，在1959年宣布人民当家作主的，因为这是中国共产党领导实现的，就到处攻击，还别有用心的，把一个诺贝尔和平奖奖给一个表面上不独立，但实际上不是这样的领导人。这合理吗？不合理。所以我们要走和谐中国、走文化教育的中国，要记住这一点，现在的文化舆论知识并不合理，而中国确实还是发展中国家，我们还经常受到各种不合理的国际政治知识、经济知识，以至文化知识的伤害。所以，为了祖国，为了人民的合法权益，我们必须更努力地学习、更好地工作。我在这里祝大家一切好，主要是身体好、学习好、劳动好。

例文二

深入学习实践科学发展观的专题报告会

××的科学发展之路

——在全县深入学习实践科学发展观活动专题报告会上的讲话

中共××县委书记罗××

同志们：

全县深入学习实践科学发展观活动已经全面铺开，今天我们在这里举行专题报告会，主要目的是让全县各级各部门、广大党员干部和人民群众正确认识形势，准确把握机遇，更加解放思想，推动跨越发展。这次全县学习实践活动，县委确定了“弘扬一种精神、坚持两个统揽、抓好三个重点、促进四个发展”的总载体。这个总载体的核心是促进“四个发展”。我今天就××如何促进四个发展、走科学发展之路，与同志们作一些交流。

一、关于加快发展

（一）加快发展是解决××一切问题的根本出路

首先，科学发展观的第一要义是发展。社会要和谐，首先要发展。马克思指出：“物质财富是人类生存的第一个前提。”邓小平同志也说得非常精辟：“发展是硬道理。”“中国解决所有问题的关键是要靠自己的发展。”“低速度就等于停步，甚至等于后退。”胡锦涛总书记说：“停顿和倒退没有出路。”“科学发展观，是用来指导发展的，不能离开发展这个主题，离开了发展这个主题就没有意义了。”去年以来，我县有两个大

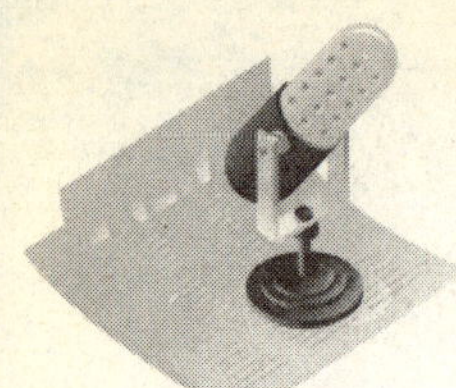

的活动：一是省委巡视组对全县工作特别是县委、县政府的工作进行了为期一个月的巡视检查，这个周与我县交换意见。从巡视组反馈的情况来看，我县广大干部群众对县委、县政府的工作总体反映是满意的；二是市委对我县四大班子进行了届中考察，从考察测评的情况来看，广大干部群众的认可度也是相当高的。为什么全县干部群众对县四大班子有这么高的正面评价，我看主要是这几年我们发展比较快，得到了绝大多数干部群众的拥护和支持，这就是加快发展给我们的一个启示。离开了发展，就无所谓科学发展；离开了发展，也无法构建和谐社会。总之，离开了发展，干什么都是一句空话，干什么都是无源之水、无本之木。

其次，没有一定速度的发展就谈不上效益，就谈不上科学发展。“发展能快就不要慢”，这是小平同志讲的原话。保持一定的发展速度是实现科学发展的必然要求。邓小平说：“贫穷不是社会主义，发展太慢也不是社会主义。”从我们××来看，这些年由于发展速度不快，和全国其他地区的差距越拉越大。我们××的省情，四个排名全国倒数第一，包括农民人均纯收入、人均财力、人均生产总值和经济总量。省委、省政府提出“好字优先、能快则快”，就是要在科学发展的前提下促进快速发展，尽快做大经济总量，缩小与发达地区的差距。在加快发展的问题上，胡锦涛总书记视察××时指出：“对于像××这样的西部省区，只要符合科学发展观的要求，有条件、有效益，就要努力加快发展。”这句话，每年省里开经济工作会都要说，这是胡锦涛总书记对全省人民讲的，是对××各族干部群众的殷切希望。所以，只要有条件，在保证发展质量和效益的前提下，能发展多快就发展多快，能发展多好就发展多好。前几年，我们处于低谷的时候，我的体会非常深，每年财政大概要差一个月的工资，那时候的县长、常务副县长预备费只安排30万元，日子很难过。由于财政穷，到省市去跑项目，人家都担心把资金挪用来保工资，不给项目，形成了恶性循环。这就是“小发展、大困难，大发展、小困难，不发展、最困难。”所以，加快发展是解决××一切问题的根本出路。对于这一点，县四家班子的思想和行动是高度统一的，全县各级党组织和广大党员干部也要把思想和行动统一到促进加快发展的要求上来。

从××来看，必须加快发展的理由至少有五条：

一是贯彻落实市委、市政府“中部崛起”战略，必须加快发展。市委、市政府最近提出了一个新的区域发展战略，就是“中部崛起、西部突破、东部开发、北部攻坚”的发展战略，中部5区县担负经济社会发展“火车头”和××综合经济区“发动机”角色，要率先带头崛起。××作

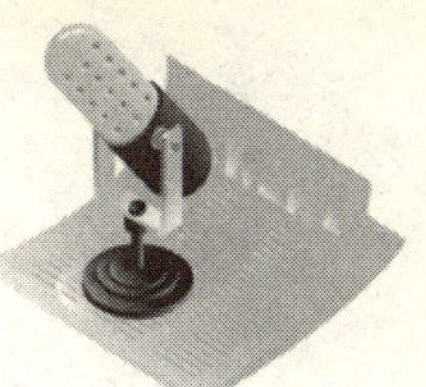

为全市“中部崛起”的重要县份，承担着重要责任，必须充分发挥资源优势和区位优势，把资源优势转化为现实生产力，在发挥比较优势中加快发展，率先崛起。从目前来看，我县综合实力处于全市前6位，前面有红花岗、汇川、遵义、仁怀，我县与习水不相上下，都在争第5位。但从后劲来看，我们的优势要好于习水，只要我们的“三大支柱”建成投产后，赶超的可能性就很大。

二是彻底改变××的面貌，必须加快发展。胡锦涛总书记在××考察时强调：“要进一步抓住机遇、用好机遇，努力实现经济社会发展的历史性跨越。”要实现这个“历史性跨越”，必须着眼于加快发展，提高经济总量，提高综合实力，树立加快发展的××新形象。去年，我们再次跻身××经济建强县行列，这就是近年来全县上下坚持“能快则快”所取得的初步成效。

三是根本上解决民生问题，必须加快发展。当前，我们在民生方面的欠帐很多，信访问题也很突出，“短板”效应非常明显。出现这些问题，根子还在于发展不够、发展不快。解决这些问题，必须把加快发展落实到行动上，进一步把财政“蛋糕”做大做好，把更多的公共财政向民生保障倾斜，向社会建设倾斜，让公共财政的阳光温暖更多的群众。

四是缩小与先进县市的差距，必须加快发展。不发展就没有出路，不加快发展就会被拉得越来越远。放在西部来看，西部百强县第100位是云南省呈贡县，该县2007年的地区生产总值48亿元，财政总收入8.8亿元，其中地方财政收入5.6亿元。我县与呈贡县相比，地区生产总值相差10亿元，财政总收入相差5亿元，地方财政收入相差3.8亿元，这个差距还是很大的，大概排在130位左右，但依现在的发展态势，要跻身西部百强县也是完全有可能的。放在××来看，我们不但有煤炭资源优势，还有项目优势、××优势、区位优势、交通优势，这几种优势整合在一起是很多县市所没有的。因此，只要我们着力科学发展不动摇，咬定“三大支柱”不放松，发展“四大产业”不松懈，坚定信心，加快发展，就一定能够跻身××20强行列。

五是战胜当前的困难和挑战，必须加快发展。从中央经济工作会到前不久召开的“两会”，核心都是“保增长”、“保八”。前几天，县农村信用联社向全县13家煤炭企业贷款1.62亿元，就是用务实之举保增长、扩内需、促发展。全县上下要牢固树立加快发展意识，特别是在当前十分困难的时候，把方方面面的智慧和力量凝聚到加快发展上来，努力营造发展为上、发展为重、发展为先的浓厚氛围，用加快发展的办法、实实在在的

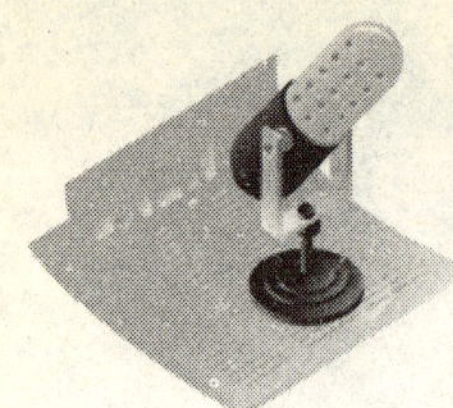

行动解决前进中的困难和问题。

（二）促进加快发展必须走出两个认识误区

误区之一：因地制宜和加快发展。把实施重大项目作为加快发展的唯一选择，认为没有重大项目就不能加快发展。如果按照这个逻辑，全县只有娄、燎、楚三个乡镇才能加快发展。当然，从××这几年的发展来看，重大项目对经济的拉动作用是非常明显的，这一点不容否定。然而，是不是没有重大项目，搞发展就没有抓手呢？我看也不是这样的，关键是要因地制宜，找到一条符合本乡镇实际的加快发展之路，拿不到团体冠军，就拿单项冠军。

误区之二："加快发展"与"科学发展"是鱼和熊掌。认为加快发展是与科学发展背道而驰的，是水火不相容的两个概念。其实我们所讲的科学发展，前提是发展，而且是有一定速度的发展。没有一定速度的发展，就不能满足社会发展需求和群众的期待，就谈不上科学发展。这几年，我们一直保持"二字头、两位数"增长，在科学发展的道路上实现了加快发展。只要我们正确处理"好"与"快"的关系，在加快发展的同时更加注重发展质量和效益，那么行驶在科学发展轨道上的这列"和谐号"动车组就能跑得更快、更安全。

（三）抓住一个重点，促进加快发展

我认为，××加快发展的根本出路在于新型工业化，必须坚持不动摇、不懈怠、不折腾的"三不"原则。关于这个问题，我讲两句话：

第一句话，要正确认识新型工业化。工业经济具有联系效应大、带动能力强、生产效率高等特点，在一个地区的经济起飞阶段，其增长速度主要是由工业的发展所决定的，这方面的事例很多。就国内来看，如深圳市，1980—2006年，生产总值年均增长27.4%。2007年人均生产总值达到7.9221万元，在全国大中城市中排第1位，由一个边陲小渔村发展成为在我国高新技术产业、外贸出口、海洋运输等多方面占有重要地位的副省级大城市。深圳的发展过程，在一定程度上说就是加速推进工业化的过程，1980—2006年深圳市工业增加值年均增速达到了38.2%，并由此带动了深圳经济社会全面快速发展。就国外来看，如韩国，原先是一个以个体农业为主体的国家，工业基础十分薄弱，是世界上最贫穷的国家之一。韩国抓住西方发达国家产业升级所带来的历史性机遇，坚持发展外向型经济（来料加工），制定了出口导向型的外向型经济发展战略，通过大力推进工业化而实现了经济的快速发展，人均生产总值从1960年的82美元增加到2008年的1.9624万美元。新加坡、日本等国家也是通过工业化在较短时期迅速

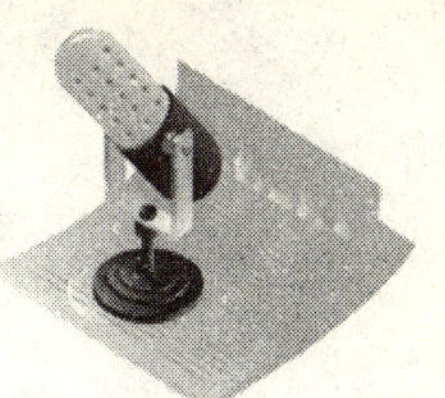

实现腾飞的典型。西方发达国家400多年前就开始工业革命，而我们国家真正意义上的工业发展才几十年。实践证明，工业化是一个不可逾越的阶段，是世界各国经济发展的普遍规律。

第二句话，要加快推进新型工业化。世界经济发展规律表明，当一个国家和地区的人均生产总值超过1000美元，就将进入工业化加速期，××已经进入这样一个阶段。一要充分发挥资源优势，延长煤炭产业链条，增加附加值。我县资源丰富，这是一大优势，是我们推进新型工业化的有利条件。我们的煤炭储量达47亿吨，是××的两倍多。作为煤炭资源大县，走新型工业化道路，必须做好资源综合利用这篇大文章，把资源优势转化成发展优势、跨越优势。没有新型工业的崛起，就做不大财政"蛋糕"，就没有为群众办实事、谋福祉的资本和能力。二要不遗余力推进重大项目。重大项目是经济起飞的发动机。"十一五"期间，我县将倾力打造能源、煤化工、铝钛及铝钛加工"三大支柱"，规划建设10个重点项目，其中9个是省级重点项目，规划总投资290亿元，宝钢集团、徐矿集团、赤天化集团等1家全球500强和6家上市公司落户××，在全市是项目最多、投资最大的县份之一。一是××火电厂项目。总投资54亿元，可望近期开工。二是煤化工项目。一期工程总投资50亿元，明年可建成投产，是××首个开工建设的循环经济型煤化工项目。二期工程总投资147亿元，正在开展前期工作。三是年产1万吨海绵钛项目。总投资10亿元，今年将建成投产。四是伟明电解铝厂年产10万吨环保节能技改项目。总投资8亿元，今年将试投产。五是10万吨铝深加工项目。总投资2亿元，正在开展前期工作。六是四大电煤矿井项目。总投资15.9亿元，设计规模为年产450万吨，其中容光煤矿、花秋二矿今年将建成投产。七是120万吨新型干法水泥厂项目。总投资3.6亿元，正在开展前期工作。八是两条二级公路。桐容二级公路总投资4.8亿元，习新二级公路××段总投资1亿元。这些重大项目是××发展的希望所在，必须坚持不懈地搞好服务，毫不动摇地加快推进。三要大力发展非公有制经济。东部地区快速发展的背后是非公有制经济的快速发展，西部地区不发达的背后是非公有制经济的不发达。在东莞，有这样两条标语："不论你在哪里下单，都在东莞制造。""东莞一塞车，全球电脑业就受阻。"在昆山，也有这样一个幽默的说法："如果昆山IT企业感冒，国际IT市场就要打喷嚏。"发展非公有制经济，要求我们始终坚持"鼓励、支持、引导"的政策，在理念上实现两个转变，即从重视外商到更加重视内商转变，从重视重大项目到更加重视中小企业发展转变。这个指导思想在今后几年要进一步树立。县政协最近也针对非公有

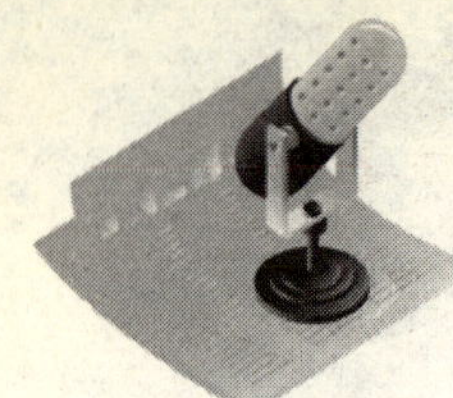

制经济发展进行调研，做得很好。县委、县政府在适当时候要召开一次全县非公有制经济发展的会议，营造宽松的发展环境，切实加快民营经济发展。四要主动承接产业转移。东部发达地区资源、能源短缺，资本外溢，必将淘汰、转移和扩散比较优势已经丧失或将要丧失的产业和产品。如较早地进入人均GDP3000美元发展阶段的××，在快速奔跑了30年后，突然感受到了发展中的“制约之痛”，体会到了耕地锐减、环境污染、能源困局、成本攀升等“成长中的烦恼”。我县作为资源富集县份，承接产业转移的空间广阔，这也将是新一轮加快发展的重要机遇。要加大招商引资力度，像年轻人追女朋友一样锲而不舍，在全县形成全民招商的氛围。

二、关于全面发展

（一）为什么要强调全面发展

全面是指发展要有全面性、整体性，不仅经济要发展，而且政治、文化、社会都要发展，实现经济发展和社会全面进步。党的十六大以来，党中央明确提出了中国特色社会主义经济建设、政治建设、文化建设、社会建设四位一体的总体布局，深化了我们党对共产党执政规律、社会主义建设规律、人类社会发展规律“三个规律”的认识。科学发展观所追求的全面发展，就是要按照这个总体布局，以经济建设为中心，全面推进经济、政治、文化、社会建设。这四个方面紧密联系、相互影响。其一，经济建设为政治建设、文化建设、社会建设提供物质基础，没有经济的发展，其他方面的建设就缺乏物质条件。其二，政治建设为经济建设、文化建设、社会建设提供政治保障，没有政治建设，就不可能充分调动人民群众的积极性、主动性、创造性，就没有一个以健全法制为保障的发展环境，其他建设就不可能顺利进行。其三，文化建设为经济建设、政治建设、社会建设提供思想保证、精神动力、文化环境和智力支持，没有文化建设，就没有共同的理想信念和道德规范，就不能形成昂扬向上、开拓进取的主流精神，其他建设就没有必不可少的精神支撑。其四，社会建设为经济建设、政治建设、文化建设提供有利的社会条件，没有社会建设，就不能形成促进其他建设的良好社会环境。“四位一体”是一个有机统一的整体，缺了哪一个方面都不是全面发展，必须把“四位一体”的要求作为统一的任务来把握，作为统一的工作来部署，作为统一的目标来落实。

（二）促进全面发展要走出两个认识误区

误区之一：经济发展是硬道理，其他都是软道理。有人认为，只有先抓经济发展，只有经济上去了，“蛋糕”做大了，才谈得上政治建设、文化建设、社会建设。有人认为，谈发展就只是经济建设，只抓主体经济指

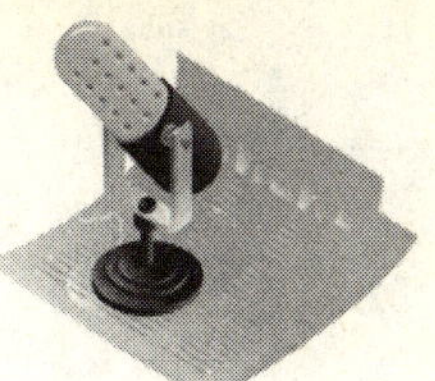

标。实质上，发展是“四位一体”的全面发展。有的干部讲经济发展成套成套的，对信访问题往往束手无策，没有几下子；有的党委书记，把党建当成软任务，在思想上撂荒了“责任田”。这种“一手硬、一手软”的现象，不是个别现象。作为领导干部，要学会弹钢琴，掌握统筹兼顾这个根本方法，整合各方面的力量，调动各方面的积极性，把各项工作作为“硬任务”来安排，作为“硬指标”来考核，真正做到“软”“硬”兼施，全面发展。

误区之二：文化可有可无、可抓可不抓。认为文化是软指标，对经济发展直接贡献小，是可有可无、可抓可不抓的工作，在思想认识上没有把文化建设放在重要位置。要知道，文化是一个地方的软实力，是经济社会发展的软环境，没有文化的经济就像一个没有灵魂的人。从大的方面讲，文化是一个地方的象征，大到国家，小到城市，其文化竞争力都具有至关重要的作用。譬如，我们到北京可感受到政治经济文化中心的博大精深，到深圳可寻找改革开放前沿阵地的气息，到杭州可见证苏杭园林的美景，到三亚可领略热带雨林的风光等等，我们到任何一个地方，留给我们印象最深的就是文化内涵和形象品位。因此，文化不是可抓可不抓的事情，而是如何打造高品位文化内涵、塑造城市灵魂的问题。

（三）把握四个问题，促进全面发展

第一，“三农”问题。要认真贯彻党的十七届三中全会精神，坚持把“三农”工作作为一切工作的重中之重来抓，努力把我县农业农村工作提高到一个新水平。一要解决两个重中之重的问题。“三农”是全党工作的重中之重，是政府全部工作的重中之重，这两句话请同志们认真领会，这也是中央对“三农”工作的最根本要求。县委、县政府是高度重视“三农”工作的。最近，县委调整充实了农业农村工作领导小组，县委由副书记何琼同志分管。县委还将于5月左右召开十一届六次全会，专题研究部署农村改革发展，目前几个调研组已经到各乡镇开展调研，为全会召开作准备。二要抓好结构调整，千方百计地增加农民收入。这一篇文章非常重要，必须不遗余力。最近，我们引进了古耕公司到××进行农业综合开发，可以说是实现了我们多年的愿望。这个项目的实施必将对全县农业结构调整、农村改革发展产生极大的牵引、推动作用，相关乡镇和部门必须密切配合，主动服务，让项目做大做强做优。三要持之以恒把“四大产业”抓好。方竹、畜牧、烤烟、蔬菜四大产业，是县十一次党代会提出的富民产业，要继续抓出特色、抓出规模、抓出成效。四是进一步加强农村基础设施建设。××讲城乡差别大，主要就是城乡之间在基础设施建设上

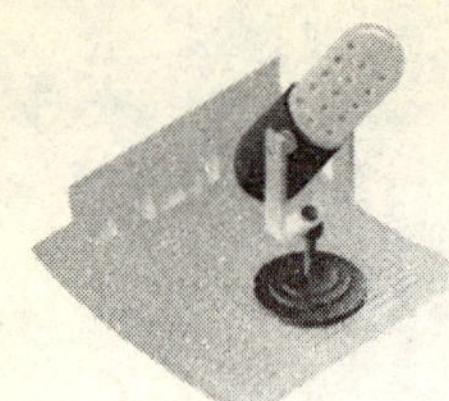

的差别大，与经济社会发展的需求相比，与群众生产生活的需求相比，基础设施建设仍然滞后，是制约经济社会发展的一大“瓶颈”。为此，我们必须下更大的决心、花更大的气力，千方百计尽快改变这一状况。

第二，城市化问题。城镇化也是现代化建设不可愈越的历史阶段。城镇化水平的高低既是衡量一个国家或地区经济社会发展水平和文明程度的重要标志，又是促进经济社会又好又快发展的必要条件。1992年，我县率先在××启动县城开发，创造了闻名省内外的“××速度”、“××精神”、“××形象”。经过十多年的艰苦努力，现在全县城镇建成区面积拓展到20平方公里，城镇人口24万人，城镇化率35.7％。根据国际通行贯例，城市化一般可分为三个阶段：在初级阶段，农村人口占绝对优势，工农业生产力水平较低；当城市化水平达到30%后，随着经济发展，工业吸收大批农业人口，城镇人口比重迅速提高，城市化进入快速发展阶段；达到70%时，进入相对稳定阶段，此时城市与乡村联系更为紧密、城市与乡村差别逐渐模糊，进入城乡一体化阶段。根据这个特征，我县已经进入城市化快速发展阶段。经过近几年的打拼、奋斗，我县经济社会发展呈现良好势头，进入快车道，但全县城市化水平比全国低10个百分点，差距非常大。加快推进城市化，要做好以下几方面的工作：一要按照省委、省政府“思想要更解放一些、行动可以更快一些”的要求，加快城市建设，扩大城市规模，发展城市经济，尽快提高城市人口承载能力和就业容纳能力。要加快基础条件好、发展潜力大的集镇建设，使之成为功能完善、人口聚集、辐射力强的经济中心，加快农村城市化进程。二要树立经营城市的理念。经营城市就是要经营城市的特色、经营城市的文化、经营城市的风景、经营城市的环境、经营城市的理念。要善于运用市场机制，对城市资源和功能载体进行集聚、重组和营运，把城市建设变成资本运营的过程，在完善经济功能、创造发展环境的过程中发展城市经济，实现社会效益、环境效益和经济效益的结合与统一。三要加强城市战略研究，突出××文化特色，在高起点上推进城市化进程。国际上一些著名的城市都有自己独特的城市定位，如威尼斯：“水城”；慕尼黑：“会展之城、啤酒之都”；巴黎：“艺术之都”；曼谷：“天使之都”；纽约：“联合国之都”；维也纳：“音乐之都”。遵义也正在打造“转折之城、会议之都”，我们的城市定位是什么呢？这个问题一直没有解决，题目交给大家来思考，我也想了一个定位：“圣地娄山、清凉××”，下来请大家认真思考。县城建领导小组要认真组织讨论一次，多向社会征集，搞一个真正体现××特色和发展方向的定位。去年以来，我们全面启动城建“二次创

业”，抓好了南部进出口大道、河道治理一期、四星级酒店三大标志性工程，委托上海同济大学设计院等高水平的设计单位进行城市设计，目的就是要强力推进城市化，打造高质量的人居环境。四要坚持工业化引领城市化，突出燎原工业园区、楚米仓储物流园区建设，加快城市产业集聚，让更多的农民进入工厂，成为工人，成为市民。

第三，乡村旅游发展问题。××地处××两小时经济圈，210国道、崇遵高速公路、黔渝铁路纵贯全境，平均海拔1000米，常年平均气温比“火炉”××低5℃以上，具有良好的气候、生态优势，被誉为“绿色空调、天然氧吧”，是××人休闲避暑之天堂。我县凭借得天独厚的优势，围绕“特色旅游胜地、××卫星城市”发展定位，以“四在农家”为载体，大力发展以休闲避暑为主的外向型乡村旅游。2008年，全县建成乡村旅馆250家，接待床位6000多个，接待游客50万人次，直接旅游收入5200万元，成为“四在农家”创建的重要抓手和“富在农家”的重要来源。去年，××被国家旅游局授予“全国农业旅游示范点”，这又是一张全国名片。乡村旅游是××的一个品牌，是我们在“四在农家”创建中找到的一条致富路，我们的目标是争创“全国乡村旅游示范县”，全县上下要在思想上形成共识、在行动上狠抓落实，共同打造“特色旅游胜地”。当前，要突出抓好四个方面的工作：一要实施精品战略，下决心改善设施条件，提高服务质量，着力打造高标准乡村旅馆，满足不同层次游客的需要。二要实施深度开发战略，加大旅游产品开发，拉长旅游产业链条，让游客多购物、多消费，真正满意而来、满载而归。三要实施宣传推介战略，继续高质量办好乡村旅游节，不但要让××、贵阳的客人来，还要让深圳等地的客人来××避暑纳凉、休闲度假。四要进一步解放思想来发展乡村旅游。在土地问题上，只要符合有关政策，就要大力鼓励和支持干部领办。

第四，文化建设问题。文化是一个地方经济社会发展的核心价值体现，必须站在文化大发展大繁荣的高度加以审视，用历史的眼光、前瞻的视角，在高起点上定位。××文化底蕴深厚，在××是有一定地位的，要充分发掘富有××特色的文化要素、文化资源，继承创新，发扬光大。前几天，县委召开常委会，专题研究了宣传文化系统的有关问题，提出要建好“四支队伍”，弘扬“五种文化”。“四支队伍”即“一报一台一团一队”：一是《××新闻》，要继续办好；二是县电视台是由广电部审批的全省3个县级电视台之一，目前设备老化，人员老化，要招聘2名女播音和1名男播音，提高办台质量；三是娄山艺术团，由我和王县长任名誉团长，何琼任团长，刘安军任副团长，所需艺术人才，该抽调的抽调，该招

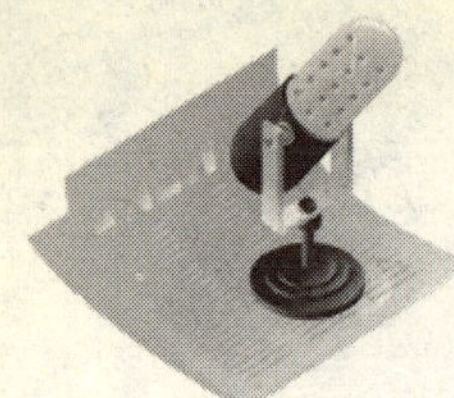

聘的招聘；四是威风锣鼓队，要继续建好。“五种文化”即：夜郎文化、军政文化、长征文化、抗战文化和地方文化。

三、关于协调发展

（一）为什么要协调发展

不发展不行，慢发展也不行，乱发展更不行。唯物辩证法认为，世界是普遍联系的，任何事物的发展必然与其他事物相互联系、相互制约，只有协调好各方面关系，才能实现健康发展，否则只能是畸形的发展。这就好比一场大型交响乐，各个乐章之间要协调，各种乐器之间要和谐，各个乐队之间要默契。促进协调发展，必须立足新的历史起点，处理好由发展的阶段性特征所伴生的新矛盾和新问题。当前，影响和制约我县协调发展的主要因素有三个方面：

一是“三农”问题突出。农业基础仍然薄弱，最需要加强；农村发展仍然滞后，最需要扶持；农民增收仍然困难，最需要加快。这“三个最需要”是推动农村改革发展要解决的根本问题。农业四大产业发展不平衡，畜牧产业规模水平不高，方竹笋精深加工缺乏龙头企业引领，蔬菜发展规模不大，市场化程度不高；农民素质还不适应农村改革发展新要求，有知识、懂技术、会经营、善管理的农民队伍还没有形成；社会主义新农村建设任务重，改革发展稳定工作难度大。最突出的是水、电、路等基础设施滞后：“路”的问题，我县虽有三条大动脉和通乡油路的大交通优势，但不能“一俊遮百丑”，全县通村公路太差、通达率太低，这与我们大发展的要求是极不相称的，有的地方连越野车都去不了，农民种养的东西卖不出去，“修路致富”仍然是目前最大的制约；“水”的问题，全县人均保灌面积只有0.14亩，农村安全饮水缺口较大，全县还有1/4的集镇饮水没有保障，需要的投入也较大；“电”的问题，全县尚有1/4的群众未使用农网电，水坝塘的农网改造覆盖率才1/5，许多群众还在用三四块钱一度的电。

二是区域发展不平衡。北部和边远贫困乡镇发展条件较差，财力较弱，连基本运转都成困难。因此，县十一次党代会提出要加快北部和边远贫困乡镇发展繁荣，并成立了北部开发领导小组。两年多来，向北部和边远贫困乡镇倾斜的理念在全县上下进一步树立，许多基础设施建设项目也在向他们倾斜，但力度还不够。今后在项目实施上，县财政要考虑给乡镇一定的经费投入。去年以来，省委、省政府和市委、市政府对我县北部乡镇发展高度重视，省委副书记××、市委书记慕德贵先后到北部多个乡镇视察调研，我们坚信北部乡镇的发展繁荣指日可待。

三是社会发展严重滞后。“矛盾凸显期”的特征进一步显现，民生改善任务繁重，信访问题比较突出，突发事件时有发生。近年来，县财政加大投入，极大地促进了民生改善，但与群众的要求还有一定差距。在教育上，高中教育瓶颈问题突出，已成为影响和制约我县经济强县建设的一个重要因素，城区教育资源也还不能满足城市化需求。在医疗上，“看病难、看病贵”问题还一定程度上存在。在保障上，就业问题非常突出，返乡农民工就业创业需要引导帮助，扶贫开发任务还很繁重。我们推动科学发展，说到底是为了让群众过上幸福生活。如果不解决这些实际问题，就不会得到群众的支持和拥护，也就谈不上科学发展、和谐发展。

解决这些问题，根本的一条就是要按照“五个统筹”的要求，统筹城乡发展、统筹区域发展、统筹经济社会发展、统筹人与自然和谐发展、统筹对内搞活和对外开放，促进各个环节、各个方面相协调。

（二）促进协调发展要走出认识上的误区

这里我重点讲一个方面，就是以“构建和谐”之名，行“不讲原则”之实，搞一团和气、一味迁就、一味退让，在大是大非面前稀里糊涂、随波逐流，导致社会风气恶化，丑恶势力抬头，严重影响发展环境，损害党和政府的形象。有的群众写信给我，反映个别乡镇让一些曾经横行一方的“土霸王”当村干部，这种现象如果蔓延开来，那还了得！我们要从夯实基层政权、提高村级党组织战斗力的高度出发，注重导向，认真选好配优村干部队伍。另外，有的动辄越级、非理性上访，反映了极少数群众的不正常心态，认为信访就能解决根本问题、就能解决一切不合理的问题。构建和谐，是在坚持民主法制、公平正义的前提下，及时解决正当的利益诉求，对违法行为，仍然要坚持依法处置、依法打击。

（三）下好四盘棋，促进协调发展

第一盘棋，要区域发展一盘棋。要坚持统筹区域发展，更加注重北部和边远贫困乡镇的发展和繁荣。要在××、燎原、楚米、花秋、九坝、官仓、茅石、高桥、容光、风水等10个南部乡镇，利用良好的区位优势，重点突出工业项目、仓储物流、第三产业，集中精力抓好重大工业项目的实施，努力使经济社会发展的各项指标走在全县前列，当好火车头和排头兵。要在新站、夜郎、松坎、大河、天坪、小水、马鬃等7个中部乡镇，利用良好的生态优势，重点突出乡村旅游、畜牧发展、蔬菜产业，集中精力抓农业产业结构调整，在农村改革发展上率先突破。在狮溪、水坝塘、木瓜、羊磴、坡渡、芭蕉、黄莲等7个北部乡镇，利用丰富的资源优势，重点突出煤炭开发、特色种植、方竹产业，集中精力延长产业链条，把资

源优势转化为经济优势、发展优势，克难攻坚，加快发展。

第二盘棋，要城乡一盘棋。一要按照县委、县政府“十个倾斜”的要求，真正在工作重心、政策措施、公共财政、现代农业、龙头企业、基础设施、社会事业、制度安排、干部配备、发展举措等十个方面向“三农”倾斜。二要坚持统筹城乡协调发展，探索改革户籍制度，促进城乡一体化，特别是要尽快把在城市有相对固定工作和相对固定住所的本县农民工转变为城市居民，加快城市人口集聚。三要按照市委、市政府深入推进“四在农家”创建的总体部署，纵深推进“三点一线”精品线、示范带建设，打造一条百里旅游长廊，为全国新农村建设现场会在遵义召开做好准备。同时，抓好拓面普惠，让更多的群众得到实惠。

第三盘棋，要工农一盘棋。一是，工业反哺农业的基础是工业发展好。就我县而言，人均耕地少，分散经营成本高、效益低，要认真研究农村土地经营权流转的政策措施，积极推行土地向规模经营集中，组建优势产业的专业合作经济组织，实行集约化经营。要加大工作力度，以城带乡、以工促农，跳出“三农”发展“三农”，提高农业从业者经营土地的面积和经营规模，加快农业产业化。二是，积极探索推进农村金融改革，为推进农业产业化提供可靠的金融支持。要引进和扶持龙头企业，以“企业加上农户”等多种形式降低市场风险，促进农民稳定增收。要让农民到市场上去打拼，加快培育懂市场、会经营、善管理的新一代农民，提高农民进入市场的组织化程度。

第四盘棋，要经济社会一盘棋。全县广大干部特别是各级领导干部一定要牢固树立“群众利益无小事”的责任意识，凡涉及群众切身利益和实际困难的事情，再小的事也要当作大事竭尽全力去办，下大气力切实解决人民群众在就业、社会保障、教育、住房、医疗、环保、安全、出行和饮水等方面的困难和问题，千方百计地增加城乡居民的收入，使全县广大人民群众的物质文化生活水平能够随着发展而逐步得到提高，生活一年更比一年好。一是围绕解决“学有所教”的问题，确保“两基”“国检”顺利通过，继续实施好城乡免费义务教育，提高中小学办学质量和水平，研究措施破解高中入学难问题。二是围绕解决“劳有所得”的问题，抓好城乡统筹就业、农村富余劳动力转移，做好“零就业家庭”就业援助工作。三是围绕解决“病有所医”的问题，改善乡镇卫生院和村卫生室的医疗卫生服务条件。认真落实城乡医疗救助制度，实施好农村新型合作医疗制度和城镇职工基本医疗保险制度。四是围绕解决“老有所养”的问题，加快建设各级敬老院，建立城乡老年人救助制度，发展社区养老服务。五是围绕

解决“住有所居”的问题，建立和完善廉租住房制度，加快廉租住房和经济适用房建设的速度，抓好农村危房改造。六是围绕解决“居有所安”的问题，严厉打击各种刑事犯罪，加强社会治安综合治理，巩固“平安××”创建成果，加强突发事件应急处置工作。要落实安全生产责任制，加强安全隐患治理，凡是安全隐患没有排除的，原则上一律不得生产，确保全县安全生产保持平稳态势。七是围绕解决“难有所助”的问题，实施好城乡居民最低生活保障，做到应保尽保。加强救灾救济工作，确保受灾群众、困难群众的基本生产生活。八是围绕解决“访有所接”的问题，继续加大投入，落实“案结事了”，解决好群众反映强烈的信访突出问题。

四、关于可持续发展

（一）为什么要可持续发展

可持续是指发展要有持久性、连续性，不仅当前要发展，而且要保证长远发展。可持续发展就是要促进人与自然的和谐，实现经济发展和人口、资源、环境相协调，保证资源一代接一代地永续利用，保证人类一代接一代永续发展，正如胡锦涛总书记所讲的，要“努力使我们今天所做的一切，能给后人留下赞叹，而不给后人造成遗憾”。在视察××时他又强调，“节约能源资源、保护生态环境丝毫不能放松，要抓得紧而又紧、实而又实。”因此，我们推进发展，必须充分考虑资源和环境的承载能力，既重视经济增长指标，又重视环境资源指标；必须统筹考虑当前发展和未来发展，既积极满足人民群众现实的物质文化需要，又为子孙后代留下充足的发展条件和发展空间。

进入工业文明以来，人类在创造巨大财富的同时，也遇到了前所未有的社会危机和生态危机，许多思想家对此进行过反思。卢梭就曾对工业文明的过分膨胀破坏人与自然和谐的可能性和危险性发出警告。马克思、恩格斯更是对资本主义工业文明所导致的人与人、人与自然的异化作出过深刻思考。恩格斯曾发出警告：“我们不要过分陶醉于我们对自然界的胜利。对于每一次这样的胜利，自然界都报复了我们。”20世纪三、四十年代，西方发达国家曾因只顾增长不顾效益，造成了严重的后果。发生于1948年美国宾夕法尼亚州的多诺拉烟雾事件，因炼锌厂、钢铁厂、硫酸厂排放二氧化硫及粉尘造成大气污染，使5900多居民患病，事发当天就有17人死亡。比起资源贫乏的地方，拥有丰富的资源无疑是非常宝贵的。但并不是所有资源丰富的地方都发展起来了，如赞比亚、圭亚那、加蓬等国家就十分贫穷。最近，国务院确定了第二批32个资源枯竭城市，包括山东枣庄等9个地级市、××万山特区等17个县级市和辽宁葫芦岛市杨家杖子开

发区6个市辖区。我县虽有47亿吨煤，但也是一个有限的数字，有一天我们也会成为资源枯竭城市，必须要有危机感，要有可持续发展的规划和项目作准备。石宗源书记反复强调，保住青山绿水也是政绩，强调既要“金山银山”，又要“绿水青山”。全县上下要牢固树立这样的发展理念，既高度重视发展速度问题，同时又注重发展效益问题，改变只顾眼前增长、缺乏长远打算，重局部利益、轻整体利益的错误做法，正确处理好经济发展与人口、资源、环境的关系，走生产发展、生活富裕、生态良好的文明发展之路。

（二）促进可持续发展要走出三个认识误区

误区之一：资源取之不尽、用之不竭。丰富的资源条件是发展经济的基本保证和依托。但沿海发达地区发展的经验表明，经济增速较快的地区往往也是矿产资源比较匮乏的地区，也并未因矿产资源的劣势而止步不前、怨天尤人，迅速崛起的关键就是在资源的认识上有差距。作为全国100个产煤大县，有大自然恩赐的47亿吨煤固然值得骄傲，但我们绝不能竭泽而渔、饮鸩解渴，吃子孙饭、发子孙财，绝不能以牺牲环境、破坏浪费资源为代价换取一时的发展。我们要思考的是如何最大化、合理化地综合利用煤炭资源，把煤炭资源开发利用对经济发展的乘数效应变成几何级数效应，这也是建设煤化工、火电厂项目的初衷。

误区之二：节能减排是“绊脚石”。认为开展节能减排，不利于经济发展，而是阻碍经济发展。但审视我们的发展，还是资源消耗多、环境破坏重、代价付出大，靠大量消耗资源和牺牲环境来维持经济快速增长的路子是难以为继的。最近，环保局送来的一份监测报告显示，县城二氧化硫为中度偏高，粉尘为中度偏重，其他监测项目基本达标。省委巡视一组对我县工作进行巡视后要求，在加快推进工业化的同时，要更加注重环境保护。我县电厂、煤化工、海绵钛等项目都属于新型工业项目，其中电厂使用的是无烟煤，又有强制脱硫装置；煤化工采用的是德士古水煤浆技术，基本没有污染排放；海绵钛项目是美国中美公司引进的大气排放核心技术，达到美国标准，废水、废渣基本没有。我们必须增强忧患意识和危机意识，本着对未来、对子孙后代极端负责的精神，从建设“两型”社会的高度出发，把节能减排的各项工作抓细抓实抓出成效。今后，县城附近一般不再摆放工业项目，减轻县城的环保压力。

误区之三：青山绿水不能当饭吃。有的认为，中国还没有实现工业文明，就妄谈什么生态文明，这是为时过早、完全没有必要的。这种思想胸无全局、眼光短浅，不符合可持续发展的要求。人类进入文明社会以来，

首先经历的是农业文明，农业文明之后是工业文明。生态文明是人类正在建立的一种新的文明形态。林树森省长说："生态文明不只是拿来看的，而是要拿来当饭吃。"生态文明体现出来的不是凌驾于自然之上，而是尊重自然，与自然和谐相处、互动发展，是一种依靠自然、利用自然而又保护自然的文明形态。我们发展乡村旅游就得到了很好的启示，生态保护好的地方，游客就乐意去，有的说是体验"回归自然"，有的说是"洗肺"。总之，这就是一种发展趋势，生态环境保护好了，就是今后发展的优势。从工业文明向生态文明的转型，是延续人类生存、实现可持续发展的必然选择，我们必须从现在起就要注重生态文明建设，让"青山绿水"见证工业文明前进的脚步。

（三）树立三种意识，促进可持续发展

一要树立开发意识。科学发展观的第一要义是发展，保护与发展的关系，说到底还是发展的问题，关键在于发展是不是以保护为前提、是不是与保护相协调，没有先进的生产力，建设生态文明只能是空中楼阁。我们要把保护与发展统一起来，抓住保护的机遇、发展的机遇，实现又好又快的发展。

二要树立保护意识。当前，我县还处于工业化初期，在自身资源富集的情况下，通过开发利用本地资源，形成以低成本为特征的矿产资源型产业，并发展成为优势产业，是促进经济发展的基础和动力，是我县加快推进工业化进程的有效途径和必然选择。我们提出要发展循环经济，走可持续发展的路子，就是要避免粗放式经营所带来的高投入、高消耗、低产出、低效益。要在全县广大干部群众中大力提倡节约资源、保护环境，把这种理念贯穿到推动科学发展的各项工作中，在全社会形成广泛共识。

三要树立建设意识。"金山银山"是我们所要的，"绿水青山"也是我们所要的，鱼和熊掌二者要兼得。当前，要全力实施"生态建设七大工程"：一是石漠化综合防治工程。这个工程是党中央、国务院对××的亲切关怀，全国共安排100个试点县，××就占55个，××又是试点县之一。去年底，省委、省政府召开了动员大会，宗源书记、树森省长分别讲话，把开展石漠化综合治理作为事关全局、事关长远、事关人民群众切身利益的一项重大战略任务来抓，强调既是一个突出的经济问题，又是一个重大的政治问题。我县安排的资金达3600多万元，用三年左右的时间，通过封山育林育草、人工造林、改良草地、人工种草，大力发展草地畜牧业，加强基本农田建设和配套水利水保设施建设等，完成治理面积51平方公里。各级各部门要科学安排，相互配合，高标准、高效率、高质量完成试点任务，并形成富有××特色的治理经验。二是城乡饮用水源保护工程。天门河水库是县城10多万群众的“生命之源”，必须切实保护好、建设好。今后，凡是生态建设项目首先要安排到天门河水库周边，最好是“打包”实施，让这里的水更清、天更蓝、空气更新鲜。各乡镇要高度重视饮用水源保护，让群众能喝干净水、放心水。三是集体林权制度改革。这项工作是从去年全面开展的，现在已基本完成了确权发证工作，走在了全市前列。林权制度改革的目的是要解放林业生产力，让林业资源服务经济发展、服务生态建设，因此后续配套改革要跟上并深入推进，让林权制度改革成为我县生态建设的一个重要保障。这里我想强调一下森林保护的问题，据有的乡镇和群众反映，有的护林员把森林作为他们谋取私利的资源，大肆砍伐，不是造林护林的贴心人，而是损林毁林的肇事者，群众意见相当大。林业部门务必要加强监管和教育，砍一棵容易，栽一棵很难。四是节能减排工程。一方面要堵住“入口”，在招商引资时要坚持“引资不引污”，坚持上项目要树立环保理念、符合环保政策；一方面要疏通“出口”，建立健全节能减排指标体系、监测体系和考核体系，确保单位生产总值能耗下降4%、主要污染物排放总量减少2%两大指标的实现。五是地质灾害治理工程。要尽快提上日程，积极向上争取治理项目，特别是由于矿产资源开采造成的地质沉陷、水源枯竭、移民搬迁等问题，现在就要着手解决，真正把“谁开发、谁治理、谁受益、谁恢复”落到实处，让煤矿企业负起责来，不然等煤矿企业赚得“瓢满盆溢”拍屁股走人的时候，又把这些问题留给了地方政府。六是羊磴河梯级开发工程。羊磴河是北部十多万群众的“母亲河”，必须坚持在保护中开发、在开发中治理的原则，发挥水电、旅游、生态“三位一体”的综合开发效应。最近，市政府批复了羊磴河干流水电开发规划修编，相关乡镇和部门要大力支持，全力配合，主动搞好服务，让羊磴河早日造福北部群众。七是城郊风景林建设工程。开展城郊风景林绿化，就是为县城居民筑起一道生态屏障。到目前为止，我们已经连续实施了三年，绿化近7500亩，生态效应逐步显现。从实施的情况来看，关键在于加强管护，提高成活率。

同志们，我县正处在一个加快发展的关键时期，既有难得的发展机遇，又面临着许多复杂多变的形势。全县上下要以学习实践科学发展观活动为契机，进一步解放思想，抢抓机遇，坚定信心，乘势而上，为实现全县经济社会发展的历史性跨越作出新的更大的贡献。

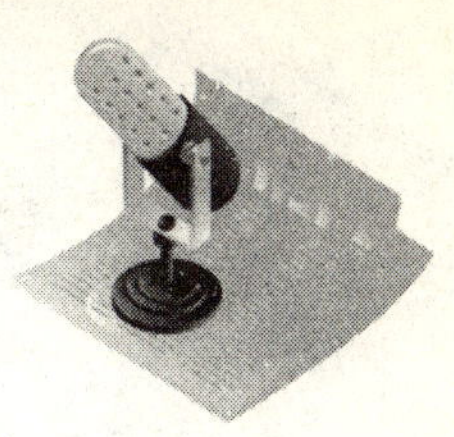

第九节　碰头会、汇报会讲话稿

一、碰头会、汇报会讲话稿的含义

碰头会、汇报会讲话稿要依据碰头、汇报的情况，肯定已有成绩，针对存在的问题或薄弱环节，有针对性地强调一方面或几方面的工作，且要有具体要求、有力度。

二、碰头会、汇报会讲话稿的种类

汇报会、报告会、碰头会主要包括对人们普遍关注的某一重要问题、重要事件、重要工作调查情况的汇报会，对外地某些工作开展情况或工作经验的考察结果汇报会、国际国内形势汇报会、先进典型经验和事迹汇报会、专业工作汇报会等。

由于检查重点的不同，汇报内容也各有侧重。有就某项工作进展情况的专题汇报，也有半年、一年或更长一段时间里本地工作情况的全面汇报、形势汇报、时事汇报会讲话等。

三、碰头会、汇报会讲话稿的写作技巧

本类讲话稿强调文字简洁、篇幅短小，又要求尽量全面反映工作情况；既强调突出重点，又要求周到得体。

其中汇报会的讲话稿一般包括两方面的内容：

1. 调查或考察的基本情况，包括调查结论和考察经验总结；

2. 对某一问题的处理意见、建议或结果，学习先进经验的打算、措施和要求。

如：某位领导同志在赴江浙等地考察企业情况汇报会上的讲话，主要讲了两个问题：“（一）江浙地区乡村企业发展状况和主要经验；（二）

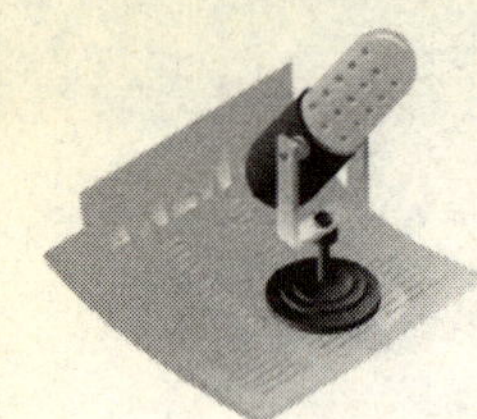

我们的差距和学习江浙地区经验的意见。”

形势报告、时事报告会讲话主要客观地分析形势，具体可概括为几个特点、几个动向或几种趋势，或分为几个问题、几个方面来讲；同时，对如何正确认识形势、如何促进形势的健康发展提出要求。

四、碰头会、汇报会讲话稿的注意事项

本类文稿有时会有一定难度，写作时应注意以下五个问题：

1. 避免讲大道理。听汇报者多为上级领导，汇报人则多为下级机关、部门或单位的负责人。这就决定了汇报工作的人必须摆正自己的位置，不宜给上级领导讲大道理。听汇报的上级机关领导，更多地参与了某些政策的制定或者某项工作的决策，他们了解的情况更多，理论政策水平也比较高。到基层来，他们主要目的是想掌握更多实际情况。如果在汇报工作时大讲开展某项工作或实行某项政策的重大意义、理论依据，一味阐述道理，就像在给领导人上课。这是很要不得的。

2. 不宜面面俱到。上级领导到一个地方、一个系统去，多是就某项工作或某方面情况进行检查或了解，这多与他的工作分工密切相连。所以，应依据领导人的身份、主管或分管的工作来确定汇报的主题。起草时要根据相应的逻辑顺序筹划汇报稿的结构，既考虑整个汇报的主线脉络，又要突出主题。如果是上级领导机关核心层的主要领导，那就应当全面汇报本地区或本系统的工作情况及工作计划。如果是主管或分管领导，那就应该在简要介绍全面情况后，集中汇报与领导分管工作密切相关的工作。

3. 不必齐头并进。本系统本机关的工作头绪繁多，但在起草汇报稿时，应选择好侧重点，可分别介绍成绩、做法、体会、思路、下一步的打算。对实施时间比较长、取得成绩比较突出的工作，重点讲取得的成绩；对各地都下力抓并且都取得明显成绩的事情就重点说说本机关抓这项工作的具体做法和特点；对上级特别关心，在本地也的确抓出成绩的工作则以体会式把深层次的思考说出来；对刚刚安排的一些工作，主要汇报工作思路；对有些在本地区还还没有完全铺开或没有做好的工作，主要交待清楚原因就行了，尤其要讲出工作未能开展起来的主观原因。

4. 不能沿用做报告时的讲话口气。无论是向上级汇报工作的领导同志，还是起草文稿的文秘人员，在日常工作中多习惯用对下的讲话口气，因此汇报稿常受习惯的影响，将讲话中对某项工作进展情况的分析、取得

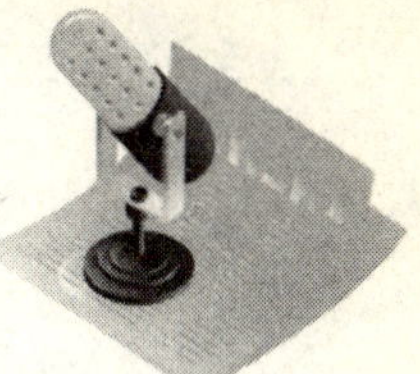

的成绩的概括甚至对下级的指示和要求自觉不自觉地带到汇报稿中去，让人感到汇报者骄横跋扈。这是起草讲话稿的文秘人员在起草汇报稿时首先要克服的问题。在起草中，要注意语言的运用，既要生动，又要准确；既要大量运用规范的通用语言，又要适当照顾地方方言，同时还要充分考虑听汇报者的处事风格、思维特点、语言习惯等等。但不管怎么说，在起草汇报稿时，应当追求朴实平和、生动鲜明的语言风格。

5. 不能言之无物。事实胜于雄辩。汇报工作，顾名思义就是汇报全面工作或者某项工作的进展情况、主要成绩和存在问题，一定要注意用事实说话，要掌握一些鲜活的第一手资料，不能只讲面上的宏观情况，更不能用大话、套话、空话去应付差事。

五、范例

例文一

创先争优工作交流经验汇报

为贯彻落实中央和省市县关于在党的基层组织和党员中深入开张创先争优活动的精神，按照县委提出的“八个创先争优”要求，围绕我镇创先争优活动“推动××科学发展，争创陶瓷工业、生态旅游业、竹业经济强镇”的主题，××镇委、镇镇府坚持从实际出发，结合工作实际，制定工作目标，明确责任分工，把握工作重点，创新活动载体，努力做到“五个好”先进基层党组织的标准（领导班子好、党员队伍好、工作机制好、工作业绩好、群众反映好）和“五个表率”优秀共产党员标准（自觉学习、爱岗敬业、服务群众、遵纪守法、弘扬正气的表率）的要求，全面推动××经济社会加快发展、跨越发展。

一、全力打造陶瓷工业、生态旅游业、竹业三大经济板块，在加快经济发展方式转变上创先争优。推进产业结构调整是加快经济发展方式转变的重要途径和主要内容。

1. 抓时间抓速度，全力以赴，做强做大工业园，争做陶瓷工业经济强镇。

2. 加大专业镇创新建设，加快完善项目建设，围绕增强专业镇自主创新能力和竹产业竞争力，加快传统竹产业的转型升级，加快特色出产业和专业镇主导产业链向有加工生产向装备制造、创意设计、品牌营销等高附

加值产业环节延伸，争创竹业经济强镇。

3.加快××河原生态景区休闲游和黄洞村生态景区旅游项目开发建设，争创生态旅游业经济强镇。

二、在“规划到户、责任到人”扶贫开发工作中创先争。扶贫开发工作是人民群众最欢迎，最直接体现人民群众利益的民生工程、德政工程，也是全县的富民惠民工程。我镇积极开展深入学习创优争先活动，切实提高思想认识，始终把宣传工作放在首位，早规划、早落实，形成一级抓一级，层层抓落实的工作格局，提高认识，统一思想，统一行动，确保各项工程按质按量按期完成。

三、在维护社会稳定建设和谐社会上创先争优。我镇结合镇区实际情况，加大排查力度，全力化解园区建设、铁路及高速公路、电站建设遗留问题和不稳定因素，极力维护镇区社会大局的稳定。

四、在转变作风落实上创先争优。加强党风廉政建设，健全各项规章制度和工作纪律，落实考勤考核，切实改变干部工作作风。

五、在为民办事、解难事、做好事上创先争优。加大力度，切实开展墟镇整治、饮水工程、泥砖房改造、卫生村建设、镇通大自然村村道建设等民生工程建设，为民办实事、好事，解难事。

六、在建设学习型党组织上创先争优。在镇机关、各村、单位企业开展理论、先进经验等学习活动，不断提高基层党组织的党性和理论水平，最终营造学习型先进党组织。

七、在“六村”创建活动中创先争优。全力开展卫生村、计生村、平安村、廉洁村、创业村、教育示范村创建工作，实现大满贯，争先创优。

八、在创建广东省教育强县工作中创先争优。按照县委、县镇府的总体部署，全力以赴，在2012年完成教育强镇创建工作。

在镇委、镇镇府的领导下，我镇创先争优工作具有以下几个特点：1.树立先进典型。我镇积极深入到基层党组织和党员队伍中，把那些在创先争优工作中成绩突出的先进典型挖掘出来，并对他们的先进思想、先进事迹进行总结、归纳和提炼，加以宣传推广，发挥示范带头作用。2.搞好自查定位。组织基层组织和党员学习先进典型，对照工作标准，查找自身差距，明确努力方向，制定跟进、赶超的具体措施，形成比、学、赶、帮、超的浓厚氛围。3.实施提升赶超。对照创先争优标准，着眼全面提升，加强党组织建设，力促“五个好”先进党组织、“五个表率”优秀党员的比例都有较大幅度的提高。

在创先争优活动中，我镇由于工业园和卫生村建设工作繁忙，组织党

员集中学习创先争优活动精神的次数少，在今后的工作中逐步改善现存在的问题和不足。

例文二

在2004年年中工作会上的汇报发言

×××

（2004年×月×日）

各位领导、同志们：

今年以来，我局认真贯彻电力集团公司年初召开的2004年工作会议精神，紧紧围绕集团公司下达给我局的全年生产、经营、基建、前期等工作任务，在厂网即将分开，领导班子重新组建，面临的工作千头万绪、百废待兴之际，全局职工以饱满的热情和十足的干劲，克服困难和不利因素，全力推进各项工作，较好地完成了上半年各项生产经营指标，为实现全年工作目标奠定了坚实基础。

截至6月末完成售电量×万千瓦时，同比增长×%。完成线损率×%，同比上升×%。完成平均售电单价××元/兆瓦时，同比上升×元/兆瓦时。利润为亏损×万元（含根河电业局），完成年度预算亏损的×%；若剔除购电单价上升因素，我局实际亏损×万元，完成年度预算亏损的×%。销售收入完成×亿元，与预算比增加收入×万元，完成全年预算的×%。实现税金（含根河电业局）×万元。完成全员劳动生产率×元／人。多经总收入完成×万元，实现利润×万元，完成税金×万元。

一、克服困难，狠抓落实，保证各项工作的有序开展

（一）狠抓安全生产，保持了电网的安全稳定运行

在电力体制改革的特殊阶段，高度重视安全生产，认真贯彻电力集团公司安全生产工作会议精神，严格落实安全生产责任制和危险点预控措施，认真组织开展了春季安全大检查、预防性试验及清扫工作，及时消除设备缺陷和隐患，维护和巩固了安全生产的稳定局面。

（二）积极稳妥推进厂网分开改革工作

根据电力集团公司、×电力有限责任公司有关文件精神，为使×电力体制改革工作顺利进行，经与××热电股份公司协商，成立了×电力体制改革领导小组，有组织、有步骤地开展相关工作。为使改革工作顺利进行，我局及时召开会议，学习、领会和宣传电力体制改革的重要性、必要

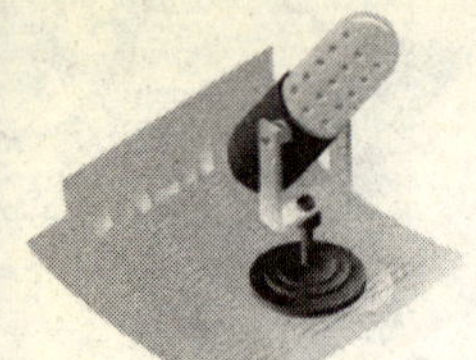

性，及时传达贯彻电力集团公司领导关于厂网分开方面的各项指示精神，以此来指导改革工作，并引导和教育干部职工从大局出发，正确对待改革。组织人员制定了厂网分开的具体实施方案，上报电力集团公司，并与电力公司方面积极协商。目前，虽未正式厂网分开，但我局与电力公司机关人员的重组划分个人意向调查摸底工作已结束。自电力集团公司完成电力体制改革后，×电业局已独立开展工作，特别是随着电力集团公司配备了我局新的领导班子后，全局的各项工作已步入正常轨道。

（三）电网建设规模再创历史新高

我局新领导班子组建后，积极贯彻电力集团公司关于加快2004年电网建设的指示精神，通过召开会议等形式，自上而下，进一步统一思想，提高认识，明确了依靠电力集团公司、×市委、政府的坚强领导和强有力的支持，坚持以发展为第一要务，抓住机遇，举全局之力，加快电网的建设与发展，做大做强×电网的工作思路和奋斗目标。上半年，重点开展了以下几个项目的前期和建设工作：新建牙×至乌×汗、牙×至免×河至乌×尔、新×旗至甲×110千伏输变电工程以及×××氯碱变增容扩建工程，现均已开工建设。新建××至扎×220千伏输变电工程，已于2004年5月12日开工建设，计划2004年10月30日竣工。新建伊敏至×友好站220千伏输变电工程，计划7月20日开工建设。通过上述工程的实施，继续保持和发展了2003年大规模建设电网的良好态势。除此外，还完成了以下几个方面的工作：A.组织专人编制了×电网“十五”至“十一五”期间总体规划，并于2004年5月8日提交电力集团公司计划发展部待审；B.完成了×电网调度自动化方案审查工作，现该项工作已进入设备招标阶段；C.编制完成了×电网通讯规划及实施方案、电力市场技术支持系统方案，均已上报电力集团公司待审查。

（四）营销工作实现新突破

在我局4月9日召开的2004年工作会上制定了全年完成售电量××万千瓦时的营销工作目标，经过全局系统的共同努力，上半年售电量增长实现了历史性的新突破，同比增长达×%。A.大力增供扩销，特别是加强对高载能市场的分析研究，全面掌握各地区用户的用电结构，配合政府做好工业园区的供电工作，确保大工业特别是高耗能负荷的持续、稳定、健康发展，千方百计增加售电量。上半年高载能电量达×万千瓦时，同比增加×万千瓦时；B.针对电力需求增长迅速，电力供需形势严峻的实际情况，在×市政府的大力支持下，我局与伊敏华能煤电公司达成初步购电协议。经国家电监会批准，已将莫旗、阿××供电营业区划归我局，经我局与×尔

电业局协商，于6月4日签订了趸售购电合同；C.未雨绸缪，加强电力需求侧管理，做好调荷节电工作，编制了×地区部分负荷与伊敏华能煤电公司购电方案，积极应对即将出现的电力短缺的局面；D.抓好电费回收工作；E.在电力集团公司的大力支持下，加强营销MIS系统建设。力争2005年全面实现营销技术支持系统基本业务系统实用化；F.抓好优质服务工作，努力建成并开通“95598”客户服务系统的技术系统。

（五）农电工作健康稳步开展

（1）探索和实践农电管理的新机制，规范和完善农电企业公司制运作，全面实现供电所规范化管理。

（2）稳妥推进以旗县为单位的公司制改革，改进企业管理，逐步完善、建立现代企业制度。

（3）全面完成农网一、二期建设与改造工程结算、决算工作，并通过城农网建设与改造领导小组验收。

（4）搞好农网改造工程，在完成一、二期农网改造工程并做好迎接自治区发改委对一、二期农网工程检查工作的基础上，做好县城电网改造工程相关工作，积极推进县城电网改造工程。

（5）继续深化农电企业创一流工作。

（6）密切配合政府部门做好同网同价工作。

（六）大力开展创一流企业活动

为全面提升企业经营管理水平和综合素质，结合本企业实际，我局领导班子经过认真研究，提出了“抓管理，上水平，一年打基础，两年创一流（国家一流供电企业）”的奋斗目标。成立了以党政主要领导为组长的创一流工作领导小组，制定了详细的创一流工作计划和实施细则，要求所属各单位要把创建国家一流供电企业作为奋斗目标，举全局之力，动员各方面的积极因素，自今年起力争于明年初，具备国家一流供电企业条件并通过验收。

二、围绕电力公司年中工作会议的安排部署，真抓实干，全面完成全年工作任务，实现全年工作目标

下半年，我局仍面临着繁重的工作任务。为此，我局要在全力保证安全生产的基础上，突出以下几个方面的重点，确保全面完成电力集团公司下达的全年工作任务。

（一）按照电力集团公司的安排部署，积极做好和完成厂网分开改革工作

确保改革期间的职工队伍的稳定，保证改革的顺利进行。尽快理顺厂

网分开后企业内部经营管理机制，完善各项工作制度，恢复正常工作秩序，步入正常工作轨道，全面推进各项工作。

（二）不断深化内部改革，促进经营管理水平的提高

（1）以电力集团公司新一轮三项制度改革会议精神为指导，坚持以人为本，制定出适应×电网经营、建设、发展的新一轮三项制度改革实施方案，并认真组织实施，不断完善以收入分配制度为重点的内部三项制度改革、营销体制与机制改革。

（2）精干主业，稳步推进根河电业局等单位的主辅分离、规范多经和剥离企业办社会等各项内部改革。

（3）强化经营管理，严格工效挂钩考核，进一步挖潜增效，不断提高公司整体效益。

（三）全力开拓电力市场，增供扩销，完成电量及销售收入等指标

加强查窃电及线损的分析和管理工作，采取各方面的有力措施，保证售电量的稳步增长，保证全年各项生产经营指标的完成。

（四）加强对基建前期工作的组织领导，实现全年工作目标

合理安排使用资金，加快施工进度，实施项目责任制，积极协调设计、施工、监理各方，认真组织、安排好人力、物力、财力，全力抓好海×至扎×220千伏等输变电工程建设质量和进度，保证按期投产。

（五）进一步抓好农电的规范化管理、行风建设、优质服务

加快建设一流县级供电企业步伐，使农电企业在实施现代化、规范化管理方面不断与区内的先进管理水平接轨，争取有更多的农电企业通过电力集团公司一流县级供电企业的验收，力争所有旗市农电单位在内部软件管理上全部达到电力集团公司一流县级供电企业的标准。

（六）全力以赴抓好创一流工作

使企业在实施现代化、规范化管理方面不断与区内、系统内的先进管理水平接轨，不断向更高的目标迈进。

在下半年里，我局要在电力集团公司的正确领导下，深入学习贯彻本次会议精神，全局自上而下，统一思想，提高认识，加强对全局工作的组织领导，以高度的责任感和紧迫感，开拓进取，做扎实细致的工作，全面完成电力集团公司下达的各项工作任务，努力开创新的工作局面，为做大做强×电力公司作出新的贡献！

例文三

团结奋进扎实工作为加快全市经济发展作出新贡献

×××

（2004年×月×日）

各位领导、同志们：

在×市第一届人民代表大会第四次会议刚刚胜利闭幕之际，市委、政府及时召开了全市经济工作会议，研究确定我市经济工作的新思路、新目标、新措施，确保全市经济实现超常规、跨越式发展。按照会议的要求，现就我公司如何按照市委、政府的总体安排和部署，把发展作为第一要务，加快电力建设步伐，认真抓好2004年工作的主要措施，特别是重点项目的前期建设等方面的情况做大会发言。

一、2003年各项主要指标完成情况

2003年是我公司历史上的一个丰收年。自年初以来，全公司干部职工围绕×电力公司下达的生产经营指标，坚持以安全生产为基础，以经济效益为中心，以优质服务为宗旨，以市场需求为导向，以改革为动力，牢牢把握发展的主题，努力克服“非典”带来的不利影响，上下同心协力，真抓实干，继续保持了安全稳定的生产局面，使生产经营保持了良好发展势头，全面完成了×电力公司下达的全年生产经营指标和各项工作任务。全年完成发电量（全口径，包括根河电业局、大杨树电厂、拉×电厂、莫旗）×万千瓦时，同比增长×%。完成售电量×万千瓦时，同比增长×%。完成供热量×万吉焦（不含根河电业局、拉×电厂），完成计划的×%，同比增长×%。全年累计亏损×万元，比×电力公司年初下达计划亏损×万元少亏损×万元。完成全员劳动生产率×元/人·年，完成计划的×%，同比增长×%。全年未发生设备重大事故、电网瓦解、大面积停限电事故和有重大社会影响的停电热事故，实现无重大及以上设备事故2375天的安全长周期记录。全年实现总收入（主业、多经、农电）×万元，同比增长×%；实现税金（全口径）×万元。多种经营实现总收入×万元，完成计划的×%，实现利润×万元，完成计划的×%。

二、2004年工作的主要思路和措施

2004年是×电力公司实施重大改革的一年，我公司所属东×电厂扩建等一批工程将实现年内投产的目标，将进一步加快电热源点建设步伐，我公司的经营规模、整体经济实力将进一步增强。为确保完成全年工作任

务，我公司要自上而下，切实加强对全年工作的组织领导，围绕全年工作目标，始终坚持以经济效益为中心，以安全生产为基础，以发展为第一要务，以管理创新为重点，以优质服务为宗旨，以营销科技创新为依托，大力开拓电热市场，全力以赴加快基建、前期工作步伐，全面完成×电力公司下达的全年工作任务，实现全年工作目标。要突出抓好以下几个方面的工作：

（1）按照×电力公司的安排部署，做好电力体制改革、厂网分开工作，确保改革期间职工队伍的稳定，保证电网、热网的安全稳定运行，保证改革的顺利进行。

（2）深入贯彻实施《安全生产法》、《安全生产工作规定》等法律、法规，强化依法进行安全管理，坚持不懈地抓好主业、多经、农电的安全生产，保持安全稳定的生产局面，为全年各项工作任务的完成奠定基础。

（3）强化经营管理，严格工效挂钩考核，进一步挖潜增效，不断提高公司整体效益，调动各方面的积极因素，在保证安全生产的前提下，确保完成全年经营任务。

（4）全力开拓电热力市场，增供扩销，完成电量及销售收入等指标。把开拓市场放在突出重要的位置，把开发居民用电和商业用电、高耗能用电作为重点，同时加强查窃电（热）和线损的分析和管理工作，采取各方面的有力措施，保证发、售电量、供热面积的稳步增长，保证全年各项生产经营指标的完成。要紧紧依托各级政府的有力支持，把热力市场的开发作为长期的发展战略，继续在全市范围内大力实施城市集中供热工程，力争供热面积在现有基础上继续取得新的突破。

（5）加强对基建、前期工作的组织领导，实现全年工作目标。针对今年基建前期任务繁重的实际情况，要进一步加强组织领导，提高工程建设水平和前期工作进度。组织精干力量抓好基建工程建设质量和进度，合理安排使用资金，加快施工准备和现场安装进度，实施项目责任制，积极协调设计、施工、监理各方，认真组织、安排好人力、物力、财力，在×集团公司及地方政府各个方面的大力支持下，全力抓好以下工程建设质量和进度，实现预期目标：东×电厂2×5万千瓦机组于10月和12月各投产一机一炉；扎×热电厂、满×光明热电公司扩建3×75吨／小时循环流化床锅炉、2×1.2万千瓦抽凝机组工程于年底前全部投产；××电厂2×20万千瓦机组工程按照2005年10月、12月各投产一台机组的工期安排，抓好施工进度，8月开始主设备安装，年底主厂房封闭。××电厂4×60万千瓦机组工程争取年内开工建设，与此同时，要在市委、政府的大力支持下，

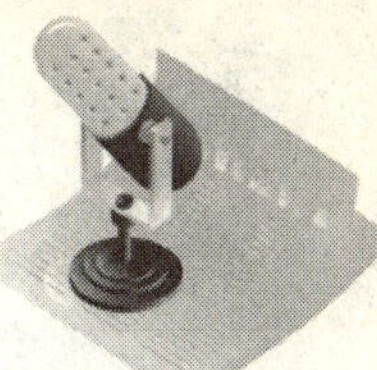

协调、做好东北电网公司的工作，努力实现×—沈阳500千伏输变电线路工程与××电厂4×60万千瓦机组工程同步建设、同步投产。抓好×至满×220千伏线路工程、牙×至根河220千伏线路工程的前期工作，实现年内开工建设、年内投产的目标。抓好小城镇集中供热工程：大杨树镇、阿里河镇供热工程年内开工建设并投产，拉×电厂扩建工程年内开工建设。抓紧做好东×、牙×、满×4×60万千瓦机组的前期工作，力争早日立项和开工建设。

（6）申请2004年城镇电网改造资金并按自治区要求时间完成批复的城镇电网改造计划；进一步抓好农电的规范化管理、行风建设、优质服务，加快建设一流县级供电企业步伐，不断提高企业整体管理水平，要在2003年的基础上争取有更多的农电企业通过×电力公司一流县级供电企业的验收；按自治区计委安排，完成城乡居民生活用电同价报批工作。力争所有旗市农电单位在内部软件管理上全部达到×电力公司一流县级供电企业的标准，同时在全市农电系统各供电营业所、变电站全面实现标准化管理，并通过×电力公司和我公司的验收。

（7）按照公司法、证券法的有关规定和要求，建立更加规范的管理制度和适应证券市场规则的运行机制，在中国证监会驻×和浩特办事处、券商的支持和帮助下，使××股份公司实现规范化运作，全面完成北京华夏证券公司辅导计划规定的全部内容并达到要求，使之尽快达到上市前的各项要求和规定，做好上市前的各项准备工作，及早上市发行股票。

（8）围绕完成生产经营等各项工作任务，加强精神文明建设和思想政治工作，深入开展行风建设、厂务公开，促进优质服务水平的提高，保持行风建设工作取得的成果。抓好企业文化建设，打造全新的企业形象。按照市委、政府及×电力公司的要求和部署，采取各方面的有力措施，促进优质服务质量和水平的不断提高，保持我公司行风工作的成果。

三、认真贯彻全市经济工作会议精神，真抓实干，全面完成全年工作任务，推动全市经济的超常规、跨越式发展

今年，我公司仍然面临着繁重和艰巨的工作任务，做好今年的工作意义更加重大。为此，我公司要以高度的责任感和紧迫感，在市委、政府、×电力公司的正确领导和社会各界的大力支持下，始终坚持以安全生产为基础，以优质服务为宗旨的指导思想，进一步解放思想，提高认识，牢固树立以市场需求为导向，以经济效益为中心的观念意识，扎扎实实搞好安全生产，继续搞好模拟电力市场运作，稳步推进“厂网分开、竞价上网”的改革工作。要始终发扬知难而上、顽强拼搏、无私奉献的精神，克服困

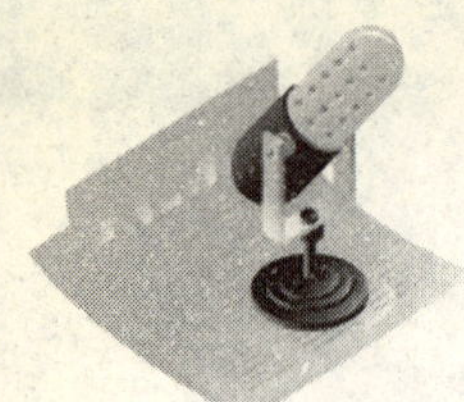

难，从讲政治、讲大局的高度，采取各方面的有力措施，保证电网、热网的安全稳定运行，不断提高安全、经济、优质服务水平，保证向全社会的经济建设与发展以及广大人民群众正常的生产生活用电、用热，为全市的经济发展和社会进步提供安全、稳定、优质的电力能源，为优化地区投资环境，加快全市工业化发展进程作出应有的努力。

认真贯彻落实十六大和自治区经济工作会议、自治区“两会”及市委一届四次会议和本次会议精神，把发展作为第一要务，紧紧抓住国家振兴东北老工业基地、国家电力公司、×电力公司系统改革的不断深入，给我公司带来的发展机遇，从当前电力改革与发展的实际出发，结合×市经济社会发展的目标和重点，立足当前，着眼长远，在抓好××电厂2×20万千瓦机组、东×电厂扩建等在建工程的同时，要全力以赴抓好××电厂4×60万千瓦机组工程、海×至沈×500千伏输变电线路工程的前期工作，使之及早立项和开工建设，把××电力真正做大做强。要始终坚持以经济效益为中心，以市场为导向，围绕全年经营目标，在确保电网安全经济稳定运行的前提下，下大力气开拓电热市场，增供扩销，努力增加收入，保持和发展良好的生产经营态势，力争售电量、供热面积在上年度的基础上，实现较大幅度的增长，全面完成全年各项经济技术指标，在本企业获得较好的经济效益的同时，更加有力地支持全市的经济建设与发展，实现经济效益与社会效益的双赢，促进和推动全市经济超常规、跨越式发展。

例文四

开拓进取负重拼搏实现扭亏为盈的奋斗目标
以优异成绩胜利跨入新世纪

——在2000年全区电力工作会议上的汇报发言×××

（2000年×月×日）

尊敬的各位领导、各位代表：

正当全国上下仍沉浸在国庆50周年、澳门回归、迎庆新千年的喜庆气氛中，在刚刚送走难忘的1999年，满怀豪情地迈入充满希望的、新的一年之际，我们高兴地迎来了一年一度的全区电力工作会议的隆重召开。按照会议的要求，在这里我就×电业局坚持大幅度持续减亏不动摇，把实现收支平衡作为主攻方向和奋斗目标，卓有成效地实施主业与多经一体化发展

战略，内抓管理，外拓市场，深入挖潜增效，增供扩销方面的一些做法和大胆实践，以及取得的经验、体会向各位领导和会议作一汇报。

1999年是我局的发展史上具有特殊意义、非常重要和很不平凡的一年。我局深入贯彻落实电力公司1999年生产经营工作要点和电力公司所属单位党政主要负责同志会议精神，为彻底甩掉亏损帽子，完成持续减亏1000万，实现收支平衡的奋斗目标，全局干部职工迎难而上，负重拼搏，以高度的责任感和敬业精神，克服地方经济增长缓慢，社会用电需求不足给生产经营带来的重重困难和不利因素，在确保电网安全经济稳定运行的前提下，把市场营销工作列为重中之重，下大力气开拓电热市场，努力增加收入，圆满地完成了电力公司下达的全年发、供电量等各项经济技术指标。其中，全年发电量完成×万千瓦时，比去年同期增长×%，多发电量×万千瓦时；完成售电量×万千瓦时，同比增长×%，多售电量×万千瓦时；完成利润×万元，同比增长×%，为电力公司下达计划的×%，使我局一举实现了收支平衡、盈利×万元的奋斗目标，彻底甩掉了长期亏损的帽子，结束了长期经营亏损的历史，扭转了生产经营的被动局面，使企业真正走上了自我约束、自我完善、自我发展的良性轨道，在我局的发展史上写下了最为辉煌的一页，掀开了××电业改革与发展的新篇章。围绕完成减亏1000万元，实现收支平衡的奋斗目标，我局主要从以下几方面采取了一系列切实可行的措施，并取得了显著成效。

一、深入扎实的开展学邯钢经验活动，形成自上而下的邯钢式的管理考核机制，极大地调动了各单位的积极性，保证了减亏任务的完成，促进了全局经营管理水平的提高

自1996年起，我局为实现逐年大幅度持续减亏目标，在全局系统不断深化学邯钢活动，并逐步形成了一整套内容具体、功能完备、考核严密、行之有效的邯钢式的管理考核机制，已成为我局得以实现减亏的主要条件和重要保证。

自1996年四季度开始，全局系统进入学邯钢经验活动的实质性阶段，根据市场倒推成本，实行安全质量、成本三否决，将各项指标层层分解落实到会场、班组和个人，并强调计划一经下达则务期必成。局领导在与各基层单位签订承包责任状的同时，还与各有关科室签订目标管理责任状；同时，将全局职工每个人的岗位工资和技能工资全部拿出来（约占工资总额的50%），与每个干部职工本岗位的各项指标挂钩考核，首次首施把企业效益同职工利益直接挂钩考核，根据考核情况兑现工资奖金的邯钢式的管理机制，从而自上而下形成了人人头上有指标、有压力、全方位的考核

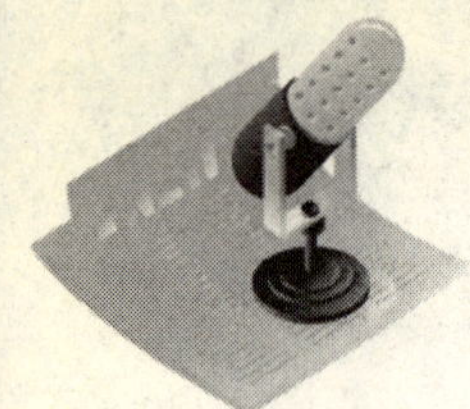

体系，使学邯钢经验活动真正落到实处，收到了立竿见影的效果。

今年以来，为实现电力公司下达我局利润收支平衡及再减亏200万元的经营目标，针对×盟地区经济增长缓慢，电力市场销售不旺的实际，我局以深化改革为动力，进一步强化市场意识、效益意识，不断把学邯钢活动引向深入，进一步推墙入海，实行全员效益工资制。围绕实现收支平衡的奋斗目标，不断适应全区电力改革与发展的新形势，制定和实施了一系列强化管理、降低成本、提高效益的考核措施及办法。

（1）以厂网分开为改革取向，在1998年的基础上继续深化实施模拟电力市场运作，对基层各发热电厂实施竞价上网的新举措。即：将全网发电量计划的90%作为基数电量安排各发热电厂上网，对超基数电量按竞价上网原则，由调度部门根据各厂每月所报的经财务部门核定的上网电价，按由低到高的顺序择优安排日计划曲线电量，并将计划发电量与负荷曲线电量结合起来一并考核。同时进一步加大对发热电厂的标煤单价、供电煤耗率、上网成本和安全生产等各项指标的考核力度，将指标完成情况与工资总额挂钩考核，以促进各发热电厂最大程度的降低成本，从而保证全网成本的降低。

（2）把全年计划×亿千瓦时的发电量指标承包落实到各发热电厂，同时考核安全、供电煤耗、执行调度命令合格率、全员劳动生产率指标完成情况。此外，对热电厂还要考核供热面积、热费回收率、供热煤耗等指标。

（3）把全局×亿千瓦时的售电量指标分解承包给各供电局和各地区用电热办公室，同时考核平均售电单价、线损率、电热费回收率、电能表轮换率、稽查计划完成率等指标。

（4）把全年计划新增40—50万平方米供热面积的指标分解承包给各热电厂。

（5）为进一步降低原煤成本，对燃料局从安全、原煤产量及成本等方面进行工效挂钩考核。

（6）结合实际，制定和实施了《××电业局学邯钢模拟电力市场工效挂钩运营及考核管理办法》及与之配套的模拟电力市场结算办法和工效挂钩奖惩办法。将全局职工的岗位工资和技能工资全额参与企业生产、经营指标的挂钩考核，实行全员效益工资制。

（7）强化勒紧腰带过紧日子的观念意识，大力压缩各类费用开支。在保证设备大修质量和健康水平的前提下，进一步压缩大修费用；尽最大限度的减少报刊、印刷、差旅、办公、业务招待、工会、教育、农电管理等

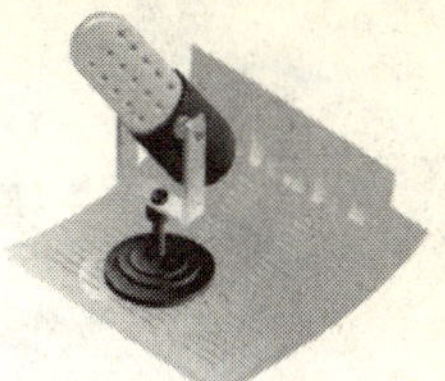

各种费用支出。对资金使用、成本预算进行全过程管理和控制；不断优化财务机制，改善财务状况，将资产经营成果与经营者和职工利益挂钩。

为确保全年减亏目标的实现，除采取以上几方面的措施外，我局充分发挥对燃料实行“五统一”管理的作用，加强对所属煤矿的管理，形成了年×万吨的煤炭生产能力，达到了生产用煤的自给自足，大幅度降低了燃料成本，为安全生产提供了保障，为持续减亏奠定了基础；坚持每季度召开经济活动分析会，全面分析上季度经营工作，总结经验，查找差距，及时解决工作中出现的问题；根据岭西电网的实际，加强对各厂机组在各种运行方式下的考核，做好削峰填谷工作，深入开展电网经济调度活动；强化运行检修管理，开展压红线运行，小指标竞赛。向指标要效益活动，促进了运行管理水平的提高；注重检修全过程管理，确保检修质量，夯实了设备基础，节约了大修资金，有力地支持了减亏任务的完成。

二、适应形势，转变观念，千方百计扩大电热市场，增供扩销，确保实现年度减亏目标

近年来，为进一步拓宽电热市场，为企业争取更广阔的生存空间，针对×盟地区大工业用户开工不足，濒临破产倒闭企业地多，社会用电需求下降的实际，我局深入贯彻落实电力公司关于加强电热营销、强化用电热管理方面的一系列指示精神，全局广大职工适应当前电力供应形势的变化和电力体制的重大改革，转变观念，强化市场营销意识，牢固树立以市场促发展的观念意识，把开发电热市场作为主要任务，重中之重。围绕实现收支平衡这个中心，针对我局实际，建立充分调动各基层厂局和电热营销部门积极性的经营机制，制定和实施一系列切合实际，行之有效地增供扩销的措施和办法，真正把市场营销工作放在第一线，把增供扩销作为各项工作的龙头，全力拓展电热市场，有力地促进了全局电热营销水平的不断提高和全年经营目标的完成。

1999年度，我局在×盟地区经济增长的缓慢，扎赉诺尔矿务局等用电大户用电量比去年同期大幅度降低的情况下，全体电热营销人员转变营销方式，变坐等用户上门服务为主动向用户推销电热产品，树立营销人员就是电热推销员的新观念，扎扎实实，下大力气促销增收，取得了十分显著的成效。全年完成售电量×万千瓦时，同比增长×%，多售×万千瓦时，创历史最高水平；全局供热面积增加×万平方米，总面积已达×万平方米。我们的主要做法是：

（一）积极支持关停企业重新启动生产

针对×盟地区工矿企业开工不足，电力市场萎缩，濒临破产、关停企

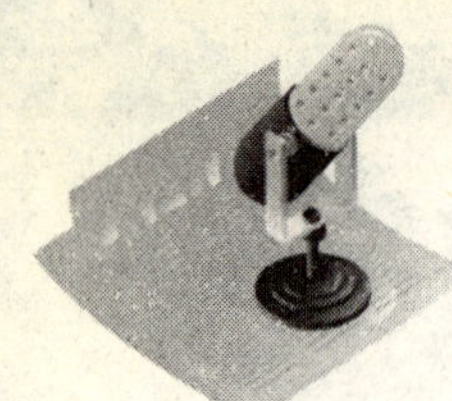

业增多的实际，广大营销人员深入用户，随时了解、掌握用户的生产、经营情况，主动帮助用户推销产品、采购原材料，协助解决生产经营中的问题，使其尽可能不间断生产，最大限度地减少电量损失。

（二）依法维护和拓展电热市场

一方面依靠法律、法规和其他有效方式稳住和巩固自然增长的负荷、新开发出的负荷以及利用各种方式培育出的负荷。一方面眼睛向外，在地方政府及有关部门的支持下，依法规范供用电秩序和维护我局供电营业区的合法权益不受侵犯，积极开拓电热市场，扩大我局的供电营业区域。从企业生存与发展的战略高度，始终致力于依法规范、拓宽和统一×盟用电市场，加快×盟地区多家办电、一家管网的进程。

（三）限制小火电上网，减少其上网电量

根据国家、自治区关于关停小火电机组的政策、法规，为理顺×盟地区的电力管理体制，促进电网的建设与发展，加速建立统一、规范的×盟电网，积极做各级地方政府及有关部门的工作，提出具体方案，逐步关停小火电机组。采取措施，限制我局托管企业拉布大林电厂、扎赉诺尔矿务局十二列电的上网电量。

（四）在抓好电力市场的同时，全力拓展热力市场

把拓宽全盟热力市场作为一项重点工作来抓，在地方政府的大力支持下，自年初即对所属三个热电厂进行全面安排布置，下达增供扩销计划，将热网增供扩销指标与各单位工资总额挂钩考核，完成任务可得全额工资，完不成任务则按比例扣减工资。各热电厂主动做当地政府、财政、物价、环保等部门的工作，取得他们的支持与配合，大力实施集中供热，推行电热锅炉以取代燃煤取暖锅炉房。通过各方面的积极努力各厂供热面积均有了大幅度增加。目前，海×热电厂供热面积已达150万平方米，比上年增长×%；牙×热电厂、扎×电厂在去年×万和×万平方米供热面积的基础上分别达到今年的×万和×万平方米。

（五）坚持不懈地抓好电热费回收工作

各单位抓紧抓早，认真落实电热费清缴责任制，层层签订回收目标责任状，把清缴责任落实到单位、部门、行政一把手，落到具体工作人员，严格考核重奖重罚，继续加大实施领导分片承包责任工程和对电热费回收管理办法特别是对抄核收人员实行高额工资重奖重罚制度的实施力度，同时依靠法律手段保证电热费回收工作的顺利进行和回收目标的完成。

（六）加强用电稽查工作

一是抓好四项专项稽查工作；二是组织好每季用电稽查跨地区检查及

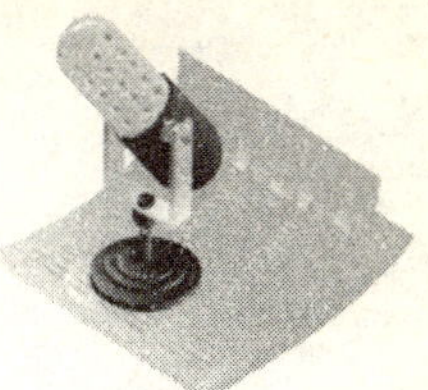

半年一次的全局用电互查工作，最大限度地堵塞用电热管理上的跑冒滴漏，大力降低营业线损。

（七）加强电能计量管理工作，在资金十分紧张的情况下，投资近×万元用于电能表的轮换

三、多种经营产业的大发展对主业大幅度持续减亏及安置主业分流人员发挥了极其重要的作用

近几年，我局在抓主业持续大幅度减亏的同时，把大力发展多种经营作为企业主要经营发展战略之一，把多经工作提高到与主业同等重要的地位来抓，针对本企业实际，提出和确定了背靠主业，面向市场，利用资源、地缘优势大力发展农牧业、煤炭生产业、电器设备制造加工、建筑安装等几大行业，几十个门类齐全、大小项目并举，构建跨地区、跨行业、跨所有制经营的大多经发展格局，使主副业齐头并进，共同发展的总体思路和企业发展方向。全局系统自上而下统一认识，转变观念，统一步调，制定了一系列加强和加快多经企业管理和发展的措施、办法，始终坚持各单位行政一把手要用不低于50%的精力和时间抓多经工作，把多经的发展纳入到一把手的主要议事日程，纳入到企业的整体发展战略中统筹规划，有力地推动了多经的发展，使我局的多种经营在经历了安置型、福利型、生产经营型几个发展阶段后，开始步入产业化、集团化的轨道，逐渐由小到大、由弱到强的迅速发展壮大，并日益呈现出持续、稳定、健康发展的良好势头。自1996年产值首次突破亿元大关后，1997年再次突破×亿元大关；至1998年产值已超过主业达×亿元，连续三年一年登上一个新台阶，三年迈出三大步，每年实现利税达×余万元；1999年在巩固原有经营成果的基础上，继续保持了稳步增长的发展势头。特别是近几年来，多经企业妥善地安置了职工待业子女，承担了企业减人增效、下岗分流的重担，安置主业分流人员已达×人；同时，通过托管、买断、租赁地方危困企业，安置系统外职工×人，为社会、为各级地方政府减轻了就业负担，为地方经济的发展作出了重大贡献。

几年来，我局在发展多经方面制定了一系列符合本企业实际的工作方针、指导原则，并在实践中不断发展完善，取得了十分显著的成效，有力地促进了多经的发展壮大。在经营方面，我们提倡因地、因厂（局）制宜、因时制宜，提倡大到办农场、牧场、开煤矿、搞电器加工，小到做豆腐，能干什么就干什么，在国家法律允许的范围内，只要有效益、能养人，什么都可以干；在管理方面，充分发挥光明集团的作用，学邯钢、强化管理，实行“定额管理，目标利润”考核，促使其苦练内功，集约经

营。自1996年以来，我局农牧业生产得到前所未有的发展，耕地面积由1995年的1.3万亩发展到10万亩。牲畜存栏头数由几千头（只）发展到1.4万头（只），农牧业已成为我局多种经营的支柱产业之一。特别应当提到的是，我局抓住国家实施企业资产流动与产权重组的机遇，大胆实践，勇于探索，在×盟委、行署的大力支持下，并经电力公司批准，先后租赁、托管、联营11家地方危困企业，尤其是托管满×开放山等5个煤矿后，通过深化内部经营机制改革，强化经营管理，使这些已濒临破产倒闭的企业重获生机。走出了经营低谷，有的已成为地方先进企业和创税大户，形成了年130万吨的煤炭生产能力，实现了燃煤的自给自足，大幅度降低了燃料成本，为主业减亏奠定了基础。目前我局多种经营经过几年来的发展壮大，已经形成了农牧业生产、煤炭生产、电器设备制造加工、电力设施安装、商贸旅游等涉及一、二、三产业的优势互补，多门类、多层次开发的产业群体，大多经的产业格局已经形成，实现了规模化、集团化经营，产业产品结构得到了有效调整，走出了一条适合本企业实际，有本企业特色的多经发展之路，有力地支持了主业的改革与发展，为主业的减人增效、安置分流人员、完成持续减亏至1999年底实现扭亏为盈作出了巨大贡献。

回顾几年来持续减亏的艰辛历程，我们深深地感受到，没有电力公司的正确领导和亲切关怀、盟市各级地方政府的大力支持，就不会有我局深化改革、强化管理、健康发展的良好格局；没有全局干部职工同心协力、矢志不渝的艰苦奋斗，就不会有持续减亏的丰硕成果。我们尤为深切地感受到，经过几年来的深化改革，强化经营管理，特别是在全局系统不断深化学邯钢经验活动，一方面，我局已逐步形成了一整套行之有效的邯钢式的管理考核机制，极大地促进和推动了全局经营管理水平的提高和综合实力的增强；一方面，培养和锻炼了职工队伍，干部职工的素质不断提高，市场意识、经营意识显著增强，忠于职守、爱岗敬业、甘于奉献已成为广大干部职工的自觉行动，这是使我局得以健康发展的巨大的内在动力和重要保障，它必将推动我局的各项工作不断迈上新水平。

在新的一年里，我们要更好地坚持以经济效益为中心，以安全生产为基础，以优质服务为宗旨的指导思想，进一步解放思想，提高认识，牢固树立以市场需求为导向的观念意识，按照全区电力工作会议的安排和部署，再接再厉，开拓进取，满怀信心地去开创新业绩，为电力公司的改革与发展作出新的贡献。

例文五

×电业局电热营销工作情况汇报

×××

（1999年×月×日）

尊敬的各位领导、同志们：

正值全区电力系统上下认真贯彻电力公司所属单位党政主要负责同志会议精神，为完成全年工作任务，真抓实干，顽强拼搏，向全年工作目标发起冲刺之际，电力公司及时召开这次市场营销工作碰头会，这次会议开得非常及时、非常重要，必将对完成全年工作任务起到极大的促进和推动作用。按照会议安排，在这里我就××电业局围绕完成电力公司下达的生产经营目标这个中心，全局上下千方百计，下大力气搞好增供扩销，以及扎扎实实，狠抓电热费回收方面的一些经验和体会、取得的成效向各位导和会议作一汇报。

一、适应新形势，转变观念，提高认识，把增供扩销作为中心和重点，突出抓好、抓实、抓出成效

1999年是我局改革发展史上具有特殊意义的一年。自年初以来，为贯彻落实电力公司1999年工作要点和营销工作会议精神，为彻底甩掉亏损帽子，完成减亏1000万，确保我局年底实现收支平衡的奋斗目标，自3月起我局先后召开了三次电热营销工作会议，对全年电热营销工作进行了全面安排部署，制定和出台了一系列加强电热营销工作的新举措。要求全局干部职工要切实转变观念，提高认识，真正树立以市场需求为导向，以经济效益为中心的观念，彻底抛弃电力行业的传统垄断思想。适应当前电力供大于求，电力买方市场基本形成这一新形势，特别是针对×盟地区大工业用户开工不足，濒临停产倒闭企业增多，社会用电需求增长缓慢和个别地区出现负增长给我局的生产经营带来重重困难和不利因素的实际，要认真贯彻落实电力公司关于电热营销工作的指示精神，进一步认清形势，明确目标、任务，增强紧迫感、危机感，把增供扩销作为各项工作的龙头，采取有力措施，狠抓落实，全力拓展电热市场。在几次会议精神的推动下，广大干部职工充分认识到电热力市场是我局赖以生存和发展的基础，搞好电热营销是完成全年经营目标的前提和保证，从而增强了做好增供扩销工作的自觉性和主动性，从维护和保证企业生存与发展的战略高度，充分认识到自身工作的重要性和肩负的历史使命。各基层单位迅速行动起来，调

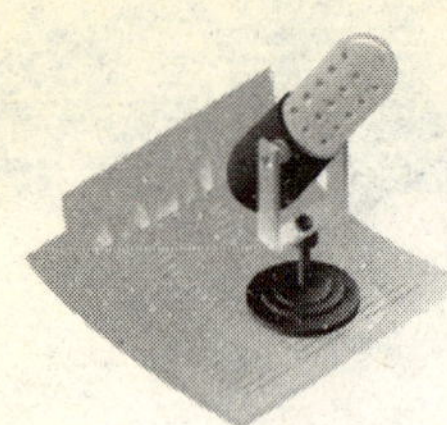

动各方面的积极因素，千方百计做好负荷开发、开放工作，为实现全年目标，完成全年工作任务作出了艰苦卓绝的努力，使电热市场的开拓工作取得了显著成效，同时也为企业的生存与发展培养、锻炼了一支过硬的营销队伍，积累了宝贵的经验，有力地促进了全局电热营销水平的不断提高和全年经营目标的完成。今年以来，我局在×盟地区经济增长缓慢，扎×尔矿务局等用电大户用电量比去年同期大幅度降低（比去年同期下降630万千瓦时）的情况下，全体电热营销人员转变营销方式，变坐等用户上门为主动向用户推销电热力产品，树立营销人员就是电热推销员的新观念，扎扎实实，下大力气促销增收，截至10月售电量实际完成54290万千瓦时，比去年同期增长9.65%，增加售电量4776万千瓦时。为此，我局主要采取了以下几方面的措施。

（一）积极支持关停企业重新启动生产

针对×盟地区工业企业开工不足，电力市场萎缩，濒临破产、关停企业增多的实际情况，我局要求所属各供电单位用电工作人员要多深入用户，随时了解、掌握用户的生产、经营情况，主动帮用户推销产品、联系采购原材料，协助解决生产经营中的疑难问题，使其尽可能不间断生产，最大限度地减少电量损失。如我局属牙×供电局积极协助用户乌×尔水泥厂外销水泥；新×左旗农电局主动为甲乌拉铝锌矿解决煤源问题，使其不因原材料短缺而停产。此外，岭×分局、海×供电局等单位诚心诚意为用户分忧解难，采取有效措施扶持用电增长，通过做工作使扎兰屯水泥厂、造纸厂、华峰水泥厂不停产多用电。

（二）依法维护和拓展电热力市场

一方面要依靠法律法规和其他有效方式巩固和稳住自然增长的负荷、新开发出的负荷以及利用各种方式培育出的负荷；一方面要眼睛向外，在地方政府及有关部门的支持下依法规范岭西电网的供用电秩序和维护我局供电营业区的合法权益不受侵犯，积极开拓电热力市场，扩大我局的供电营业区域。

×盟地区地域广阔，工业发展缓慢，由于历史、体制、自然因素及条块分割等因素的影响，再加上无序竞争、重复建设等原因，多年来形成了隶属于大兴安岭林×局、大×树农场管理局、东×尔自备电厂等共十余个大小电（厂）林立、网中有网，林业、煤矿、农场局等多家办电、多家管电的不利管理格局，成为全国典型的纯凝汽小火电机组的集中区。这些独立生产经营、大小不一的电厂（网）各自为政，为了自身利益转供高价电力或向外非法延伸，搞无秩序竞争。对此我局本着“寸土必争”的原则，

依据《电力法》、《电力供应与使用条例》及营业区域划分的有关法规，在电力公司、地方政府的大力支持下，有理有据有节地与之作针锋相对的斗争，采取一切切实可行的措施和手段，积极努力不断统一、规范×盟的电力市场。1998年7月，在盟行署的支持下，我局依法收回了东×尔自备电厂对海×尔铁路分局的供电负荷，改由我局供电。1998年11月20日，原与我局岭西电网自1990年起即并网运行的伊×华峰实业有限公司东×尔自备电厂严重违反《电力调度管理条例》，拒不执行调度指令，三次擅自将1号机组并入网内，我局依据《电网调度管理条例》的有关规定对其解网。今年5月初，东×尔自备电厂再次违反《电力供应与使用条例》，无视《供电营业规则》、《供电营业区及管理办法》的有关规定，擅自架设线路跨越我局属岭西电网网络欲向华×水泥厂供电，对岭西电网的安全构成严重威胁。对此，我局高度重视，对这种公然违法行为给予坚决制止，双方发生严重争端，后经盟行署直至自治区经贸委的多次协调并下发“内蒙经贸电筹［1999］11号”文件《关于协调解决海×尔华×水泥厂供电争端意见的函》。根据文件规定，华×水泥厂仍由岭西电网供电，使我局年增加售电量762万千瓦时，有力地维护了本企业利益。此外，自1998年4月起，经我局先后达40余次与东海×尔发电厂交涉，迫使其于　　今年1月与我局签订协议，同意将其供电的1036线路的全部负荷移交岭西电网供电。

近年来，我局从企业生存与发展的战略高度，始终致力于依法规范、拓宽和统一×盟用电市场，在建设统一、规范的×盟电力网方面做了大量工作和有益探索，付出了艰苦努力。我局依照《电力法》和与其配套的子法规，根据自治区政府关于用电营业区的划分及国家有关方针、政策，按照“三个有利”的原则，因地制宜，采取联营、联合、托管等方式逐步理顺×盟地区的用电市场，不断促进×盟地区多家办电、一家管网的进程，加快与分散、孤立运行的小电网的联合进程。在电力公司领导、地方政府的大力支持下，我局先后几次派出工作组到根×林业电业局、大×树农场局电业局进行调研，与之协商、洽谈联网事宜；积极主动做盟市、自治区政府及有关部门的工作，详细阐明建设由岭西电网出线的拉×林至根×110千伏输变电工程实现岭西电网与林区联网运行的重要意义及由此带来的深远影响，多方面做工作，力争早日实现联网，进而逐步统一全盟电力市场。此外，我局针对大庆油田欲在×盟××左旗境内开采石油事宜，给以密切关注，主动与之取得联系，努力做工作，争取早日供电。

（三）限制小火电上网，减少其上网电量

（1）根据国家、自治区关于关停小火电机组的政策、法规，为理顺

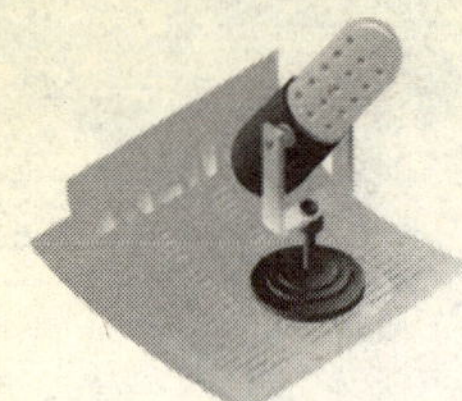

×盟地区的电力管理体制，促进电网的建设与发展，加速建立统一、规范的×盟电网，从根本上解决由于多家办电、多家管电而形成的无序竞争局面，积极做地方政府及有关部门的工作，提出具体方案，逐步关停小火电机组。

（2）减少地方拉×林电厂发电量，对其电量进行测算，使之在盈亏平衡点电量运行，限制其多发电量，以增加岭西电网电量。

（3）与暂时不能解网的扎×尔矿务局十二列电签订临时协议，严格按我局调度部门下达的负荷曲线运行，由我局调度部门根据其出口计量表定时段考核，对超发电量按购网电价处以两倍罚款。

（四）在抓好电力营销的同时，全力拓展热力市场

为确保实现持续减亏1000万的经营目标，我局在下大力气搞好电力营销的同时，把拓展全盟热力市场作为一项重点工作来抓，在地方政府支持下，自年初即对所属三个热电厂进行全面安排布置，下达增供扩销计划，将热网增供扩销指标与各单位工资总额挂钩考核，本着多完成多得奖的原则，完成任务可得全额工资，完不成任务则按比例扣减工资。对热网覆盖或延伸不到的地区要求上电锅炉采暖供热。主动做当地政府、财政、物价、环保等部门的工作，取得他们的支持和配合，大力实施集中供热，推行电热锅炉以取代燃煤取暖锅炉房。通过积极努力各厂供热面积均有了大幅度增加，目前，海×尔热电厂供热面积已达到150万平方米，比上年增长48%；牙×热电厂、扎×电厂分别在去年68万和37.5万平方米供热面积的基础上分别达到今年的80万和50万平方米。

（五）深化改革，实施模拟电力市场运作

随着改革的不断深化、市场经济的不断发展，“公司制改组，商业化运营，法制化管理”已成为电力企业改革的基本取向，而厂网分开，竞价上网，实行企业自我约束、自我发展、自负盈亏是实现商业化运营的重要标志。我局适应全区电力改革与发展的新形势，结合实际，制定出台了《××电业局岭西电网模拟电力市场办法（试行）》。模拟电力市场运作，推行竞价上网。截止到10月底岭西电网局属发电量为×万千瓦时，其中竞价上网电量为×万千瓦时，占发电量的×%。

为确保减亏×万目标的务期完成，我局还将全年×亿千瓦时的发电量指标承包落实到各电厂，把全年6.5亿千瓦时的售电量指标分解承包到各供电局。售电量完成情况与工资总额挂钩，月考核、季兑现，不考虑任何剔除因素。

（六）认真传达贯彻电力公司所属二级单位党政主要负责同志会议精

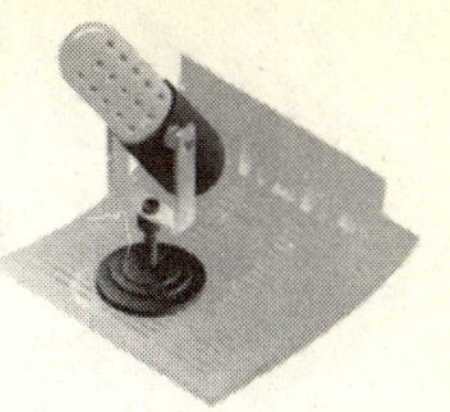

神，积极落实增供扩销任务

电力公司所属单位党政主要负责同志会议结束后，我局迅速传达贯彻落实这次会议精神，并将调整后的经营指标分解下达给各单位，组成由局领导参加的五个工作组，分赴牙×石、扎×屯、满×里及扎×尔、海×尔地区进行传达贯彻，动员全局职工迅速行动起来，以务期必成的决心和信心，争分夺秒，真抓实干，确保在完成年初所制定的经营目标的基础上再减亏×万元。为全面完成这一经营目标，结合我局实际制定了以下增供扩销措施：

（1）要求各供电热单位进一步加强电热营销工作的组织领导，把增供扩销列为今后4个月的重点工作，列为我局今年首要利润增长点，根据各单位实际情况，制定增供扩销、完成销售收入目标的实施方案，开展全方位的增供扩销，完成销售收入活动。

（2）开展全局性安全大检查，确保设备过硬；力保海×尔、牙×热电厂扩建工程保质保量完成。

（3）各供电局均成立增供扩销组织机构，负责具体工作，使每一项增供扩销的措施有人管、有人办。

（4）为确保我局再减亏×万元任务的完成，我局将各电厂供电、供热煤耗下降指标和供电单位的销售收入指标分解下达至各单位，并签订责任状，对签状单位及领导严格考核，并将再减亏×万元及完成销售收入作为考核各单位领导班子1999年政绩的主要指标之一。

（5）实施我局领导班子经济责任制，分片承包销售收入，并与所承包的发供电单位同奖同罚。

（6）认真抓大负荷用户电量，诚心诚意为用户分忧解难，采取灵活有效的措施扶持用电增长。

（7）进一步提高业扩报装窗口服务质量，改变坐等用户上门状况，报装人员走出家门主动登门服务。

（8）用足用好政策，千方百计地促使居民电炊、光亮工程、电热锅炉多用电。

（9）加强用电营业稽查工作，堵塞营业漏洞，努力降低营业线损，增加营业收入，把好各类用户用电分类比例关，严格执行第三产业电价，努力提高平均售电单价，坚持不懈地开展用电大检查工作，严厉打击窃电行为。

（10）重点抓好高耗能企业光明铁合金厂以及海×尔工业硅厂、氯碱厂和各钢厂等企业用电。利用满×里地区地缘优势吸引新建14个炼钢高耗

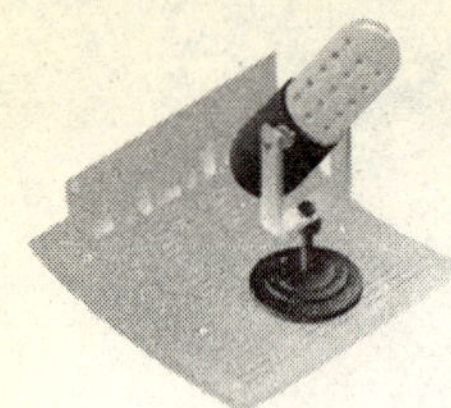

能企业新增负荷×千伏安增加售电量×万千瓦时。

(11)对各农电局下达售电量计划，要求各农电局制定具体增供扩销的措施，切实做好农牧区电力市场的开拓工作。

二、强化用电管理，加大追缴力度，全面完成电热费回收工作任务

近年来，为彻底甩掉亏损的帽子，早日实现收支平衡的奋斗目标，按照电力公司的安排和部署，我局压扎扎实实做好生产经营工作的同时，把电费回收率、上缴率双结零作为年度重要工作目标之一。全局自上而下地高度重视电热费回收工作，克服×盟地区经济持续低速低效，加之盟内破产重组企业增多，特别是×盟地区少数几个较有影响的企业也面临困境处于原地徘徊状态，加之1998年度的特大洪水给地区经济造成的严重影响等，给电费回收工作带来的重重困难和诸多不利因素，我局制定了一系列行之有效的电热费回收措施和办法，取得了十分显著的成效，使我局欠费数额由1995年底的×万元下降到1998年底的×万元，我们的具体做法如下。

(一)实施领导分片承包责任工程，切实加大电费回收力度

我局认真贯彻电力公司有关营销工作的指示精神，成立了电热费清欠领导小组，局领导班子成员实行分片承包责任制，对电热费回收实行一把手责任制，与所属责任单位行政一把手签订责任状；与岭西电网供电的农电局行政一把手签订售电量完成目标责任状，实行重奖重罚，从严考核；局领导与所分片承包的单位同奖同罚。各单位在局分片承包清欠工作组的协助支持下，领导到位、责任到位，认真组织，做到了层层签订责任状。对于欠费大户的清缴工作，逐户落实到人，重点做好欠费大户、陈欠电热费、多经欠费及资产抵付电热费的变现工作。局清欠领导小组定期立会，研究落实对重点欠费户的清欠措施，及时深入基层开展工作。各单位通过法律措施等手段，采取一切切实可行的办法对电热费回收工作做到抢前抓早，杜绝前紧后松的局面，一抓到底，努力做到月结月清。此外，我局还通过建立用户动态信息库，收集用户经营信息(债权、产品销路、回款途径)针对不同情况采取有效措施回收电热费。对海拉尔氯碱厂、造纸厂、额×××农电局等欠费大户，采取利用城市附加费抵付电费、收取银行承兑汇票、诉诸法律手段、实行煤电互抵等方法，成功地解决了欠费的清缴工作，使我局1998年度电费回收工作取得了当年电热费结零，用电量居前三位的大用户扎×尔煤矿、海×尔铁路分局、海×尔氯碱厂当年电热费回收率达百分之百，同时陈欠电热费的回收也取得了突破性进展，欠费数额降到了历年来的最低水平。

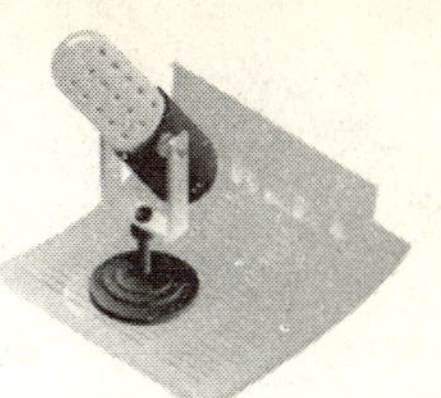

（二）制定电热费回收管理办法，对电热费抄收人员实行高工资制度，严格考核，重奖重罚

根据我局电热费回收工作的实际情况，为加大回收力度，完成电热费收缴任务，我局制定了《电热费收费人员工资考核办法》，对各单位电热费抄收人员实行定额工资与责任相挂钩的考核分配办法，定额工资标准按收费类别定为2000—3400元，对抄收人员实行公开招聘，竞争上岗，择优录用。具体为：完成电热费定额的98％，得全额定额工资；完成电热费的定额大于98％，每上升1%，嘉奖定额工资的10％；完成电热费定额不足98%，每下降1%扣除定额工资的百分之20%；完成定额不足94%时，停止享受定额工资，执行本人原档案工资的50％；连续三个月完不成94%时作下岗处理，6个月后方可竞争上岗。局用电部正副部长，各供电热单位的主管局（厂）长、所长（经理）实行受奖制，即完成当月应收电费的98％时执行档案工资，每上升（下降）1％，奖励（扣罚）100元，最低工资为原档案工资的50%。定额工资制度自1998年12月1日试行以来，在各基层单位中引起了强烈反响。试行初期部分抄收人员因未完成电热费回收指标，最低只能拿到月工资×元，完成好的最高可得定额工资×元，有三名抄收人员因完不成回收任务，按上述考核规定下岗。随着考核力度的加大，抄收人员不分工作日和休息日，想方设法、千方百计地利用各种社会关系及时足额回收电费，有力地促进了电热费回收目标的完成，同时也使抄收人员增加了工资收入。除特殊情况外，大多数抄收人员都能拿到高额工资，特别是我局所属海×尔供电局、扎×尔供电局、牙×石供电局电热费回收率均在98%以上，居民、个体、机关单位、普非工业用户基本上做到电热费月结月清，抄收人员人均可拿到2000元以上的月工资。扎×尔煤矿、铁路等用电大户也做到了月结月清。在陈欠热费回收方面，牙×热电厂针对牙克石地区经济不景气，大多数企业经济效益差，地方财政资金紧张，导致热费回收艰难的实际情况，通过采取把热费发行额分解到清欠小组落实到人头，做到责权利对等实行重奖重罚，为有效避免前紧后松的情况，各清欠小组每天一汇报，每周一总结；主管领导亲自抓，对汇报中的难点、钉子户当场拍板拿出解决办法，采取下通知单、停止供热、依法起诉等方式和手段，使陈欠热费数额由过去的×万元降到现在的×万元，并做到了当年热费结零。

（三）依靠法律手段保证电费回收工作的顺利进行和回收目标的完成

为确保电热费的足额回收，全体电热营销人员不断强化意识，用足用好电力法规，充分利用《电力法》所赋予电力企业的权利，依法对用户所

欠电热费进行追缴工作，取得了突出成效。对拒不交费的宝日希勒第一煤矿、海×尔市房×局、扎×屯市委党校、牙×石钢厂、满×里白云灰厂等予以起诉，全部追回了所欠电热费及违约金。

1994年1月15日，我局与宝×勒第一煤矿签订供用电合同，开始向该矿供电，至合同期满，该矿欠我局电费达×万元，在多次催交无效的情况下，我局于1997年10月向×盟中级人民法院提出了诉讼，经×盟中级人民法院审理，判决宝一矿给付拖欠我局的×万元电费及电费赔偿金×万元，两项合计×万元。宣判后，宝一矿不服上诉至自治区高级人民法院，经审理，终审判决为：驳回上诉，维持原判。此案终以我局胜诉告终。

1998年3月，我局海×热电厂对违反合同规定，长期拖欠热费的海×尔市房×局向海×人民法院提起诉讼，后经法院主持调解，双方自愿达成协议，由海市房×局给付其拖欠的热费×万元。

我局属扎×电厂于1990年与扎×屯市委党校签订集中供热接网协议书，集中供热期间，扎×市委党校不按合同规定交纳热费，扎×电厂在与之协商无效的情况下向扎×屯市人民法院提起诉讼，扎×市委党校不服判决，上诉至盟中级人民法院，经×盟中级人民法院主持调解，双方达成协议，由扎×市委党校给付扎×电厂所欠热费及损失×万元。

三、认真贯彻落实电力公司市场营销工作会议精神，加大工作力度，全面完成电力公司下达我局的全年生产经营任务

几年来，在电力公司的正确领导下，通过我局全体干部职工的共同努力，我局在增供扩销、电热费回收方面取得了一定成绩，但也存在着这样那样的不足。在今后的工作中，我局要认真落实好电力公司关于营销工作的指示精神，适应市场经济的发展，进一步转变观念，提高认识，重点解决好增供扩销与电热费回收的关系，解决好营销策略与增供扩销的关系，彻底转变计划经济体制下的电力营销工作方式，树立强烈的市场意识和建立适应市场经济发展的营销工作方式。我们要全面贯彻落实好这次会议精神，学习兄弟单位好的经验和做法，以加强增供扩销工作为重点，进一步强化用电管理，真抓实干，全面完成电力公司下达的全年生产经营任务，实现再减亏×万元的奋斗目标，以不辜负领导对我们的期望，为电力公司的改革与发展作出新的贡献。

例文六

以十六大精神统揽全局做大做强绿色能源产业
为×市经济建设与发展再创新业绩

——×电力有限责任公司在全市一届四次全委扩大会议上的汇报发言

×××

（2002年×月×日）

各位领导、同志们:

在满载两个文明建设丰硕成果的2002年即将过去，全市各族人民满怀豪情贯彻落实十六大精神之际，市委召开了一届四次全委扩大会议，研究确定我市经济建设与社会发展的新思路、新目标、新措施，实现我市超常规跨越式发展。按照市委的要求，现就我公司如何把发展作为第一要务，贯彻落实好十六大精神，做大做强××电热绿色能源产业，更加有力地服务于地区经济建设与发展做大会发言。

一、各项主要指标完成情况

今年以来，我公司生产、经营、基建创出历史最好水平。截至10月底完成发电量×亿千瓦时，预计全年完成×亿千瓦时；售电量完成×亿千瓦时，进入四季度全市电量呈强劲增长势头，预计全年完成售电量×亿千瓦时，好于去年同期水平；完成供热量×万吉焦，预计全年完成×万吉焦；全市供热面积将达×万平方米。预计全年实现总收入（主业、多经、农电）×亿元，同比增长×%；实现税金（全口径）×亿元。

二、工程最多、投资最大、发展最快的2002年

2002年，我公司在×电力公司和市委、市政府的正确领导和社会各界的大力支持下，乘西部大开发之势，投资×亿元，建设电网、热网，创下了××电业历史上工程量最多、投资量最大、发展最快的新纪录。

由于历史的原因，××市形成了多家办电、多家管网，供电区域条块分割、各自为政的局面，阻碍了电力事业的发展，也制约了地方经济的发展。备受市委、市政府和××市各族人民关心关注的跨越大兴安岭的海×尔至牙×石至扎×屯220千伏输变电工程，于10月30日在扎×屯和牙×石两地正式开工。此项工程是我市岭西至岭东联网工程，总投资×万元，预计2003年10月移交生产。此项工程是我市今年最大的输变电工程。它的实施对促进岭东四旗市乃至全市经济发展必将产生巨大的推动力，同时对统

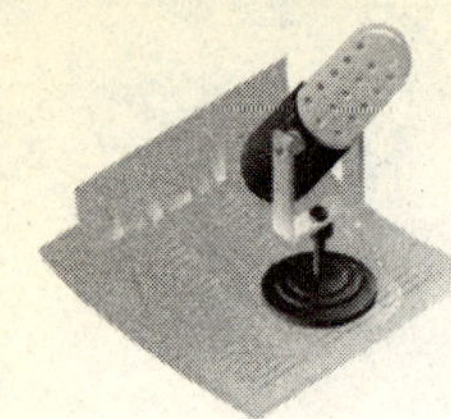

一××电网，强经济腾飞之翼发挥出不可替代的作用，可谓举足轻重。

在今年有目共睹的农网、城网二期改造中，我公司总投资×亿元。（一期投资×亿元，两期共投资近×亿元）从7月16日召开全市农网改造工程动员大会后，采取分片包干、逐级签订责任状的形式，各农电公司倒排工期，确保了工程质量和进度，工程将于12月初全面完工。在全市“迎庆迎会”期间，我公司积极配合城市建设，进行了大规模、大范围的城网改造，在满×里、海×尔、牙×石、扎×屯及各旗市所在地主要街道全部实施了电缆入地。农网和城网的改造使电网布局更加合理，线损率大幅度降低，供电质量和可靠性大大提高，特别是提升了城市建设品位，美化了生存环境，“光亮工程”使我市各族人民受益。

今年我公司先后在满×里、牙×石、扎×屯、扎×尔、阿×旗等旗市区开工建设热电联产工程。工程总投资×亿元，目前除扎×屯、阿×旗供热工程外其余工程已先后竣工，新增供热面积×万平方米以上，总供热面积达×万平方米。其中：

（1）汇×电厂热电联产改造工程总投资×万元，将两台5万千瓦机组进行改造，热网主管线全长9.3千米。此项工程的建成投产，对牙×石市城市建设、人民生活水平的提高必将带来极大的促进作用和深远影响。

（2）灵×厂热电联产改造工程总投资×万元，将现有两台2.5万千瓦机组和两台0.6万千瓦机组改造成低真空供热，热网主干线15千米，今年接带供热面积100万平方米。此前，在市委和市政府的大力支持下，我公司与扎×尔煤业公司从发展经济、造福人民的大局出发，经过友好协商，就双方各自开放供热和煤炭市场，由灵×电厂向扎×尔区供热，将2×12兆瓦供热机组易地满×里建设等问题达成协议，为扎×尔矿区供热改造工程的实施创造了前提条件。

（3）在满×里市投资×万元，扩建了一台29兆瓦热水锅炉，并对热网进行大规模扩建，今年新增供热面积60万平方米，使口岸城市满×里供热面积达到×万平方米。

（4）为加快全市小城镇集中供热工程建设，我公司率先在阿×旗组建了光明热力公司，投资×万元，新建两台29兆瓦热水锅炉及7座热力分配站，管网12.14千米，到2005年供热面积将达到×万平方米。我公司在迄今为止的17个寒冬的供热历程中，从1985年最初的4.5万平方米发展到今年底的×万平方米，不仅解决了企业生存发展问题，还把党的温暖通过城市集中供热大动脉送到千家万户。同时对促进城市建设与发展，提高人民生产、生活水平，优化环境，实施“蓝天绿地工程”作出了重要贡献。

今年6月10日，以供热、发电为主营业务的××安泰热电股份公司举行挂牌仪式正式宣告成立。这是我公司发展史上新的里程碑，标志着我市绿色能源产业向做大做强扬起了新征程的风帆。计划明年2月进入辅导期，投入净资产×亿元，预计可募集资金×亿元。

我公司在市委、市政府的大力支持下，在理顺电力体制上今年又取得重大突破，理顺了鄂×春旗地区的电力体制，继续做好资本运营、整合重组这篇改革大文章。除此外，我公司还在企业内部加强了创一流、优质服务和行风建设等工作，健全了企业文化建设机制。树立全新的企业经营理念和良好的企业形象，进一步延伸服务内涵，升华服务品质，创××电力品牌，为我市经济和社会发展服好务，始终是我们不懈追求的目标。

三、大跨越、大发展的2003年

站在××市经济发展的高度来认识，电热发展既是强大的能源产业，也是我市实现经济跨越式发展的基础产业和全面建设小康社会的重要途径。应该讲，目前我市的工业化基础还较为薄弱。我公司作为国家大型一档企业和区直企业，在我市经济发展和满足人民群众日益增长的生产生活用电用热需要中，有责任切实发挥好龙头、骨干的带动作用。把我公司自身的发展与地区经济的大发展融为一体，发挥对全市经济增长的拉动作用，这是我市实现跨越式超常规大发展所赋予××电力的历史使命。

从××电力来讲，当前的首要任务是，认真贯彻落实十六大和自治区七届三次及市委一届四次会议精神，以十六大精神统揽全局，不断提高安全、经济、优质服务水平，把发展作为第一要务。坚持电热同步发展，既注重发展的速度，能快就不要慢；又注重发展中科技含量的增加、企业整体经济实力的增强，只有这样才能把××市的电力热力绿色能源产业真正做大做强。

2003年我公司计划投资×亿元用于电网、电热源点和小城镇供热工程建设，主要发展项目有：

（一）电网建设工程计划投资×亿元

（1）岭西至岭东联网工程要在2003年10月投产。联网后可消化岭西电网机组盈余容量，结束岭东三旗市从东北购电的历史。该工程建成后，年向岭东地区供电3亿千瓦时，增加燃煤50万吨／年，年增加燃煤产值×万元。我市将形成以220千伏主网架的主干输电网络，年可实现直接效益和间接效益×万元。我公司年售电量可增加到×亿千瓦时，年增长率将达到30％。

（2）投资1.7亿元建设海×尔至满×里220千伏输电线路。最终形成我市东西贯通，以220千伏为主网架，110千伏为配网的强大的电力网体系。

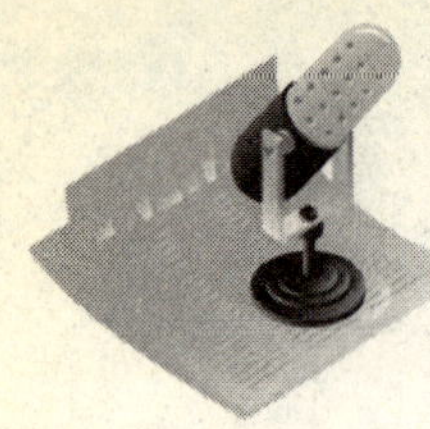

(二)发电供热改扩建工程计划投资×亿元

此项主要有:

(1)投资×亿元在满×光明热电公司扩建2×12兆瓦供热机组,3×75吨/小时锅炉。

(2)投资×亿元在扎×电厂扩建2×12兆瓦供热机组,3×75吨/小时锅炉。

(3)投资×亿元在东×电厂扩建2×50兆瓦供热机组和3×220吨/小时锅炉。

这三项工程为我市形成强大的电源热源支撑奠定了坚实基础,还将对提高供电可靠性、在我市几个主要城市全面实施集中供热,加快城市建设,拉动地区经济增长起到不可估量的作用。

(三)小城镇集中供热工程共6项,计划投资×亿元

随着××市城市建设的发展,各旗市的城镇建设对集中供热的需求越来越迫切。根据市委、市政府对我公司负责逐步解决无集中供热旗市实现集中供热问题的要求,我公司计划在阿××那××镇、鄂××阿××镇、大××镇、新××阿××镇、陈××巴××镇、拉××等六城镇建设集中供热工程,并相应组建多方参股的热力有限责任公司。

明年供热计划新增400万平方米,总供热面积将达到×万平方米,实现供热增长率为30%的目标。这与我市地处高寒地区,人民生活离不开热源,全面建设小康社会,建设"蓝天绿地"工程和"优化环境年",实践"三个代表",都是高度一致的。

四、"十五"、"十一五"主要发展思路和目标

"十五"、"十一五"我公司的主要发展思路和目标是,紧紧抓住新世纪新阶段战略发展期,树立发展要有新思路、改革要有新突破、工作要有新举措的观念意识,调整优化电热结构,不断提高企业整体经济实力,让电热产品和管理、资本的活力竞相迸发,推动和创造社会财富的源泉涌流,以造福于人民、造福于社会。

"十五"后两年,我公司为建设强大电网将投资×亿元资金,投入×亿元资金用于热电厂改造、热网建设。"十五"末期,我公司发电量将达到×亿千瓦时,售电量达到×亿千瓦时,供热面积将达到×万平方米,产值按全口径(主业、多经、农电)计算将达到×亿元,实现税金×亿元。

"十一五"期间还将投入×亿元资金用于强化电网和热网建设,重点完成以下几项工程:

(1)电网建设投资×亿元。其中:A.用于尼×基至扎×屯220千伏线

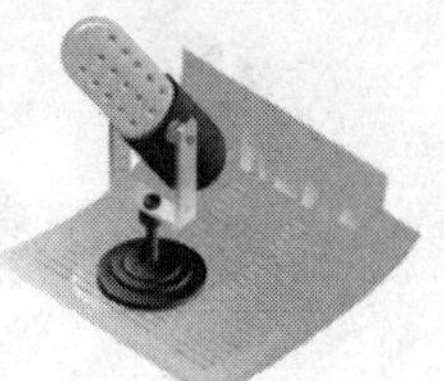

路；B.岭西电网至根×河220千伏输变电等15项重点电网工程建设项目。

（2）热网建设投资×亿元。其中：A.新建扎×屯2×25兆瓦机组，3×130吨/时锅炉；B.在灵×电厂扩建2×10万千瓦机组；C.汇×电厂扩建2×10万千瓦机组；D.东海拉尔电厂扩建2×20万千瓦机组；E.继续加快发展小城镇热源点建设和集中供热步伐。

另外，新建宝××电厂，建设规模为6×60万千瓦机组。一期工程将建设2×60万千瓦机组。同时新建×千伏输电线路，与华北电网、内×电网联网。在加快电网、电热源点建设的同时，我公司还将大力发展农电事业和多种经营产业，实现管理水平和经济效益的同步提高。“十一五”末期，我公司发电量将达到×亿千瓦时，产值将达到×亿元，供热面积将达到×万平方米，供热年销售收入将达到×亿元。全口径年收入将达×亿元，实现税金×亿元。

电力是国民经济发展的先行产业，但没有地区经济快速发展这个强有力的依托，电力的发展也将无从谈起。××电力系统的各项工作离不开市委、市政府及社会各界一如既往的关心和支持。在今后的工作中，我公司要始终坚持走区域经济一体化发展道路，积极参与地方工业经济的改革与发展，始终如一地本着“人民电业为人民”的宗旨，抓住国家西部大开发战略的实施，××市给全市经济发展带来的良好机遇，从当前电力改革与发展的实际出发，结合××市经济社会发展的目标和重点，把我公司的改革与发展稳步推向前进。紧紧依靠×电力集团公司和××市委、市政府的正确领导和社会各界的大力支持，脚踏实地、认真落实发展计划，加快我公司的电网热网、电热源点建设，全力打造“绿色能源企业”的品牌，把××电热力这个绿色能源产业做大做强，为××经济的腾飞作出新的更大的贡献！

第十节　现场会、经验交流会讲话稿

一、现场会、经验交流会讲话稿的含义

现场会、经验交流会讲话稿，充分运用与会人员看到和听到的先进事

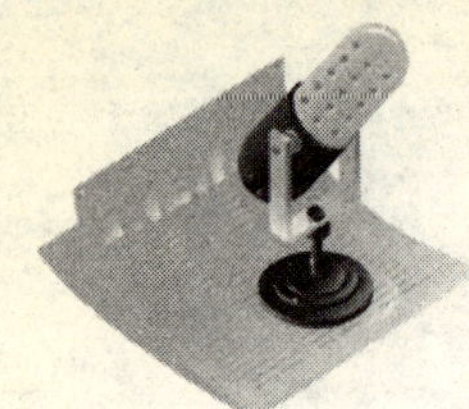

迹和经验，进行深入分析和总结，要求学习、推广，促进工作。

二、现场会、经验交流会讲话稿的种类

现场会有经济工作现场会、民生工作现场会、紧急情况现场会等。常见的经验交流会有学习交流会、工作交流会、思想交流会等。

三、现场会、经验交流会讲话稿的写作技巧

现场会、经验交流会领导讲话的主体构成主要是对典型经验进行概括和阐述，并对如何学习典型经验提出要求。如：一位领导同志在某地反腐败现场会上的讲话，着重就如何学习、推广某地党委的经验讲了四个问题："（一）学习推广××经验，就要像××党委那样，对反腐败有坚强的信念和决心，有强烈的责任感、紧迫感；（二）学习推广××经验，就要像××党委那样，从自身做起，带头清正廉洁；（三）学习推广××经验，就要像××党委那样，动真的、干实的，坚决消除那些群众意见最大的消极腐败现象；（四）学习推广××经验，就要像××党委那样，狠抓党性党风党纪教育，建立健全一套行之有效的规章制度。"

四、现场会、经验交流会讲话稿的注意事项

1. 了解会议的议题、掌握召开会议的主要目的是写好该讲话稿的基本前提。在起草领导讲话稿时，只有根据会议主题的要求来确定写作内容的重点，才能确保讲话稿的准确定位。

2. 了解参加会议人员情况是起草该领导讲话稿之前的一项基础性工作。只有了解了与会对象，写出的讲话稿才能做到角度定位准确、语气运用恰当，做到有的放矢。

3. 保持讲话稿层次、结构的合理是衡量讲话稿好坏的一个重要标志。

4. 领导讲话稿的权威性和有效性很强，是下级各部门、各单位开展工作的重要依据。在为领导起草讲话稿时，一定要严把政策关。

5. 不同的领导，讲话的风格与习惯也不尽相同。

首先是多看。在为领导起草讲话稿前，应先多翻阅该领导在不同场合的一些讲话稿，认真借鉴以前的经验，避免走弯路。

其次是多听。平时，应留心领导在各种场合的讲话或发言，逐渐熟悉和掌握领导的讲话风格，以便起草讲话稿时予以灵活体现。

再次是多记。在不同的场合，领导经常会对工作发表一些指导性意见或看法，这些指导性意见和看法往往就是领导讲话稿中需要提出的工作要求。因此，应及时记录下来，以备起草领导讲话稿时使用。

五、范例

例文一

深化改革加快建立现代企业制度
推动多种经营产业快速健康发展

——在公司多种经营工作会议上的讲话

×××

（2002年×月×日）

同志们:

元旦佳节刚刚过去，我们即在这里召开进入2002年公司的第一个大型会议。这次会议十分关键和重要。会议在总结2001年多经工作的基础上，安排部署了2002年及今后一个时期的多经工作，学习和推广了牙×供电局多经工作的先进经验，会议安排了参观和讨论，使大家进一步交流经验和心得体会，取长补短，受到了启发和教育。会议还要对2001年多经工作先进单位、先进集体和先进个人进行表彰奖励，我代表公司领导班子，向评选出的先进集体、先进个人表示热烈的祝贺和衷心的感谢，同时希望各单位要以受表彰的先进为榜样，扎实工作，推动我公司多经工作再上新台阶。下面，结合当前公司多经工作的实际，我重点就如何适应公司“十五”期间改革与发展的形势需要，加快多经企业的内部改革，推动多经工作再上新水平，迈上新台阶主要讲以下几点意见。

一、认清形势，提高认识，统一思想，增强抓好多经工作的责任感、紧迫感

各单位领导班子、广大干部职工要从全公司这个大局出发，站在发展和稳定的高度，用改革与发展的战略眼光来充分认识大力发展多种经营的目的和重要意义，提高对多经的重要地位、作用的认识程度，增强加快发

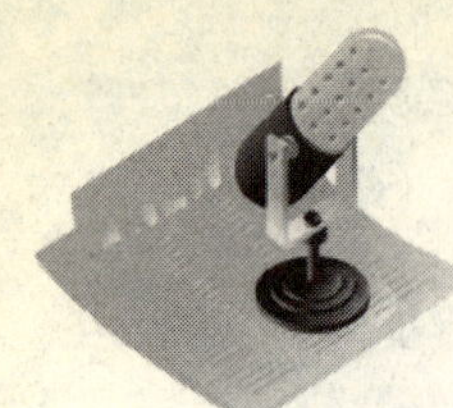

展多经的危机感、紧迫感和使命感，同时调动广大干部职工的积极性，努力推进多经工作再上新台阶。

自1996年以来，我公司始终坚持主业与多经一体化发展，紧密围绕电热主导产业，大力发展多种经营，把多种经营视为企业改革与发展的重要组成部分，按照×电力集团公司的安排部署，把多种经营提高到与主业同等重要的地位来抓，使多种经营实现了快速长足发展，产值由1995年的×万元上升到2001年的×万元，实现利润×万元，并妥善安置了主业分流人员，保证了主业减人增效的顺利实施。经过自1996年以来的强化经营管理，逐年大幅度减亏，我公司的生产经营管理已全面走向良性循环，各项工作齐头并进，经济效益年年提高，整体实力不断发展壮大，逐步形成了自主经营、自负盈亏、自我约束、自我完善和发展的良好格局，实现了健康稳步发展。这一大好局面的形成是与多经的大发展分不开的。我们必须清醒认识到，当前多经产业已成为我公司不可分割的一部分，它与主业一样，二者同等重要。

随着电力生产的技术进步，电网自动化程度的不断提高，新技术、新产品、新工艺的大量应用，使电力企业的劳动生产率大幅度提高，迫切需要减员分流，如何妥善安置富余人员成为我们必须面对和必须解决的问题。就我公司而言，针对人多、售电量少、市场狭小、竞争激烈，且地方经济发展缓慢的实际，我们必须全方位、多渠道、多思路地大力发展多经，实行双轮驱动，实现与主业同步发展。几年来，我公司积极运用市场规律进行资源合理配置、产业结构重组，借助外力发展自己，加快和促进了多种经营规模化、多元化、效益化的步伐，实现了快速长足发展，同时大大增强了我公司的整体经济实力，这是我公司几年来在十分艰难的外部经营环境中得以实现大幅度持续减亏直至扭亏为盈的重要因素和有力保证。如果没有多经的大发展，这些都是难以实现的。进入新世纪，国家电力公司、×电力公司将进一步推进一系列改革措施，特别是随着“西电东送”和全国联网工程即将启动，西部大开发战略的逐步实施，全国全区电力改革与发展的形势将发生一系列深刻变化。此外，按照×电力集团公司的“十五”总体规划和我公司前期发展计划，“十五”期间，我公司要千方百计抓好岭西岭东联网、东海拉尔电厂扩建等几项重点工程建设。这些工程的实施将使我公司总体经济实力大大增强，公司整体将进入一个全新的发展阶段。新的形势对多经工作又提出了新的更高的要求，要求各单位领导班子要正确认识当前所面临的形势与任务，牢固树立一业为主、多种经营、全面发展的观念意识，增强主动性和积极性，同心协力，团结奋

斗，不断开创多经工作的新局面。

二、进一步解放思想，更新观念，全方位、多思路发展

思想是行为的先导，思想解放的程度决定改革发展的程度。多经企业要发展就必须适应市场经济发展的要求，切实更新观念，转变经营思想，正确认识和处理市场、效益、管理、服务、信誉的关系，建立与市场经济体制相适应的经营思想，紧紧围绕市场抓管理、求效益，确立可持续发展战略，以发展促进企业进步和整体素质的提高，以发展解决企业深化改革过程中出现的矛盾和问题。

多经企业的各级管理人员要勤于学习、思考，钻研业务，努力探索在新形势下抓好多经工作的新途径、新思路。在观念意识上应适度超前一些，要有改革创新精神，大胆引进新的管理思想、技术，创造性地开展工作，使我公司多经工作逐步从传统模式向科学规范的现代化管理方式转变。不改革、不创新，我们的工作就缺乏活力，就要停滞不前，甚至落后。因此，必须超前思维、超前谋划、超前工作，努力实现三个创新，即观念创新、管理创新和机制创新。其中观念创新是一切创新的基础，需要通过不断的解放思想和学习认识来实现。因此一定要把加强学习，进一步解放思想作为首要任务，打破传统的、墨守成规的思维方式，形成适应市场变化的开放性、超前性思维，彻底摆脱计划经济的思想束缚，培养全新的经营理念。各单位要通过组织干部职工到管理先进的企业和经济发达地区调研、参观学习，与外地企业建立友好合作关系，有针对性地聘请知名教授、专家举办市场营销、企业发展战略策划专题讲座等办法，引进外地先进经验、管理思想和管理模式，达到取彼之长补己之短的目的，最大限度地激发经营者、劳动者的积极性和创造性，使多经产业从深层次上得到改变，实现质的飞跃。

三、以深化改革为动力，确保“十五”期间公司多种经营持续、健康、稳步发展

几年来，公司领导班子始终重视多经工作，制定了一系列保障多经工作健康稳步发展的措施和办法，各单位精心组织，统一部署，扎实工作，开创了公司多经工作的新局面，实现了快速长足发展。但还有个别单位仍然存在着对多经工作认识不到位，目标、责任不明确，对公司制定的多经工作的指导原则、方针目标落实不力的现象。此外，管理滞后、效益增长缓慢、产业结构不尽合理，企业规模小、实力不强等问题和不足在一些单位还比较突出等，这些都是不可忽视的问题，我们必须有清醒的认识。针对上述问题，结合当前多经工作的现状，下面我就深化多经内部改革，强

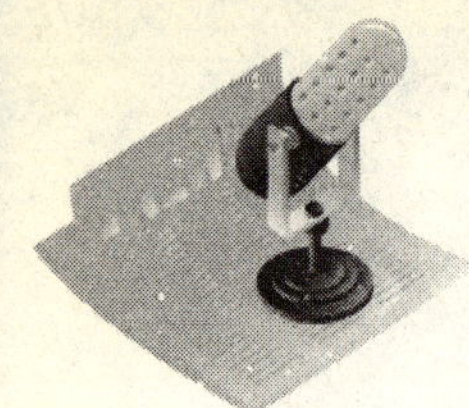

化经营管理突出强调以下几点：

（1）要认真贯彻执行×电力集团公司关于多经工作的各项方针政策和指示精神，按照我公司关于多经改革与发展的各项具体安排部署，统一思想，明确方向、目标，继续在政策、资金、市场等方面加大对多经的扶持力度，支持多经企业体制改革和减人增效，扶持多经企业加快资本积累，切实解决和处理好多经企业经济效益和安置效益的关系，为多经企业的发展提供可靠保障。

（2）要认真分析研究在市场经济条件下，在电力体制改革的进程中，加快多经发展方面面临的机遇、挑战和问题，明确差距和不足，按照公司对多经工作的整体安排和部署，制定好本单位今年及“十五”期间多经企业改革与发展的总体工作目标和各阶段的工作目标，做到有计划、有安排、有检查、责任落实到人，并严格考核。

几年来，公司在加强多经工作的领导，加快改革步伐和工作力度，促进多经企业的发展方面应当说方向明、决心大、力度大。每年在年初召开的公司工作会议上都要对全公司多经工作的改组、改制、改革，加强管理做出全面的安排部署，制定大政方针和工作目标，提出具体要求，大多数单位都能很好地落实，但也有个别单位对公司的要求和措施落实不力，进展缓慢，未达到预期的效果，存在工作推着干、干着看的现象。其原因之一即在于对工作缺乏详细周密的研究和安排，责任、目标不明确。在这方面，××集团本身就没有起到很好的带头作用。

针对近两三年公司多种经营发展速度趋缓，收入增长缓慢，效益徘徊不前的局面，公司在2001年初召开的公司工作会议上要求各单位领导班子要认真研究新形势下发展多经的新方法、新思路，本着一企一策的原则，根据实际情况，采取改组、改造、联合、兼并、出售、承包等办法，采取多种形式搞好、搞活多经。在年初就对明珠宾馆的对外招商、承包工作作出了明确指示，但直到现在仍未落实。此外，原海拉尔电机厂自我公司收购后，其几百万元的资产已闲置多年，固然存在着各方面的客观因素，但光明集团仍然有不可推卸的责任。我们身处×盟地区经济不发达、增长缓慢这样一个大环境下，在发展多经的过程中，毫无疑问会遇到一些这样那样的困难和问题，但如何认识和对待其效果是完全不一样的。×年×月份，公司对水泥厂领导班子进行了调整，调整后的新班子面对重重困难，团结和带领职工不等不靠，真抓实干，取得了十分显著的成效，全年累计生产水泥×万吨，实现收入×万元，完成利润×万元，还贷×万元。事实有力地说明，只要思想不滑坡，办法总比困难多。

尤其应当予以提出表扬的是，几年来，公司所属满×开放山等几座煤矿坚持改革和强化管理，生产经营形势一年好于一年。在国家关井压产带来的压力下，把保障安全生产放在第一位，克服困难，多方筹措资金对生产设施进行改进、扩建，深挖潜力，始终把公司的利益放在第一位，千方百计地降低成本，提高产量，确保完成公司下达的全年生产任务。×年，在先后多次停产整顿（在对各煤矿的检查验收中，获得了×盟、自治区煤炭行业管理部门的高度评价，这是十分难能可贵的）的情况下，超额完成了全年任务，全年生产原煤×万吨，不仅为全公司的生产经营作出了积极重要的贡献，同时树立了良好的企业形象，以雄辩的事实向全社会说明，我们×盟电业人不仅能够搞好电力产业，我们也有足够的能力管理好诸如煤炭这样一个对我们来说完全陌生的产业。

（3）加快资本积累步伐，增强多经企业实力。树立全新的资本经营意识，要通过深化多经体制改革、提高管理水平等措施，实现资源、资金、技术的数量和规模迅速增加。要避免资本的闲置，关心资本增值能力，注重资本流动和资本运转效率，提高其使用率。一方面，通过强化管理，减少储备资金占用量，加快生产资金的周转，增强资金周转增值能力，同时搞好资源配置，提高产品质量，加速产品销售与货款回笼。另一方面，充分利用存量资本中通用性资产如房产、设备、库存等，做周期短、见效快的转移，采取租赁经营、联合开发、新上项目、出售部分产权等方式进行有效盘活。要开辟多种筹资渠道增加资本，鼓励吸纳职工个人投资，也可以从社会集融资。多经企业在注重物化资本即有形资本的同时，要重新认识资本积累的深刻内涵，注重知识资本、人力资本、品牌资本等无形资本的积累和运用。通过加快资本积累推动多经企业的经济增长方式由粗放型向集约型的转变。

（4）加快改革、改组、改造，建立现代企业制度步伐。以产权制度改革为重点，改革多经企业的所有制结构，通过联合、兼并、租赁、出售、资产量化等多种形式实现产权多元化。本着“因地制宜、一企一策”的原则，切实抓好规范化的公司制改制工作。进一步加快我公司多经产业由集体所有制经济向多元投资主体的混合所有制经济转变，积极探索公司化改制，抓好规范公司制形式、规范法人治理结构、规范出资人制度三项重点，对产权结构形式进行必要的调整，实现产权多元化。对所属多经企业可参照满×的××热电公司的改制模式，建立全资子公司与控股公司，置换职工身份，职工以持股的形式参与企业的生产经营和效益分配，从而进一步明确投资者、经营者和公司职工的权利与义务，调动积极性，促进效

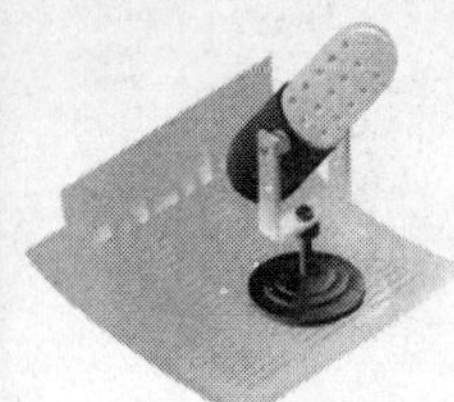

益的稳步增长。

要根据企业的市场前景和发展状况，按照有进有退、有所为有所不为的指导思想和“稳中求进，重在质量，进有选择，退有依据”的工作思路，以及“宜兼则兼、宜并则并、宜关则关、宜转则转”的调整原则，对产品雷同的企业进行兼并，盘活存量资产；对个别已经进入衰退期、陷入开工不足的传统产业予以退出和转移，以提高多经产业的运行质量；对市场竞争能力强、有一定经济实力的企业予以重点扶持，以增强其发展后劲和可持续发展能力；对一些扭亏无望、亏损严重、产品无竞争力的企业应坚决予以撤并或破产。

积极推进用人、用工和分配制度改革步伐。改革单一的用人用工制度，进一步实施减人增效，教育职工转变择业观念，鼓励职工自愿离岗谋职。按照公平竞争、合理流动的原则，坚持考试考核与工作实绩相结合，实行竞争上岗，加大用工制度改革力度，促进职工向最能发挥其价值的岗位流动。要大胆改革目前的分配方式，按照多种经营行业特点和企业经济效益确定适合本企业特点的分配方式。推行“员工效益工资制”、“计件工资制”，继续扩大企业经营者年薪制范围，使经营者年薪收入与其经营规模、经营难度、经营业绩和经营风险挂钩。总之，要通过切实可行的措施和手段，逐步解决同工不同酬、分配不合理的弊端。通过不断深化内部改革的力度，进一步推动内部生产经营理念的变革，勇于实践，积累更多的经验，不断开创新局面。

(5) 加强多经企业管理。

A. 改进和完善管理方法。在市场经济的大环境下，要取得多经产业的更快更好发展，就必须走现代企业经营之路，采用现代管理方法，遵循追求经济效益，实施可持续发展原则，实行科学管理。建立起严格的财务管理体制、高效的资产运营管理体制和生产管理体制以及有序的销售管理体制等一整套现代管理制度和运作方式，使多经企业的管理工作逐步走上制度化、规范化、科学化的轨道。各单位要从改革体制、健全机制和加强管理入手对所属多经企业进行重新调整和布局。在对各多经企业的管理上，××集团要把管理的重点从关注产值、利润等指标的完成，转变到注重投资决策、发展规划、用工及分配制度改革等战略性管理上来。今后，公司对各厂局等二级单位继续实行一把手负责制，年终时要把多经指标完成情况作为一项重要指标予以考核。

B. 努力缩小多经与主业在管理上的差距。为不断提高多经企业的经营管理水平，有效地实现事前管理，统筹规划，科学控制，规范运作，切实

加强财务管理与监督力度，像主业一样推行全面预算管理。在反复测算的基础上，确定各企业的年、季、月收入、利润目标、生产预算费用目标和财务预算费用目标，并以责任书（或合同形式）进行明确，强化绩效考核，使成本费用控制在计划之内。

C.加强全面质量管理，建立完善质量保证体系。加强产品质量管理，提高产品质量和在市场上的知名度，做好企业产品质量资格认证工作，积极开展ISO9000系列标准的认证工作。

D.明确安全管理工作目标，抓好各方面的工作。要按照公司上星级、创一流工作有关安全管理方面的要求，对照标准，找准差距，下大力气整改，完善安全基础设施，建立健全并严格执行各项安全规章制度，强化职工安全教育培训，加强安全检查力度，消除不安全因素，严格考核，严格奖惩。深入学习贯彻国家电力公司、×电力公司领导关于安全生产工作的一系列指示精神，强化“安全第一”和“责任重于泰山”的观念意识，狠抓各项规章制度的落实。把杜绝重特大事故，依靠科技进步，提高安全生产水平作为安全管理工作的主要目标。

（6）加强领导班子建设和精神文明建设。领导干部要加强学习，学习市场经济的基本理论和企业经营管理知识，努力提高政治理论水平和思想道德水平，提高经营管理能力、分析决策能力和组织统帅能力，加强民主管理，实行厂务公开；以职工利益为重，做好职工的思想政治工作，关心群众疾苦，维护职工队伍稳定。建立健全监督约束机制，规范办事程序和办事制度，坚决法对腐败，自觉抵制腐败。

针对近几年国家对××地区的劣质小麦不再实行保护价，加之天旱少雨的实际，对所属农牧场采取出售或承包、减少种植面积、改变农作物品种等措施，减少了经营损失和经营风险，取得了明显成效。牙×供电局多思路、多渠道发展多经，在送变电工程施工、变压器、配电柜等电器设备制造加工，钢材及电力安装材料流通等方面不断上规模、上档次，企业不断发展壮大，产品有了较强的竞争力。在此基础上，为使产品质量上向国际接轨，积极申请ISO9000认证工作，继续寻找新的经济增长点，推进产品的技术升级，与外地厂家合作，通过招商引资，引进资金、技术，开发新产品，使生产水平提高，技术含量增大，进一步拓宽了市场，取得了十分显著的经济效益。经过几年来的艰苦奋斗、顽强拼搏，产值、利润、税金成倍增长，企业积累了较强的经济实力，同时培养造就了一支过硬的职工队伍，在企业取得较好经济效益的同时，职工的个人收入有了较大幅度的提高，极大地增强了企业的凝聚力和向心力。其他如岭×分局、电力技

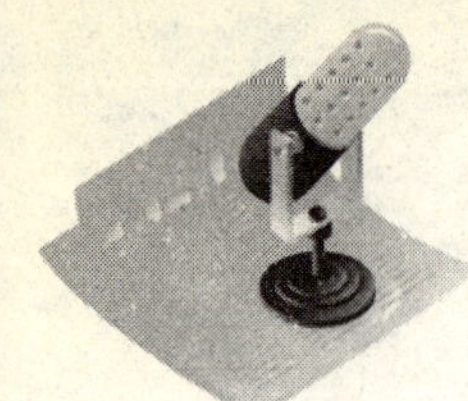

校、扎×电厂、海×供电局等单位按照公司的部署，因地制宜地发展多经，也取得了较好的成绩。

在肯定成绩的同时，我们也应当看到，目前还有个别单位的多经工作不尽人意，个别管理人员对发展多经缺乏信心和勇气，安于现状，不思进取，致使多经的改革、管理严重滞后。存在这些问题的单位，必须高度重视，深刻反思，切实着手加以解决。在这方面，××集团尤其要负起管理、指导、服务的责任。在把握方向和原则、制定措施和办法解决制约多经发展的矛盾和问题、全力推进多经的改革、提高经济效益和管理水平方面发挥应有的作用。

各单位领导班子一定要理清工作思路，切实加强对多经工作的组织领导，突出重点，狠抓落实，振奋精神，扎实工作，确保实现2002年多经工作目标。要加强宣传和诱导，用几年来我公司多经工作所取得的辉煌成就，激励士气，鼓舞干劲，为保持多种经营良好的发展态势真抓实干，顽强拼搏。我衷心希望，各多经单位要认真学习和借鉴先进经验，积极探索和实践，为迎接我国“入世”后客观经济形势的变化带来的机遇和挑战，再接再厉，加快多经产业在新世纪快速健康发展作出新的更大的贡献。

例文二

在公司上星级、创一流工作现场会上的讲话

×××
（2001年×月×日）

同志们：

今天，我们在这里召开上星级、创一流工作现场会。这是继4月29日公司召开的第一次达标创一流工作会议后，公司召开的第二次上星级、创一流工作会议。公司在家的领导、副总师、机关各部主要负责人都参加今天的会议。会议要对克服困难，在上星级、创一流工作中取得突出成绩的牙×热电厂、汇×电厂进行表彰奖励，两厂要进行典型经验介绍，同时要进行现场参观和分组讨论。会议还要在对前两个多月的时间里公司系统上星级、创一流工作进行简要回顾的基础上，对下一步的工作进行安排部署，在全公司系统大力推广牙×热电厂、汇×电厂的先进经验，发挥典型引路的作用，进一步动员各单位广大干部职工以先进单位为榜样，继续保持上星级、创一流工作的干劲和热潮，确保完成公司下达的全年上星级、创一

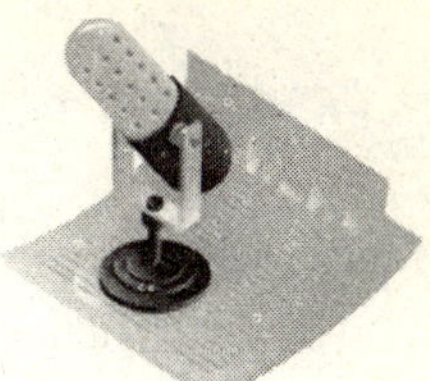

流工作任务，全面推进此项工作向更高的目标迈进。因此说，这次会议虽然只安排了半天的时间，但内容十分紧凑，其意义也非常关键和重要。

我首先代表公司领导班子向受表彰奖励的牙×热电厂、汇×电厂表示热烈的祝贺，并希望两厂的领导班子和广大干部职工要谦虚谨慎、戒骄戒躁、再接再厉，继续发挥榜样和带头作用，把今天的成绩作为一个起点，瞄准新的目标，取得新的进步，为公司的改革与发展作出新的更大的贡献。同时也希望各单位要向受表彰奖励的先进单位学习，学习他们的先进经验和做法，查找差距，弥补不足，扎扎实实地把本单位的上星级、创一流工作搞上去，努力争取提前实现公司提出的上星级、创一流的工作目标。下面，我着重讲几以下几点意见。

一、对近两个多月来公司系统上星级、创一流工作的小结

在4月29日公司召开的上星级、创一流工作会上，我们认真传达贯彻了×电力公司4月19日在蒙×发电有限责任公司召开的达标创一流经验交流现场会议精神，安排部署了我公司达标创一流工作，回顾和总结了全公司在上星级、创一流工作中的主要成绩和成功经验，指出了存在的问题和不足，制定和印发了今年及近三年公司上星级、创一流企业的具体计划和实施方案，使各单位明确了奋斗目标和工作任务。会后，各单位按照公司的安排和部署，迅速行动起来，全面掀起了上星级、创一流的工作热潮。相继召开宣传动员大会，传达了会议精神及公司上星级、创一流工作规划，建立健全了本单位上星级、创一流工作的组织保证体系，实施“一把手”工程，成立了以厂（局）长、书记为组长的上星级、创一流工作领导小组，制定了上星级、创一流企业工作规划和严格的考核办法，将指标分解落实到人，形成了一级保一级的包保体系。公司新接收的东海×电厂、伊敏供电局也迅速行动起来，派专人到汇厂等兄弟单位参观学习，力争迎头赶上。

为进一步加大工作力度，5月中下旬，公司××副经理带队对各单位上星级、创一流工作进展情况进行了检查。从检查情况来看，各单位根据公司的要求和部署及时和全面地开展此项工作，落实了组织体系和保证体系，将指标分解、落实，加强了日常的监督、考核。尽管还存在一定的困难和问题，但都表示一定要克服困难，加大工作力度，加快工作步伐，千方百计确保实现公司制定的上星级、达标创一流工作目标。

总之，在两个多月的时间里，经过各单位的共同努力，上星级、创一流工作在全公司系统大张旗鼓、有声有色、卓有成效地开展起来，并不同程度地取得了进展，呈现出迅速发展的良好势头，今天的现场会再次证明

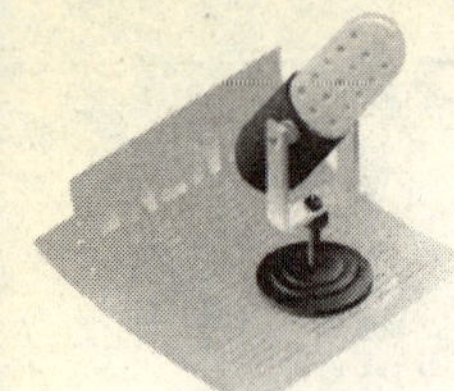

了这一点。希望全公司干部职工要保持和发扬成绩，振作精神，乘势而上，不断开创我公司上星级、创一流工作的新局面。

二、进一步提高对上星级、创一流工作重要性的认识，不断强化全员上星级、创一流的意识，增强上星级、创一流的主动性和自觉性

从公司近期组织的对各单位上星级、创一流工作的检查情况来看，个别单位距离公司的要求还程度不同的存在着差距和不足。如基础资料还需进一步加强；文明生产工作波动较大，存在突击应付检查现象（个别单位在这方面比较严重。不注重日常的整改，平时脏乱差严重，一接到上边的检查通知马上组织人员昼夜不停地突击搞卫生，检查过后又恢复常态。久而久之，设备不但未得到有效治理，而且在职工中特别是大多数运行人员中形成了误区，认为上星级、创一流无非是全体动员、规模和声势更大的搞卫生而已，完全曲解了其重要意义，给工作造成了十分不利的影响）；还有的单位对上星级、创一流工作信心不足，有厌战情绪；在设备治理方面，有的单位下的功夫不大，设备漏泄还没有彻底根治等，这些都客观地反映出一些干部职工对上星级、创一流工作在认识上还有一定差距。在上一次上星级、创一流工作会上我已经强调了这个问题，但现在来看，仍有再次重申的必要，否则认识不到位，必然导致工作上缺乏主动性、自觉性，更谈不上创造性地开展工作。因此，要求各单位领导班子要继续采取扎实有效的措施，突出在以下几个方面做好宣传、教育、引导工作，使全公司干部职工都能够真正认识到上星级、创一流工作的重要意义和作用，以及开展此项工作对公司的改革与发展将要产生的积极的深远影响。

（1）上星级、创一流是全面加强企业管理，提高企业综合素质的内在要求，其出发点和落脚点即在于确保电网安全、经济运行，其核心就是壮大企业综合实力及提高管理水平和经济效益，增强市场竞争力。回顾我公司自1996年以来艰苦卓绝的减亏历程，我们应当有理由说，正是通过自1994年以来的双达标、创无渗漏活动的深入开展，全公司系统的设备健康水平、人员素质、管理水平有了较大幅度的提高，促进了广大职工观念的转变和认识的提高，保障了安全生产的稳定局面，同时为公司系统几年来的持续减亏直至实现盈利奠定了坚实基础，创造了必要条件。没有达标创一流的成果，没有安全生产的稳定局面，公司制定的各项减亏措施是难以落实的。

（2）上星级、创一流是公司生存与发展的内在需要。各单位领导班子和全体职工必须站在事关公司生存与发展的高度来认识其迫切性与必要性，从而树立高度的责任感与使命感，下大力气抓好抓出成效。市场经济

讲的是竞争、优胜劣汰，这是客观规律，也是严酷现实，如果我们在管理上不能保持创新和进步，如果我们不能够实现创一流企业的目标，我们就难以在日益激烈的市场竞争中立足，其最终结果只能是因落伍而终被淘汰出局。

（3）上星级、创一流是我公司深化改革，加快发展的内在需要。随着国家电力公司“厂网分开”改革步伐的加快，全区电力企业的改革也在加紧进行。我公司必须适应这一形势的需要，加快改革与发展，从整体上提高公司的现代化管理水平。目前，我公司系统与××电力系统的西部区单位相比，还有一定距离，距电力公司的要求、一流标准还有相当大的差距，特别是在一些科技创新、技术改造、应用现代化技术手段方面，受资金短缺、设备陈旧等诸多因素制约，公司创一流工作的进展不大。因此，我们必须树立责任感和紧迫感，加大工作力度，加快工作步伐，力争在尽可能短的时间内迎头赶上。

（4）创一流工作是“十五”期间全公司一项长期而艰巨的重要任务，是一项复杂的系统工程，涉及方方面面，需要全公司系统全方位的协调行动和全员参与，必须统筹规划、精心组织，把各项措施和阶段性目标落到实处，这样才能确保收到实效。

三、以“达标创一流企业活动年”为契机，群策群力，全面推进上星级、创一流工作

自1994、1995年以来，我公司达标创一流工作按照×电力公司的安排部署，稳步推进，取得了一定成绩，但切不可因此而沾沾自喜，把步子放慢。为确保4月29日公司召开的上星级、创一流工作会上确定的“供电部分作为一个整体创华北电力集团二星级企业，其他电厂争创我公司内部星级企业”的工作目标按期实现，按照这次会议的安排和部署，各单位要进一步强化创一流意识，大力营造上星级、创一流的良好氛围，扎实有效地开展“达标创一流活动年”活动，并以此为契机，促进上星级、创一流工作的深入开展。特别要充分利用今天的大好机会，认真学习和推广汇×电厂和牙×热电厂的先进经验和做法，达到取彼之长补己之短的目的，从而推动全公司的上星级、创一流工作。

（1）加强组织领导，实施“一把手”工程，确保上星级、创一流工作的有序进行。各单位要以党政一把手为组长的领导小组为龙头，落实车间、班组等各级组织机构，做到措施落实、责任落实、统筹部署、整体推进。把生产经营等日常工作与创一流工作有机结合起来，作为一项系统工程来抓，做到组织领导到位、思想统一、责任明确、措施得力。同时要做

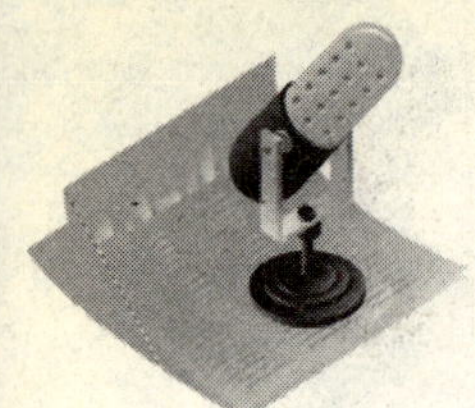

好深入细致的宣传鼓动工作，广泛发动职工群众，制定有力措施，开展定期或不定期的自检，并将检查结果纳入本单位、本部门年度目标责任制一并考核、兑现奖惩，切不可因疏于考核，使工作被动。对公司组织的检查中留下的整改意见，各单位要认真组织落实，及时加以整改。

（2）持之以恒的抓好安全生产，进一步夯实安全生产基础，为实现上星级、创一流目标创造条件，奠定基础。要以设备治理为本，下大力气，下真功夫，切实提高检修质量，保证检修周期，努力提高设备健康水平、各项经济技术指标和电网安全经济运行水平。要从增供扩销、为客户提供优质服务等方面和视角重视安全生产。始终树立创造良好效益的前提和基础是安全，电网安全是最大的效益，没有电网安全效益就无从谈起的观念意识。要求各级安全第一责任人要真正到位，强化安全生产指挥系统，完善安全措施，全方位开展“危险点预控”、“安全性评价”工作。针对目前个别单位仍然存在的习惯性违章造成人员伤害的情况，各单位一定要高度重视，认真落实各项防误操作、防止人身伤亡、防设备重大损坏事故的预防措施，严格考核，力求万无一失。对于出现的问题，要坚决按照“三不放过”的原则认真对待，严肃处理。在文明生产方面，要扎扎实实做好日常的基础工作，防止和杜绝突击应付检查的现象。

（3）牢固树立“创一流企业的目的是创造一流的效益，没有一流的效益不是真正的一流企业”的观念意识，坚持以经济效益为中心，强化财务管理的中心地位，严格成本预算管理，过紧日子，进一步挖潜增效，压缩费用，围绕全年经营任务的完成，下大力气，千方百计降低成本，开拓电热市场，增供扩销，完成电量及销售收入等各项指标，保持利润稳步增长，负债率持续下降。

（4）要本着求真务实的工作作风，扎扎实实，一步一个脚印地开展好上星级、创一流工作。上星级、创一流是一项实实在在的工作，不是可有可无的形式，绝不允许搞突击，弄虚作假，做表面文章。要求各单位领导班子要以高度负责的精神，本着严细求实的工作作风和原则，使上星级、创一流工作务见成效。

同志们，上星级、创一流工作关系到公司的生存与发展，也关系到广大职工的切身利益，是一项长期的、根本性的工作，是“一把手”工程，是摆在各单位领导班子、全体职工面前的一项光荣而艰巨的任务，是对各单位领导班子管理水平、事业心、责任感、凝聚力、战斗力的一场严峻考验。我相信，各单位领导班子一定能够经受住这场考验，一定能够交出一份无愧于上级组织和广大职工期望与信任的答卷。公司要求各单位领导班

子要以高度的责任感和事业心，明确工作思路和重点，调动广大职工群众的积极性、创造性，振奋精神，真抓实干，力争早日进入国家一流电力企业行列，把上星级、创一流工作全力推向一个新阶段。

例文三

发扬成绩乘胜前进
全面推进××电力的改革与发展

×××

（2003年×月×日）

各位领导、同志们：

在硕果累累的2002年已过去，充满希望和挑战的2003年刚刚到来之际，集团公司及时召开这次会议，全面总结2002年改革与发展的成就和经验，安排部署2003改革稳定发展的新思路、新目标、新措施。按照会议安排，现将我公司2002年的主要工作情况进行认真回顾和总结，并简要汇报如下。

2002年是我公司实现跨越式发展的关键时期，是我公司有史以来发展最快、完成基本建设投资最多的一年，同时也是我公司理顺××市多家办电、多家管网、多个小电网孤立运行、电力管理体制混乱的局面，建设统一、规范的××电网取得突破性进展的一年。年初，我公司按照集团公司的总体部署，结合实际制定了全年主要工作目标，突出以安全生产和保持企业稳定为基础，以市场营销为龙头，进一步加强经营管理，重点抓住基建前期和农网改造两大工作重点，围绕确保完成集团公司下达的各项工作任务，统筹安排，真抓实干，在全公司干部职工的辛勤努力下，生产经营呈良好发展态势，电网安全经济运行水平稳步提高，前期、基建、农电、多经、创一流工作成效显著，在生产经营、改革与发展等方面都取得了十分可喜的成绩。

一、全年各项主要指标完成情况

（1）生产技术指标：完成发电量×万千瓦时，为集团公司下达年度计划的×%，同比降低×%；完成售电量×万千瓦时，完成集团公司下达年度计划的×%，同比增长×%；完成供热量×万吉焦，同比增长×%，完成集团公司下达计划的×%；完成供电煤耗率×克/千瓦时，同比下降×克/千瓦时，比计划下降×克/千瓦时；完成线损率×%，同比下降×个百分

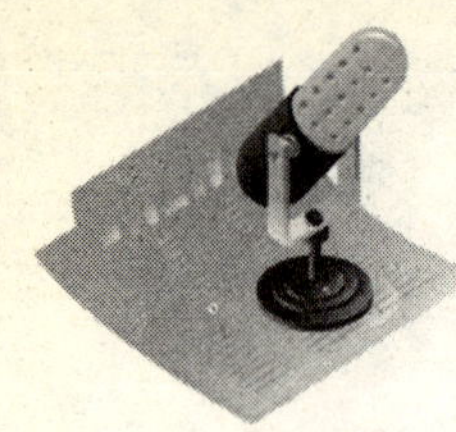

点，比集团公司下达计划下降×个百分点。

（2）安全指标：未发生设备重特大事故、人身伤亡事故，未发生电网事故、大面积停限电事故和有重特大社会影响的停电（热）事故，限电时间和限电路次大幅度降低。截止12月31日，我公司实现安全生产×天的长周期记录。网内主力发电厂汇×电厂实现安全生产×天，牙×石、海×尔、扎×电厂创造了×天以上的长周期安全记录。

（3）经营指标：集团公司下达我公司目标利润为×万元，其中含长期借款利息×万元，效益工资×万元，则我公司经营利润应×万元。完成平均售电单价×元/千度，比计划下降×元/千度，同比下降×元/千度；完成全员劳动生产率×元/（人·年），完成年度计划的×%，同比增长×%。

（4）农电指标：完成总售电量×万千瓦时，同比降低×%；综合损失率完成×%，同比下降×%。

（5）多经指标：总收入完成×万元，完成计划的×%，同比增长×%；实现利润×万元，完成计划的×%，同比增长×%；上缴税金×万元，同比增长65%。

二、重视和切实抓好安全生产，继续保持了安全稳定的生产局面和企业的稳定，为全年各项工作的完成创造了条件奠定了基础

我公司始终把安全生产作为头等大事来抓，本着对企业、对职工高度负责的精神，抓好安全生产，稳定职工队伍，维护正常的工作秩序。面对国家电力体制改革即将实施的形势，我公司按照电力集团公司的安排部署，积极做好教育和引导工作，把干部职工的思想统一到国家电力体制改革的大政方针上来，把维护稳定放到实践“三个代表”重要思想的高度去认识，放到事关电力体制改革和加快发展的高度去认识。在党的十六大召开期间，本着稳定压倒一切的原则，把保持企业稳定作为一项重要政治任务来抓，责任落实到人，要求各所属单位对本单位内部可能存在的影响企业稳定的因素进行认真细致的排查，对排查出的隐患进行深入分析，逐个研究解决问题、化解矛盾，做到了早发现、早控制、早解决，维护了企业的稳定和电网、热网安全稳定运行，完成了保电（热）任务。在保障安全生产方面，我公司充分发挥安全监督和保障体系的作用，制定和实施一系列强有力的安全保障措施，通过深入开展安全性评价和危险点预控，认真开展自查、互查、评比、整改，制定严密的安全措施；注重典型的示范作用，通过对汇×电厂实现安全生产2000天、海拉尔热电厂实现安全生产10周年进行隆重表彰奖励和召开现场会的办法，学习推广先进经验，激励

和鞭策后进，推动全公司的安全生产管理水平向更高的目标迈进。各单位根据我公司的总体部署和要求，以创星级、一流企业为契机，狠抓设备治理，强化生产管理，全面推行安全生产岗位责任制，加大职工岗位技能培训力度，通过一系列卓有成效的工作，使生产一线职工思想稳定，生产管理秩序井然，设备健康水平稳步提高，有力地保障了安全生产，杜绝了设备事故、人身伤亡事故、火灾等事故的发生，创造了2010天的长周期安全记录。此外，由于今年基建项目多、工期长、任务重，在保证工程进度的同时，我公司始终把抓施工安全放在首位，到目前为止未发生一起施工安全事故。

三、生产经营形势持续健康发展，增收节支，节能降耗，控制成本取得明显成效

为确保完成集团公司下达的全年经营指标，我公司进一步突出财务管理的中心地位，不断深化、细化全面预算管理，加强对全公司经济活动的分析、预测和监控，不断强化财务监督。严格财务管理制度和改善财务状况，开展资本运营，加强对资金、资本、资产的有效运营和管理，对资金使用、成本预算进行全过程管理和控制，提高理财能力，不断优化财务管理制度，改善财务状况，将资产经营成果与经营者和职工利益挂钩，推动管理创新，加强深层次的成本控制，促进了经营管理水平的进一步提高，使子公司运作日趋完善和规范。近年来，我公司固定资产大幅度增加，财务费用亦随之不断增大，特别是由于2002年职工工资增长、一次性企业补充养老保险补贴（两项相加×万元）等成本增长因素增多，给我公司完成集团公司下达的全年利润指标带来严重困难。为实现全年经营目标，我公司从生产、经营的各个环节入手降低消耗，千方百计压缩生产成本、资金运行成本和基本建设成本，把有限的资金用在刀刃上，提高资金的使用效率，对所属单位加大收支两条线管理力度，形成了良好的内部控制机制，将可控费用、各项成本支出全部控制在计划之内。此外，通过增加网内高效机组的发电比重，加强其他机组的节能降耗管理，有效地降低了全网的发电成本。在年初向各基层单位下达全年发电量、售电量、新增供热面积指标，并进行严格的工效挂钩考核，充分调动了各单位克服困难、开拓市场、增供扩销的积极性，为完成全年各项工作任务奠定了良好的基础。各基层单位积极参与模拟电力市场运作，狠抓设备综合治理，加强运行管理，通过层层分解指标，将职工工资与本单位效益挂钩，调动了职工的积极性，各电厂机组的运行管理水平明显提高，保证了经营形势的健康发展。

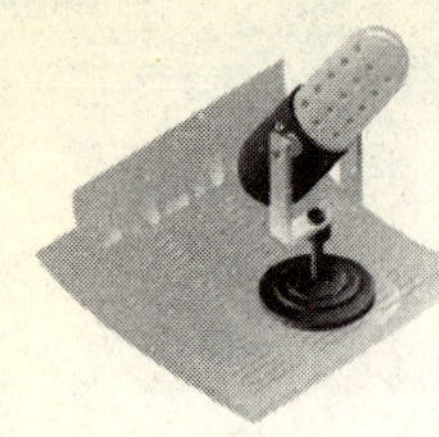

四、电热营销工作稳步开展

2002年，由于××××地区工业企业普遍开工不足，一些大工业客户如海拉尔氯碱厂等停产或关闭，各地区的高载能企业按政策要求相继被取消，致使高耗能电量大幅度下降，使我公司在增供扩销方面遇到了近年来少有的困难，给我公司完成全年经营指标带来严重困难。面对严峻的电热营销形势，我公司上下采取积极的措施，本着能增加一度电量就增加一度电量，能增加一分收入就增加一分收入的原则，全力以赴，大张旗鼓地开展增供扩销、降损增收活动，取得了明显成效。

（1）加大热力市场的开发力度，抓住××市逐步加快全市工业化、城镇化建设步伐，大力加强城市基础设施建设的机遇，积极拓宽全市热力市场，增加热力收入。海×、牙×、扎×、满×四个地区全年新增供热面积达到×万平方米，目前我公司总供热面积已达×万平方米，成为拉动销售收入增长，提高效益，完成年度经营任务的重要来源，同时在一定程度上弥补了用电市场萎缩给我公司经营上带来的损失。

（2）实施价格促销战略，执行优惠电价引导电力消费。利用××××撤盟设市带来的各城镇加大各项市政基础设施建设力度的有利时机，大力宣传优惠电价政策，在全市各主要城镇大力实施城市光亮工程，新增变压器40台，增加负荷×千伏安。此外，居民用电继续呈稳步增长之势，且随着全市范围居民“一户一表”改造工程、居民超基数用电实行优惠电价的进一步实施，这一增长势头越来越明显。

（3）针对由于政策原因，各地的高载能企业相继被取消或停止生产的实际情况，我公司一方面积极联系辽宁等地客商，来××××兴办符合国家能源和环保政策要求的大型高载能企业，另一方面全力与当地政府和环保部门协调，通过对一些高载能企业进行技术改造以减少污染或采取搬迁等措施，终于保证了一部分高载能企业得以继续生产，1—12月用电量达5616万千瓦时。

（4）结合城农网改造，以清理转供电为突破口，大力推行“一户一表”，改善居民用电环境，挖掘用电潜力，引导客户用电。从下半年开始重点对扎×煤矿及铁路等用户的转供电进行了清理。

（5）根据集团公司的安排和部署，认真开展和实施“真诚服务工程”，将供电优质服务作为重点，建立以客户服务中心为核心的新型营销服务机制，从方便客户、服务客户的角度出发，在资金十分紧张的情况下，投入200万元用于海×尔、牙×石市客户服务中心建设和客户服务统一电话95598系统的开通。

（6）狠抓欠费回收，抓好电热费清缴三级责任制的落实，严格执行《电热费抄收人员定额工资考核办法》，在此基础上又制定和实施了《查获窃电热、违章用电热进行奖励和收取电费违约金（热费滞纳金）考核奖罚办法》，以进一步激励和促进电热费回收。针对海×尔氯碱厂等欠费大户、钉子户以及濒临破产倒闭企业，通过法院起诉等措施和手段，以追缴欠费和避免由于企业破产给我公司造成电费损失。1—12月份电热费回收率完成100%，陈欠电费回收率完成×%，较好地完成了集团公司下达的全年电热费回收工作任务。

（7）创新市场营销的运行机制，按照责、权、利相结合按业绩取酬的原则，加强三四级模拟市场运作力度，启动内部市场运营机制，将模拟市场运营机制落实到部门、班组，将售电量、销售收入、线损率与工资全额挂钩，激发和调动广大职工增供扩销的积极性。

五、基建及前期工作取得重大进展

2002年是我公司有史以来工程建设规模最大、基本建设投资最多（总投资达×亿元）的一年。在电力集团公司、××市委、政府的大力支持下，通过我公司上下各有关单位、部门、人员艰辛努力、大量艰苦细致的工作，一些重点工程的前期和建设工作取得了突破性进展，汇×电厂、灵×电厂供热改造工程，满×的××热电公司、扎×电厂扩建、阿××的××热力有限责任公司××兆瓦锅炉工程先后开工建设，岭东岭西联网、东海×尔电厂扩建、扎×屯电厂扩建等工程的前期工作取得了实质性进展，为我公司的可持续发展提供了后劲。目前除扎×屯、阿×旗供热工程外其余工程已先后竣工，新增供热面积110万平方米，总供热面积达670万平方米。

（1）灵×电厂热电联产工程总投资×万元，将2×2.5万千瓦和2×6000千瓦机组改造为低真空供热，建设电厂至扎×区的热网主干线×公里，计划供热面积可达×万平方米。该工程于8月11日开工建设，11月29日全部竣工，并具备热网注水调试条件，有效施工期为×天。至此，我公司所属各电厂已全部实现热电联产。

（2）汇×电厂热电联产改造工程总投资×万元，将2×5万千瓦机组进行凝汽器低真空循环水供热改造，一台运行，一台备用，敷设电厂到市区的热网主干线9.5公里，近期供热面积可达80万平方米，远期供热面积可达150万平方米。该工程7月10日开工建设，于11月11日正式投产。

（3）满×光明热电公司扩建1×29兆瓦热水锅炉工程总投资×万元，于7月15日正式开工建设，11月24日完成48小时试运，25日移交生产。该工程建成投产缓解了满×里市供热紧张的局面，进一步拓宽了供热市场，

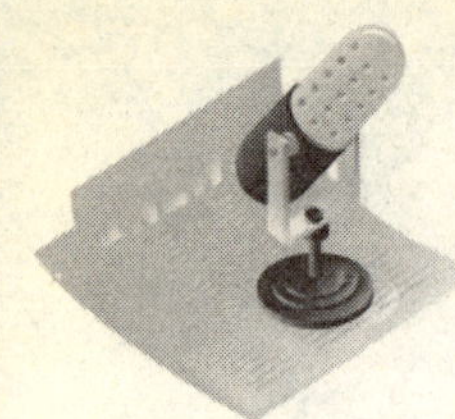

今冬新增供热面积36万平方米。

（4）扎×电厂扩建1×29兆瓦热水锅炉工程总投资×万元，于9月15日正式开工建设，目前已进入整体调试阶段，预计本月20日可投入运行。工程投产后可增加供热能力36万平方米。

（5）根据今年年初××市委、政府与电力公司领导联度会议纪要精神，由我公司负责逐步对全市无集中供热旗市实施集中供热。我公司专门成立了集中供热前期领导小组，抽调专人负责条件较好的阿××那×镇、鄂××阿××镇、大××镇、新××阿××镇、陈××巴××镇等五城镇的集中供热前期工作。对实施集中供热的小城镇，组建由我公司相对控股、多方参股的热力公司。其中，阿××那×镇、鄂××阿××镇、大××镇集中供热工程已批复立项。阿××那×镇集中供热工程于8月31日开工建设，一期建设××兆瓦热水锅炉，热网管线6.4公里，总投资近×万元，供热能力可达80万平方米，预计2003年9月份可整体移交生产。

（6）我公司“十五”期间的重点工程项目——岭西至岭东220千伏输变电工程在电力集团公司领导的直接关怀和大力支持下，于10月30日正式开工建设。总投资达×亿元，建设两座220千伏变电站，架设海×至牙×至扎×的220千伏输电线路×公里。目前正在进行紧张的冬季施工，线路经由沼泽地段的灌注桩施工、牙×供电局220千伏变电站和扎×屯220千伏变电站土建工程（三通一平、围墙、基础土方）施工、牙×石西郊至牙×石东郊110千伏线路经由沼泽地段的灌注桩施工预计在今冬明春全部完成，全部工程于2003年8月底或9月初完成，10月1日前达到送电条件。

（7）按照电力集团公司要求，于11月12日恢复了宝×电厂筹备处工作，一期工程拟建设××万千瓦机组。目前在抓紧该工程的前期工作。

此外，我公司采取分片包干、逐级签订责任状的形式，各农电单位克服设备、材料到货不及时（一些设备、材料厂商拖延供货达半月以上，严重影响了各单位工程进度，只能派专人负责催设备、材料），且天气寒冷、施工难度大等诸多困难和不利因素，在确保施工安全的前提下，抢进度，抓质量，全力以赴，截止12月15日第一批农网工程已全部完工。自12月10日起，由××市农网工程协调领导小组成员单位组成的验收委员会对所有工程进行验收。

六、上星级、创一流工作实现重大突破

重视和切实抓好上星级、创一流工作，认真传达贯彻电力集团公司在达拉特电厂召开的创一流企业经验交流现场会精神，按谁主理，谁负责的原则落实到人，并纳入对各单位、各部室年度目标经营考核中，切实加强

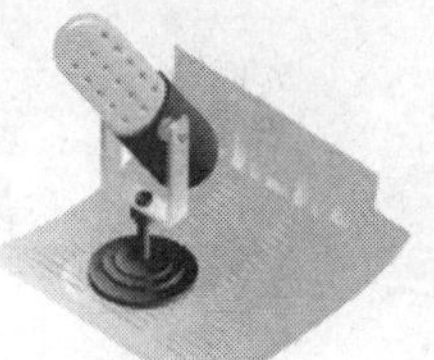

组织领导，将指标层层分解，落实责任，抓好落实。面对资金缺乏、设备老化严重、大修改造资金投入不足、自动化程度低等实际困难和不利因素，我公司不盲目与蒙×电网兄弟单位攀比，而是因地制宜，结合本企业实际，有针对性地提出和制定切合我公司实际、可操作性强的上星级、创一流工作目标和规划，并认真组织实施，取得了十分丰硕的成果。灵×电厂、扎×电厂先后于6月份和11月份通过我公司内部二星级企业验收；海×尔热电厂于今年8月份通过二星级企业验收的基础上又于11月6日通过了我公司三星级企业的验收；牙×热电厂、东海×尔电厂于12月份分别通过了我公司内部二星级和三星级企业考评验收；汇×电厂于8月份通过了×××一流火力发电厂的考评验收，从而使我公司在创一流工作中实现了“零”的突破。近几年，我公司通过上星级、创一流工作的深入开展，进一步提高了技术、经营、管理、服务水平，提高了企业整体素质，使企业更安全、更经济、更高效、更文明、更有竞争力。

七、组建××的××热电股份有限公司，改革与发展又迈出新步伐

在集团公司领导及有关部门的关怀和大力支持下，经过我公司两年多的筹建工作，××的××热电股份有限公司于5月28日注册登记、核发营业执照，于6月10日举行了隆重的成立仪式，标志着我公司在改革与发展方面又迈出了重要的一步。

在电力集团公司和××市委政府的支持下，我公司在理顺电力体制上又取得重大突破。通过多次谈判，鄂××电力公司与大××农场局电业局的供电部分组成×××电力公司上划到我公司管理。至此，除根河以外，××市的电力市场基本得到统一。2002年我公司还就扎×地区的集中供热问题经与扎×煤业公司多次磋商，终于达成协议，扎×煤业公司同意开放供热市场，并同意将其已获批准建设的2×1.2万千瓦机组交与我公司在满×里建设。

经我公司与满×里、额××市委政府积极进行协商和多方努力，圆满完成了满×开放山煤矿、拉×煤矿的股份制改造，分别于8月24日、9月8日正式组建了产权明晰、责权明确、按现代企业制度运作的满×里光明煤业有限责任公司和额××煤业有限责任公司。

八、多经企业实现健康稳步发展

在今年年初我公司召开的工作会议上制定了全年实现收入×亿元、利润×万元、税金×万元的全年多经工作目标。按照我公司的安排和部署，所属各单位将指标层层分解、落实，制定考核办法，细化各项指标考核标准，强化经营管理，不断加快改革、改组、改造建立现代企业制度步伐，

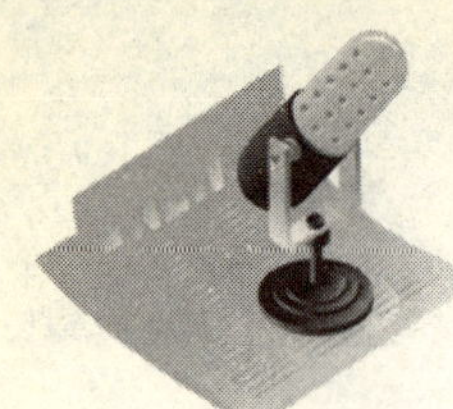

积极探索所有制的多种实现形式，以产权制度改革为重点，改革多经企业的所有制结构。对经济效益一般的企业，如牙×热电厂等单位将所属生活服务公司、管道安装公司等多经企业，本着安置和稳定为中心原则，转换经营机制，力求向效益型转化，转制为有限公司，实行股份制运作，与主业脱钩，自我管理、自我发展、自我约束。对地连天农场、明珠宾馆、牙×石电力宾馆、满×里电力宾馆、扎×屯电力宾馆等企业实行承包经营。对扎×尔供电局多经总公司等长期亏损、扭亏无望的企业实施破产，使其尽快退出市场。按照有进有退、该进则进、该退则退的经营原则，对经济效益好、有发展前景的多经企业、予以重点扶持使之扩大规模。通过联合、兼并、租赁、出售、资产量化等多种形式努力实现产权多元化，提升竞争力。通过上述一系列改革措施的实施，我公司多经产业继续保持了良好的发展势头，特别是海×尔热电厂电力实业总公司、牙克石浩明电力建设有限责任公司、牙×电器设备制造厂、岭东×局秀水山庄、海×电器设备厂、扎×电杆厂等企业发展势头强劲，产值、利润同比增幅较大，企业的经济实力显著增强，较好地完成了我公司下达的全年各项生产经营指标，经济效益、管理水平、职工的个人收入明显提高。我公司所属满×开放山煤业有限责任公司等几家煤炭生产企业，以公司制改革为契机，强化经营管理，把保障安全生产放在第一位，克服困难，多方筹措资金对生产设施进行改进、扩建，深挖潜力，千方百计降低成本，提高产量，超额完成了全年煤炭生产任务，全年共生产原煤×万吨，创产值×万元，始终是我公司在多经发展方面的重头戏和支柱产业。

九、全面抓好2003年的工作，大力推进我公司的改革与发展

2003年是贯彻十六大精神的第一年，同时是电力体制改革进入实施阶段的第一年。我公司要按照集团公司对全年工作的安排部署，坚持以市场为导向，以经济效益为中心，以安全生产为基础，以创一流企业为目标，不断提高安全、经济、优质服务水平，坚持电热开发并重，主业、多经同步发展，突出抓好安泰热电股份公司的规范化运作，使其早日上市融资，并以此带动全公司各项工作的全面开展，全面完成集团公司下达的全年工作任务，实现全年工作目标。将增供扩销、基建前期工作作为重点，推动我公司经济效益的稳步增长、电网电热源点建设迈上新台阶，提高企业实力和竞争力，全力向一流企业迈进，实现“十五”××电力的大发展。

（1）树立以安全保稳定、促发展、增效益的安全观，居安思危，超前防范，扎扎实实地搞好主业、多经、农电的安全生产，巩固全生产的稳定局面，继续保持安全生产的良好形势，维护企业稳定大局，为确保全年工

作目标的完成奠定坚实的基础。

（2）强化经营管理，严格工效挂钩考核，进一步挖潜增效，不断提高公司整体效益，调动各方面的积极因素，在确保安全生产的前提下，全年实现经营利润×万元，完成发电量×万千瓦时，完成售电量×万千瓦时，新增供热面积×万平方米，不断增强企业的综合实力，再攀新高峰。

（3）下大力气开拓电热市场，增供扩销，完成电量及销售收入等指标。把开拓电热力市场放在突出重要的位置，抓住××市加快工业园区建设的机遇，组织和发动全体干部职工，步调一致，同心协力，克服困难和不利因素，大力开发居民用电和商业用电、高耗能用电，千方百计保证发供电量的稳步增长，保证全年各项生产经营指标的完成。要紧紧依托各级政府的有力支持，把热力市场的开发作为长期的发展战略，继续在全市范围内大力实施城市集中供热工程，力争供热面积在现有基础上继续取得新的突破。

（4）加强对基建前期工作的组织领导，实现全年工作目标。要按照保设备、保投产的原则合理安排使用资金，加快施工准备和现场安装进度，实施项目责任制，全力抓好以下工程建设质量和进度，实现预期目标：岭东—岭西联网工程10月份投产；扎×电厂扩建××吨／小时循环流化床锅炉、××兆瓦抽凝机组工程，满××热电公司××兆瓦机组扩建工程年内开工建设；阿××那×镇供热工程年内投产；陈××巴××镇、阿×河镇、大××镇供热工程、拉×电厂扩建工程力争年内开工建设并投产。年内完成东海×电厂××万千瓦机组、海×—满×220千伏输变电工程的前期工作。抓好宝×电厂××万千瓦机组的前期工作，力争在“十一五”期间开工建设。

（5）抓好达标创一流工作，实现全年工作目标。对上星级、创一流工作常抓不懈，使企业在实施现代化、规范化管理方面不断与区内、系统内的先进管理水平接轨，不断向更高的目标迈进。我公司机关和所属六个供电局开展创建我公司内部星级企业工作；海×尔热电厂、灵×电厂、牙×热电厂通过内×电力一流发电企业考评验收；东海×电厂、扎×电厂通过我公司内部三星级企业验收；已通过内×电力一流县级供电企业验收的单位年内要达到国家一流县级供电企业标准，牙×石、海×尔、新××农电公司要通过×××一流县级供电企业验收。

（6）稳步推进多经企业的体制创新和机制创新，把加强经营管理和加快多经企业改制，建立灵活有效的经营机制、管理体制结合起来，加快多经工作步伐，确保实现管理水平和经济效益的稳步提高。全年完成收入×万元，实现利润×万元（含东海×尔水泥厂），资产保值增值率达100%，

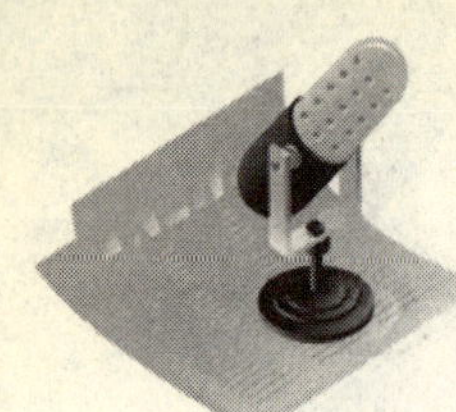

净资产利润率达9%，全员劳动生产率×万元/（人·年），资产负债率降至×%。要通过发动职工群众，集思广益，研究制定多经产业的发展战略，调整多种经营产业结构，因地制宜，本着一企一策的原则，对多经企业进行改组改造，并将其纳入全公司改革与发展的总体战略。

（7）抓好农电工作，加强对农网工程的安全、质量、进度管理，按期完成农网改造任务。要进一步抓好农电的规范化管理、行风建设、优质服务和创一流工作，大力提高农电的生产经营管理水平，树立人民电业为人民服务的思想，树立电力企业的良好形象。

（8）加强对安×热电股份公司工作的组织领导，按照公司法、证券法的有关规定和要求，建立健全法人治理结构和财务核算体系，建立更加规范的管理制度和适应证券市场规则的运行机制，积极与中国证监会驻××办事处、券商联系与沟通，在中国证监会驻××办事处、券商的支持和帮助下，使安泰热电股份公司实现规范化运作，待2002年度财务决算审计后，使之及早（预计3月份）进入辅导期，努力做好上市前的各项工作，力争在2004年实现上市公开发行股票的目标。

（9）围绕完成生产经营等各项工作任务，加强精神文明建设和思想政治工作，深入开展行风建设、厂务公开工作，促进优质服务水平的提高，树立良好的企业形象。

当前，正是我公司有史以来发展最快的一个阶段，我们一定要认清当前面临的形势，统一思想，坚定信心，要有迎接困难和挑战的信心和勇气，以与时俱进的精神，在改革与发展中解决困难和问题。我们有信心和决心在集团公司的正确领导和大力支持下，团结和带领全公司干部职工，真抓实干，奋力拼搏，加快我公司的电网、电热源点建设，全力推进我公司在“十五”期间的发展进程，全面实现××电力“十五”大跨越、大发展。

例文四

创新是党支部建设不竭的动力

——记××电业局根×供电局满×供电所党支部

×××

（××年×月×日）

各位领导、同志们：

满×供电所位于根×市境内的满×镇，与黑×省的漠×接壤，是×电力公司最北部的基层供电所，现有在岗职工18名，党员8名（其中退休党

员3名）。承担着满×公司、内×北部原始森林管护局、满×航空站、满×镇、铁路及森警大队的生产生活供电任务，所辖输配电线路74千米，各类用户近6000户。

满×供电所狠抓党支部建设，用创新的理念、创新的方法和创新的活动，不断提高创新水平使党支部建设一直走在××电业局党委和根×供电局党委的前列，被人们亲切地称之为“绿海明珠”。我们的具体做法如下。

一、创新开拓了党支部的视野，提高了工作水平

（1）在支部管理方法上进行创新，把×电力公司和××电业局《党支部工作条例》进行量化分解，落实到全体党员并实行目标化管理，实行奖优罚劣，开展“星级”党员评选活动，落实先进性教育长效机制。同时，结合××电业局“享受工作，保证完成任务，追求卓越”的工作理念，确定了有红旗必夺、有第一必争、有先进必当、有奉献必干的支部党员激励目标。这些做法，使党支部在注重传统、贴近现实，不断创新中成为党员之家、干部之家，也极大地调动了党员的工作积极性，充分发挥了共产党员的先锋模范作用，有力推动了“四好”班子和“四好”支部建设。

（2）在党支部工作流程上创新，对党支部传统的工作方法进行改革，简化繁杂程序，注重实际效果，将支部工作与生产经营工作紧密结合起来，实现党建与经济建设同目标、同计划、同检查、同考核、同评比，提高了党支部工作效率，实现了“软件创优、硬件达标”的要求。

（3）在党支部工作方式上创新，提出了“一个支部就是一个堡垒，一个领导就是一个标杆、一名党员就是一面旗帜”的目标，合理地安排党员的岗位，急难险重工作中突出党员的形象，积极地在重要岗位发展党员，将先进典型、技术骨干培养成党员。目前，在岗的5名党员全部建成了“党员先锋岗”，全所各项工作都有党员责任区，所有党员都能在自己的岗位上立足实际，认真践行“三个代表”重要思想，较好地发挥了先锋模范作用。

二、创新激发了支部的活力，党员赢得了职工群众的拥护和信赖

在创新中，我们以建立和谐支部为重点，坚持以人为本，将支部活动渗透到全所的各项工作中，重点做好解放思想，更新观念，做大做强电网和优质服务等工作，积极发挥党员个人的主动性。在满归供电所，党员之间一直是无障碍交流，党员之间有啥说啥、当面说短、背后说长。党员民主生活会上，记录在本子上的都是批评和自我批评，都是希望和建议，对书记和支委的意见往往比对其他党员更多、更直接。

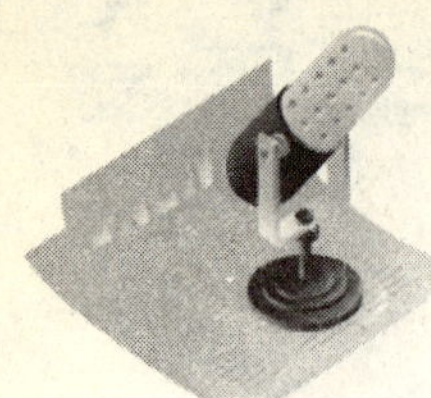

有了和谐的工作环境，党员也好，普通群众也好，大家都把帮助他人，关心他人，奉献爱心，并让所有职工享受幸福与温暖作为一种责任和义务。于是，在满归供电所，讲的最多、干的最多、影响最大的就是奉献。

2003年以来，为资助遗属、孤寡老人、特困职工、受灾和患病者，满归供电所党支部成立了“党员送温暖扶贫救济基金会”，每月每名党员主动向基金会捐款，目前累计已达11200元，累计支出8000元，先后有6个家庭得到了及时救助，被大家亲切地称为“及时雨，雪中炭”。2007年1月16日，当生活非常困难的职工遗属×××老人看到供电所为他送来的一车烧柴和两吨煤时，激动得热泪盈眶，逢人便讲：“我虽然没有儿子，但我并不孤独，供电所的党员都是我的孩子，我很幸福。”

在2006年建设“和谐温馨人文化变电站”活动中，满×的66千伏变电站成为建设重点。在××电业局和根×供电局资金紧张的情况下，满×供电所党支部经集体研究，拿出了三产所挣的9万多元资金一次性投入到变电站建设中，极大地改善了站容站貌，也改善了一线职工的工作和生活环境，并顺利通过了×电力公司“和谐温馨人文化变电站”的验收。

在2006年11月份，当拉××至根×110千伏线路绝缘子更换工程开工后，满×供电所党支部又将200多只鸡和50箱矿泉水及时送到了施工现场。与此同时，在各种捐款活动中，我们每次都是根×供电局捐款最多的一个单位，职工捐50元，党员就捐100元，有时刚在地区捐完款又参加系统捐款，对此所有党员群众都毫无怨言。

三、创新带动和促进了和谐电力建设

2004年7月12日，满×地区发生历史上罕见的暴风雨冰雹灾害，供电设备受损严重。灾情发生后，尽管有些职工的家也遭了灾，但没有一个人留在家里，而是集体出现在抢险第一线。他们每天早晨4点就奔赴工作现场，中午也不休息，一干就是16、17个小时。有的职工累得席地而睡，令当地居民深受感动，他们自发地组成慰问组，给抢险人员送水送饭，场面十分感人。经过7天的艰苦奋战，满×地区全部恢复了送电，抢险事迹受到根×市人民政府和满×镇政府的通报表彰。

2006年，黑龙江佳木斯一客户在满归开采锰矿，矿石外运不符合铁路运输规定，该用户准备用汽车运输。我们得知后，本着对企业、对客户负责的态度，立即与客户联系，建议其在本地将矿石加工成石粉装袋，再用铁路运输，这样每吨矿石可降低成本近1000元，而我们则可月增加供电量2.5万千瓦时。

满××公司贮木场自备线路铁路专运线对地距离过低被铁路停用，导致造材台和装车设备停产，我们得知消息后马上组织有关人员无偿进行支援，抢在冬季木林生产期完成此项工作，保证了贮木场冬季用电，有效避免了每月2.2万千瓦时的销售损失。

满×供电所党支部就是这样把工作的触角深入到方方面面，充分体现了新时代党支部的新形象。创新的工作使满×供电所党支部充满了活力。尽管如此，我们感觉到在支部建设中还存在一定的问题和不足，特别是企业中离退休党员的教育与管理还没有找到一个比较满意的办法，再者就是党员脱产培训还没有得到保证等。

对于上述问题和不足，我们要在今后的工作中加以改正和解决，并努力做好支部的各项工作，切实把“三个代表”落实到基层，建设好和谐支部，创建好和谐电力。

例文五

纵深推进标准化管理
全力打造精品工程和不朽工程

——在铁路建设质量暨标准化管理现场会上的讲话

（20××年××月××日）

卢××

同志们：

这次会议的主要任务是，贯彻落实全路工作会议和全路建设工作会议精神，传达学习中央领导对铁路工程质量的重要指示，总结分析一年多来质量工作和标准化管理的成绩和问题，研究部署下一阶段的重点工作，动员各单位认真落实“高标准、讲科学、不懈怠”要求，抓住机遇、乘势而上，深入推进铁路建设标准化管理，努力建设精品工程、安全工程，又好又快地完成今年铁路建设任务。

在现场观摩学习和大会经验交流的基础上，我讲四点意见：

一、认真学习领会中央领导对铁路工程质量的指示精神，切实增强建设精品工程和不朽工程的历史责任感

中央领导对我国铁路事业发展高度重视、十分关怀。几年来，胡锦涛总书记、温家宝总理等中央领导同志作出一系列重要指示，为大规模高标

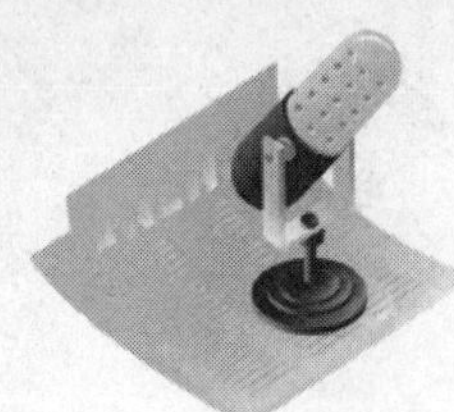

准铁路建设指明了前进方向。

刘志军部长前不久在沪杭高铁现场办公时指出，在党中央、国务院的英明领导和高度重视下，中国铁路以科学发展观为指导，坚持走原始创新、集成创新和引进消化吸收再创新道路，立足中国国情和路情，充分发挥后发优势，广泛学习借鉴世界高铁先进成果，博采众长，为我所用，仅用短短几年时间就实现了中国高铁的历史性跨越，取得了举世瞩目的成就。各参建单位要认真贯彻落实中央领导的重要指示精神，轻看成绩重看问题，以建设世界一流高速铁路为目标，以引领世界高速铁路发展潮流为己任，以对党、对国家、对人民生命财产高度负责为宗旨，坚持高铁质量高于一切、高铁安全高于一切，建好管好用好每一条高速铁路，使其成为经得起历史检验、社会检验、人民群众检验的精品工程和不朽工程。

刘部长强调，高铁建设最根本、最关键、最核心的是确保质量和安全。质量是安全的保证，安全是质量的标志。基础工程质量最重要的是做到“六个强化”。一要强化路基沉降控制，严格执行填料级配、含水量限制、分层碾压、预压加载等关键要素、施工工艺的技术规范和标准；二要强化线路精调细整，认真把曲线、道岔、路桥过渡段等关键部位调试到位，确保线路的高平顺性、高稳定性、高可靠性；三要强化轨道结构质量，严格实行标准化制造、标准化安装、标准化施工；四要强化排水设施功能，以阻、疏、排、护为要旨，采取综合措施，最大限度降低水害对线路的影响；五要强化接触网质量，确保一流的产品、一流的工艺、一流的运用状态；六要强化绿色屏障建设，绿化沿线环境，保护铁路设施和人民群众生命财产安全。

刘部长同时指出，确保高铁质量和安全，还要注重从设计源头抓起，坚持以人为本，站前广场的设计应当把最大空间和宽敞通道留给广大旅客，不应人为设置障碍和不便。

刘部长希望，建设、设计、施工、监理等所有参建单位都要切实增强高铁质量意识，对高铁技术标准、施工标准一定要落实再落实，不断提升工程建造质量和管理水平，绝不能留下任何瑕疵。要勇于接受社会的监督、媒体的监督和人民群众的监督，变压力为动力，高标准、高质量、高效率地推进我国高速铁路建设。必须始终坚持质量高于一切、安全高于一切，严格执行高铁技术规范和质量标准，严格执行高铁工程质量监控和验收把关，严格落实高铁质量安全责任制和终身负责制。要对各参建单位质量信誉档案实行信息化管理，强化工程质量终身负责制，确保高铁质量绝对可靠，确保高铁安全万无一失。

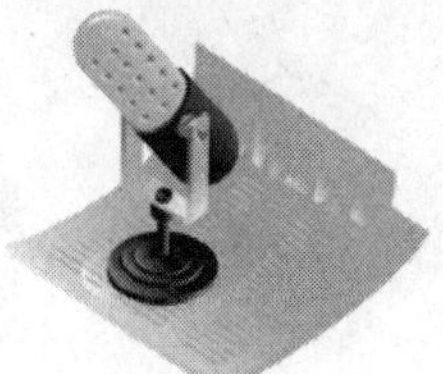

温总理的重要指示及刘部长的具体要求，体现了党中央、国务院和部党组对铁路建设工作的高度重视和亲切关怀，为我们加快推进大规模铁路建设和全面抓好质量工作指明了方向，提供了强大动力。各单位要认真传达学习，深刻领会精神，切实增强抓好铁路建设工程质量的紧迫感和责任感，把思想和行动高度统一到中央领导指示精神和部党组的部署要求上来。

二、积极探索，大胆实践，质量控制和标准化管理取得可喜成绩

去年标准化管理暨质量现场会以来，各单位认真贯彻落实铁路建设新理念，牢固树立“百年大计，质量第一”的思想和“两不一建”的质量观念，按照“镜头不换，纵深发展”的要求，全面加强项目现场指挥部、项目经理部和架子队建设，积极运用“四化”支撑手段，大力开展标准化作业，狠抓工程质量过程控制，纵深推进标准化管理取得了新的成效。

1. 工程实体质量总体稳定。围绕建设精品工程和百年不朽工程，各单位以标准化管理为抓手，配齐配强专职安质人员，层层签订质量安全责任书，落实质量安全责任；持续开展工程质量“三项治理”、大反思大检查、突出问题专项整治等活动，集中排查整治质量问题及隐患；认真落实技术标准、管理标准和作业标准，优化设计措施，强化技术管理，有效提升了设计、施工水平；深入开展原材料、隐蔽工程的专项检测和监督检查，认真落实关键环节和重要工点的卡控措施，如京沪公司“首件认可制”、上海局“首查负责制”等，从源头上保证了工程实体质量。一年多来，铁路工程质量稳中有升，目前已开通的线路基本经受住了运营的检验，经受了洪水、泥石流、大风暴雨等自然灾害的考验，特别是京津、武广等高速铁路，没有发生大的病害和断道现象，确保了高速铁路的安全运营。

2. “四化”水平逐步提升。各单位积极应用机械化、工厂化、专业化、信息化等手段，着力提高生产效率和工程质量。特别是近两年，铁路建设机械化、工厂化水平显著提升，目前全路路基、桥梁、隧道、轨道、四电、混凝土施工的大中型设备保有量达8万余台（套），还有大量施工小型机具设备，基本满足了工程建设的需求；无砟轨道板、大型预制梁、混凝土拌和站、钢筋加工制作等普遍实现了工厂化生产，桥梁栏杆、沟槽盖板、防撞墙、防护栅栏、钢构件等，也在积极推进工厂化生产，质量控制水平不断提升。同时，专业化、信息化迈出坚实步伐，京沪、贵广、成绵乐、兰渝公司和中铁五局等单位，领导重视，勇于探索和实践，有效发挥了确保项目质量安全的支撑作用。

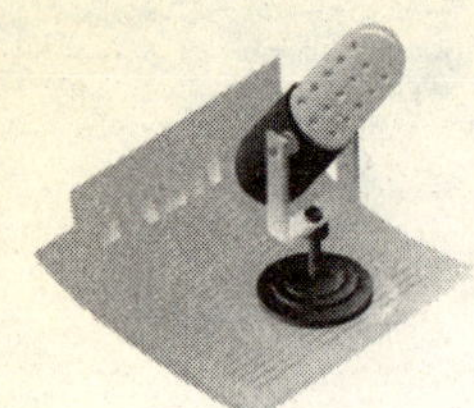

3. 架子队建设深入发展。根据铁道部关于积极推进架子队管理模式的要求，各单位采取多种措施清退包工队、组建架子队，夺回现场施工管理的主动权，在强化质量安全控制、有序推进项目建设、维护农民工合法权益、铲除滋生腐败土壤等方面收到了良好成效。组建架子队方面，中铁五局结合企业实际，大胆创新实践，一把手亲自抓、亲自管，强力推进架子队建设，一年内组建了389支架子队、1943个作业工班，保证了现场施工管理有效、监控有力、运转高效，赢得了广大干部职工的称赞和农民工的拥护，企业信用等级和市场竞争力明显提升。工程总公司主要领导对架子队的组建和管理问题亲自调研，制定了《铁路工程项目实行架子队管理模式的指导意见》和《铁路工程项目实行架子队管理模式操作指南》，并在总公司范围内强力推行。清理包工队方面，向莆、兰渝公司决心大、措施强，他们积极会同监理单位，指导施工单位，通过与包工队办理清算协议及工程决算、实名统计发放劳务工工资、合理配置资源、加大检查考核力度等措施，妥善解决了清理包工队与组建架子队过程中的矛盾和问题。一年多来，通过架子队建设，劳务用工管理更加规范，违法分包和转包现象得到进一步遏制，文明施工、队伍建设上了一个台阶，为落实规范标准、保证工程质量奠定了基础。

4. 现场管理较为规范有序。从日常调研和检查情况来看，各单位认真落实铁路建设项目现场管理规范、现场安全文明标志等规定，大力开展标准化工地建设，坚决消除施工现场脏、乱、差现象，很多项目工地让人赏心悦目，现场布局、材料堆放、大临设施、职工驻地、人员着装、工作流程、清洁卫生等方面，都在朝着合理、有序、规范、整洁的方向发展。比如，“五牌一图”基本到位；施工弃土弃砟场地平整及时、绿化到位，泥浆乱排乱放现象有所减少；现场试验室布局合理，使用功能恰当，检验检测设施基本齐全。这些好的变化，在各个项目均有不同程度的体现，特别是京沪、哈大、成绵乐、宁杭等项目作业现场，以及太原南站、西安北站、成都东站等工地，体现了各自的特色，给人留下了深刻的印象。

5. 科技创新成果不断涌现。大规模铁路建设以来，通过大力开展科技攻关和技术创新，我们在站前、站后各专业施工方面，取得了大量成果并成功应用于工程实践，极大提升了铁路建设技术水平。特别是近两年来，在路基、桥梁、无砟轨道施工工艺控制、工装设备等方面，先后取得了一些新的技术成果。比如，在路基方面，自主研发CFG桩钻机脱泥器、桩头旋切截桩机等实用工具，提高了工效和施工质量。在桥梁方面，科学确定桥梁设计荷载，梁体竖向、横向、扭转刚度和梁端转角标准，合理控制桥

梁墩台纵向线刚度和基础工后差异沉降值，保证工后沉降达标；很多单位对大吨位桥梁的制、运、架设备和作业流程实施技术改造、攻关创新，提高了工作效率。无砟轨道方面，自主研发双块式、板式无砟轨道成套工装设备，如乳化沥青砂浆搅拌车、双向运板车、铺板龙门吊、打磨机、粗铺机、精调装置、轨检小车等，优化完善砂浆封边、轨道精调等施工工艺，明确了相应技术条件，向以设备保工艺、以工艺保质量的目标大步迈进。这些技术成果的不断涌现，对提升铁路工程质量水平发挥了强大作用。

另外，通过深入推进标准化管理，规章制度、技术和作业标准的建立完善，人员培训、技术管理、现场作业等各项工作，都不同程度地取得了新的进步。

在总结成绩的同时，我们必须实事求是地面对问题。当前存在的问题主要表现在三个方面：

1. 施工过程中的质量问题依然很多。部分参建单位和人员心存侥幸心理，施工中粗制滥造、野蛮作业，甚至偷工减料、弄虚作假，隧道、路基防护、现浇梁、无砟轨道、原材料等方面的问题屡查屡改、屡改屡犯，有的变成了“惯性问题”，甚至触及施工和运营安全的“红线”。重点有：隧道方面，一是仰拱及二衬施工步距超标问题突出。如贵广铁路相当一部分隧道步距超标，有16座隧道因严重超标被处罚；兰渝铁路南段被抽查的44座隧道，有13座安全距离严重超标。二是超前支护和初期支护偷工减料现象严重。如柳南客专、南黎铁路、南广铁路个别Ⅴ级围岩隧道工点，超前支护不按设计要求施作或不施工，以初喷混凝土代替初期支护。三是擅自改变施工方法较为普遍。如湘桂扩能永柳段、柳南客专、南黎铁路、南广铁路部分Ⅴ级围岩隧道，擅自改变设计开挖方法，取消临时支撑结构，存在严重质量隐患和安全风险。四是超前地质预报措施设计不当，围岩变形量测工作没有引起重视。五是部分防水板、止水带和盲管施工质量低劣，出现渗漏问题；隧道初期支护采用“干喷”，造成初期支护混凝土强度不足等。路基方面，一是密实度不合格。如个别客专项目路基填筑碾压不执行规范，填料粒径严重超标；部分雨水较少地区，填料含水量不足，碾压不密实。二是防护结构不达标。监督总站对部分项目路基防护工程实施破检结果显示，边坡防护骨架尺寸不合格问题普遍，有的尚未验交就已经失效，如中交集团一公局太中银铁路DK185加上386-512段的路堑高边坡，施工质量差、护坡厚度不足、片石尺寸不合格，导致边坡大面积开裂。三是一些深路堑施工不执行“逐级开挖、先支后挖”的设计要求，颠倒施工顺序，一次开挖到位，安全隐患突出。四是地基处理控制不严格，

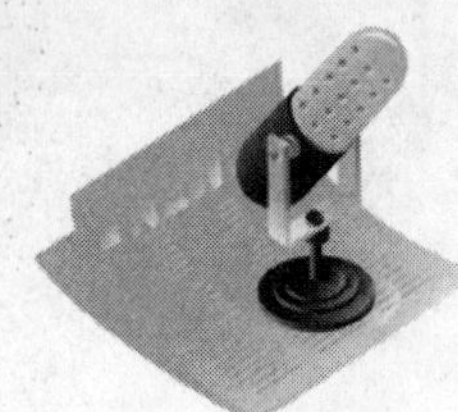

几何尺寸和强度有偏差。五是排水系统施作不到位，无法满足使用功能。桥涵方面，一是桥涵基础未经变更设计，自行将钻孔桩改为挖孔桩。二是桥梁承台与墩身接合部处理不当，形成“烂根”。三是现浇梁钢筋布置和连接不规范，悬浇梁段张拉不执行设计要求。四是涵洞施工图现场核对不认真，标高控制不到位，影响涵洞使用功能。无砟轨道方面，一是混凝土施工控制不严，底座板和凸台高程控制、平面位置和结构尺寸方面有偏差，给后续施工留下隐患。二是轨道板生产时试验检测和温控监测措施不落实，存储方式不正确，造成轨道板变形、翘曲或开裂。三是轨道板与CA砂浆“离缝”问题比较突出。站房方面，一是地下结构、屋面渗漏现象较为普遍，影响了使用功能。二是管线综合排布不细致，抹灰层空鼓开裂，导致吊顶装饰效果不佳。三是钢结构现场焊接时焊缝除锈打磨不及时，成品保护措施不力等。四电方面，一是与站前工程的接口处理不当，工程扰动后复原质量达不到设计要求。二是设备配件不按规定分批次进行进场检验。三是预埋件位置精度差，造成后续安装困难。四是光电缆防护措施不利，高低压电缆同井同槽放置，高压电缆接头制作不规范，过轨和上下桥处防护不当造成缆线受损。五是接触网施工方法不当，造成弓网关系不良，影响受电性能。原材料与混凝土等方面，一是原材料进场检验不严格。监督总站上半年现场检测结果显示，砂石料和外加剂质量较去年同期没有明显好转；防水板、砂浆灌注袋等质量合格率普遍偏低。二是混凝土配合比管理不到位。有的单位配合比未经审批就擅自组织施工，部分原材料更换后不调整配合比；有的拌和站没有自动计量控制设备，材料用量偏差大，拌和时间失控，内业资料方面。内业资料弄虚作假，与现场施工和验收情况严重脱节，不能真实反映工程实体质量状况。

2. 安全事故频繁发生。1至8月，铁路建设发生生产安全事故（含火灾）13起、死亡63人，同比增加2起、40人。其中一般事故7起、死亡11人，同比减少1起、4人；较大事故2起、死亡11人，同比减少1起、增加3人；重大事故4起、死亡41人，而去年同期没有发生重大安全事故。今年生产安全事故呈现三个特点：一是重大恶性事故多发，死亡人数大幅上升。安全事故起数、死亡人数同比分别上涨18.2%和173.9%，呈现快速上升态势，与连续几年安全事故持续下降的走势背道而驰。3月19日—8月13日，不到半年时间就发生4起重大事故、死亡41人，其中呼和局管内接连发生隧道塌方、火灾、工程车溜逸等3起重大事故，在铁路建设史上实属罕见。二是隧道事故伤亡剧增，桥梁事故明显反弹。从事故数量看，13起安全事故中隧道、桥梁分别发生事故4起、7起，隧道事故同比持平，桥梁

事故同比上升57.1%；从死亡人数来看，隧道、桥梁事故分别死亡28人、14人，同比上升180%、133%。由此可见，隧道施工事故损失极为惨重，桥梁事故尤其是因设备引起的事故居高不下。三是事故发生地域分散，涉及的单位众多。13起安全事故，分别发生在9个省市自治区，其中广东省境内3起、内蒙古自治区境内3起；事故涉及6个铁路局、5个铁路公司和12个施工单位、13个监理单位，其中中铁建筑总公司6个工程局发生6起、死亡35人，中铁工程总公司5个工程局发生6起、死亡27人，中交集团公司1个工程局发生1起、死亡1人。

3. 标准化管理尚未真正落实到现场、落实到基层。三年来，虽然我们统一了推进标准化管理的认识，也做了不少工作，取得一些成效，但在标准化管理的落实上、纵深发展上还有不少问题亟待解决，集中表现为“两多、两少”。一是重视基础工作的多，突出核心内容的少。很多单位把主要精力放在简便好做，容易出成果、见成效的工作上，如制定规章制度、落实机构人员配置、统一现场标识标语等；对于清退包工队、组建架子队，强化现场管理，杜绝偷工减料、弄虚作假，深化技术管理，推进安全质量保证体系有效运行等难题，有的重视不够，有的存在畏难情绪，有的拿不出行之有效的办法和措施，有的抓一阵、松一阵，没有把确保质量安全作为标准化管理的核心内容去抓，导致质量安全管理与标准化管理出现“两张皮”现象。二是停留在管理层的多，落实到作业层的少。大多数单位的管理层，如建设单位及其项目管理机构，施工、设计、监理企业的现场管理机构，在推进标准化管理方面，基本都有本单位的规划、措施，也制定了相应的工作流程和工作标准，但对于如何落实到作业过程、落实到各工作岗位，部分单位措施不强、推进不力，没有把标准化管理的落脚点放在现场作业一线，这也是现场不按施组施工、招录人员未经培训上岗、施工管理混乱、作业标准不落实、质量安全问题比比皆是的重要原因。

回顾一年多来的工作，我们既为取得的成绩感到高兴，又为存在的诸多问题忧心忡忡。大家应认真分析成败的原因，从中受到有益的启示。我和部机关的同志们经过调研、分析，也有一些体会：

一是必须把铁路建设新理念和质量安全观念摆在第一位，只要做到“零容忍”，就能实现“零缺陷、零事故”。一年多来，面对繁重的建设任务和严峻的质量安全形势，铁路建设系统认真贯彻落实科学发展观，牢固树立铁路建设新理念和“两不一建”、“六个不”的质量安全观念，坚持把确保工程质量安全摆在最核心的位置，对质量问题采取“零容忍”的态度，认真落实技术标准、管理标准和作业标准，严把工程质量源头关、

过程关，全面推行质量终身负责制和质量问题可追溯制，严肃查处事故责任单位和责任人，保持了铁路工程质量总体稳定，尤其是确保了武广、郑西、沪宁城际等高铁项目胜利开通运营。实践证明，凡是思想上高度重视，工作中坚持“零容忍”的单位，就能实现质量“零缺陷、零事故”，就能交出精品工程，就能为企业和单位创出良好信誉；凡是存有侥幸心理，没有把质量安全观念牢记在心、落实到具体工作中的，必然酿出严重后果，今年以来检查出的各种质量问题就充分说明了这一点。

二是必须把标准化管理作为项目和企业内涵发展之路，只要一把手亲自抓，就能事半功倍。一年多来，各单位纵深推进标准化管理，使之成为确保铁路工程质量的重要抓手、成为提升参建企业实现内涵式发展的管理之道。尤其是很多单位一把手亲自抓、亲自管，在强化制度建设、人员配备的基础上，以创建标准化指挥部、项目部、作业队为切入点，大力推进标准化作业、文明工地建设、架子队管理等，狠抓教育培训，加强科技攻关，创新工艺工法，推广“四化”支撑手段，形成了铁路建设标准化管理的浓厚文化氛围。实践证明，把标准化管理作为落实“六位一体”的坚强抓手，作为质量安全管理的核心内容，作为企业内涵式发展的科学方法，一把手亲自组织落实，就能充分调动广大建设者的积极性、主动性、创造性，形成推进标准化管理的强大合力，有效地提升企业的竞争实力和经济实力，收到事半功倍的效果。

三是必须把管干结合作为质量上水平的有效手段，只要严格认真，就能抓出成效。一年多来，各单位围绕建立事事有流程、事事有标准、事事有责任人的安全质量管理体系，以标准化作业为根基，严格管、认真干，为质量工作上水平奠定了坚实基础。在项目实施过程中，建设单位充分发挥核心作用，管干结合，强化技术支撑和管理保障，严格检查考核和责任追究，把重心下移到了施工现场和作业一线，提高了技术标准、管理标准的执行力和作业标准的引导力；设计、施工、监理单位干管统筹，强化工序流程和工班组织，狠抓设计、施工的每一个环节、每一道工序，确保标准化作业落到实处，提高了作业标准的执行力，形成了全员参与、齐抓共管、齐抓共干，管理上台阶、质量上水平的良好局面。事实证明，建设单位的管和干，参建单位的干和管，必须紧密联系、共同推进。只要严格去管、认真去干，就一定能推动铁路工程质量上水平。

四是必须把树立诚信与落实责任有机结合起来，只要诚信守责，就能长远发展。几年来，通过大力推行铁路建设施工、监理企业信用评价和设计单位施工图考核，建立完善不良行为公示制度，加大处罚力度，落实质

量终身负责制，促进铁路建设系统形成了诚实守信的良好风气。各单位认真贯彻落实国家法律法规和铁道部各项管理规定，注重企业信用，强化合同管理，严格承诺兑现，把落实责任与树立信用有机结合起来，以树立信用促进责任落实，以落实责任树立企业信用，相辅相成，互为因果。事实证明，凡是重诚信、讲责任的单位，各项工作落实就好，工程质量和施工安全就有保障，信用评价结果也不错；凡是不守诚信、不讲责任的单位，质量安全就难以保证，企业信用也会受影响。当前，企业特别需要“重诚信、讲责任”，需要一诺千金，说到做到，不放空炮。唯有如此，企业发展才有基础，长期坚持下去必然会释放出强大的能量，推动企业上水平、上台阶。

三、把握要素，抓住关键，全面提高铁路工程质量水平

质量是工程的生命，是建设管理的核心。搞好工程质量涉及到方方面面的工作，各种论述很多。我个人认为其中有四个要素是最基本，也是最关键的。一是质量保证体系的建立和运行；二是技术工作；三是人员素质；四是基础管理工作。希望大家在这四方面多下功夫。

对于现场质量控制主要抓什么，这次会议下发了监督总站编制的路基、桥涵、隧道等8个方面质量控制关键环节和控制要点手册，请各单位认真学习掌握、对照检查，切实抓好落实。这里，我重点强调以下五个方面：

1. 抓设计措施。设计是工程建设的灵魂，是工程质量的源头保证。各设计单位要适应经济社会发展、科学技术进步、自然环境变化、建设标准提高等新形势、新变化，动态优化完善设计措施，全面提高勘察设计工作质量。一是设计的工程措施要因地制宜，与地质勘探资料相对应，满足先进实用、经济可行、安全可靠的要求。要认真做好地质勘察、经济调查、现场踏勘、设计方案比选等基础工作，避免设计方案和工程措施与地质不符、与现场脱节，从源头上防止重大失误，减少经济损失；要为施工的机械化、工厂化、专业化、信息化提供条件，推广应用新技术、新材料、新设备、新工艺，不能墨守成规、一成不变；要严格执行新的标准和规范，如道岔、防排水、立交跨越、绿化、边坡防护等都有新的标准，已废弃的标准坚决不能再用。二是加强现场设计配合施工，及时做好变更设计工作。要加强现场设计配合技术力量，做好现场技术交底及核对工作；对现场发现的问题，应充分听取监理、施工单位的意见和建议，补充完善工程措施，在规定的时间内完成变更设计。三是做好大临工程设计。大型临时工程是铁路建设的重要辅助工程，关系到工程进度、投资控制、节约用地

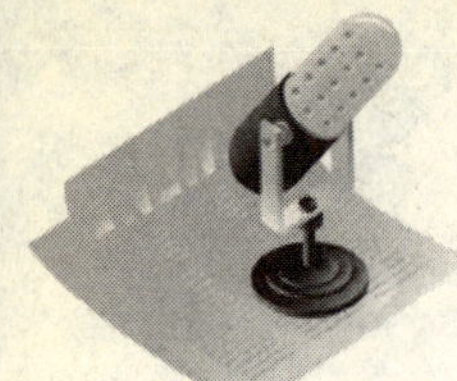

和环境保护等。目前，很多在建项目大临工程的规模过大、数量偏多，不符合集约建设和投资控制的要求。设计单位要严格执行铁道部《关于加强铁路大型临时工程设计和审查工作的通知》，对桥梁厂、制板厂、施工便道等大临工程，按规定进行设计，按规模编制概算，确保规划布局紧凑、工程措施经济合理，尽量少占用耕地。建设单位要按规定将大临工程设计纳入铁路建设项目施工图考核。四是抓好设计复核和优化工作。今年7月1日开始，全路新开工项目全部实行施工图招标。各设计单位要高度重视项目预可研、可研、初步设计和施工图各个阶段的工作，当前尤其要抓好施工图设计复核和优化工作，充分听取各方面的意见及建议，切实把住重大方案，确保工程措施合理、构筑物结构安全，减少变更设计。在此，要特别强调：工程设计中采用的新型结构或设计新理论，要有专业咨询机构或科研机构的复核、论证意见。

2. 抓原材料控制。原材料或购入设备的质量，直接影响工程质量、影响运营安全。但无论是现场检查，还是举报投诉，反映原材料、半成品或成品质量的问题都不少，必须引起我们的高度重视。这里重点讲几个：A. 砂、石料。材质、级配、含泥含碱量控制是关键，高速铁路混凝土工程的砂、石料必须水洗后方可使用。B. 混凝土添加剂。目前使用的添加剂种类很多，有减水剂、缓凝剂、速凝剂、密实剂等，现场检查不合格、不达标的比例较高。有关部门要严格认证、许可，坚决取消质量不达标厂家的资格；有关单位要强化招投标管理，确保中标产品的质量。对不履行承诺的厂家，坚决清出铁路市场。C. 防水、止水材料。这两种材料目前不合格率最高。施工单位、监理单位要负起责任，重点是把住采购关和进场检测检验关，杜绝不合格产品入场。D. 接触网线夹。常用的有吊弦线夹、定位线夹、电连接线夹、终端锚固线夹等，重点是把住材料供货关和技术关。E. 低压配电柜。要认真审查生产厂家的资质及供货商的信用，集中统一招标采购，并做好驻厂监造、出厂试验、现场检验、现场试验等工作。F. 高压电缆。要重点解决材质、规格、型号与供货合同不符，质量低劣、以次充好的问题。

3. 抓工装设备、设施。采用先进适用的工装设备、设施，是提高工作效率、保证质量安全的基本前提，是推进机械化、专业化施工的重要保证。各施工单位应舍得投入、加大投入。比如：无砟轨道精测、精调设施，要重点配备全站仪、数字水准仪、轨检小车、测量棱镜、精调框、工控计算机和通信设施等，同时加强对这些高精密仪器设备的校验，做好使用前的培训和日常维护工作。道岔吊具和组装平台，道岔吊具要有专项

设计，由专业生产厂家加工制造，并指定专人负责验收、使用、保管和维修；道岔组装平台设置，要结合道岔铺设计划，确保布局合理、基础平整、支撑牢靠、防雨防锈设施齐全，具备组装及调试功能。钢筋对焊机，要重视常规钢筋对焊机夹具等辅助设施，有效解决焊接合格率低、轴线偏移大的问题，尤其对箱梁、墩台身和隧道二衬主筋的连接，应采用闪光对焊，淘汰手工电弧焊。隧道防水板铺设台车，要积极研制或引进先进的自动铺设台车，减少人工辅助简易台架，提高大幅防水板铺挂施工质量，减轻施工人员的劳动强度。接触网放线车，应采用DFH型恒张力接触网放线车，并与安装车组成电气化作业车组，满足接触网放线、安装和调整作业的要求。混凝土拌和、运输、灌注设备，要采用自动计量拌和站、混凝土输送车、输送泵等先进设备，充分利用信息化手段，实现混凝土从生产源头到施工过程的质量控制。此外，桩头切割设施要强制采用水平锯切割，逐步淘汰手持风镐、大功率液压锤等设备，确保桩身不受损害；桥梁栏杆、箱梁防撞墙、沟槽及盖板等要实现工厂化预制，保证内实外美；接触网立柱基础要采用小型液压钻机，一次性快速成孔，减少对路基的扰动；各种型式的无砟轨道施工设备，要逐步实现成套化、定型化。

4.抓工艺工法。先进的工艺工法是工程质量的重要保证。各单位在施工作业时，应根据工程实际采用成熟的工法，优先采用国家级或部级工法。没有成熟工法或对工法创新时，要进行工艺设计，明确每一道工序的作业标准和质量要求，确保流程设计合理、施工方法简明易操作；要严格按工艺工法作业，不能擅自改变工法或工艺设计。如路基填筑要按“三阶段、四区段、八流程”的施工工艺操作；无砟轨道Ⅱ型板铺设应推行京沪公司总结的“三阶段、五区段、八流程”工法；隧道软弱围岩开挖，有条件时应采用“三台阶七步流水”作业法，对岩溶区高压、富水充填溶腔，要积极借鉴宜万线的释能降压技术和工法等等。在此还要强调一点，推行各种工艺工法，必须坚持试验先行，实行首件认可，在具体操作和实施过程中决不能走样。

5.抓保障措施。在抓好质量源头、过程控制的同时，还要注重质量管理等基础工作。一是强化质量管理。要围绕质量保证体系的建立及运行，健全组织机构，完善体系程序文件，落实具体管控措施，体现事事有流程、有标准、有责任人的要求，确保体系有效运行、过程严格受控，实现闭环管理；要围绕落实质量终身负责制和各项管理标准，完善激励约束和考核评价机制，深入推进“三项治理”、大检查大反思等活动，积极运用“四化”支撑手段，全力消除质量通病和隐患，提高质量监管的针对性

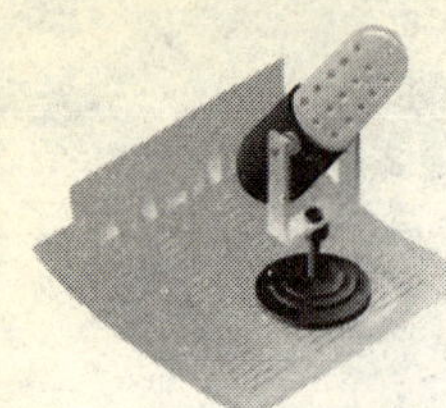

和有效性。二是加强技术工作。要认真落实技术标准、作业标准，加强试验和检测工作，规范工艺试验流程，完善各项检测手段，保证试验数据翔实、准确，为优化设计参数及设计方案、完善作业指导书等提供有力依据；加强测量，尤其是精测工作；加强设计措施和施工技术方案的研究复核，避免出现计算或标注等低级错误；完善工艺设计流程，积极创新工艺工法，确保各项技术措施经济合理。三是提高人员素质。要抓好人员选配、岗位培训和日常教育。在人员选配上，既要保证数量，又要保证质量，现场技术、管理人员必须具备相应的工作经历和经验，专职质量安全人员必须具有从业资格和发现、解决问题的能力；在培训教育方面，要有计划地抓好各类专业技术培训，加强廉政建设和职业道德教育，提高从业人员的责任意识和质量自控水平。在此，特别要求施工企业从承揽任务选择、项目管理技术人员调配、精兵强将上铁路项目等方面统筹安排，保证每个项目都有充足的高素质的管理、技术和作业人员。四是强化思想教育。加强对全体参建人员的宣传教育，清醒认识质量关系国家形象、关系人民生命安全、关系铁路发展大局、关系企业生死存亡，树立“质量第一”和“两不一建”的观念，居安思危、防微杜渐、恪守承诺、讲求信誉，决不要在质量上弄虚作假、玩忽职守，把大家的思想认识统一到确保质量、建精品工程不朽工程的要求上来。

四、强化组织，突出重点，纵深推进铁路建设标准化管理

铁路建设标准化管理是实现“六位一体”目标的重要抓手，是提升建设项目管理水平的有力保障。经过三年的深入实践，目前已取得了一些成效。上海局、京沪公司、成绵乐公司等许多单位都给我们提供了很好的借鉴经验。下一步，各单位应着力从完善工作机制、突出四个重点、加强学习交流、培育企业文化、抓住核心工作等五个方面，纵深推进标准化管理，迈上新台阶，夺取新成效。

1. 切实发挥建设单位的龙头作用。建设单位在铁路建设项目管理中居于核心地位，所以在标准化管理中应发挥龙头作用。没有建设单位的统一组织和协调，没有建设单位的率先示范，铁路建设标准化管理是不可能实现的。各建设单位应按照铁道部关于标准化管理的总体部署和要求，结合本单位、本项目的特点和实际全面规划、超前规划，明确阶段目标、工作重点、推进措施、考核办法等内容，并将涉及设计、施工、监理单位的管理接口、工作内容和有关要求一并纳入其中，形成以建设单位为主导，参建单位深度参与、协调推进的良好工作机制。要加强对项目标准化管理工作的指导、检查和考核，特别是建设单位的主要领导，必须亲

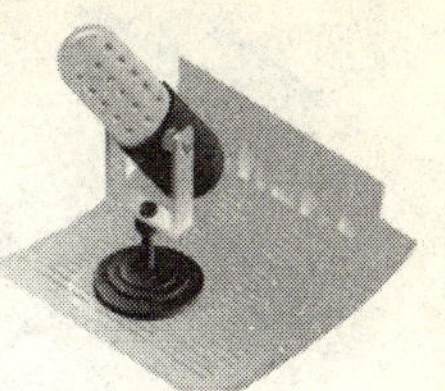

自抓督导、亲自抓检查、亲自抓考核，既要对建设单位标准化管理工作负责，又要对参建单位标准化管理工作负责，以保证标准化管理全员参与，全过程覆盖。

2. 突出标准化管理的四个重点。今年以来，我在很多场合与大家探讨了标准化管理纵深发展的问题，目前来看，有四项基础工作还要不断夯实。一是文明施工。现在多数项目现场布局和文明施工均有较大改观，但少数项目或工点依然存在管理混乱、标识不清、乱堆乱弃的问题。各单位要严格落实现场布局和文明施工的规范和标准，认真抓好现场布局规划、设计、监督和检查，现场检查应有标准、有考核、有整改。要消除现场打架斗殴、破坏林木植被、乱排乱放、脏乱差等不文明现象。二是标准化作业。施工单位的作业队、架子队、工班是实施标准化作业的主体，也是推进标准化管理的基础和保证。要将管理标准、技术标准、作业标准细化分解到作业指导书、作业卡片上，确保三大标准落实到现场、落实到岗位；要进一步提升施工工艺水平、强化工班组织、合理配置机具，大力推进专业化架子队和专业工班建设，明确标准化作业工序、工具、工艺、工法等要求。建设单位要加强标准化作业的检查考核和奖惩，充分调动现场作业人员标准化作业的积极性、主动性。三是标准化设计。设计单位推进标准化管理，应着重在标准化设计上下功夫。要抓住地质勘探、设计管理、人员配备、现场配合、工作流程等重点工作，强化方案设计和审查把关两个关键流程，设计文件既要体现建设新理念，也要体现三大标准、四化支撑等标准化管理要求；要细化完善方案设计及审查的工作流程、工作标准，切实抓好落实；要积极创建标准化设计现场配合组，明确责任、配强人员、细化流程、高效运作，切实提高及时处理现场问题的能力。四是工作流程。包括管理流程和作业流程，这里侧重讲参建单位的管理流程。过去出现的一些违法违纪违章的事情，除少量是因个人私利故意而为外，大部分可能是不清楚办事流程（程序）和标准，糊里糊涂犯错误。所以，各级管理者应学习流程（部里发的）、编流程（本级日常工作涉及的），执行流程，并且明确每个流程的工作标准和质量要求，明确责任单位和责任人，加强检查和考核，从而提高依法建设的水平。

3. 加大学习交流先进经验的力度。推进标准化管理以来，各单位大胆探索、勇于创新，在实践中形成了很多好的做法，过去交流了一些，这次会议也推出了一批。这些好的做法具有较强的可操作性，易于学习推广。比如，上海局以创建标准化指挥部为载体，加强质量安全的现场管理和过程控制，唱响了“捍卫质量，保卫安全”的主旋律，营造了建设精品工程

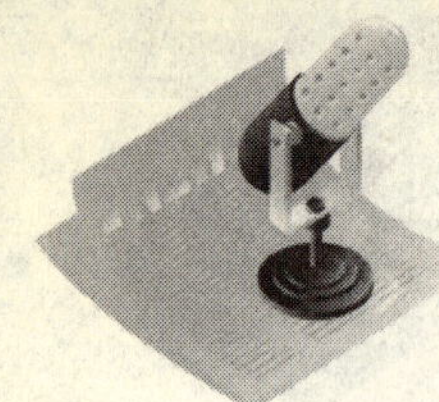

和不朽工程的浓厚氛围；京沪公司以标准化作业为根基，坚持从每一个环节、每一道工序抓起，细化标准，革新设备，优化工艺，强化培训，严格考核，探索形成了标准化作业的一整套方法，为落实创优规划和建设精品工程奠定了坚实基础；成绵乐公司主要领导亲自抓、参建单位共同抓标准化管理，以强化“架子队”管理为切入点，起步早、起点高，工作扎实，推出了单位工程“四个一”评审机制、现场检查巡检联签制、动态检查考核等新措施，项目施工现场给人耳目一新的深刻印象；中铁五局以创新“架子队”管理模式为切入点，完善工作机制，盘活企业内外部资源，探索形成了“一个架构、三个标准、双重组织、双重主体、五个特点”的架子队管理新模式，强化了质量安全源头保证，有效降低了企业管理成本，提高了经济效益；中铁十七局以推进标准化项目部建设为立足点，科学配置资源，强化过程监控，优化责任体系，培育特色文化，有效提升了企业扁平化管理和质量安全自控能力；铁二院以创新设计理念和提升勘察设计质量为先导，注重加大科技投入，强化现场技术服务，在复杂地质选线、环境选线、信息化设计、软岩隧道风险控制等方面采取了一系列有效措施，为确保质量安全创造了良好条件；铁四院以提升勘察设计和技术服务质量为目标，将设计理念、标准体系延伸到了终端和细节，将技术服务落实在重点部位和关键环节，实现了企业贯标与标准化管理的有机融合。这些成果来源于现场，来源于实践，值得各单位认真借鉴、取长补短，共同提升建设管理水平。

4. 推进各种管理方法的有机融合。铁路建设标准化管理，是在系统总结铁路建设管理经验、充分借鉴先进行业现代化管理方法的基础上提出来的，具有先进性、系统性、统一性、文化性等鲜明特点，符合当前大规模、高标准铁路建设的实际，有利于提升项目规范管理水平和企业发展的“软实力”。施工、设计、监理单位要认真处理好标准化管理与企业内部管理的关系，以创建标准化项目经理部、标准化设计配合组、标准化监理站为切入点，以建设单位的标准化管理办法为主导，以企业先进管理办法为补充，动态完善现有的规章制度和管理办法，确保两者在内容上融会贯通，在执行中同步合拍，形成合力，提高管理的有效性。要注重企业文化建设，尤其是以铁路施工为主的企业，要努力在企业内部营造浓厚的标准化管理文化氛围，让标准成为习惯、习惯符合标准、结果达到标准深入人心，成为企业文化的精髓，全力打造中国建筑企业的世界品牌。

5. 始终把质量安全摆在核心位置。质量与安全密切相关，是安全的重要保证，没有质量也就没有安全，质量不合格安全就有隐患，抓质量也是

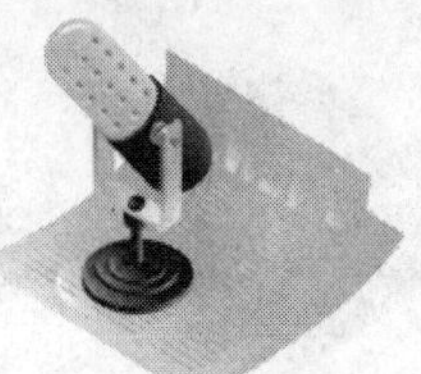

抓安全，而且质量不仅涉及目前的安全，还涉及长期的安全。因此，各单位在推行标准化管理过程中，要始终把确保质量摆在最核心、最本质、最重要的位置来抓，确保一切工作服从于质量、服务于质量，真正把“高标准、讲科学、不懈怠”的要求落实到质量和安全管理工作中，全力建设精品工程和安全工程。这就需要我们着力处理好两个关系：一是质量安全与工期的关系。质量安全是工期的重要保障，我们坚决反对牺牲质量安全保工期，工期是一时的，而质量安全是永恒的。实践证明，没有质量安全保证的工期是经不起考验的，势必要为世人唾弃。二是质量安全与效益的关系。一些单位为获取效益，不惜偷工减料、以次充好，甚至倒卖物资设备。这种杀鸡取卵的做法，图的是一时快活，结果不言而喻。质量是企业的生命，确保质量安全是全体建设者的神圣使命！大家都想流芳百世而不是遗臭万年，都想争当功臣而不是争当罪人，这就要求我们必须把工程质量搞好，把施工安全抓好。唯有如此，我们才能吃得下饭、睡得着觉，才能交付合格的工程，才能保证运营安全和施工安全。

同志们，质量管理工作没有捷径可走，贵在认真二字，重在落实责任。只要我们坚定不移地把标准化管理持久深入地开展下去，就一定能打造精品工程、安全工程。希望各单位、各级领导认真贯彻中央领导和部党组对质量工作的重要指示要求，认清形势，坚定信心，严格管理，扎实工作，安全优质高效地推进大规模铁路建设，为和谐铁路建设和经济社会发展作出新的更大的贡献。

第十一节　研讨会、座谈会总结讲话稿

一、研讨会、座谈会总结讲话稿的含义

研讨会、座谈会总结讲话稿一般根据与会人员发言情况进行总结，并提出改进工作或进一步研讨的意见、要求。

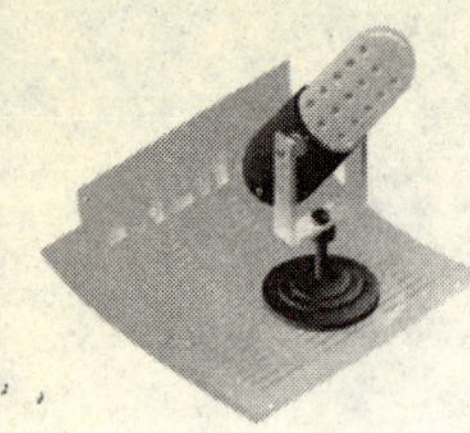

二、研讨会、座谈会总结讲话稿的种类

常见的座谈会有党政机关座谈会、经济工作座谈会、文艺座谈会等。常见的研讨会有工作研讨会、技术研讨会、思想研讨会等。

三、研讨会、座谈会总结讲话稿的写作技巧

座谈会、研讨会领导讲话的主体构成。这类会议一般对一些尚拿不准的问题进行一定范围的座谈讨论和共同探讨，以取得进一步的认识，为领导决策服务。会议一般先让与会人员畅所欲言、各抒己见，最后领导讲话。这种会议讲话与工作会议讲话不同，一般不用命令式、指示性的语言，不布置具体工作任务。主体部分有这样几种写法：一是对座谈会、研讨会的主要成果进行归纳、概括；二是在肯定研讨成绩的基础上，根据实际需要，提出今后的研究方向和重点，或围绕几个基本问题、主要问题发表指导性意见。

四、研讨会、座谈会总结讲话稿的注意事项

1. 研讨会、座谈会的任务是对某项工作进行研究、交流和沟通，讲话的格调比较自由，可以讲认识、讲经验，也可对某项工作提出意见和要求。

2. 讲话稿的结构比较自由，但是要有较强的概括力和条理性。

3. 研讨会、座谈会一般是同级别或是同行业之间的交流研讨，因此语言比较轻松活泼。

五、范例

例文一

第一章　会议类讲话稿

团结奋进扎实工作
为加快全市经济发展作出新贡献

——在全市工业重点项目推进工作座谈会上的发言

×××

（2004年×月×日）

各位领导、同志们：

今天，市委、市政府在这里召开全市工业重点项目推进工作座谈会。按照会议安排，下面就×电业局今年上半年的生产经营情况，特别是海×至扎×220千伏等输变电工程建设情况向会议作以下汇报。

一、上半年各项主要指标完成情况

今年以来，我局认真贯彻×集团公司2004年工作会议、×市经济工作会议精神，按照我局4月9日召开的工作会上对全年工作的安排部署，紧紧围绕×集团公司下达我局的全年生产、经营、基建、前期等工作任务，全局职工以饱满的热情和十足的干劲，齐心协力，克服困难和不利因素，全力推进各项工作，继续维护和巩固了安全稳定的生产局面，使生产经营保持了良好的发展势头，较好地完成了上半年各项生产经营指标，为实现全年工作目标奠定了坚实基础。

截至6月末完成售电量×万千瓦时，同比增长×%。完成线损率×%，同比上升×%。完成平均售电单价×元/兆瓦时，同比上升×元/兆瓦时。利润为×万元，完成年度预算的90%；销售收入完成×亿元，与预算比增加收入×万元，完成全年预算的×%。实现税金×万元。完成全员劳动生产率×元／人。多经总收入完成×万元，实现利润×万元，完成税金×万元。

二、克服困难，狠抓落实，保证各项工作的有序开展

×集团公司2004年工作会、全市经济工作会议召开后，我局深入传达贯彻会议精神，认真分析研究我局厂网分开后面临的新形势、新任务，明确了今后一个时期改革与发展的思路，制定了全年生产经营计划，全面安排部署了2004年的各项工作。在厂网分开改革的特殊阶段，经过全局上下的共同努力，保证了各项工作的有序进行且取得了明显成效。

（一）狠抓安全生产，保持了电网安全稳定运行

全局上下坚持以人为本，高度重视安全生产，深入学习贯彻×集团公司安全生产工作会议、市委、政府关于安全生产工作的各项指示精神，严

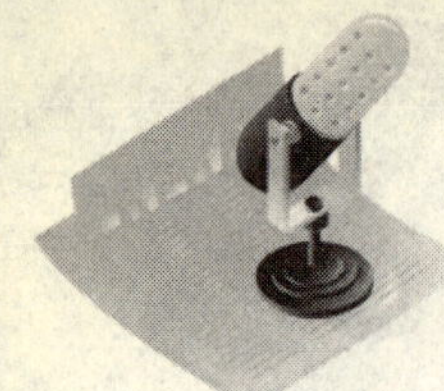

格落实安全生产责任制和危险点预控措施，认真组织开展了春季安全大检查、预防性试验及清扫工作，及时消除了设备缺陷和隐患，维护和巩固了安全生产的稳定局面，保证了全市经济建设与发展、人民生产生活的安全用电。

（二）营销工作实现新突破

在我局4月9日召开的2004年工作会上制定了全年完成销售收入×亿元的经营工作目标。为确保实现这一目标，全局上下大力增供扩销，使上半年售电量增长实现了历史性的新突破，同比增长达×%，重点抓了以下几个方面的工作：

（1）大力开拓市场，增供扩销，特别是加强对高载能市场的分析研究，全面掌握各地区用户的用电结构，配合政府做好工业园区的供电工作，确保大工业特别是高耗能负荷的持续、稳定、健康发展，千方百计增加售电量。上半年高载能电量达×万千瓦时，同比增加×万千瓦时。

（2）针对目前有确切意向的高载能负荷高达×万千瓦以上，电力需求增长迅速，电力供需形势严峻的实际情况，我局想方设法保证高载能企业用电，积极支持×××工业园区等高载能企业的发展，在×市政府的协调下，与×××煤电公司达成初步购电协议；在×集团公司的大力支持和积极努力下并经国家电监会批准，已将×旗、阿××供电营业区划归我局，经我局与齐××电业局协商，于6月4日签订了趸售购电合同。

（3）未雨绸缪，加强电力需求侧管理，做好调荷节电工作，编制了×××地区部分负荷与伊敏华能煤电公司购电方案，积极应对即将出现的电力短缺的局面。

（4）抓好电费回收工作。

（5）在×集团公司的大力支持下，投入×万元资金用于营销MIS系统建设，力争2005年全面实现营销技术支持系统基本业务系统实用化，进一步改进对社会广大用户的服务水平。

（6）抓好优质服务工作，尽快投入使用客户服务中心、用电营业大厅，努力建成并开通“95598”客户服务系统。

（三）电网建设规模再创历史新高

我局新领导班子组建后，积极贯彻×集团公司关于“厂网分开后的×电业局必须保持2002年、2003年大规模电网建设的良好态势，把握×市经济增长、电源建设全面加快的机遇，举全局之力，立即着手×电网规划、建设，特别是加快2004年电网项目建设”的有关指示精神，按照全市经济工作会议确定的新思路、新目标、新措施，以及市委、政府对工业经济工

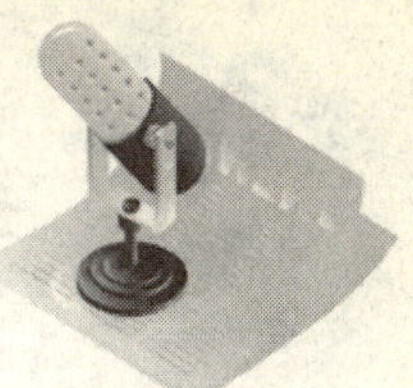

作的总体安排和部署，通过召开会议等形式，自上而下，进一步统一思想，提高认识，明确了依靠×集团公司、×市委、市政府的坚强领导和强有力的支持，以新的战略高度，坚持以发展为第一要务，以科学的发展观、高度的前瞻意识，抓住机遇，举全局之力，加快电网的建设与发展，做大做强×电网，不断增强综合经济实力和竞争力的工作思路和奋斗目标。上半年，重点开展了以下几个项目的前期和建设工作：

（1）220千伏工程方面（总投资×亿元）：A.海×至扎×220千伏输变电工程，主要为满足满×、扎×地区日益增长的电力需求，提高该地区的供电电压质量、供电可靠性。工程于2004年5月12日开工建设，计划2004年10月30日竣工；B.伊×至海×友好站220千伏输变电工程，主要为解决×电网负荷增长迅速，而×地区电源装机不足，确保实现从伊敏电站购入电力，缓解地区电源装机不足的局面。目前，施工单位已进驻现场搭设临建设施，预计于7月30日前开工建设，年内投产。

（2）110千伏输变电工程方面（总投资×万元）：A.新建牙×至乌×110千伏输变电工程，主要为降低线损、解决该地区供电混乱、供电质量差等问题。建设规模为110千伏线路×千米，110千伏变电站×座，计划投资×万元；B.新建牙×至免×至乌×110千伏输变电工程，主要为提高该地区的供电能力、供电可靠性、供电质量，保证蒙西水泥厂等大企业的生产用电需求。建设规模为110千伏线路×千米，110变电站×座，工程预计投资×万元；C.新建新×右旗至甲查110千伏输变电工程，主要为满足地区负荷增长的需要，提高供电质量、可靠性，优化电网结构。建设规模为110千伏线路×千米，110千伏变电站×座，工程预计投资×万元；D.海×氯碱变增容扩建工程，主要为满足地区电力负荷增长的需要，改善供电条件，优化电网结构。建设规模为新增1台63兆伏安主变及相关配套设施，工程预计投资×万元。上述工程均已开工建设，年内投产。

通过上述工程的实施，我局继续保持和发展了2003年大规模建设电网的良好态势，成为继2003年后又一个建设规模大、投资多的年份。

（四）农电工作健康稳步开展

重点开展了以下几个方面的工作：

（1）探索和实践农电管理的新机制，规范和完善农电企业公司制运作，全面实现供电所规范化管理。

（2）稳妥推进以旗县为单位的公司制改革，改进企业管理，逐步完善、建立现代企业制度。

（3）全面完成农网一、二期建设与改造工程结算、决算工作，并通过城农网建设与改造领导小组验收。

（4）搞好农网改造工程，在完成一、二期农网改造工程并做好迎接自治区发改委对一、二期农网工程检查工作的基础上，做好县城电网改造工程相关工作，积极推进县城电网改造工程。

（5）在阿×电力公司、满××供电局已于今年4月份通过电力集团公司自治区级一流县级供电企业的考评验收的基础上，继续深化农电企业创一流工作，阿×电力公司争取两年内创国家一流供电企业，今年鄂温克电力公司、莫旗电力公司、陈旗电力公司达到自治区级一流县级供电企业标准。

（6）继续密切配合政府部门做好同网同价工作。

三、真抓实干，全面完成全年工作任务，实现全年工作目标

下半年，我局要在×电力公司、市委、市政府的正确领导和社会各界的大力支持下，采取各方面的有力措施，保证电网的安全稳定运行，不断提高安全、经济、优质服务水平，保证全社会的经济建设与发展以及广大人民群众正常的生产生活用电，为加快全市工业化发展进程作出应有的努力。要认真贯彻落实本次会议精神，把发展作为第一要务，从当前电力改革与发展的实际出发，结合×市经济社会发展的目标和重点，认真抓好海×至扎×220千伏等输变电工程建设，把×电网真正做大做强。要始终坚持以经济效益为中心，以市场为导向，围绕全年经营目标，在确保电网安全经济稳定运行的前提下，下大力气开拓市场，增供扩销，努力增加收入，保持和发展良好的生产经营态势，力争售电量实现较大幅度的增长，全面完成全年各项经济技术指标，在本企业获得较好的经济效益的同时，为加快全市经济发展作出新贡献。

例文二

××局在内×公司2005年供电企业工作座谈会上的发言

×××

（2005年×月×日）

各位领导、同志们：

今天，在这里召开×电业局2005年供电企业工作座谈会，下面我就具体情况作如下汇报。

一、1-11月工作简要回顾

年初以来，我局在公司的正确领导和各有关部门的大力支持下，以公

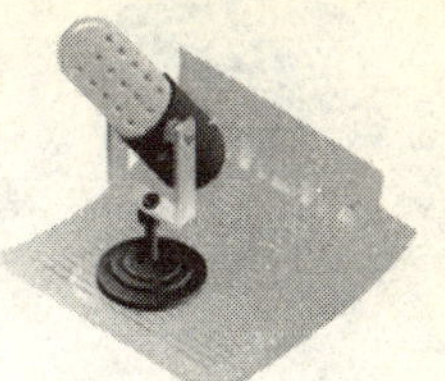

司年初召开的工作会议精神为指导，确立了统领我局全年工作的“四大发展战略”和“七大工作目标”。经全局上下广大干部职工忘我工作，克服各种困难和不利因素，实现了年初确定的“创建国家一流供电企业”和“三项制度”改革工作目标；保持了安全生产长周期记录；电网网架进一步加强；优质服务工作水平进一步提高，先后荣获了全国精神文明建设先进单位等荣誉称号，创建了具有时代性和×电业局特色的企业文化，形成了广大员工共同遵守的工作准则和行为方式。生产、经营、基建、前期等各项工作稳步推进，管理工作不断加强，各项工作取得阶段性成果。

（一）各项指标完成情况

1—10月我局……（略）。

（二）安全基础进一步夯实，电网运行安全稳定

在公司的大力支持下，结合创一流工作，制定完善了各项规章制度；设备治理初见成效，开关无油化改造率已达×%，×座变电站实现了综自化管理，部分变电站实现故障信息远传，文明生产得到了极大改善，安全管理水平得到了显著提高，并有了质的飞跃。根据公司统一部署开展的安全性评价等工作顺利通过公司的验收。在公司的大力支持下成功应对了去冬今春危及电网安全稳定的严重缺电局面和7·15龙卷风自然灾害，保持了电网的安全稳定局面，圆满完成重大节日和活动保电的政治任务。为确保蒙东蒙西安全顺利联网，我局进行了联网前的稳定分析，对电网一、二次设备等加大了巡视、检查、削缺工作力度，对管理方式等自身存在的薄弱环节进行了认真研究，重新编制了能够适应大电网要求的反事故预案及黑启动方案、各种规程和管理方式，对调度人员进行了培训，在联网前达到蒙东蒙西联网要求，较好地配合了蒙东蒙西联网，得到了公司的肯定和认可。目前我局按照“保人身、保电网、保设备、保重要用户”的原则，全力开展冬季输、变、配电设备的防寒防冻工作，迎接冬季高峰负荷，保证电网安全稳定运行。截至10月31日，实现安全生产×天的长周期安全记录。

（三）牢固树立过紧日子思想，加强经营管理取得成效

我局由于客观因素始终面临着沉重的经营压力。面对这一严峻形势，在公司给予大力支持和帮助的同时，向管理要效益。坚持全面预算管理为中心不动摇，在公司年初下达和年中上调预算等经营指标后，层层进行分解落实，严格考核兑现；牢固树立过紧日子思想，严格控制差旅费、办公费等可控费用支出；大力开展堵漏增收、降损增效工作和电费回收考核兑现工作，最大限度的减少管理损失；进一步提高审计、纪检监察和法律事

务在经营管理工作中的地位，充分发挥监督保障的作用，强化监管力度，规范经营行为，降低了经营风险；积极疏导电价矛盾，在2004年电价走出3分／千瓦时的基础上，今年从8月1日起，电价再度上调×分/千瓦时；在公司的大力支持下，保护业已形成的多方购电格局，努力抑制电力公司的上网电价，合理降低了购电成本；严格大修费、材料费等生产资金的管理，最大限度的发挥有限生产资金作用。1—10月，我局购电费扣除同比多购电量增加购电成本因素后，减少购电成本×万元。

（四）电力市场营销工作进一步加强

今年我局增供扩销任务艰巨、形势严峻。年初开始我局就把电力营销工作放到全局工作的核心地位，先后几次召开营销工作会议，对电力营销工作进行安排部署，加强对高载能市场分析研究，在高载能市场普遍不景气的情况下，实现高载能电量与去年同期相比增加×万千瓦时。按照责、权、利相结合原则，加强三四级模拟市场运作力度，启动内部市场运营机制，将模拟市场运营机制落实到部门、班组，将售电量、销售收入、线损率与工资全额挂钩，调动了广大职工增供扩销的积极性。负控中心建设步伐加快，终端已覆盖扎×、满×、扎×尔地区。在公司上调售电量任务，预期的电力负荷高峰没有出现的情况下，号召全局上下，以先进性教育为契机，迅速掀起大干60天热潮，并采取局领导班子成员分组包片指导和帮助高载能企业解决困难启动生产等措施，促进售电量增长。

优质服务工作水平进一步提高，投入使用了客户服务中心和95599客户服务热线，按照公司的统一部署全面开展了“蒙电服务进万家”工程，力争实现年初确定的地方行风评比进入前两名的目标。坚持守土有责的原则，清理转供电和开拓电力市场工作取得阶段性成果。今年收回了大雁矿区非生产负荷、莫旗东五乡、红花尔基供电营业区；与加×电力工业局签订向加×地区供电的协议。同时，与××煤业公司达成电厂并网并发行自备系统容量费的协议。

（五）前期基建工作成效显著

按照公司的工作部署，年初我局便组织精干力量全力以赴开展今年安排工程的前期工作。220千伏输变电工程总计×项、110千伏输变电工程总计×项，现220千伏工程的可研报告均已经通过审查，其中2项正在进行初步设计，1项正在进行可研收口；110千伏工程均已进入施工阶段。电源建设项目2项，牙××电厂2×300兆瓦空冷发电供热机组项目除待国土资源部审批的文件外，其余支持性文件全部办理完毕；×××电厂2×300兆瓦空冷发电机组项目4月出版了可行性研究报告，目前待审查。同时今年还

来开展了××500千伏输变电工程前期工作。

我局高度重视工程管理工作，对所有工程都做到精心组织、精心设计、精心施工、严把质量关，保证了工程的质量、进度、安全。2004年新建的两项输变电工程全部达到达标投产考核标准，通过验收，2004年新建、扩建110千伏和35千伏输变电工程正在自查迎接公司验收。今年新开工的输变电工程中：

（1）220千伏输变电工程项目扎×—满×220千伏输变电工程，2005年10月20日开工，变电站勘测已结束，进入线路勘测和开挖围墙基础阶段，预计2006年9月30日可竣工投产。

（2）110千伏输变电工程：东×电厂－海东变Ⅱ回110千伏送电线路9月13日已竣工投产，其他工程正在施工，预计阿里河—加格达奇输变电工程和胜天池变电站增容工程12月25日前可竣工投产，氯碱变—谢尔塔拉、牙×—大雁—矿区、氯碱变增容、牙×东郊变增容工程可在2006年7月30日前相继竣工投产。

（六）达到国家一流供电企业标准并通过考评

自2004年6月起开展创建“国家一流供电企业”工作以来，按照这一目标的总体要求，我局对此项工作进行全面安排和部署，制定详细的创一流工作计划和实施细则，并将工作任务进行层层分解，从严考核，动员各方面的积极因素，举全局之力，全面推进。经全局上下的共同努力，6月21日，以总分929.5分通过了集团公司的考评验收。通过创一流企业工作的深入开展，我局管理和技术装备水平有了较大的提升，电网结构逐步趋于合理，设备健康水平、人员素质、管理水平有了较大幅度的提高，使过去供电可靠性不高，市区配网设备老化、信息管理系统覆盖率低、电网调度自动化系统建设滞后、营销技术装备落后的现状得到了极大的改善。通过集团公司创一流验收后，我局继续保留了创一流办公室这个机构，并建立了创一流工作的长效机制，管理力度不减、工作标准不降，不定期地对照创一流标准进行检查，巩固创一流成果，进一步提高我局整体管理水平。

（七）全面完成三项制度改革工作并通过验收

按照集团公司的安排和部署，我局积极稳妥地开展了三项制度改革工作，全局共有×人参加了竞争上岗考试，有×人通过考试、民主测评、面试竞争上岗，×人进行下岗培训。同时还积极开展了一二级工程师聘任工作，按照“公开、公平、公正”和宁缺毋滥的原则，通过考试、考核，聘用了×名一级工程师、×名二级工程师。三项制度改革实施阶段历时1个月，4月30日全部结束，6月22日通过了集团公司验收。

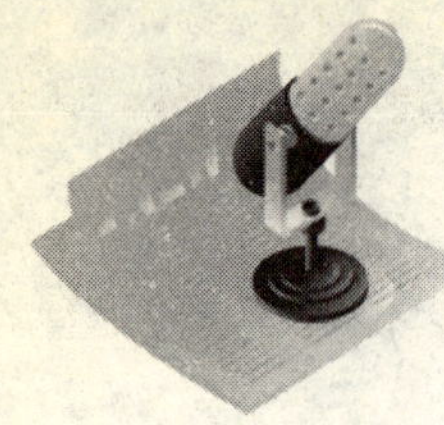

（八）农电管理工作进一步加强

我局在不断加强农电企业安全管理，认真做好农网和城网改造工程的基础上，稳步推进了农电体制改革工作，2005年完成原海×农电公司、牙×农电公司并入海×供电局、牙×供电局的合并工作，海×、牙×两地区实现了一市一公司目标；大力开展了农电企业创建一流供电企业和供电所规范化管理工作，鄂温克电力公司、陈旗电力公司、新右旗电力公司已基本达到一流供电企业验收标准，巴彦塔拉等42个供电所具备农村供电所规范化管理单位的资格，目前已报公司申请验收。

二、当前面临的困难和问题

（一）完成售电量压力大

（1）年初以来，×市高载能企业生产始终不正常，今年又出现暖冬，年初预期的负荷高峰没有出现；受满××胜天池变电容量影响，满××地区负荷高峰时出现“卡脖子”现象，需要拉闸限电。这些不利因素给我局增供扩销、完成售电量指标带来困难。

（2）在7·15龙卷风灾害中，我局共需投入×万元救灾资金，但是集团公司目前只解决了×万元，保险公司预付了×万元，尚有×万元的资金缺口。

（3）根×供电局林区电网输电线路通道“树电矛盾”问题始终难以彻底解决，已对电网的安全运行构成严重威胁。

（二）销售电价不到位，调整困难

由于×地区工业发展不平衡，招商引资难度大，给调整销售电价相应增加了难度。今年千方百计做工作，公司多方施加影响，销售电价走出2.8分／千瓦时，但消化降价和同网同价因素也在其中。今后在理顺电价方面搭车的因素也会增多，电价空间狭小。

（三）新机电价问题

××区发改委已批准电力公司新机电价为0.326元／千瓦时，虽经我局多方做工作，目前暂未执行。但电力公司正在不断通过各种办法争取。新机电价一旦执行，势必进一步加大我局购电成本。

（四）可控费用问题

2005年集团公司下达的可控费用预算为×万元，其中：其他费用为×万元，固定费用为×万元，占总费用×%，我局全年预计支出固定费用×万元，则无可控费用支出。而且今年我局在争创一流供电企业过程中，增加了费用支出，恳请集团公司给予考虑，在创收的基础上，增加可控费用额度。

（五）工程资金缺口问题

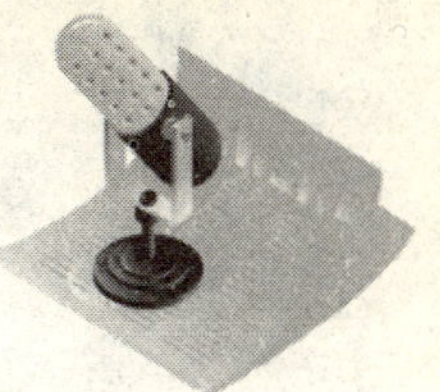

2005年新建电网项目已下达资金计划×万元，目前已到位资金×万元，资金严重不足，势必影响工程进度。2003年海×—扎×220千伏输变电工程总投资×万元，到位资金×万元，资金缺口×万元；我局所属直供局一、二期农网工程计划投资×万元，到位资金×万元，资金缺口×万元，厂家经常向我局催付，甚至诉之法律，严重影响了我局的正常工作。

（六）亏损弥补问题

截至2004年我局累计利润亏损×万元，公司已弥补×万元，尚有×万元需弥补。

三、2006年工作思路

认真贯彻落实公司2006年工作会议及各项指示精神，树立大电网观念，满足联网后管理的各种要求，完善各种规程、规范和制度，加大调度自动化系统的功能开发和通信站集中监控系统建设，加强新建变电站验收启动和做好无人值守变电站改造工作加强电网巡视检查力度，强化安全管理，巩固安全生产的长周期记录。同时，紧密结合赵××总经理8月1日到我局检查指导工作时提出的“两个凡是”、“两个目标”的指示精神，结合我局实际，大力推进“五个战略”，加快缩小与蒙西兄弟单位的差距，全面提高我局的综合实力。

（一）实施大踏步加快电网、电源点建设的发展战略

全力抓好2005年开工建设结转的×项220千伏和×项110千伏输变电工程的建设管理工作，确保各项工程按期达标投产验收。同时大力开展2006年计划新建工程的前期工作和开工工程管理工作。

220千伏续建项目：……（略）。

110千伏及以下电网建设与改造项目：……（略）。

海×和牙×电厂2×300兆瓦供热机组项目：……（略）。

（二）实施建设和培育有序竞争、良性经营管理的××区域电力市场的营销战略

立足当前，着眼长远，全力保护好业已形成的×地区多电源竞争的有利局面。加大规范和整顿电力市场工作力度，统一××供电营业区。加强负控中心的建设，终端覆盖满×地区、扎×地区、满×地区、牙×地区、扎×尔地区，力争控制率达到×%；实现所属7个供电局营销MIS系统达到实用化目标。深入开展蒙电服务进万家和政府、客户“双满意”活动，认真落实“三公”调度和三个“十条”，全面推广使用95598服务热线，切实提高优质服务水平。

（三）实施以建设学习型企业为核心的人才战略，促进我局整体素质

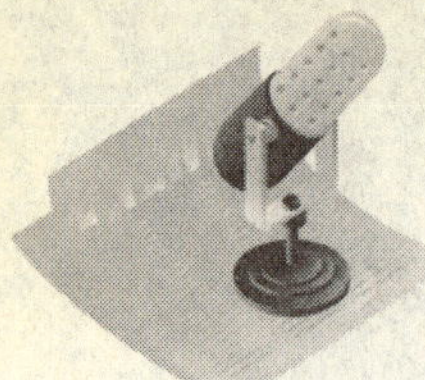

不断提高

适应蒙西蒙东联网和×电网快速发展的形势，建设一支思想素质好、科学文化水平高、组织领导能力强，能够创造性开展工作的管理人员队伍、技术骨干。同时加强人力资源管理、开发，鼓励职工自觉加强学习，营造良好的学习氛围，创建学习型企业。采取行之有效的培训方式，切实加大职工的教育培训力度，通过提高全体干部职工的素质，努力实现我局整体素质的提高。

（四）实施全面提升企业综合素质和管理水平的企业管理战

进一步巩固创一流成果，建立长效机制，全过程、全方位地加强企业管理，在管理手段和管理理念等方面实现根本性的转变。积极借鉴、学习和引进先进的管理理念，构筑起内部科学合理的新型管理体系，优化人力资源配置，把企业的安全管理、技术管理、设备管理全面提高到一个新水平、新档次，用尽可能短的时间缩小与蒙西单位管理上的差距。

（五）实施增收节支，增供扩销，尽量减少亏损，积极走出困境的经营战略

继续保持过紧日子、算细账，强化内部经营管理的优良传统和作风。深化内部经营机制改革，树立现代化的经营理念，采取现代化的管理手段，制定各方面的得力措施。下大力气研究和培育电力市场，力争将各煤矿非生产负荷全部纳入我局供电范围，努力培育符合国家产业政策、规模化、环保型、可持续发展的高载能工业用电市场，重点做好海东工业园区、云南时杰公司配合工作；积极做好对各自备电厂征收系统备用费的工作。同时把理顺电网销售价格作为突破口，使我局经营步入良性轨道。

四、负荷预测及售电量计划

2005年×电网最大负荷×万千瓦（含莫旗、阿××为35万千瓦），平均负荷×万千瓦（含莫旗、阿××为×万千瓦）。

2006年基础负荷预计增加×万千瓦，高载能负荷预计增加×万千瓦。2006年预计最大负荷×万千瓦，平均负荷×万千瓦（已考虑九九硅业启动，若不启动则达不到）。目前×地区高载能生产不稳定，存在有负荷、无电量，大负荷、小电量的问题。预计2006年我局可完成售电量×亿千瓦时。

五、关于电网工程建设的两点建议

自2004年厂网分开以来，我局开展了大规模的电网建设。由于工程建设多安排在冬季施工，给工程建设带来了一定的难度。2006年还将安排我局开展一批电网建设工程，我局建议：

（1）安排2006年工程时，能够考虑×地区冬季寒冷、有效工期短的特

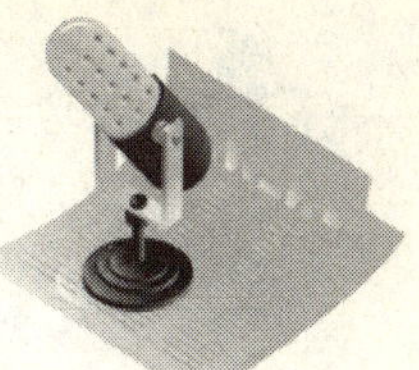

点，利用2005年冬季时间开展2006年的工程项目初步设计审查、施工图设计、设备招投标等工作，2006年春暖花开时就开始工程施工。

（2）能够及时拨付工程资金，满足工程进度需要，确保工程按期竣工达标投产。

目前距年底已不足40天，生产经营等各项工作面临着繁重的任务。但我局有信心，在公司的正确领导下，在×电业局上下广大干部职工的共同努力下，全面完成全年各项工作任务，以优异的成绩胜利跨入“十一五”，为内×电力的发展作出应有的贡献。

例文三

深化改革保持稳定
确保完成全年任务座谈会上的发言

×××

（2005年×月×日）

各位领导、同志们：

按照本次会议安排，现将×电业局2005年以来多种经营工作的开展情况向会议做简要汇报如下。

2005年1月12日，集团公司年度工作会暨二届五次职代会召开后，我局于1月17日立即组织召开了“×电业局2005年工作会暨一届一次职代会”。深入学习贯彻和领会集团公司工作会暨二届五次职代会精神，按照会议上下达我局的全年生产经营指标和全年工作安排，部署了我局2005年的生产经营、多种经营等工作任务。局领导班子在全面总结2004年工作，客观、冷静地分析面临的形势和任务、压力和挑战的基础上，进一步统一了思想认识，确定了2005年全局多种经营工作的指导思想，制定了全年工作计划　为全面完成集团公司下达的全年多经指标，同时也为多经企业的经营、发展进行了科学、准确的定位。

一、全年多经企业改革的总体战略、指导思想、方针目标

2004年，在集团公司多经局的正确领导和大力支持下，经我局多经系统各单位的共同努力，历经坎坷、困难，虽完成了集团公司下达的各项经营指标，同时也在改革发展方面取得了一些成果。但受厂网分开改革工作持续时间过长、人员去向不明确等一系列客观因素的影响，多经工作遇到了前所未有的困难和不利因素，所属各单位的多经企业也随之进入了经营

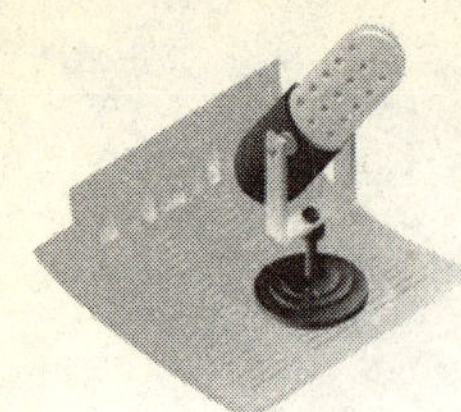

低谷。针对这种情况，局领导班子多次立会认真研究讨论多经工作，统一思想，制定了具体的方针、政策，确定了今后的发展思路。

把多种经营视为电力企业改革与发展的重要组成部分，继续稳步推进多经企业的改革与发展。把加快多经的改革作为多经工作的重心，紧密围绕电力主导产业，以发展解决职工队伍稳定问题；以改革解决发展动力问题；以结构调整解决经济效益增长缓慢问题；以建立同主业的资产纽带关系解决内部市场问题；以保证职工队伍相对稳定为前提，实施减人增效，解决精干主体问题；继续开展多种经营第二次创业，从而推动多种经营实现产权多元化、经营市场化、发展产业化、管理科学化，成为独立的法人实体和市场竞争主体。制定了全年实现收入×亿元，利润×万元的全年多经工作目标，明确了以下几个方面的工作重点：

（1）进一步统一思想，提高认识，增强发展多种经营的自觉性和责任感。进一步解放思想，更新观念，清除种种思想障碍。要站在改革的高度，重新审视厂网分开后发展多经的必要性、重要性和紧迫性，深刻领会多种经营在电力企业改革发展中所处的重要地位和重要作用，真正把多种经营纳入到本单位总体发展目标中，统一规划，统筹部署，统一落实，统一考核。用全新的思维处理好主导产业和多种产业协调发展的关系，处理好眼前利益和长远利益的关系。

（2）要坚定不移地推进多经企业的体制改革，积极探索所有制的多种实现形式，解放和发展多经生产力。对多经企业的改革、改组、改制要统筹安排，逐步推开。要认真总结几年来改制的经验，同时借鉴先进单位的成功做法，选准选好改革模式。已经改制的多经企业要做到规范运作，不断完善经营机制。各单位根据自身条件和市场要求，选择适宜的改制形式和经营方式，对那些产品有市场、管理水平高、效益好的企业要继续予以重点扶持，使之加速发展；对那些效益不好、产品无市场或市场前景暗淡的企业要进行出售、出租或破产；对那些闲置的资产要予以充分利用，通过抵押、变现、转为股本等手段使之增值。

（3）努力培育新的增长点。抓住×电网建设步伐加快以及城农网改造、建设的有利时机，重点扶持牙×浩明电力建设公司等电力施工企业、扎×电杆厂等电力设备生产企业，同时及时研究开发相关的产品和劳务。重视和加快企业的技术改造，推动企业的技术进步。依托地区和行业优势，着眼于发展优势企业和优势产品，努力寻找新的增长点。

（4）深化多经企业内部改革，建立起完善的激励机制和约束机制。引入竞争激励机制，加大企业人事、用工和分配制度的改革力度，探索符合

多经企业自身实际的先进合理的用工分配制度，建立有效的竞争激励机制和约束机制。重视困难企业的职工生活和安置工作，采取积极措施妥善解决。清退临时工，过去由临时工从事的岗位安排主业分流人员或集体职工顶替，鼓励职工自谋职业，按法律程序清退那些长期不上班的固定职工，整顿清理职工队伍。及时为在岗职工交纳养老统筹，使职工老有所养解除后顾之忧。

（5）加强企业内部管理。特别是针对制度不全、管理不细、考核不严、关系不顺、跑冒滴漏严重等问题，要求各单位领导和职能部门要把多种经营的相关工作纳入各自的职责范围，加强对多种经营的政策指导和依法监督，理顺和规范主业与多经企业的经济关系。加强多经企业的财务管理，按"两则"、"两制"的要求健全企业内部管理制度，健全核算体系，有条件的多经公司都实行财务集中统一管理，重点抓好资金管理、成本费用管理。

总之，要始终坚持把加强经营管理和加快多经企业改制，建立灵活有效的经营机制、管理体制结合起来，努力搞好搞活多经。尤其要以产权制度改革为突破口，力争在产权制度改革、用人机制和分配机制的改革上实现新突破，在公司化改组、出售、民有民营、破产、退出国有序列等方面进行大胆尝试和有益探索，推动多经企业实现经营市场化、管理制度化，使之成为自主经营、自负盈亏、自我约束、自我发展的市场竞争主体，坚决完成集团公司下达的各项指标。

二、多经工作开展情况

自年初以来，按照上述安排部署，所属各单位将指标层层分解、落实，制定考核办法，细化各项指标考核标准，强化经营管理，不断加快改革、改组、改造建立现代企业制度步伐，广大干部职工齐心协力，克服困难和不利因素，全力推进各项工作，保证了生产、经营等各项工作的有序进行。重点开展了以下几个方面的工作。

（一）重视和扶持电力建设施工与安装企业，保持其健康稳步发展

按照有进有退、该进则进、该退则退的经营原则，对经济效益好、有发展前景的多经企业予以重点扶持使之扩大规模。通过联合、兼并、租赁、出售、资产量化等多种形式努力实现产权多元化，提升竞争力。根据我局近几年电网项目多、电网建设发展快的特点，大力扶持各供电局多经公司以电力建设安装为主的电力建设、施工、电器设备制造加工等企业，使其加快发展。在基建工程中，牙×浩明电力建设有限责任公司、扎×电力安装公司、海×顺达电力建设公司承揽了部分工程，共完成了近×万的

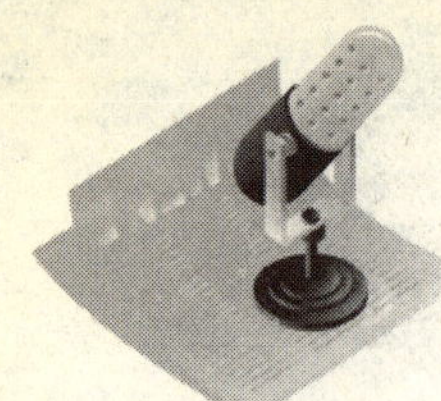

工程量，其他几个供电局的工程公司也完成了近千万元工程量。牙×变压器厂积极推进技术进步，产品已完成向S11型的转变，共生产完成变压器×千伏安，计量箱×块，该厂连续3年产值超×万元。扎××电杆厂克服资金紧张困难，每年超额完成任务，截至目前共完成输配电杆×根段。其他与基建相关的多经企业今年也有良好的发展势头，如××电力勘测设计公司近两年始终任务饱满，刚刚成立不久的电力线路工程监理公司每年都超额完成产值计划。此外，各供电局多经公司所属的电力线路安装公司及相关企业在主业的扶持下也取得了良好的经济效益。

（二）加快多经企业的改组改制步伐

（1）合并、承包一些尚可生存的多经企业，如餐饮服务业，由于缺少内行管理，管理层次多，存在着规模小、硬件设施陈旧、连年亏损的实际问题。针对这种情况，将扎×电力宾馆归属扎×供电局直管，满×电力宾馆归属满×电力宾馆直管，减少了管理层次，增加了效益，并对一些微利企业对外承包，例如铁合金厂、变压器修配厂等企业。

（2）取缔、撤销、破产、变卖一些不良多经企业，特别是年年亏损企业，应坚决取缔、变卖，如光明制氧厂、宏建公司、光明公司农场、牧场等。光明制氧厂是×年建设的老厂，厂房设备陈旧、老化、制氧设备型号老旧，连配件也很难买到，生产出来的氧气不合格，销售不出去，很难维持×名职工的生存，连年欠发职工工资。针对这种情况，局领导班子研究后撤销了光明制氧厂，给×名职工全部办理了离岗退养。宏建公司是一个集体企业，近年来因设备老化，只靠餐饮和商品房出租维持，因资不抵债，目前正在操作破产，现已完成一切破产程序，准备到区法院立案破产，如破产成功可消化×名集体职工。光明公司农场、牧场由于受天气、市场价格影响，市场不景气，年年亏损，农场欠鄂温克自治旗土地局×余万元，经过协商以农场抵债，牧场也在核价变卖中。

（3）大力压缩多经管理人员，将光明集团公司本部撤销，成立多经办，仅留三人，其他人员结合“三改”工作予以妥善安排（局机关安排×人，任中层干部×人，其余×人安排在局机关综合部等职能部门；到基层单位担任领导职务一人，到基层各单位的有10人），仅此一项每年减少费用×余万元。

（三）树立稳定压倒一切的思想，正确处理改革、发展、稳定的关系

在多经企业实施改革过程中，在调整利益关系的情况下，多经企业特别是困难企业的职工队伍中潜伏着不稳定因素。而职工队伍的稳定是企业改革和发展的基础，是建设和谐社会、稳定社会的重要因素。随着厂网分

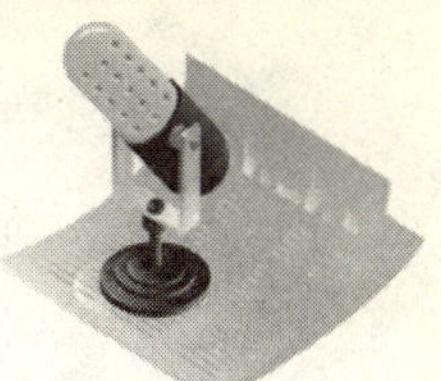

开给多经企业带来的种种困难和三项制度工作的开展，一系列的重大改革给维护职工队伍稳定工作带来了严重挑战。为了保持职工队伍的稳定，我局成立了以分管多经工作的领导为组长的维护稳定领导小组，及时掌握职工的思想状况和思想动态，不定期地找职工谈话，把不稳定苗头化解在萌芽中。积极协助破产企业和生产不景气企业处理拖欠职工工资、拖欠养老统筹问题，帮扶困难职工的生活，解决困难职工生活上存在的问题。如2005年2月，制氧厂因设备老化，生产不出合格的产品，职工已经几个月没发工资。经局领导研究同意，由光明公司出资×万元解决职工的生活问题，做到了人动我知，未动先知，主动介入，防止事态扩大。

进一步加强信访工作。按照谁主管谁负责的原则加大信访工作的管理力度。对信访举报信件做到及时批办、认真核查、及时处理。对困难企业职工写信反映未发生活费或下岗人员最低保障金，对自愿离岗自谋职业和分流人员反映情况和未按政策规定上访者热情接待，做耐心细致的解释工作化解矛盾。

三、1－6月生产经营、安全指标完成情况

实现收入×万元，完成计划的×%；实现利润×万元，完成计划的×%；税金完成×万元；全员劳动生产率×元／人。

今年以来，所属多经企业进一步强化了安全生产管理网络建设，完善了安全生产领导机构，配备了安全员，制定完善了安全管理规章制度，落实了各级安全生产工作责任制。各单位按照集团公司多经局关于开展春季、秋季安全生产和安全保卫大检查和关于开展安全生产月活动的文件精神，全面开展了以防人身伤亡事故、防雷、防火、防交通事故、防盗、防暑、防设备损坏和危及稳定的突发事件为重点，以查组织领导、查安全意识、查安全教育、查规程制度、查事故隐患为主要内容的安全监督检查，对查出的问题限期整改，及时消除安全隐患，保持了安全稳定局面。截至目前，未发生一起生产事故、交通事故及火灾和其他事故。

四、2006年多经工作的思路、打算

针对厂网分开后，我局在改革发展方面面临的新任务、新形势，要从大局出发，用改革与发展的战略眼光来充分认识大力发展多种经营的目的和重要意义，提高对多经的重要地位、作用的认识程度，增强加快发展多经的危机感、紧迫感和使命感，同时要调动广大干部职工的积极性，努力推进多经工作再上新台阶。依托主业，利用我局近年来基建项目多的优势，大力发展和巩固各供电局多经企业的安装队伍，做好施工资质等级晋升工作，不断提高管理水平，积极争取工作量，使工程安装企业不断成熟

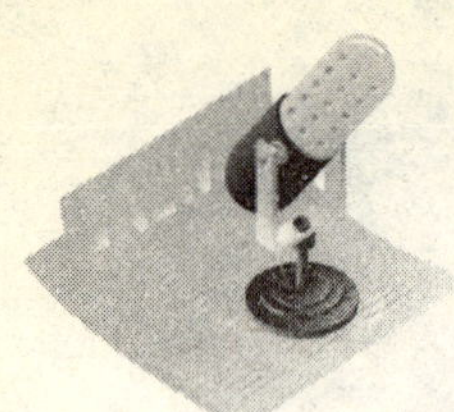

壮大，争取工程不外流。同时要加大力度处理不良企业，2005年没有处理完的在2006年继续处理。

按照集团公司《关于进一步规范对多种经营企业管理的通知》精神，不断规范多经企业产权关系和管理关系，规范业务关系，清理和整顿主业对多经企业历年投资、拆借、担保等。

千方百计保持职工队伍稳定。按照集团公司关于做好职工队伍稳定工作的要求，以及“谁主办，谁负责”的原则，结合我局多经的实际情况，积极落实，认真解决多经人员欠发工资、历年累计欠缴养老金、住房公积金等问题。

进一步明晰产权关系，做好主多分离工作；清理现有多经企业，扶持优势企业优势项目做大做强；继续抓好安全生产，保持安全稳定的局面。

总之，要始终本着讲求效益和回报，获得利润或至少收支平衡的原则，不断加强对多经企业的经营管理，加快改革步伐，通过一系列改革措施的实施，使多经产业保持稳步发展势头。特别是，随着我局电网建设发展步伐的加快，2006年将有一大批电网工程项目陆续开工建设，为多经提供了发展空间，以牙×浩明电力建设公司、扎×电力安装公司、扎×电杆厂为代表的一批施工企业将积极参与施工建设。与之相关的电力勘测设计、电力物资供应企业都要以此为契机，积极开展和承揽相关业务，承担我局110千伏输变电工程及其配套等工程的部分设计与施工任务，不断发展壮大，力求取得较好的经济效益，增强自身实力。

目前，尽管我局多经工作还面临着很多困难和不利因素，但是在集团公司的正确领导和大力支持下，我局多经系统广大干部职工一定能够肩负起×电业局多经改革与发展的历史使命，进一步统一思想，团结一致，艰苦奋斗，克服困难，继续稳步前进，不断开创新业绩，推进多种经营持续、稳定、健康发展，为加快××多种经营的发展作出新贡献。

例文四

在全局质量管理小组活动座谈会上的讲话

×××

（2003年×月×日）

同志们：

今天，我们在这里召开全局质量管理小组活动座谈会，目的在于进一

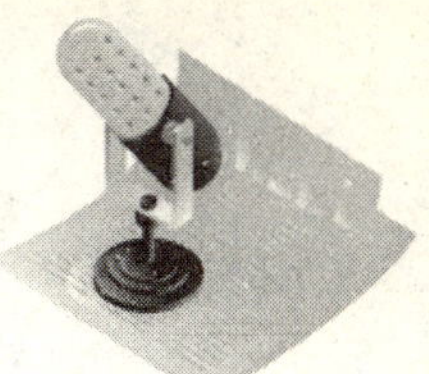

步总结质量管理小组活动的经验，展望未来，明确下一步的努力方向。因此，这次会议十分必要，也很有意义。在此，我向来自全局的质量管理小组活动骨干和全局广大职工致以亲切的问候！向在这一活动中作出突出贡献的领导和推进者表示崇高的敬意！借此机会，我讲以下几点意见。

一、充分认识开展质量管理小组活动的重大意义

质量管理小组活动是新形势下贯彻落实党的全心全意依靠工人阶级根本指导方针，大力发扬工人阶级主人翁精神，推动广大职工积极参与企业经营管理活动和科技创新活动的重要组织形式。多年来，全局各单位以生产一线工作的职工为主，包括技术人员、管理人员组成的质量管理小组活动蓬勃发展，广大干部职工积极参与其中，在全局的改革、发展中，特别是在提高干部职工素质、开展质量管理和质量改进工作中取得了突出成绩。在创造良好经济效益同时，培养了一大批懂技术、会管理的知识型职工和管理者队伍，在提高企业整体素质、竞争能力方面发挥了不可估量的作用。在看到成绩的同时，我们还应当看到，目前在这项活动开展过程中还存在一些问题和不足，如个别单位小组数量少，活动质量、成果水平不高等。因此，要继续保持这项活动的生机与活力，就必须从思想上进一步提高对开展这项活动重要性和必要性的认识。

深入开展质量管理小组活动，是加快我局改革发展的迫切需要。加快我局的改革与发展是摆在全局干部职工面前的一项艰巨的任务，需要包括广大工程技术人员、管理人员在内的广大职工群众在各个岗位上充分发挥积极性、主动性和创造性，以自己的聪明才智，为实现我局健康、稳步、持续发展献计出力。深入开展质量管理小组活动，并把这一活动不断引向深入，对于进一步团结和动员广大职工群众为保证安全生产、提高企业综合素质和管理水平、加快推进改革发展进程建功立业，具有十分重要的现实意义。

深入开展质量管理小组活动，是充分发挥工人阶级主力军作用的重要途径。长期以来，全局干部职工在局党政领导班子的领导下，始终站在改革、发展的前列，在我局不同的历史发展阶段都作出了巨大贡献。包括广大工人、技术人员和管理人员在内的广大干部职工，始终是推动我局改革、发展的根本力量。深入开展质量管理小组活动是尊重职工群众首创精神的重要举措，也是充分发挥工人阶级主力军作用的重要途径。开展这项活动对于引导和帮助广大职工掌握、运用先进科学技术，大力推动科技进步和创新，培养知识型职工队伍，都具有十分重要的促进作用。

深入开展质量管理小组活动是我局的优良的传统。党的十一届三中全

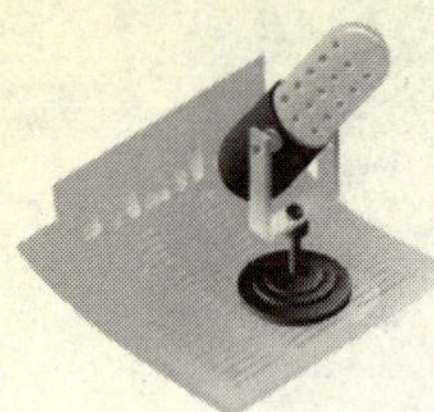

会做出了把党和国家的工作重心转移到经济建设上来的伟大战略部署，掀开了我国改革开放的新的历史篇章，广大人民群众的积极性创造性由此得到空前的发挥，极大地解放和发展了我国社会生产力。为适应历史发展趋势，质量管理小组活动应运而生、蓬勃发展，在广大职工中形成了深厚的群众基础和优良传统，培养了一大批懂技术、会管理的知识型职工和管理者，激发了广大职工的创造力量和巨大潜力，调动了他们的积极性和聪明才智，对增强企业的经济效益和竞争能力，促进国民经济持续快速健康发展，发挥了积极的促进作用。

党的十六届三中全会强调，深化经济体制改革必须坚持以邓小平理论和“三个代表”重要思想为指导，全面落实十六大精神，解放思想、实事求是、与时俱进，坚持社会主义市场经济的改革方向，坚持尊重群众的首创精神，坚持正确处理改革发展稳定的关系，坚持统筹兼顾，坚持以人为本，树立全面、协调、可持续的发展观，促进经济社会和人的全面发展。我们一定要从全面贯彻落实“三个代表”重要思想和党的十六大、十六届三中全会精神的高度，充分认识质量管理小组活动及其他各种职工经济技术活动的重要性和必要性，与时俱进、开拓创新、抓住机遇、乘势而上，把这项活动扎扎实实地推向前进。

二、组织动员广大干部职工以主人翁姿态积极参加质量管理小组活动

质量是企业的生命，也是产品和市场的生命。产品的质量如果不好，就会在竞争中被淘汰，企业就会破产。如果一个市场没有质量好的产品，这个市场就会衰败和消亡。质量关系企业的兴亡，关系市场的兴衰，关系国际竞争力的强弱和国际形象。因此，抓好质量管理的意义重大而深远。抓质量问题关键在于企业领导干部的素质以及管理人员、技术人员和全体职工的素质。

广大工人、技术人员和管理人员要进一步认清自己所肩负的光荣使命，不断增强大局意识、责任意识，以更加高昂的热情和干劲积极投身质量管理小组活动，在全面建设小康社会的历史进程中，充分发挥主力军作用，充分展现主人翁风采。

（1）要立足本职、建功立业。要以高度的主人翁责任感和艰苦创业精神、忘我的劳动热情和无私奉献精神，积极投身到质量管理小组活动中，紧紧围绕企业改革和发展的方针目标及生产经营管理活动开展工作，密切结合企业和自身岗位实际，通过积极主动参与质量管理小组活动，为现代化建设贡献智慧和力量。

（2）要勤奋学习、提高素质。要紧紧围绕经济建设这个中心，积极顺

应时代发展的要求，努力学习和吸收国内外先进的科学技术和文化知识，学习经营管理知识以及有关专业知识，不断提高业务能力和技能水平，不断提高自身的综合素质，在更大的范围和更广阔的领域开展质量管理小组活动，不断提高这一活动的质量和水平，进一步推动这一活动向纵深发展，企业需要质量管理，事业单位和机关也需要提高工作质量，需要质量管理。

（3）要锐意进取、开拓创新。全局生产一线的职工、技术人员和管理人员，蕴藏着极其丰富的创造潜力。在质量管理小组活动中，要树立强烈的开拓进取意识和创新求实精神，勇于实践，敢于创新，把自己的聪明才智发挥出来，把自己的巨大潜力挖掘出来，大力开展技术革新、技术改造和合理化建议活动，为质量管理小组活动注入新的生机和活力，为实现全面质量管理、促进经济发展和社会进步不断贡献力量，创造新的业绩。

三、进一步加强对质量管理小组活动的组织领导

质量管理小组活动涉及面广、领域很宽，要进一步抓紧抓好、抓出成效，必须切实加强领导，精心组织，周密部署，统筹安排。

要高度重视、大力支持质量管理小组活动的持续开展，把这一活动不断推上新水平。各单位要充分认识质量管理小组活动的重要意义，把质量管理小组活动深入持久地开展下去。各单位领导要重视、关心和支持这项活动，切实加强对质量管理小组活动的领导和指导，创造更加有利于职工素质提高、有利于加强产品质量管理、有利于提高企业管理水平和竞争力的工作条件。要采取有力措施，不断提高活动的档次和水平，为我局培养更多的优秀技术工人和技术骨干造就更多的优秀生产管理人才，为企业、为国家、为社会创造更大的价值和更多的财富。

要认真总结、及时推广质量管理小组活动的成功经验，积极探索这一活动的新形式。多年来，质量管理小组常年活跃在不同的工作岗位，为我局创造了大量的直接经济效益和社会效益，特别是当年参加质量管理小组活动的骨干，如今许多已经走上了各级领导岗位。我们要认真总结质量管理小组活动在组织形式以及成果转化等方面所取得的成功经验，同时更要积极地研究和探索在新形势下质量管理小组活动的创新与发展问题，从而使这一活动与时代发展和社会前进的要求相适应，使这项活动始终紧跟时代前进步伐，充满生机与活力。

要广泛宣传、积极营造质量管理小组活动的良好氛围，努力形成全员参与这一活动的新局面。质量管理小组活动的健康持续发展还需要有关的组织和推动部门各司其职、各展其长，通力协作、优势互补，有效地整合

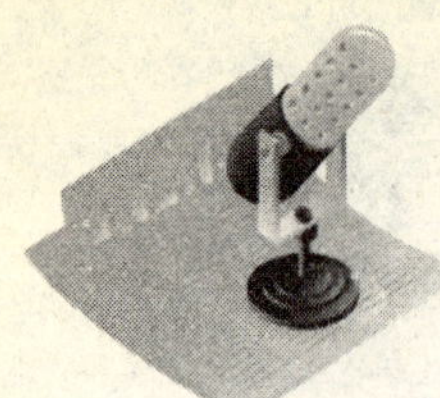

各种资源，不断提高运行质量和效果。要通过广泛宣传质量管理小组活动多年来取得的成果、发挥的作用，赢得方方面面的关注，支持质量管理小组活动，为质量管理小组活动的开展营造更加有利的社会氛围。

同志们，加快我局的改革、发展是需要全局干部职工共同完成的事业。让我们同心同德、奋发图强，把质量管理小组活动开展得更广泛更深入，为提高我局管理水平和经济效益、加快推进改革发展进程作出新的、更大的贡献！

例文五

加快基地建设步伐
全力推进跨越式发展

——在前期和基建工作座谈会上的讲话

×××

（××年×月×日）

同志们：

今天我们在这里召开前期和基建工作座谈会，一是传达贯彻内×电力公司前期工作会议暨新开工项目动员会议精神；再就是对我公司前期和基建工作进行安排部署，确立公司今年及今后一个时期的一些重点工作，深入研究和探讨如何抓住机遇，加快发展，并以此统一思想，明确工作思路，动员全公司干部职工进一步认清形势，提高认识，增强责任感、紧迫感，按照公司的安排部署，努力完成前期和基建工作任务，加快电力能源基地建设步伐，全力推进公司电热源点、电网建设迈上新台阶，实现×××电力的大跨越、大发展。我结合当前形势讲以下几点意见和要求。

一、认清形势，明确目标，增强紧迫感

当前，随着国家电力实施重大改革，全国电力体制格局、市场格局发生了重大变化，内×电力体制改革也即将实施，自治区、××市正在全力加快有我区（市）特色的新型工业化进程，自治区、××市经济必将继续保持高速增长，由此必将带来电力需求的快速增长。特别是自治区党委、政府近期把内×电力工业确立为“第一支柱产业”，对内×电力提出了更新、更高的要求。内×电力公司在3月18日召开的前期工作会议上提出要建设宝日希勒电源中心，同时对建设统一、规范的×伦贝尔电网给予了极

大关注与支持，这些无疑为××电力的发展带来了前所未有的发展机遇。

多年来，公司始终不渝地坚持发展不动摇，早在“九五”期间就提出了建设统一、规范的××电力网的宏伟目标。公司上下坚持电热市场开发并举，电网、电热源点建设并重的原则，全体干部职工围绕这一目标的早日实现，同心同德，发奋努力，取得了实质性的进展。我们不仅顺利接收了东海×电厂、伊×供电局，先后开工建设了海×热电厂南郊分厂、满×光明热电公司、阿×旗热力公司××兆瓦锅炉工程、扎×热电厂××兆瓦锅炉工程、岭西至岭东220千伏输变电等一批电网电热源点工程，而且于2002年底将所属电厂全部实施了供热改造，同时储备和即将开工建设海×至满×220千伏输变电工程、东海×电厂扩建××万千瓦机组等一批工程。为公司几年来增供扩销，开拓电热市场创造了条件，提供了有力保证，同时也为实现××电力的大跨越、大发展创造了良好条件，奠定了坚实的基础。

在此基础上，经过认真的分析和研究，在2月18日召开的前期工作会上，公司又提出了紧紧抓住国家西部大开发、电力体制实施重大改革、××市委政府实施煤电转换战略，培育龙头、骨干企业，大力推进全市工业化进程，从而给××电力大发展带来的新的历史性机遇，依靠内×电力公司、××市委政府及社会各界的大力支持，充分发挥××市的资源优势，在“十五”末期、“十一五”至“十二五”期间建设一批大型发电、输变电项目，除满足地区经济发展的需求外，还要实现向东北、华北输送电力，实施煤电转换，变输煤为输电，变资源优势为经济优势，加快××电力能源基地建设的发展思路和战略目标，向内×电力公司、××市委政府提出了将宝×勒电厂2×60万千瓦机组等发展项目补充列入自治区电力发展规划的请示。这个战略目标是在充分考虑了国家电力体制改革方案的正式实施，新的体制将给电力运行机制、投资体制、电价机制带来新的变化，以及××地区煤炭、水利等资源极其丰富，具备建设大型发电项目的优越条件，特别是与××市毗邻的东北三省经济发展迅速，而受资源等因素的制约，缺电问题日益严重，电力需求空间大等诸多因素的前提下而提出的。其中心和指导思想是：实施“煤电资源转换”战略，加速××市电力能源基地建设，变输煤为输电，变×伦贝尔资源大市为电力能源大市，将电力做大做强，成为地区的“龙头”和支柱产业，从而带动相关产业的共同发展，推动全市经济实现超常规跨越式发展。这个战略目标顺应了内×电力乃至全国电力发展的形势需要。

刚刚闭幕的内×电力公司前期工作会议暨新开工项目动员会，确定了

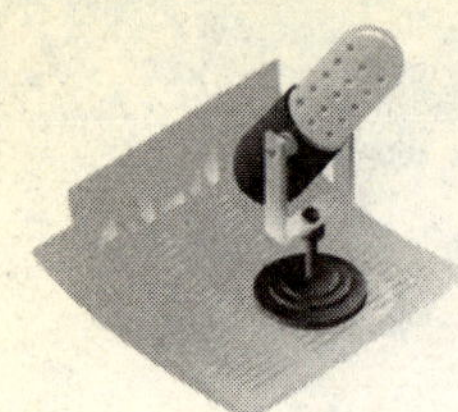

今年计划开工建设×万千瓦，到“十五”末期全区新增装机容量×万千瓦，总装机容量达到×万千瓦，向区外送电能力达到×万千瓦。到2010年，全区总装机容量达到×万千瓦、自治区人均×千瓦电力目标，实现西电东送×万千瓦，把内×建成全国最重要的电力生产和输出基地之一，把内×电力做大做强的总目标，将掀起内×电力新一轮大发展的高潮。作为内×电力的组成部分，我们必须进一步解放思想，打破常规，加快自身的建设与发展。面对国家电力改革发展的新形势，必须进一步解放思想，更新观念，加快发展不动摇；必须彻底摒弃抱残守缺、老守田园的观念意识。让××电力在我们这一代人手中实现大跨越、大发展是历史赋予我们的不可推卸的责任。

无论从所处的地理位置还是周边环境看，我公司都有着良好的发展前景和十分广阔的发展空间。因此，我们必须充分发挥我们的资源优势、地缘优势，通过多方寻求合作伙伴、多渠道融资的形式，加快电网电热源点建设。与此同时，我们还应当清醒地意识到，××地区有着煤炭资源丰富、水资源充足等一些电力建设的诸多优势，加之××市委、政府全力推进工业化、城镇化进程，大力优化投资环境等带来的良好条件和政策环境，势必将吸引来众多的投资者来××尔办电。此外，国家电力体制改革后，五大发电集团都确定了明确的发展思路，都将扩大规模，占据更大的电力市场份额，已开始在全国范围内加大了电源建设项目的力度，内×电力公司（包括我公司）正面临着在竞争中求生存求发展的严峻形势。因此，我们必须增强加快发展的紧迫感、危机感，抢占有利时机，捷足先登，快人一步，否则必将在未来更加激烈的市场竞争中丧失主动权。

二、把握重点，加大力度，整体推进，扎扎实实地做好前期工作，推动我公司持续、健康、快速发展

如何准确地把握“十五”后三年以及“十一五”、“十二五”期间我公司建设和发展的机遇，进一步增强自身综合经济实力，保持持续、稳定、健康发展，是当前我们必须面对和尽快加以解决的问题。目前，随着内×电力公司新一轮电力大发展热潮的掀起，建设以220千伏电压等级为主网架的东西贯通、统一、强大的内蒙古电网，以及把内×建成全国重要的电力能源基地目标的逐步落实，客观地要求我们必须及时调整前期工作方向，克服畏难情绪以及对发展的形势估计和认识不足等不利因素，调动一切积极因素，按照公司对前期工作的总体安排部署，全力抓好落实；必须上下形成合力加速电网、电热源点建设，加快×伦贝尔电力能源基地建设，为我公司可持续发展创造条件。否则就会错失良机，就会与内×电力

系统中西部地区的差距进一步加大。

（1）高度重视和全力抓好前期工作。各单位领导班子要进一步认清形势，统一思想，要从维护公司生存与发展的高度充分认识前期工作的重要性进一步增强责任感，按照公司的要求，立足当前，着眼未来，认真做好本单位的前期工作，从而为实现全公司前期工作目标作出贡献。领导班子要始终对电网、热网、电热源点建设、规划，关系本单位、全公司今后生存与发展的重大项目予以高度重视，全力抓好落实，力争使所有项目都能按计划得以如期实施。处在××尔这样一个经济发展缓慢、欠发达地区，地方经济发展滞后直接影响和制约着电力企业的发展。由于形势和环境所迫，我们必须有一种紧迫感、危机感，必须超前谋划，集中精力，全力以赴抓好重点工程的前期工作，使之得以尽早实施，为我公司今后的发展积蓄后劲、提供后续力量，从而增强我公司的整体经济实力和竞争力。只有这样，才能保证企业的生存与发展，在激烈的市场竞争中立于不败之地，推动我公司实现大跨越、大发展。各单位的主要领导在关系职工的前途与命运、企业的生存与发展，关系到职工群众根本利益这样一些大事、大问题上，要时刻意识到自身肩负责任的重大，任务的艰巨不能有丝毫懈怠心理，对本单位的重要项目要抱定一种不达目的誓不罢休的信念。全公司干部职工都要树立忧患意识，居安思危，不断增强责任感和紧迫感，从而抓住机遇，继续保持公司持续、快速、健康的发展势头。

（2）切实加强对前期工作的组织领导。各单位要切实加强对前期工作的组织领导，摆到一把手的重要议事日程，建立健全前期工作领导机构，做到分工明确，责任到人，定期和不定期立会进行专题研究、讨论、征求意见，集思广益。要按照公司前期工作的总体思路，将工作的着力点放在组织落实上，千方百计，想方设法争取各级政府、内×电力公司的政策和投资支持，狠抓各项措施的落实，确保公司前期工作任务的完成。对一些难度大的项目，各单位主要领导要及时向公司汇报进展情况，与公司有关部门及时沟通，主要领导要亲自带领有关人员到自治区有关部门、电力公司进行汇报、做有关方面的工作，以取得理解、支持，获得批准。要进一步解放思想，更新观念，抓住机遇，树立新的发展观，用新思路，采取新办法，既要有紧迫感，抓好当前工作，又要有持之以恒的精神，落实好公司确定的“十一五”、“十二五”电力发展规划，做到常抓不懈，抓出成效。对公司确定的各个工程项目，尤其是近期要上的项目，各单位各有关部门要做到分工明确，责任落实到人，抓紧进行项目建议书和可行性研究，从速、从优、从细做好前期工作。

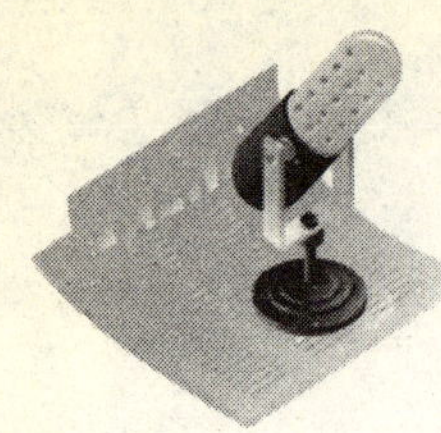

（3）要把建设强大、统一的××电网作为当前的首要目标。实现××市电网的全面联合与统一，使之在大容量、高电压等级、高自动化水平的发展方向上不断迈上新台阶，更加合理的实行电网的经济、科学调度，规范化管理，充分发挥大电网、大机组的优势，提高电网运行的整体经济效益，是我公司广大干部职工的夙愿和孜孜以求的奋斗目标。我公司要依靠内×电力公司和××市委、政府及社会各界的有力支持，充分利用好西部大开发的历史性机遇，多方筹集资金，加快岭东岭西联网工程、海拉尔至满洲里220千伏输变电工程、拉布达林至根河110千伏输变电工程建设步伐，不断改善电网结构，提高主网架电压等级，形成自西而东，以220千伏为主网架，110千伏为分支网架的电网，实现与电源的协调发展，从根本上改变目前网架结构薄弱，供电能力、供电可靠性较差，难以适应各地区日益增长的供电需求的现状，同时通过各方面的共同努力加速实现××市电网的统一。

（4）要依靠各级政府及有关部门的大力支持，大力开发全市热力市场。发展集中供热，这是我公司壮大经济实力，提高经济效益的有效途径。××尔属高寒地区随着地区经济的发展和国家环保政策的实施，城市集中供热事业呈现出迅速发展之势。近几年，各地区城镇建设发展迅速，对集中供热的需求越来越大，发展集中供热事业有着广阔的前景。因此，我们必须抓住机遇，克服各种困难，努力创造条件，大力发展集中城市供热事业，尽可能多地占领供热市场，这是关系我公司生存与发展的重大问题。特别是在当前××尔地区电力市场狭小、地区经济增长慢的形势下，必须把大力发展城市集中供热作为当前及今后一个时期的工作重点。要本着电热开发并重的原则，依法规范热力市场，加快热源点建设和热网建设，不断拓宽热力市场。

（5）对公司确定的所有拟上项目要按轻重缓急进行科学、合理排序，做好安排，做到思路清晰，目标明确，重点突出，整体推进。要按照内×电力公司的要求，各项目建设单位要确定项目经理和具体分管前期工作的厂、局领导，明确责任人。做到任务落实，责权明确。要通过灵活调整前期工作的布局，使前期工作呈现出次序清晰、层次分明、节奏有序、齐头并进的局面，推动前期工作的开展，不断加快前期工作步伐。在工作方式方法上要勇于创新，敢于打破常规，敢于突破条条框框的约束。

三、切实加强组织领导，调动一切积极因素，坚定信心，苦干实干，确保实现前期和基建工作目标

（一）当前全公司上下要重点抓好以下工程项目的前期和基建工作

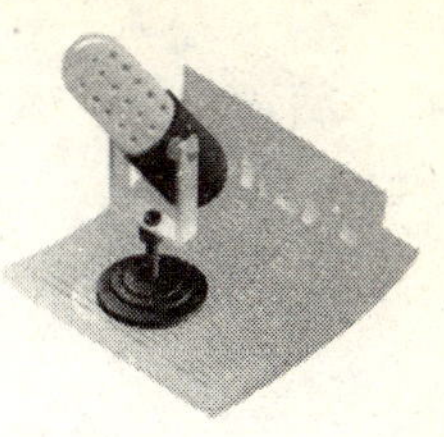

（2003年的计划开工和已开工工程项目）

（1）东海×电厂扩建××吨/小时锅炉，××兆瓦供热机组工程，工程可行性研究报告已编制完成，力争4月初完成可研审查及立项批复，7月完成初设审查及设备、施工单位招标，具备开工条件。

（2）扎×热电厂扩建××兆瓦供热机组，××吨/小时锅炉及相应供热管网工程已通过了可研审查，由自治区计委批准立项。为保证2004年采暖期前投产，计划在6月底以前完成初设审查及设备、施工单位招标，具备开工条件。

（3）满×光明热电公司扩建××兆瓦供热机组，××吨/小时锅炉工程，力争在4月完成可研审查，6月底前完成初设审查及设备、施工单位招标，具备开工条件。

（4）岭西、岭东220千伏联网工程。2003年要全面抓好此项工程的建设工作，确保9月底前竣工投产。海×尔至牙×石至扎×屯220千伏输变电工程不仅是统一××电网、加快××地区经济发展的重要举措，同时也是内×电力集团公司提出的“建设以220千伏等级电网为骨干，负荷中心以500千伏等级为支撑的西起阿××、北接锡×电网、东联××市、兴××的东西贯通的统一、强大的内××自治区电网”的重要组成部分。建设海×至牙×至扎×220千伏输变电工程，实现岭东、岭西电网联网，则为形成以220千伏为骨干的统一的×伦贝尔电网奠定了坚实基础。因此，该工程事关我公司生存、发展和统一××地区电网的大计，同时又对拉动地区经济的快速增长，实现可持续发展有着现实而深远的战略意义。各有关单位和部门要将其作为我公司“十五”期间的重点工程，全力以赴抓好，争取保质保量，按期投产。

（5）海×至满×220千伏输变电工程。现已进入可行性研究阶段，为使该工程能够按期开工、投产，6月底以前要完成可研审查，7月底前完成立项批复，9月底以前完成初设审查及设备、施工单位招标工作，具备开工条件。

（6）小城镇集中供热工程：巴××镇集中供热工程、大××镇集中供热工程、阿××镇集中供热工程、拉××集中供热工程。

（二）“十五”末期、“十一五”和“十二五”期间要重点抓好以下工程的前期和基建工作

1. 电源项目

（1）“十五”期间新建宝×电厂××万千瓦机组，2003年上半年完成可研审查，争取2004年开工建设，2006年投产。

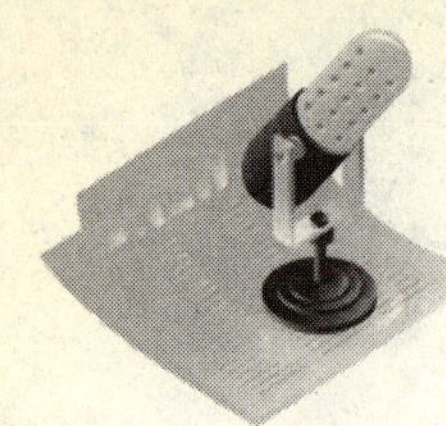

（2）“十五”期间完成扩建灵×电厂××万千瓦机组、扩建东×电厂××万千瓦机组的前期工作，具备开工条件。

（3）“十一五”期间建成投产以上三项发电工程，同时完成宝×电厂二期××万千瓦机组、扩建灵×电厂××万千瓦机组、扩建汇×电厂××万千瓦机组的全部前期工作，“十一五”末具备开工建设条件。

（4）“十二五”期间完成宝×电厂二期××万千瓦机组、灵×厂××万千瓦机组、汇×电厂××万千瓦机组三项扩建工程的建设。

2003-2015年13年间完成新增装机容量共计×万千瓦。

2.电网项目

（1）“十五”末期和“十一五”期间建设××市至东北电网和华北电网两回500千伏输电线路，分别向东北和华北送电。“十一五”期间建设牙×石至根×220千伏输变电工程，将××电网220千伏主网架延伸至根河林区。

（2）至“十二五”末期，通过实施上述工程把××市建设成为自治区东部乃至全国重要的电力能源基地，与蒙西地区形成东西×应之势，为建设以220千伏等级电网为骨干，负荷中心以500千伏等级为支撑的西起阿××、北接锡×电网、东联××市、兴××的东西贯通的统一强大的内××自治区电网创造条件，将××电力公司建设成为××市的支柱产业，实现××电力工业的跨越式发展。

面对新形势、新的工作任务，全公司干部职工要抓住机遇，再接再厉，乘势而上，加快电网、热网及电（热）源点建设，最大限度地扩大电热市场，继续保持强劲的发展势头，使公司整体经济实力和市场竞争力再提高到一个新水平，实现大发展。

（三）切实加强组织领导，加强基建安全、质量、进度管理。按基本建设程序实施工程监理制、设备招投标制，做到规范运作

针对今年开工项目多、时间紧、任务重的实际情况，各有关单位一是要按照公司确定的进度要求，编制周密的施工进度，严格考核，加强对工程的综合组织协调，及时处理工程建设中的问题，特别是要充分考虑到×伦贝尔地处寒冷地区，施工期短等不利因素，及早做好安排，保证工程建设顺利进行和按期投产。二是高标准、严要求，继续强化安全质量保证体系，落实各项安全措施，加大安全检查力度，发现安全隐患及时整改，全面提高安全文明施工管理水平，杜绝重大人身伤亡事故，杜绝重大机械设备事故。充分发挥监理人员和质监人员的作用，加大监理和质量监督力度，确保工程质量。三是采取切实可行的措施，努力控制工程造价。本着

“质量要上去，造价要下来”的宗旨，在批准概算的范围内编制执行概算，对设备费、材料费要从严管理，严格报批程序，慎重审查。

总之，各建设单位要与施工单位密切配合，责任明确，保质保量的完成施工任务，全部项目质量都应达到设计要求，且不发生安全事故。

（四）大力招商引资，广泛寻求合作伙伴，多渠道筹资办电

目前，受自有资金不足，投资能力所限，我公司难以凭借自身的力量实现规模扩张，完成上述工程项目。若考虑长期贷款因素我公司目前仍属亏损企业，在消化各种财务费用后年盈利仅在×万元左右，投资能力较小，没有足够的资金用于扩大企业规模（对外扩张）。电力企业作为“先行”产业，因其在社会经济发展中的地位与作用及影响，客观地要求要具有可持续性和超前性。在当前电力体制改革的新形势下，特别是改革到位后，应采用市场化的方式即社会融资，而不是以国家投入即国有商业银行贷款的方式为主发展电力，应该主要通过市场运作来确保电力发展所需资金的连续投入。国家电力体制实施重大改革后，为电力生产和经营企业及电力投资者在更加开放的电力投资市场中利用上市公司、资产转让、融资筹资、发行债券等多种方式、多种渠道扩大电力投资创造了条件，带来了良好机遇。因此，我公司要充分利用这一有利条件和机遇，充分利用我市的煤炭、水力等资源优势，依靠内×电力公司，××市委、政府的大力支持，动员全社会的力量，采取地方政府投资、电力投资、民间投资乃至外商投资等多渠道融资的形式，解决发展资金不足问题，加快电力发展，同时最大限度地减轻我公司的投资与还贷压力。对于拟上工程项目要按照建立现代企业制度的要求，依靠市场机制，本着股权多元化、投资多元化，集资办电的思路和途径，使之达到及早批复立项、及早开工建设、及早收到效益回报的目的。

支持和帮助使制约上市的有关问题得以一一解决，尽快实现上市融资的目标，以解决发展资金不足问题。同时，我公司还可考虑将“十五”、“十一五”期间投产的电源项目作为新资产注入安泰公司，以扩大和增加融资额，即通过资本市场融资，用所融得的资金投资建设新的电源项目，从而确保电力发展的持续投入，实现滚动开发。我们一定要强化市场意识，转变观念，转变思维方式，把控制成本，降低造价，增加利润，确保还贷放在第一位，这是市场经济的客观规律和必然要求，也是我公司实现良性发展的内在需要。

近几年我公司基本建设逐年发展，电（热）源点建设、热网建设、城农网改造等等逐年迈上新台阶，公司自上而下各有关单位、前期工作人员

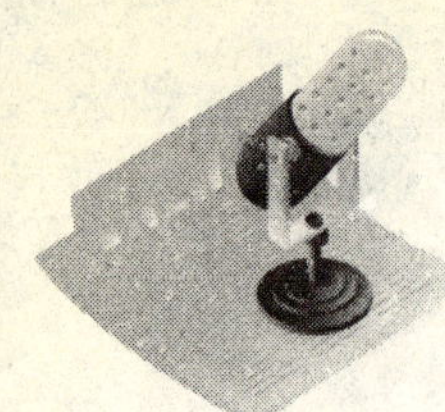

本着高度负责的精神，克服困难做了大量艰苦细致的工作，做出了不懈努力。尤其是做前期工作的同志为了批项目、跑贷款、办理数不清的繁杂手续，抛家舍业，别妻离子，风雨兼程，以高度的责任感和敬业精神，发扬千方百计、不怕千辛万苦、不惜千言万语的“三千”精神，饱尝了“门难进、脸难看、事难办”的辛酸苦辣。有的同志由于项目前期工作的需要，几个月甚至常年公出在外地，为了节省费用不得不在当地租房住，克服了吃住条件简陋等诸多困难和不便，做了大量卓有成效的工作，以辛勤的劳动和汗水换取了公司一个又一个项目的开工建设和竣工投产，为公司电网、热网、电热源点的规划、发展，拓宽电热市场作出了突出贡献，在公司的发展史上立下了汗马功劳。面对新的形势和任务，我希望做前期工作的同志要继续发扬肯于吃苦耐劳、无私奉献精神和扎扎实实的工作作风，振奋精神，努力工作，不断进取，为公司的发展再立新功。

目前我国电力工业的发展已开始步入了跨省、跨大区联网送电的新阶段，加之“厂网分开，竞价上网”的改革，省际间壁垒彻底打破，为××市大力发展电力，实现资源的优化配置，形成强大的外送电能力（向东北、华北），在更大的范围、更广的区域内参与电力市场竞争创造了千载难逢的机遇，这完全符合区域联网、全国联网的发展大势。面对新形势、新任务，各单位要结合本地区、本单位的实际，牢固树立发展是硬道理的观念意识，把发展作为第一要务。公司上下一定要密切配合，加强组织领导，以务期必成的决心和韧劲抓好公司确定的几个重点工程项目，使这些工程得以按计划如期完工。要紧紧依靠内×电力集团公司和××市委、市政府的正确领导和社会各界的大力支持，脚踏实地，认真落实发展计划，加快我公司的电网热网、电热源点建设，全力打造“绿色能源企业”的品牌，把××电热力这个绿色能源产业做大做强，为公司实现“十五”直至“十二五”计划目标，建设强大的××电力能源基地做出不懈的努力。

第十二节　综合性会议上的专题发言稿

一、综合性会议上的专题发言稿含义

综合性会议上的专题发言稿，主要是指分管某一条战线、某一方面工

作的领导同志在综合性会议上就自己分管的战线或工作讲情况和意见。

二、综合性会议上的专题发言稿写作技巧

首先阐述这项工作的重要性，其次阐述完成这项工作应采取的具体措施，最后阐述达到工作目标需要的外部条件。在阐述具体工作措施和需要的外部条件时，先谈主要方面，后谈次要方面。该类讲话稿既采取了紧凑的三段论方法，又采用了先主后次的内容安排，具备较强的逻辑性与连贯性，确保了文章的严谨、完整、合理。

三、综合性会议上的专题发言稿注意事项

1. 主题是讲话稿的灵魂，选择和确定主题至关重要，是动笔之前首先要研究的。

2. 要围绕主题进行合理的谋篇布局，也就是通过构思把讲话稿的骨架定下来，明确文章分几个部分，并列出提纲，然后再动笔。

3. 广泛收集和正确运用材料是撰写讲话稿的重要一环，要高度重视收集材料的工作。

四、范例

例文一

在公司前期工作会议上的讲话

×××

（2001年×月×日）

同志们：

今年是国家实施“十五”计划的第一年。随着国家西部大开发战略的实施，以及国家电力公司、×电力公司系统改革的不断深入，应当说，我公司既面临着发展的大好机遇，同时也面临严峻的挑战。近几年，我公司新上电网、热网工程较多，但由于对全市各地区电热负荷增长值估计、预测不足，一些工程项目投产后很快就达到了满负荷运行，致使电网、热网

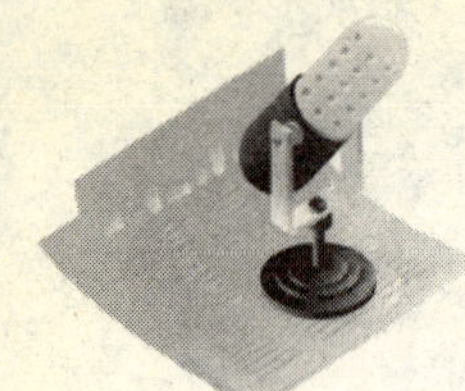

备用余量不足，扩大和拓宽电热市场受到一定限制。针对这一情况，如何立足当前，搞好公司“十五”期间特别是近一二年内的电网、热网发展规划，确立公司今后发展方面的一些重点工作；如何抓住机遇，加快建立统一、规范的×市电网的步伐，进一步拓宽电热市场，提高效益，不断增强实力，实现公司可持续发展，是摆在我们面前的一个十分紧迫的问题。因此，公司召集各单位召开前期工作会议，目的就是要回顾几年来公司前期工作情况，认真总结经验，查找不足，围绕公司提出的前期工作重点、规划进行分析、讨论，深入研究和探讨如何抓住机遇，制定可持续发展战略，保证我公司“十五”期间实现大发展，以此统一认识，明确工作思路，因此这次会议十分关键和重要。大家在前期工作特别是公司今后的发展方面有什么好的建议、意见、设想、工作思路要畅所欲言、各抒己见。我希望，经过大家的共同努力，今天的会议、开成一个群策群力能共谋公司发展大政方针的会议。关于“十五”期间前期工作的指导思想、奋斗目标、主要任务，×××在工作报告中要进行详细阐述，下面我主要讲以下几点意见。

一、解放思想，认清形势，进一步提高对公司前期工作重要性的认识

前期工作关系到公司的生存与发展，各单位必须予以高度重视。近几年我公司基本建设逐年发展，如电（热）源点建设、热网建设、城农网改造等，公司自上而下本着高度负责的精神，克服困难做了大量艰苦细致的前期工作，为公司电网、热网的规划、发展，拓宽电热市场作出了突出贡献，取得了十分显著的成效，在公司的发展史上可谓功不可没。从过去的实际工作中使我们充分认识到，前期工作若能及早进入、及早完成，对及时进行工程设计、施工都具有极其重要的意义。特别是×市地处寒冷地区，施工期短，做好前期工作显得尤为重要。各单位领导班子要进一步认清形势，统一思想，要从维护公司生存与发展的高度充分认识前期工作的重要性，进一步增强责任感，按照公司的要求，立足当前，着眼未来，科学规划，认真做好本单位的前期工作，从而为实现全公司前期工作目标作出贡献。要进一步解放思想，更新观念，抓住机遇，树立新的发展观，用新思路，采取新办法，既要有紧迫感，抓好当前工作，又要有持之以恒的精神，对前期工作常抓不懈，抓出成效。对公司确定的各个工程项目，要做到分工明确，责任落实到人，抓紧项目建议书和可行性研究，从速从优做好前期工作。全公司干部职工要进一步树立和强化发展是硬道理的观念意识，各单位领导班子都要为本单位、全公司的发展着想，积极献计献策。经过几年来的持续减亏，我公司的经营管理水平、利润水平不断提

高，具备了良好的继续建设和发展的能力。但切不可因此而盲目乐观，必须树立忧患意识，居安思危，不断增强责任感和紧迫感，从而抓住机遇，继续保持持续、快速、健康发展势头。那种安于现状、不思进取的观念意识必将导致坐失良机，使公司的改革与发展停滞不前，可以说后患无穷，是万万要不得的。

二、把握重点，明确目标，扎扎实实地做好前期工作，增强发展后劲，推动我公司持续、健康、快速发展

“九五”期间，我公司全体干部职工负重拼搏，艰苦创业，克服重重困难，实现了主业多经同步发展，彻底甩掉了多年亏损的帽子，经营管理水平和综合经济实力显著增强，电网、热网建设发生了质的变化，迈上了新台阶，各项工作呈现出健康发展的喜人局面，为“十五”期间实现大发展创造了条件，奠定了坚实基础。面向新世纪，新的五年计划，我公司要制定可持续发展战略，再接再厉，抓住机遇，乘势而上，加快电网、热网及电（热）源点建设，坚持电热并举，突出发展集中供热事业，尽最大限度的扩大电热市场，在尽可能短的时间内（2—3年）使全公司售电量突破10亿千瓦时，供热面积达到1000万平方米，继续保持强劲的发展势头，使公司整体经济实力和市场竞争力再提高到一个新水平。

如何准确地把握今后特别是“十五”期间我公司生存和发展的机遇，进一步增强自身综合经济实力，保持持续、稳定、健康发展，是当前我们必须面对和尽快加以解决的事情。目前，随着各地区电热负荷的增长，我公司现有的装机及供热能力已不能满足未来发展的需要。我们必须抓住有利时机加速电网建设，优化电网结构，使主网架与电源建设相适应，使配点网络与输电网络相适应，与负荷需求相适应，为我公司可持续发展创造条件。我公司要依靠×电力公司和市市各级地方政府的支持，依法逐步规范电力市场，拓展企业的生存空间。充分利用国家实施和开展的农电体制改革、农村电网改造、实现同网同价工作及相关政策要求，本着建立统一、规范的×市电网的原则，加快岭西与岭东联网步伐，增加我公司的售电量，全方位扩大我公司的电力市场，最终统一全市电网。目前，我公司所属电网网架主要是110千伏，网架结构薄弱，供电能力较差，难以适应各地区日益增长的供电需求。因此，不断改善电网结构，提高主网架电压等级和供电可靠性已是迫在眉睫的问题。我公司要在×电力公司、×市各级地方政府的大力支持下，充分利用好城农网改造及西部大开发的历史性机遇，多方筹集资金用于主干网的建设，形成以220千伏为主网架的电网，实现与电源的协调发展。

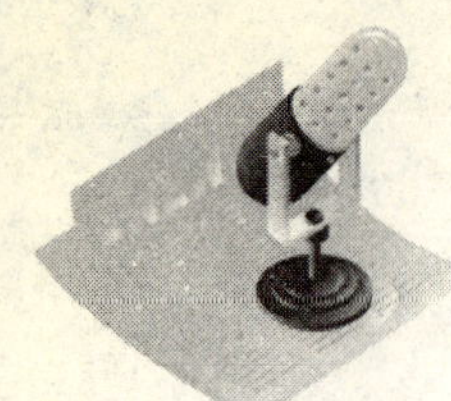

在努力抓好电力增供扩销的同时，我公司要在各级地方政府的支持下，大力开发全市热力市场，发展集中供热，这是我公司壮大经济实力、提高经济效益的有效途径。×市属高寒地区，随着地区经济的发展和国家环保政策的实施，城市集中供热事业呈现出迅速发展之势。近几年，×市各地区城镇建设发展迅速，对集中供热的需求越来越大，因此发展集中供热事业有着广阔的前景，同时也客观存在着发展资金不足以及与其他行业的市场竞争的问题。然而，广阔的热力市场如果我们不去开发，那么其他行业就会去开发，目前的大好发展时机如果失去，对公司而言那将是极大的损失。因此，我们必须抓住这个机遇，克服各种困难，努力创造条件，大力发展集中供热，尽可能多地占领供热市场。这是关系我公司生存与发展的重大问题。我们必须清醒地认识到，当前×市地区电力市场狭小、地区经济增长缓慢，目前还没有明显的电力增长趋势，因此，当前及今后一个时期内，尽快开发热力市场则显得尤为迫切，至关重要。我公司要把大力发展城市集中供热作为当前及今后一个时期的工作重点，在有条件的地区继续实施和新上热电联产项目。目前全公司供热面积已近500万平方米，预计到2003年可达1000万平方米。随着电、热负荷的持续增长，现有的装机容量及供热能力已远不能满足未来发展的需要。为此，必须抓紧电（热）源点的建设，大力开展海拉尔、满洲里、扎赉诺尔、牙克石、扎兰屯、阿荣旗、鄂温克旗政府所在地及其他旗市集中供热的前期工作。要本着电热开发并重的原则，依法规范电力市场，加快电网建设和城市集中供热工程建设，不断拓宽电热市场。今明两年我公司要重点抓好以下几个工程项目。

（一）东××电厂供热改造工程

1. 切实加强组织领导，确保按期投产

按照公司确定的进度要求，编制周密的施工进度，严格考核；加强对工程的综合组织协调，及时处理工程建设中的问题，保证工程建设顺利进行。

2. 高标准、严要求，继续强化安全质量保证体系

落实各项安全措施，加大安全检查力度，发现安全隐患及时整改，全面提高安全文明施工管理水平，杜绝重大自身伤亡事故，杜绝重大机械设备事故。进一步加强质量管理、强化质量意识。充分发挥监理人员和质监人员的作用，加大监理和质量监督力度，确保工程质量。

3. 采取切实可行的措施，努力控制工程造价

本着“质量要上去，造价要下来”的宗旨，在批准概算的范围内编制

执行概算，对设备费、材料费，要从严管理，严格报批程序，慎重审查。

（二）汇××电厂供热改造工程

各有部门和人员要加大工作力度，力争今年内立项，2002年冬季采暖期到来之前投产。

（三）牙××至扎××220千伏线路工程（岭西与岭东）联网工程

工程建成后，可由岭西电网向岭东三旗市供电，使我公司年增售电量2亿千瓦时以上，同时发电容量得到充分利用，使资源合理配置，单位成本降低，对提高我公司的整体效益和实力，带动其他产业的发展具有极其重要的意义。各有关单位和部门要将其作为我公司“十五”期间的重点工程，全力以赴抓好，争取早立项，早开工建设，早日实现岭东、岭西联网。

（四）海××至满××220千伏输变电线路工程

上述两项线路工程要抓紧做好可行性研究等前期工作，力争早日立项，早日开工建设。

对公司确定的所有拟上项目要按轻重缓急进行科学、合理的排序，作好安排，做到思路清晰，目标明确，重点突出。为解决资金不足问题，同时减轻我公司的投资与还贷压力，对于拟上工程项目可否按照建立现代企业制度的要求，依靠市场机制，本着股权多元化、投资多元化，集资办电的思路和途径，使之达到及早批复立项、及早开工建设、及早收到效益回报的目的，请大家认真研究和探讨。在这方面，我们一定要适应子公司运作的需要，强化市场意识，转变观念，转变思维方式。我们要发展，要进行必要的投资，这是一个硬道理，但在此基础上必须把还贷、降低负债率放在第一位。我们在计划、筹划各个项目之前，就应该把投资多少、还多少钱，每年还多少、成本多少、负债率多少等问题提前计划好。总之，必须把控制成本，降低造价，增加利润，确保还贷放在第一位，这是市场经济的客观规律和必然要求，也是我公司实现良性发展的内在需要。

此外，要集中力量，千方百计加快组建安泰热电股份公司的步伐，使之早日上市融资，为我公司电网、热网的规划和发展奠定坚实的物质基础。

三、加强组织领导，把前期工作的目标、任务、措施落到实处

在世纪之初认真贯彻落实好公司“十五”期间的各项发展规划，对改革发展中的我公司来讲至关重要。任何安于现状、等待观望、不思进取、无所作为的思想和观念意识都不利于公司前期工作的开展，进而影响到公司今后的发展。针对当前国家实施西部大开发战略，全区乃至全国电力系

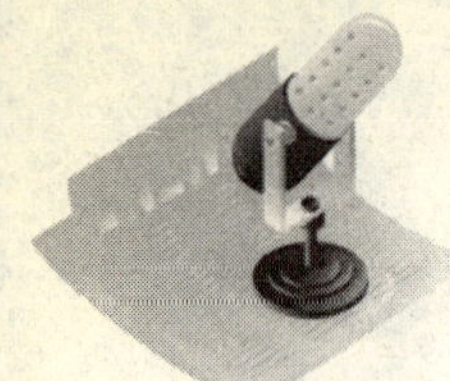

统不断加快改革步伐的形势下，各级领导班子、全公司干部职工尤其要进一步解放思想，实事求是，转变工作作风，振奋精神，按照公司的部署，克服困难，扎实工作，不断进取。切实加强对前期工作的组织领导，狠抓各项措施的落实，确保公司前期工作任务的完成，实现公司可持续发展。要按照公司前期工作的总体思路，将工作的着力点放在组织落实上，千方百计，想方设法争取市市各级政府、×电力公司的政策和投资支持，多渠道融资来开发建设。

“十五”计划是进入新世纪的第一个五年计划，同时也是国家开始实施现代化建设第三步战略部署的第一个五年计划。面对新形势、新任务，各单位要结合本地区、本单位的实际，牢固树立发展是硬道理的思想，把发展作为主题。我们能否在“十五”期间抓住机遇，加快发展，对于全公司职工特别是在座的各位应该说是重任在肩。要求各单位领导班子和全体干部职工一定要勇于肩负起公司发展的历史使命，认清形势，把握大局，真抓实干，为公司实现“十五”计划目标，增强经济实力，为公司的发展壮大，为把公司的各项工作全面推向前进做出不懈的努力。

例文二

搞好综合治理工作维护安全稳定局面
促进公司的改革与发展

——在公司社会治安综合治理工作会议上的讲话

×××

（2001年×月×日）

同志们：

今天我们在这里召开综合治理工作会议，会议的主要目的是传达贯彻×电力公司综合治理工作会议精神，认真回顾和总结公司综合治理工作的成绩和不足，安排部署当前及今后一个时期的综合治理工作任务，交流经验和体会，不断加强综合治理工作，保持安全稳定的局面，促进公司系统的改革与发展。刚才，×书记作了一个重要讲话，大家一定要认真领会，并结合本单位的实际把讲话精神落到实处。下面，结合公司的生产经营实际，我主要讲以下三方面的意见。

一、认清形势，统一思想，提高认识，增强做好综合治理工作的责任

感和紧迫感

做好社会治安综合治理工作是维护政治和社会大局的稳定，为改革开放和经济建设创造良好环境的基础和前提条件。就我公司而言，创造和保持一个良好的、安全稳定的治安环境和稳定局面，是生产经营等各项工作得以健康发展的重要保证。我公司当前所面临的形势与任务，以及在今后的改革与发展方面将要采取的一系列措施、对策的贯彻实施等，这些都必须在一种政通人和的环境和氛围中才能得以有效实施，客观地要求公司上下要保持一种安全稳定的局面，否则再好的措施也难以落实。

几年来，我公司始终把综合治理工作当作一项政治任务来抓，甚至摆上各级领导班子的重要议事日程，针对各个时期综治工作中存在的重大问题，综治委都要及时地召开专题会议，分析、研究、部署综治工作，形成了党政工团齐抓共管、广大职工群众共同参与的良好氛围，及时解决了综治工作在基层单位有人抓、有人管的问题，使×电力公司、市市各级地方党委、政府关于综合治理工作的有关指导方针、目标任务得到了很好的贯彻落实，有力地促进了综合治理工作的深入开展，取得了明显成效，连续几年被×电力公司和地方综合治理工作领导部门评为先进单位，多次受到表彰和奖励，同时也有力地促进和推动了公司生产经营等各项工作的健康发展。

今年以来，各单位认真贯彻落实×电力公司2001年工作会议以及我公司年初召开的公司工作会议精神，落实经营管理以财务管理为中心，财务管理以资金管理为中心的指导方针，进一步强化财务管理的中心地位，继续推行全面预算管理，不断完善预算管理体系，实现成本全过程的有效控制。始终把强化管理，提高效益贯穿生产经营的全过程，牢固树立过紧日子的思想，从生产、经营的各个环节上降低消耗和损失，千方百计压缩成本和杜绝不合理费用的支出，继续实施成本承包与各单位工资总额、留利分配挂钩考核办法。为实现全年盈利750万元的奋斗目标，全公司上下进一步强化市场意识、效益意识，狠抓各项措施的落实，下大力气搞好双增双节，各单位根据本单位和本地区的实际情况制定具体措施，卓有成效地开展增供扩销活动，使公司生产经营形势呈现健康稳步发展良好势头，生产经营指标完成或基本完成了预定计划，比去年同期有较大幅度的增长，大部分消耗指标有较大幅度的下降。

截至5月底，累计完成发电量×万千瓦时，比计划增长×%，比去年同期增长×%（含伊敏电厂）；累计完成售电量（略）。全系统未发生重特大生产责任和设备损坏事故，所属各厂局均保持了×天以上的长周期安

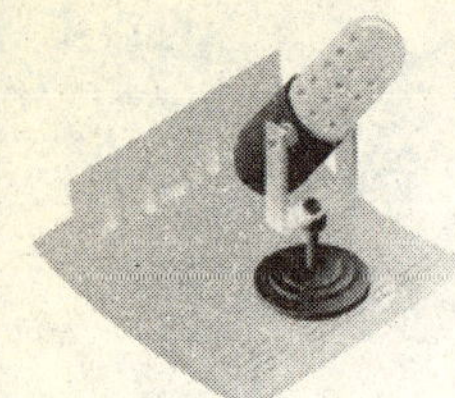

全生产记录。这些成绩的取得既是公司上下狠抓安全生产、强化经营管理的结果，同时也是和几年来公司系统始终保持了综合治理工作的良好局面分不开的。事实证明，企业的改革发展离不开综合治理工作，特别是在当前改革不断向纵深发展的情况下，综合治理工作只能加强，不能削弱。因此，要求全公司系统要进一步提高对综合治理工作重要性的认识，尤其要把维护稳定提高到讲政治的高度加以认识和理解，充分认识搞好综治工作的重要性和必要性，形成一种党政工团齐抓共管的局面，抓实、抓好、抓出成效。

（1）利用会议和中心组学习的机会，学习中央领导关于社会治安综合治理工作的重要论述，学习电力公司、市市党委政府关于抓好社会治安综合治理工作的有关文件及指示精神，通过学习讨论，使领导班子充分认识到做好综合治理工作实现长治久安的重要性和紧迫性。

（2）抓好公安科、安监部等职能部门人员的思想认识。公安保卫安监部门的同志是治安防控体系的直接组织者和参与者，他们思想认识的高低关系到综合治理工作的成效。要通过召开专门会议传达、研讨、座谈等形式，听取他们对抓好综合治理工作的想法、打算、建议，从而统一思想，达成共识。

（3）抓好广大干部职工群众的思想认识。要避免这样两种不良倾向：A.认为抓综合治理是公安部门的事，存在与己无关的思想；B.认为整天忙于安全生产、增供扩销工作，没有时间没有精力抓综合治理工作。针对这种思想认识和反映，各单位要在干部职工中开展大学习、大讨论活动，使之能正确认识和处理抓好综治工作与公司当前的中心工作，与安全生产、市场营销的关系；与优质服务、与抓经营管理，与实现公司系统的长治久安、树立企业良好形象、实现年度经营目标的关系。通过有针对性的宣传教育提高全员的思想认识，使之掌握和了解综合治理工作的内容，明确工作目标，为综合治理工作的全面开展奠定坚实的思想基础。

二、健全组织，落实责任，加强领导，扎扎实实做好综合治理工作

几年来，经过各单位的共同努力，我公司的综合治理工作取得了一定成绩，但也存在着一些问题和不足。A.个别单位、部门的领导思想观念还没有根本转变，认识不到位，抓综治工作思路不清，主动性不强；B.有些单位和部门没有建立健全安全防范领导责任制，“谁主管、谁负责”的原则贯彻不力，一级抓一级，层层有人抓的要求在有些单位和部门落实情况不尽如人意；C.一些单位和部门的基础工作比较薄弱，缺乏坚强的组织依托和有力的物质保障；D.一些单位和部门齐抓共管的局面尚未形成，没有

形成整体合力。针对上述存在的问题，我们要认真研究，切实加以解决。

（1）要建立健全综治工作组织机构，及时成立由本单位党政主要领导担任正副组长的综治工作领导小组及办公室，分工负责，加大工作力度，加强组织领导，推进以领导责任制为重点的各项责任的落实，进一步强化综治工作的领导意识。认真制定综治工作规划、计划、制度、措施，并建立监督保证体系，对规划、计划的落实和制度、措施的实施进行跟踪检查，动态考核，使综治工作有章可循、责任分明。

（2）认真抓好机制建设。综合治理工作作为一个完整的体系，要使其正常运作和发挥应有的作用，必须有健全的工作机制作保障。A.从资金上予以保证和支持，要有必要的投入；B.建立健全制度保证体系，建立以岗位责任制为主体，以例会制度、检查考核制度、奖罚激励制度、信息反馈制度为主要内容的制度保证体系；C.严格按照考核评定标准，除坚持日常检查考核外，重点抓好半年考核和年终考核这两个环节，把考核评定结果作为评优选先的重要条件。

（3）树立维护稳定的大局意识，重视发挥职工群众的主体作用。职工群众是做好综合治理工作的基础和保证，职工群众的主体作用发挥不出来，综合治理工作就难以达到预期效果。各级领导班子要真正做到思想认识明确，宣传发动有力，体系建设规范，检查考核严格，奖罚兑现认真，既有压力又有动力，把落实综治工作的各项职责作为自己的自觉行动，把维护本单位本部门的长治久安作为自己义不容辞的责任，从而确保×电力公司、×市综治委下达的综合治理工作任务的全面完成。

（4）加大管理教育力度，结合“三五”普法活动，加强法制宣传教育，增强广大职工群众的法律意识，使其自觉遵守国家法律法规，自觉规范自己的行为。

总之，各单位领导班子要把综合治理工作摆到重要议事日程，紧紧围绕生产经营的中心任务，积极探索全员参与、全方位地做好综合治理工作的大格局，动员各方面的力量和积极因素，按照责任状所明确的目标、任务，下大力气抓好落实，抓出成效，从而为公司的改革、发展创造一个良好的治安环境，同时为保×市的一方平安作出积极的贡献。

三、把综合治理工作与安全工作、达标创一流工作紧密结合，全力维护安全稳定的局面

加强社会治安综合治理工作是改革的需要、发展的需要、稳定的需要。近期，自治区、×电力公司先后召开治安工作会议、整顿和规范市场经济秩序会议以及社会治安综合治理工作会议，对社会治安综合治理工作

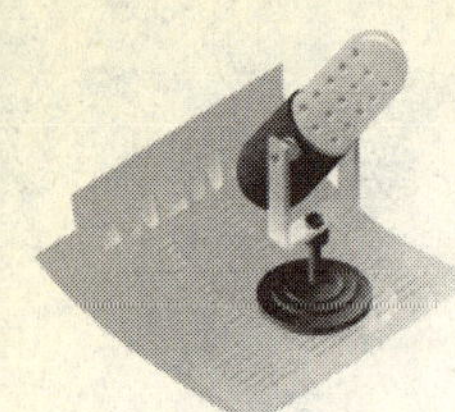

做出了一系列重要安排和部署。我们一定要在×电力公司、市市地方党委政府的领导下，紧密结合当前形势和我公司的工作实际，明确任务，狠抓落实，广泛发动职工群众，切实依靠职工群众把这项工作扎扎实实地开展下去，为我公司生产经营等各项工作的健康发展创造安全稳定的内部环境。

随着×××电力系统改革的不断深化，维护稳定的工作愈益显得繁重而艰巨。各单位领导班子要认清形势，保持清醒的头脑，勇于肩负起维护稳定的重任，要按照×电力公司关于维护稳定的指示精神和有关要求，把推进改革、发展与维护稳定辩证的统一起来，要超前思维、超前预防、超前工作，真正做到把稳定与改革、发展紧密结合起来，与各项工作同部署、同落实、同检查、同总结。要配合当前整顿规范市场经济秩序、开展电力市场整顿和优质服务年活动的工作大局，把加强公司综合治理工作同维护企业的稳定和保障安全生产结合起来，落实各项综治工作措施，促进公司的改革与发展。结合达标创一流工作的有关要求，切实加强综合治理工作的规范化、制度化建设。通过开展全系统、全方位的安全生产大检查活动，消除隐患，堵塞漏洞。对重点单位、要害部门进行专项治理整顿，严格落实责任制。对重要变电站、财务室、油库等重点要害部位加强防范措施。积极配合公安部门，开展对企业生产环境的专项治理，减少破坏电力生产设施，扰乱生产秩序的违法犯罪活动，坚决遏制重、特大事故的发生。要动员全社会力量维护电力设施的安全，充分依靠各级地方政府的领导，依靠社会各界广大群众的配合，依靠电业职工自身的努力，搞好电力设施的保护工作，防止和打击破坏、偷盗电力设施行为。要广泛开展《中华人民共和国电力法》、《电力设施保护条例》等宣传活动，增强人民群众的法制观念，提高人民群众保护电力设施的自觉性，为保护电力设施工作的顺利开展提供良好社会环境。要配合司法机关从快查处破坏电力设施案件，严厉打击破坏电力设施犯罪行为。

深入扎实地开展群众性的治安防范活动，加强内部治安管理，做到机构、人员、任务三落实，认真做好矛盾排查调处和信访工作，及时发现单位内部的不安定因素，有针对性地采取措施，及时加以解决。建立健全处置重大突发事件的预案，维护公司系统的稳定，把各种不稳定因素控制在萌芽状态。积极开展基层安全创建活动，大力加强治安防范、帮教、调解等基层基础工作。开展多种形式的综合治理、普法、调解等专项宣传教育活动，增强职工的法制观念，保持企业正常的生产、生活秩序。要注重教育和疏导，通过深入细致的工作把矛盾处理在基层，解决在基层。

要努力减少和化解矛盾纠纷，防止激化矛盾，引发事端。认真贯彻“以预防为主，防消结合”的防火工作方针，实行目标责任制管理，勤检查、勤督促。下大力气抓好交通安全管理工作，加强对司助人员的安全教育，特别是加大对交通安全的监督、检查力度。要通过一系列卓有成效的措施的实施，坚决杜绝群体上访闹事事件，杜绝各类因治安问题而引发的生产事故、责任和火灾及造成重大影响的交通事故。

同志们，今年是新世纪的开元年，也是国家实施“十五”计划的第一年。我公司要以×电力公司工作会议为指针，认真贯彻江总书记关于“三个代表”的重要思想，紧紧抓住国家电力公司、×电力公司大力推进电力体制改革的机遇，坚持以市场营销为龙头，以经济效益为中心，着力推进体制、机制、管理创新，不断增强我公司的综合实力和市场竞争力，努力提高经济效益和综合管理水平，全面完成全年盈利750万元的经营目标。要始终维护和保障安全稳定的生产局面，创造良好的内部环境。各单位领导班子必须充分认识到，没有一个安定的生产、生活环境，没有一支稳定的职工队伍，企业的各项改革措施难以落实，经营发展战略的实施也就失去了有力保障，企业的生存发展就会受到阻碍。因此，为确保公司的内部稳定，实现健康稳步发展，各单位一定要围绕生产经营的中心工作，进一步加强组织领导，严格落实责任制，深入扎实地开展好综合治理工作，为保持我公司持续健康稳定发展作出应有的贡献。

例文三

振奋精神团结奋进求实创新
努力实现×电业局农电工作新的跨越

——在×电业局2005年农电工作会议上的讲话

×××

（2005年3月×日）

同志们：

××电业局2005年农电工作会议在农电系统广大干部职工的期盼中，今天在这里隆重召开了。这次会议是正值全局上下广大干部职工以饱满的热情、昂扬的干劲全面落实××电业局2005年工作会暨一届一次职代会精神，全面完成一、二期农网改造工程并通过集团公司组织的农网“回头

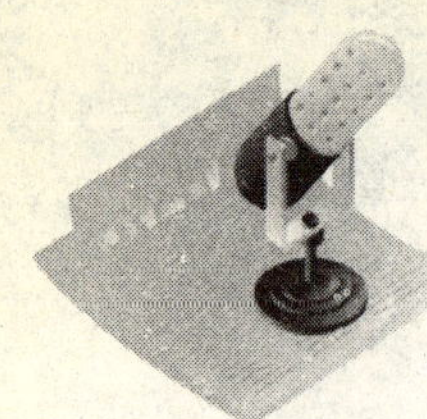

看”对我局检查验收之后，同时全面启动县城电网改造，全面提高农电管理工作的形势下召开的。这是一个承前启后、继往开来的会议，是总结经验、全面落实×电力公司2005年农电工作会议和我局2005年工作会议暨一届一次职代会明确的任务的会议，非常重要。

一、2004年工作的简要回顾

××电业局农电工作在×电力公司和××电业局的正确领导下，努力奋进，踏实工作，圆满完成了2004年各项工作指标，一、二期农网改造工程已基本完成，建设县级一流供电企业，供电所规范化管理工作按×电力公司和××电业局要求全面开展，农电系统整体管理水平进一步得到提高。

（一）2004年各项工作指标完成情况

1.安全生产指标完成情况

全年输、变电事故0次数；农村触电死亡事故为0次，去年同期为1次；未发生由本企业负同等级以上责任的交通死亡事故。电压合格率都大于×%；供电可靠率县城大于×%，农村大于×%；综合损失率为×%；10千伏公用损失率为×%；低压线损率为×%。

2.经营指标完成情况

实现销售总收入×万元，去年同期为×万元，增长率为×%；净资产收益率为×%，总资产为×万元，报酬率为×%；资本保值增值率为×%；成本费用利润率为×%；全员劳动生产率为×元/人年。

3.农电管理费上缴情况

我局所辖各农电单位按要求及时上缴管理费，我局也按要求将管理费及时上缴给电力公司，上缴率为100%。

4.电费结算情况

各农电单位基本上达到了月结月清，陈欠电费为×万元，回收电费为×万元，回收率为×%。

（二）一、二期农网改造工程较好完成

截止2004年年末，我局一、二期农网改造工程已基本结束，一、二期农网竣工决算上报工作全部完成，已报集团公司待批复。一、二期农网工程计划投资×万元，目前除计划项目变更未批复没有施工外，其余工程全部竣工，较圆满地完成了农网改造任务。

经过农网建设与改造工程，各旗市电网结构布局已趋进合理，提高了供电可靠性及电能质量，使农村电网技术装备水平上了一个台阶，损耗降到合理水平，保证了电网安全稳定运行，实现电网可靠供电，目前我市电网改造覆盖面达到了×%。

按照电力公司要求，今年我局认真抓好农网工程结算工作，已经结算的工程目前正在进行财务决算，并且年初已将《关于印发×××农村电网建设与改造工程验收办法标准的通知》（内电网办［2004］1号）文，《关于印发×××农村电网建设与改造工程验收办法实施细则的通知》下发到我局各供电、农电单位，要求各单位严格按照以上文件做好相关工作，重点做好农网改造工程完成情况、资金使用、内业资料整理方面的工作。

按照电力公司的要求，我局高度重视农网改造工程"回头看"检查整改工作，对供电、农电单位农网改造工程"回头看"检查整改工作进行了全面部署，制订并下发了检查整改工作计划，要求各单位要认真学习和传达农网工程"回头看"会议精神，立即扎实开展一、二期农网改造工程"回头看"检查整改工作，认真全面地进行检查整改，确保工作质量，确保向电力公司上交一份满意的答卷。通过"回头看"工作，我局共查出问题×项，已整改×项，其余12项正在整改过程中。10月17日自治区农网工程"回头看"检查组来我局抽查了满洲里供电局、扎兰屯岭东分局、莫旗电力公司、鄂温克电力公司等4个单位，共查出问题34项，已全部整改完毕。

（三）城乡同网同价工作稳步开展

实现城乡用电同网同价是进行农网改造和农电体制改革的最终目的，是减轻农牧民用电负担的有效手段。今年在同价工作中，按照国家和自治区城乡用电同价政策，认真做好相关工作，密切配合××市物价部门完成了岭西电网与海拉尔、牙克石、鄂温克地区城乡居民生活用电同价的测算，使海、牙、鄂农牧民生活用电电价平均下降0.2元/千瓦时以上，并使城乡居民生活用电同价政策得到了社会各界的认可，推动了城乡用电同价工作进程，经自治区发改委批准，海、牙、鄂农牧民生活用电与岭西网居民生活用电在2004年4月1日起实行同价。

今年上半年对东旗、西旗、陈旗、阿荣旗、扎兰屯城乡居民生活用电同价工作进行了测算，并对岭西各农电单位增加大工业电价类别进行了调研和测算，9月份去自治区发改委价格管理处汇报测算结果，发改委价格管理处以《关于××市岭西地区农村综合分类电价的批复》（内发改价字［2004］1569号）批复了岭西电网农村综合分类电价，此次同时批复了岭西地区各农电单位大工业电价。

（四）以人为本，不断夯实安全生产工作

农电系统的安全生产工作在各级领导的正确领导和重视下，安全生产水平稳步提高，建立健全有效的监督机制，以确保"两个体系"的建立和各项目标的落实，认真贯彻执行《×电力公司农电安全工作管理办法》，

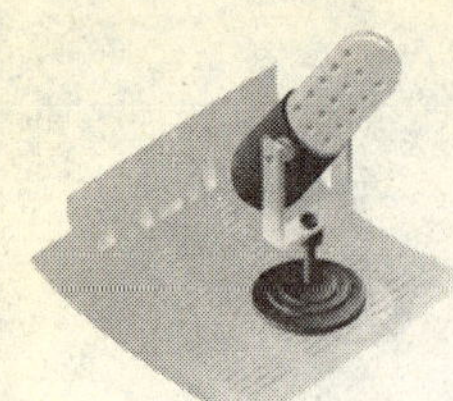

明确了各单位安全管理的职责、任务和工作要求，实现农电安全的分层分级管理，做到各司其职、各负其责，督促各农电单位建立健全安全监督体系，加强安全监督工作，要求各农电单位设立安全管理部门和安全专职人员，各生产经营单位必须设立安全员，逐级签订全员安全承包合同，明确安全监督的职责和职权，明确安全管理的“三种人”（工作负责人、工作票签发人、工作许可人）。建立有效的安全激励机制，强化安全管理工作，全面开展安全性评价工作，2004年我局农电系统安全形势较好。

（五）积极推进创建一流企业工作

电力集团公司年初农电会议要求2004年我局农电系统必须有一个县级供电单位创自治区级一流供电企业，所有供电所达到规范化管理标准。我们始终把该项工作作为农电工作的重点，紧紧抓住这项提高企业整体管理水平的工作不放松，并以此为主线，结合所辖农电企业的实际水平，选择莫×电力公司、鄂××电力公司、陈×电力公司为我局2004年创自治区级一流供电企业的单位，在局领导的高度重视以及各部门的同心协力的配合下，阿××电力公司、莫×电力公司、鄂××电力公司、陈×电力公司、新×电力公司、鄂××电力公司等6个单位基础资料达到了自治区一流旗县供电企业标准。莫×电力公司、鄂××电力公司、陈×电力公司为我局创自治区级一流企业的单位，自检工作已经完毕，已申请×电力公司验收组的验收。阿××电力公司、莫×电力公司、鄂××电力公司、陈××电力公司等4个单位经过自检达到规范化管理标兵单位。

（六）经营管理工作进一步加强，经济效益显著提高

2004年在经营管理上重点抓了以下几个方面的工作：A.加强了财务基础工作的管理，我局在通过会计基础工作规范化达标工作的基础上，进一步加强企业经营管理，提高管理水平；B.在农网资金拖欠数额较大的情况下，合理有效地安排农网资金的拨付工作，保证了重点工程的资金使用，对一、二期农网资金合同总数及拨付数额做了详细的核实统计，确保农网资金专款专用，做到账款清晰。我局阿荣旗电力公司、莫旗电力公司从东北电网购电，2004年东北网重新调整电价，阿××电力公司、莫旗电力公司综合购电电价为0.32元/千瓦时，我局领导多次与齐齐哈尔电业局协商降低购电电价，分管农电局长和分管用电局长带队去×哈尔电业局解决此事，经过多次努力综合购电电价降为×元/千瓦时，每年为阿×电力公司、莫×电力公司共减少购电费×万元。

（七）优质服务，行风建设成效显著

2004年我局优质服务及行风建设工作取得了较好的成绩，没有出现实

发性行风事件的发生，除额×电力公司、鄂伦春电力公司外都进入当地民主评议行风活动中前三名，客户评价满意率达98.5%。

二、2005年工作的安排

指导思想：以自治区、××市经济工作会议精神为指导，深入贯彻落实电力集团公司2005年农电工作会议和局2005年工作会议暨一届一次职代会精神，坚持以安全生产为基础，牢固树立科学发展观，稳步推进县城电网改造工程；以体制改革为契机，努力实现管理创新，全面提高管理水平，争创一流供电企业；以优质服务为宗旨，以经济效益为中心，以发展为第一要务，大力开展增供扩销，全力保证农村牧区用电需求，提高农电综合实力和核心竞争力；全面完成全年工作任务，实现农电工作新跨越。为实现以上目标，必须切实抓好以下8个方面的工作：

（一）扎扎实实做好安全生产管理工作，保证企业安全稳定、避免设备、人身伤亡事件发生

安全生产是农电企业改革发展的命脉，保持农电生产安全、保持职工队伍和企业大局的稳定局面是全局改革与发展等各项任务的基础。为此，各单位必须以高度的责任感和使命感认识安全生产和企业稳定的极端重要性。国家、自治区政府、×电力公司先后对安全生产工作提出了新的要求，制定了措施，确保安全生产抓实抓好。今年我们要将确保农网安全生产作为开创农电工作新局面的重中之重工作来抓，绝对不许发生重大伤亡事故；绝对不允许发生重大责任事故；绝对不允许发生重大电网事故；绝对不允许在重要时间和重要地点发生有重大社会影响的事故。因此提出以下要求：A.严格落实安全生产责任制，安全管理要渗透到每一个环节每一个人。各级领导尤其主要负责同志，必须对本企业的安全生产工作负总责各分管副职、各部门、各岗位的同志，必须对自己所负责的工作承担安全责任。加大考核力度，严格责任追究力度，对忽视安全生产的单位和个人，加大纪律惩处和经济处罚力度，不仅要追究事故直接责任人的责任，同时要追究有关负责人的领导责任。对安全生产责任状要层层落实责任，把各项安全措施落实到人、落实到位。B.要进一步健全科学规范的安全责任体系和管理体系，进一步完善安全生产保证体系和监督体系，对安全生产的每一个环节、每一个岗位进行全方位、全过程的监督。凡是涉及电网安全和企业安全的工作环节，都要落实安全责任，大胆工作，从严要求，发挥作用，发现问题及时督促改正，不留任何安全隐患。严格执行规章制度是加强科学管理、确保电安全的根本手段。有制度不严格执行和执行不力，比没有制度的危害更加严重。要制定科学的管理和考核办法，健全激

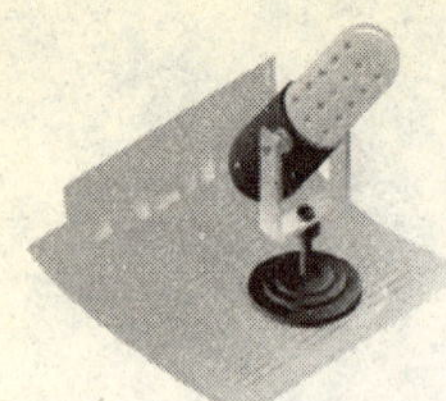

励约束机制，奖惩分明，严格考核，保证规章制度执行到位。全力提高员工的法制观念和遵章守纪的自觉性，坚决杜绝有法不依、执法不严，有令不行、有禁不止的行为，杜绝违章指挥和违章作业。加强对工作现场的安全监督，对违章行为必须认真纠正，严肃处理，做到违章必究。对于因工作懈怠导致事故和严重失误的，要坚持“三不放过”原则，依法严肃追究有关领导和人员的责任。C.认真开展春、秋季安全大检查工作。要加强组织领导，强化全员思想教育，积极开展好安全性评价工作，彻底消除安全隐患，2005年所有农电单位全部完成安全性评价工作。活动要抓深抓细，严禁走过场。D.不断创新安全生产工作，真正建立确保安全的长效机制。在继承安全生产优良传统的同时，积极引入先进的安全管理理念与手段。E.要以人为本，创造独特的农电企业的安全文化夯实安全管理生产基础，真正实现安全生产可控在控，要用铁的制度、铁的面孔、铁的处理反违章指挥、违章作业、违反劳动纪律。杜绝领导干部高高在上、基层员工高枕无忧、规章制度束之高阁的现象。全力实现安全工作新突破。F.抓好农电事故调查统计规定的宣贯和落实以科技进步推动生产管理的规范化和标准化，健全生产管理体系，开展农电生产管理的制度建设和基础数据的统计分析工作。G.推动县调自动化建设。2005年抓好莫旗电力公司、陈旗电力公司、鄂伦春电力公司、额×电力公司县调自动化工程的建设，并做好这些工程的功能规范、技术方向引导、验收审批、实用化建设规划等工作。H.继续开展农电系统安全互查工作，在每个农电单位抽调一个安全专业人员组成互查组，对所辖农电单位进行安全互查，互相评比，互相监督，互相学习，达到共同提高的目的。

（二）加强管理，努力提高经济效益

加强农电单位的管理力度，是当前的首要任务，我们必须抓住创建自治区一流旗县供电企业开展农网及县城电网改造的机遇，在完善管理机制、健全管理制度、改进管理方法和更新管理手段上下工夫，眼睛向内，苦练内功，全面提高农电管理水平，提高经济效益。因此，我们必须抓好以下几方面的工作：A.继续深化农电体制改革，进一步理顺农电管理体制，本着“整体把握、因地制宜、分类指导、稳步推进”的原则，不断推进农电体制改革工作。深化农电企业的管理，研究农电企业农网改造所形成资产的有效合理管理方式，稳妥推进以旗县为单位的公司制改革，改进企业管理，逐步完善建立现代企业制度。进一步做好清理转供电工作，做好海拉尔、牙克石地区一县一公司改制工作，全力推进县乡一体化管理模式。目前，海拉尔、牙克石农电公司改制工作已经完成。加强农电工用

工管理，完善和规范农电工用工制度，改进和探索新的用工方式和管理办法，不断提高农电工队伍素质。在聘用或接受农电工时，要按国家改革政策执行，确保企业的稳定和发展。高度重视农村集体电力资产的接收管理工作，按照国发［1999］2号文件要求，正确把握和处理好农村电力资产的接收管理工作。B.以建设一流县供电企业为载体，加强供电所和基础专业管理工作，不断提高企业现代化管理水平和企业综合实力。按照“巩固、完善、提高、创新”的要求，进一步提高已建成一流县供电企业的管理水平，加强对一流县供电企业的动态考核。2005年争取所有农电单位内业资料达到自治区一流旗县供电企业的水平。加强和规范县供电企业的财务管理和全面预算管理，提高企业经营管理水平，在我局农电单位开展经济活动分析工作，提升企业经济效益。2005年我局将根据集团公司制定的“预算管理办法”拟出台对农电企业预算审查批复和考核制度，增强预算执行的刚性，严格控制预算外支出，要求各农电企业采取“自下而上，自上而下，上下结合”的方式编制年度预算，在预算执行分析上，坚持定期的经济活动分析制度，认真剖析电量、电价、线损和成本费用等主要经济指标对企业效益的影响。C.加强电能损耗管理，提高计量管理水平，实现农电线损的科学化、系统化管理。加强关口表计量的管理，研究县城综合配电台区安装低压总表的必要性和可行性。2005年将对每个农电单位的线损进行计算，测算出各农电企业真实的线损。D.继续密切配合政府部门做好同网同价工作。新左旗、新右旗、陈旗、阿荣旗、扎兰屯等5家单位进行居民生活用电同网同价测算，要求各单位在维护企业利益的前提下，落实国家对两改一同价的方针和政策，兼顾地方政府和城乡居民的利益，共同做好此项工作。E.开展营业大普查，加强供电所管理，巩固供电所规范化建设成果，继续以强化专业工作和基础工作为重点，指导和推进各农电单位供电所建设与管理，使供电所的管理工作在初步达到规范化的基础上，逐步达到标准化、科学化。F.还本付息工作。在全区农电工作会议上已下发还本付息办法，各单位认真学习领会，积极争取地方政策。积极向当地政府汇报，争取地方政府的支持，以缓解企业沉重的还本付息压力。G.搞好电费回收工作，实现当月电费按月结清，陈欠电费回收率50%。

（三）全面完成农网改造任务，规范抓好县城电网改造工程

在完成一、二期农网改造工程并做好迎接自治区发改委、电力公司对一、二期农网工程检查工作的基础上，做好县城电网改造工程相关工作，加强和规范县城电网改造工程的管理，严格按照工程“五制”要求，在规范工程招投标、监理和合同管理等关键环节上下工夫，积极推进县城电网

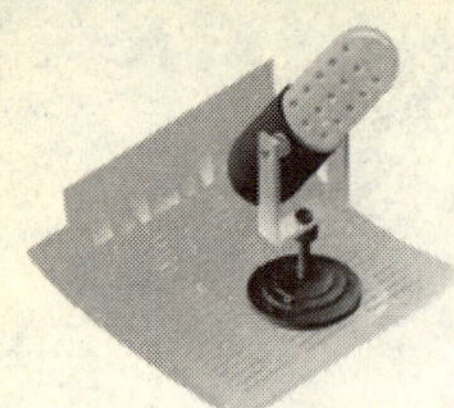

改造工程的顺利进行。A.进一步加强工程管理，提高管理水平，特别是对于工程招投标等关键环节要下大力进行规范。B.完成一、二期农网工程结算、决算工作，做好迎接自治区发改委、电力公司对农网改造工程的验收准备，会同××市农网建设与改造领导小组对一、二期农网工程建设验收，并将验收结果上报自治区发改委和电力公司，结合“回头看”工作的要求，做到每个工程的相关资料齐全。C.农电公司要精心组织各方面工作，全面启动县城电网改造工程，在一、二批工程下达给我市计划资金14035.2万元任务，已完成计划投资的45.36%的基础上，做好下一步工作安排，确保按时完成县城电网改造建设任务。

（四）加大农电职工的培训力度，全面提高农电职工自身素质和农电职工队伍整体水平

落实以人为本的企业理念，必须要加强对农电队伍特别是农电领导干部的管理和培养力度，关键要加大农电人才素质和能力培养的力度。要针对农电队伍整体素质和文化水准相对偏低的问题，大兴学习之风，加强学历教育的同时，把岗位技能培训作为提高职工队伍素质，培养人才队伍的重点抓紧抓好。人才培养必须有针对性，紧跟信息化步伐、业务特点、岗位需求，认真开展安全性评价、经济活动分析及用电营销、电压无功管理、供电可靠性、农电综合统计等专业技术培训，重点突出，全面推进，实现职工素质整体提高的目的，满足工作的需求。

（五）搞好优质服务，加大行风建设力度

坚持“优质、方便、规范、真诚”的服务方针，按照“完善常态机制，搞好文明窗口建设，提升服务水平”的思路，进一步提高农电优质服务水平。确保各农电单位行风评议进入前三名。一是开展农电优质服务活动，严厉禁止突发性行风事件的发生，特别是一些特殊地区更应提早预防，提前控制。宣传优质服务工作中涌现出的先进事迹，激励我局农电系统广大农电职工学习先进，增强服务意识。二是巩固和完善农电优质服务运行机制，贯彻落实《关于建立和完善农电优质服务常态运行机制的意见》，认真履行服务承诺，建立完善岗位工作标准、考核标准和内外监督机制，全面推进优质服务工作的深入开展。三是加强示范窗口建设，认真评选农电单位示范窗口，对已命名的示范窗口进行检查和复查。

同志们，农电工作任务艰巨，但机遇无限，我相信在×电力公司农电部和局的正确领导下，一定能够立足长远，扎实工作，以百倍的信心，以崭新的精神风貌，同心同德，与时俱进，以享受工作、保证完成任务、追求卓越的精神，完成全年的工作任务，取得更大的成绩。

第十三节 在新旧领导工作交接会议上的讲话稿

一、在新旧领导工作交接会议上的讲话稿含义

在新旧领导工作交接会议上的讲话稿是一种很特殊的会议讲话稿。

二、在新旧领导工作交接会议上的讲话稿种类

在新旧领导工作交接会议上的讲话稿主要有三种：一是卸任领导的讲话；二是接任领导的讲话；三是上级领导的讲话。

三、在新旧领导工作交接会议上的讲话稿写作技巧

卸任和接任领导的讲话都要讲得谦虚、诚恳，并有表态的意思。上级领导讲话则要对双方都给予肯定，并对该级领导班子及下属提出一些要求和希望。

四、范例

例文一

在欢送××局长荣升新岗位座谈会上的欢送词

各位领导、同志们：

今天，在××局长荣升为集团公司领导，即将离开我们奔赴新的工作岗位之际，我们怀着激动和依依不舍的心情在这里召开座谈会。首先，我代表局党政领导班子并以我个人的名义向××局长荣升新岗位表示衷心的祝贺。

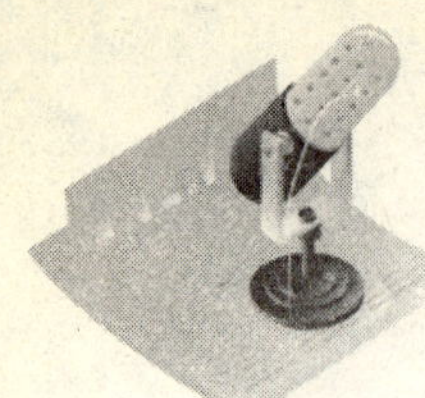

参加这次会议的有基层单位的党政负责同志，还有局副总师及局机关的中层干部，其中大多数同志都是跟随××局长工作多年的老部下、老伙伴。大家在这里畅所欲言，一方面对××局长的荣升、即将走上新的领导岗位感到由衷的喜悦并表示内心的祝福，同时也怀着依依惜别之情共同回顾，多年来××局长为×电力事业、为×电业局的改革与发展所作出的卓越贡献，以及我们大家在与××局长长期共同工作的许许多多美好而令人难忘的日子里结下的深厚友谊，从而激励我们珍惜荣誉，巩固成果，发扬成绩，以更高的责任感与负责精神，以求真务实的态度和扎实细致的工作作风，做好今后的工作，为×电业局、为×电力集团公司的发展作出应有的贡献。

自2004年厂网分开后，××局长带领局领导班子，团结和依靠全局干部职工，克服重重困难，真抓实干，奋力拼搏，实现了创建国家一流供电企业的奋斗目标，圆满完成了新一轮三项制度改革，晋升为全国精神文明建设先进单位，荣获了全国“五一”劳动奖章，由此不仅完成了电网建设的新跨越，更实现了企业管理水平、综合素质、整体经济实力的大幅度提高和快速长足发展。

今年以来，全局上下按照年初工作会的安排部署，各单位为完成全年各项生产经营指标，强化内部经营管理，深入开展“管理效益年”活动，大力开拓市场，增供扩销，售电量增长实现了历史性的新突破，电网建设、生产经营等各项指标再攀新高，并即将以优异成绩全面完成全年工作任务。这些成绩的取得是全局干部职工共同努力的结果，同时更凝结着××局长太多的心血和汗水。我们相信，在今后的工作中，××局长一定会继续关心和指导我们的工作，为我局实现持续、快速、健康发展作出更大的贡献。

在××局长即将与我们分别的时刻，让我们大家再一次以热烈的掌声，对××局长28年来为×电力事业、为×电业局的改革发展所作出的卓越贡献表示最真挚的谢意和崇高的敬意。同时，我们也真诚祝愿××局长在新的工作岗位上再接再厉，取得更大的成绩！

×××
2006年×月×日

例文二

在欢送×电力有限责任公司×××总经理仪式上的欢送词

尊敬的×总经理:

×电业局与×电力有限责任公司是友好合作单位，在过去长达20余年的友好合作中，×电力有限责任公司在×电业局的生产经营等各项工作的开展中给予了无私的援助和大力支持，使两个单位结下了十分深厚的友谊，建立了平等、互惠互利的友好合作关系。在×××总经理一行考察团即将离别之际，我们感到深深的留恋和依依惜别之情。

×总经理一行这次来我局进行参观学习、考察合作项目历时8天，在这短暂的日子里，我们与×××总经理就双方的生产经营、管理等问题，×发电项目的合作事宜，以及××、×两地区的供电事宜进行了深入的研究和探讨，不仅达成了共识，而且为彻底解决×、××两地区的供电事宜这一历史遗留问题奠定了坚实基础，创造了极为有利的条件。×总经理一行还考察了我局所属×发电厂等五座发电厂及×××供电局等单位。×××总经理一行所到之处受到了我局广大干部职工的热烈欢迎，×总经理还对我局的生产经营、管理、发展等方面的工作提出了十分中肯和宝贵的意见和建议，使我局受益匪浅。×总经理一行的此次考察对促进两单位之间的深层次交流与合作必将起到极大的促进作用。

×总经理一行明天就要离开我局，借此机会，我代表×电业局对×总经理一行此次的光临以及对我局工作的指导，特别是对××、×两地区供电问题提出的意见和建议表示衷心感谢，祝愿×电力有限责任公司的各项工作蒸蒸日上，我们衷心地期待着下一次的相见，祝愿×总经理一行返程一路顺风!

×××

2003年×月×日

例文三

在赴×省电力集团公司交流挂职锻炼干部欢送会上的讲话

同志们:

根据公司党委的部署和要求，经过45个公司所属二级单位的推荐，在

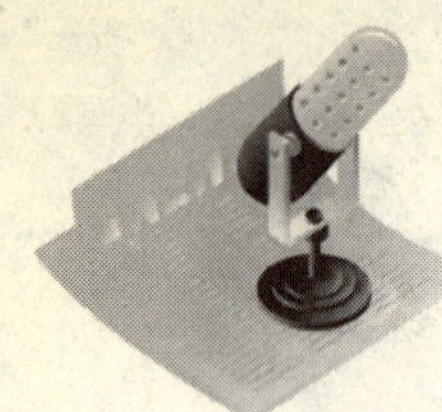

座的89名青年干部被公司党委选派，将赴×省电力集团公司进行为期一年的交流挂职锻炼。今年公司选派的89名青年干部绝大多数是共产党员、共青团员，来自不同单位不同的工作岗位，有的是基层供电局、发电厂、电建公司以及电力勘测设计、工程监理公司的党政副职或拟任副职人员，有的是专业技术骨干，都是有培养前途的优秀青年干部，是公司系统今后改革发展的中坚力量。从明天起，同志们就要告别故乡、告别同事、亲友和熟悉的工作环境，奔赴新的工作岗位挂职锻炼、交流学习。你们肩负着光荣的使命和艰巨的任务，公司党委对你们寄予殷切期望，希望你们珍惜机会，勤奋学习，努力工作，积极探索，做一名无愧于时代、无愧于青春、无愧于公司党委悉心培养的优秀青年干部。

在你们即将开启新的征程，奔赴新的岗位之际，我代表公司党委向同志们提几点希望和要求。

一、明确任务，肩负使命

选派青年干部到国网公司系统管理先进的企业进行交流挂职锻炼，是加强我公司系统干部队伍建设的重要举措，是一项事关公司系统实现“十一五”又好又快发展的重要基础性工作。同时，对于青年干部来说，这也是一个丰富经历、提高自身综合素质的极好机会，具有十分重要的意义。

首先，选派青年干部在系统内交流挂职锻炼是贯彻国网公司关于加强干部队伍建设，推进公司发展步伐的迫切需要。回顾公司近年来的创业历程可以看出，能不能在日益激烈的竞争中取得主动权，抢占制高点，开创工作新局面，关键取决于公司系统是否拥有一支高素质的干部队伍；取决于我们能不能培养和造就一支有较高政治理论素养和开拓创新能力、掌握科学文化和管理知识的干部队伍。因此，大力培养造就能够在新世纪担当重任的年轻干部，选拔启用实绩突出、群众公认的优秀年轻干部，为各基层单位、部门领导班子建设提供充足的后备力量，已经成为保证公司实现快速长足发展的迫切需要。

其次，选派青年干部交流挂职锻炼是公司党委加强干部队伍建设，实施人才兴企战略的一项重要举措。年轻干部在党的事业发展中起担负着承上启下、继往开来的历史重任。胡锦涛总书记多次强调，培养选拔优秀青年干部，培养是前提、是基础。这就要求我们把对青年干部的培养放在干部队伍建设的重要位置，积极引导他们坚定信念，解放思想，掌握现代科学文化和管理知识，提高处理复杂问题的能力。为此，公司党委决定，选派一批有培养前途的青年干部，到管理先进的×省电力集团公司进行为期

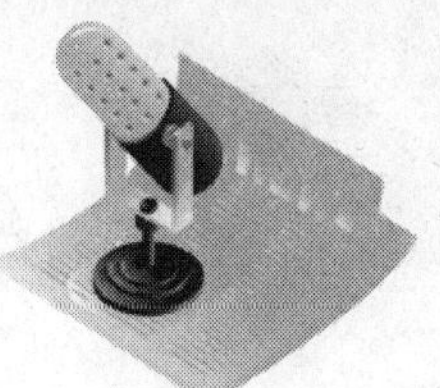

一年的交流挂职锻炼。目的在于通过交流挂职锻炼，使年轻干部在不同环境中磨炼意志，锤炼作风，开阔视野，丰富经验，在实践中增强事业心责任感，提高驾驭复杂局面、处理复杂问题的能力。这是落实科学发展观，遵循干部的成长规律，探索让干部接受经常性教育，促进青年干部健康成长，从源头上培养选拔领导人才，加强干部队伍建设的有效途径，也是贯彻国网公司关于人才工作有关指示精神，实施人才兴企战略的一项重要举措。

第三，选派青年干部交流挂职锻炼，是促进干部进步成长的重要途径。在干部的成长过程中，除了自身刻苦努力外，党组织有针对性的培养教育和适时任用，为年轻干部搭建施展才华的舞台，创造机会，也起着关键性的作用。这次选派优秀青年干部进行交流挂职锻炼，对于培养锻炼年轻干部非常重要、非常必要。年轻干部精力充沛，思想活跃，工作热情高，进取精神强，接受新事物快，有创新意识，这是优点。但是，综合分析公司系统干部队伍状况，整体上看，40岁以下干部群体的马克思主义理论功底还不够扎实，缺少对党的优良传统和党的历史的深刻理解，应对复杂局面、解决复杂问题的能力有待于提高，现代电力企业的管理知识、技能不够扎实。部分年轻干部虽然具备相当的学历，有一定的理论知识，但理论联系实际、解决工作中遇到的问题的能力还需要进一步加强。针对这些实际问题，选派青年干部进行交流挂职锻炼有利于年轻干部深入实践，深入群众，提高从事实际工作、解决实际问题的能力；有利于年轻干部汲取群众智慧，经受锻炼和考验，磨炼意志，陶冶情操，在实践中改造主观世界，在实践中不断提高工作水平，努力成为思想上、政治上、作风上、能力上合格的干部。同时，也为年轻干部健康成长和施展才华提供了更加广阔的舞台。这既是大家丰富人生经历、增长才干、积累经验的好机遇，也是施展才华、大显身手的好机会。

二、珍惜机会，努力学习，在新的工作实践中获得新的提高

公司党委选派干部交流挂职锻炼，主要任务是学习、工作。学习是为了更好地工作，做好工作也可以反过来检验学习的成果。只有做到目的明确，定位准确，工作才有目标、有方向、有动力。挂职锻炼是一次难得的机会，同时也是对大家的一个考验。希望全体被选派交流挂职锻炼的同志要珍惜机会，认真对待，努力学习，通过挂职锻炼，在新的工作和学习实践中获得新的提高。希望同志们要正确对待工作环境的变化和所担任的职务，真正做到以昂扬的精神状态投入工作中，把挂职锻炼作为弥补不足与发挥优势相结合的过程。

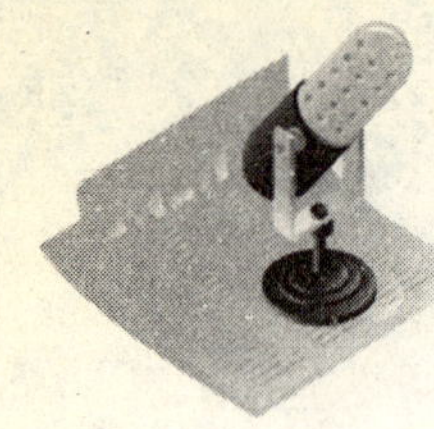

1. 要注意摆正自己的位置

既要保持平常心，更要保持进取心，发扬好的学风，向实践学习，向群众学习，自觉地把学习当作一种职责，一种精神境界，一种终身追求，争取挂职期间学有所获、学有所悟。希望同志们在工作中要认真履行组织上赋予的职责，充分发挥自身所长，勇挑重担，积极参与到挂职单位的各项工作之中，多观察、多思考、多实践，学习一切未知的东西，不断丰富自己。

2. 尽快适应环境

到新的工作岗位后，同志们所担负的职责，履行职责所需的能力乃至思维的习惯都将面对一个新的环境，需要有一个适应的过程。如何尽快适应，这是我们这次89名选派挂职锻炼干部所面临的问题。除了刻苦钻研专业知识、深入细致地思考外，还要虚心请教老同志，虚心向他人学习。脚踏实地，尊重挂职单位领导，服从工作安排，协助挂职单位领导做好工作，尽快融入新的集体，适应新的角色，创造性地开展工作。

3. 要高标准、严要求，遵章守纪，树立形象

到外地挂职锻炼是组织选派出去的，不仅代表个人，一言一行都直接或间接地代表着所在单位和机关形象。因此，同志们一定要把交流挂职锻炼作为党性、党风、人格修养的一次考验。锻炼期间，要牢记党的宗旨和组织的重托，提高精神境界，淡泊名利，甘于奉献，多谈工作，少讲待遇，多办实事，少添麻烦，以过硬的素质、出色的表现树立挂职锻炼干部的良好形象。

三、以高度的责任感和务实的作风，圆满完成任务

同志们一定要深刻领会公司党委的决策和意图，充分认识干部交流挂职锻炼工作的重要意义，明确自身肩负的责任和使命。

1. 领导要到位

公司党委组织部要对选派干部交流挂职锻炼工作加强领导，配合公司党委认真抓好各项工作的落实。要按照公司党委的要求，安排好挂职锻炼干部的住宿等生活问题。工作遇到的新情况新问题要及时向公司党委报告。公司党委也将经常性的研究解决工作中存在的突出问题，关心选派干部的情况，不断为基层工作的同志解决实际困难，为广大选派干部提供强有力的支持。

2. 管理要到位

派出单位要克服本部门的实际困难，尽量减少原单位对派出干部的影响，使挂职锻炼干部能专心致志地接受锻炼。同时要注意同接收单位保持

密切联系，关注选派锻炼干部的工作、思想情况，帮助他们解决后顾之忧。各位即将走向新岗位挂职锻炼的同志要严格要求自己，克服异地工作给生活、工作带来的诸多不便和实际困难，树立责任意识、大局意识，在新岗位上充分发挥自己的聪明才智，大胆和积极主动地开展工作，使自己最大限度地获得锻炼和提高。

同志们，做好选派干部交流挂职锻炼工作，推动公司系统干部队伍建设整体上新水平，是我们当前工作的重点，也是每个选派干部肩负的重要职责和使命。希望挂职干部把×省电力集团公司的先进管理理念引进来，把×省电力集团公司的先进工作体制、机制和成功经验介绍过来，把×省电力集团公司的资源带进来。公司党委相信，同志们一定能够恪尽职守，不负重托，以满腔的工作热情、诚恳的工作态度、务实的工作作风圆满地完成任务，以良好的实效和实绩向所在单位和公司党委呈上一份满意的答卷。

明天，大家就要起程奔赴新的岗位，我代表公司党委祝大家工作顺利、一路平安！

×××
2007年×月×日

例文四

在×电力集团公司宣布调整领导班子决定干部大会上的发言（就职演讲）

×××
（2007年×月×日）

尊敬的各位领导、同志们：

刚才，×电力集团公司领导于××副总经理，代表集团公司党政领导班子宣布了我局班子成员调整任职情况，我本人对集团公司的决定表示坚决的拥护和服从。

这次干部调整，集团公司决定由我担任局长职务，这是对我的关怀和极大信任。自大学毕业至今，我从一名普通的工程技术人员走上领导岗位，每一步成长都是组织上多年来培养的结果，是全局干部职工热心帮助和大力支持的结果。借此机会，我向×电力集团公司领导和我局全体干部

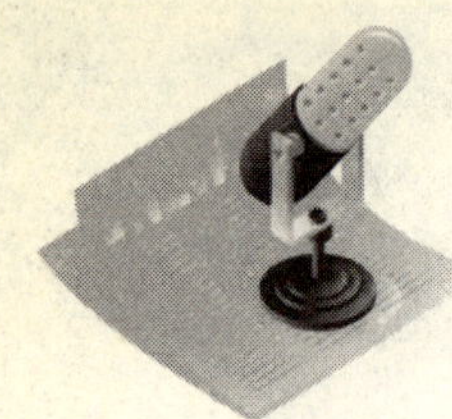

职工表示衷心的感谢！

近年来，我局的两个文明建设取得了十分丰硕的成果。在×电力集团公司、×市委、政府的正确领导和大力支持下，我局紧紧抓住电力体制改革和×市委、政府实施“工业兴市”战略带来的良好外部环境和难得的发展机遇，全力推进企业改革发展进程，建成了以贯通×市东西的220千伏为主网架，以110千伏辐射向各个旗市区供电的×区域电网，实现了统一调度、统一规划、统一管理、统一建设，与×自治区西部电网联网运行的新格局，翻开了×电网建设与发展史上的崭新一页。在电网建设实现快速发展的同时，生产经营等各项工作健康稳步发展，售电量实现了大幅度增长，优质服务水平不断提高，企业的综合素质显著增强，被自治区评为“全区用户满意服务企业”、被中央文明委授予“全国精神文明建设工作先进单位”称号，通过了“国家一流供电企业”的考评验收，跻身于国家一流供电企业行列。

这是我的前任局长××同志及原班子成员带领全局干部职工顽强拼搏、艰苦奋斗的结果，同时也是×电力集团公司、×市委、政府的正确领导和大力支持的结果。期间，原任局长××同志做了大量卓有成效的工作，付出了辛勤的劳动和汗水，为我局的改革发展作出了重大贡献。这次××同志被提任×电力集团公司副总经理，就是对他多年来工作成绩和能力的肯定，我本人衷心地祝愿他在新的领导岗位上取得更大的成绩，同时也请××同志今后继续对我局给予更多的关注、指导和帮助。

在这次干部调整中，×电力集团公司领导决定由我担任局长职务，对我来说，是一个新的起点，我感到使命光荣，但更感到责任和压力重大。我深知，自己身上还存在着一些缺点和不足，理论水平、开拓意识、工作能力与新的工作岗位的要求还有一定差距。我一定不辜负党组织对我的期望，以此为起点，加倍努力，争取以更大成绩向组织上交一份合格的答卷。为不辱使命，不辜负集团公司领导和全局干部职工对我的期望，在今后的工作中，我将努力做到以下几个方面。

一、努力学习，提高执政水平和领导能力

学理论、学管理、学业务，向领导学习，向同志学习，不断丰富思维，不断提高政策理论水平、管理水平和业务水平，提高统揽全局的能力和执政水平，快速进入角色，以适应工作需要。通过学习理清工作思路，提高自己的综合素质和驾驭全局的领导能力。始终保持一个企业领导者应具有的政治意识、大局意识、责任意识，力求做好今天的事、谋划明天的事、规划好今后的事，不辜负组织对我的期望。

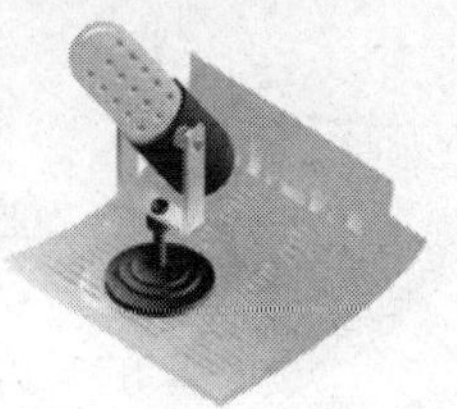

二、加强党性修养，维护班子团结

严格遵守党纪政纪，贯彻党的民主集中制原则，以大局为重，与班子成员互助友爱，精诚团结，密切配合，胸怀开阔，完善自己，成就他人。注重自身的修养和综合素质提高，不利于团结和工作的话与事不说不做，不做有损企业、有损人格的事。要以两个《条例》为尺度，不断增强党纪观念，严于律己，做遵纪守法的模范，用自己的人格赢得班子成员和干部职工的信任。

三、树立求真务实的理念，做实事求是的表率

求真务实、实事求是是我们党理论联系实际、密切联系群众的法宝，也是我们党立于不败之地的可靠保证。作为企业的主要负责人，在工作中，就是要大力弘扬求真务实、实事求是的精神，带头讲真话、办实事、求实效，作风扎实，工作过硬。凡是关系企业前途命运的重大问题，必须广泛争取意见，实事求是地妥善处理，凡是关系职工切身利益的事要办好办实。同时要坚持改革创新，创新思路，创新机制。

四、树正气，做廉洁自律的模范

坚持严于律己，带头执行廉洁自律的规定，非分之想不想、非分之财不取、非分之理不为。坚持从实际出发，走实事求是的思想路线，深入基层，倾听群众的心声，关心群众的疾苦，踏踏实实地为群众解决实际困难。以“享受工作、追求卓越”的精神状态去工作，去影响和带动周围的同志。牢记党的宗旨，不断加强党性锻炼，做敢于负责的模范，做联系群众的模范，做联系实际的模范，自警自律，慎独慎微，清清白白为官，堂堂正正做人，扎扎实实办事。

五、讲奉献，做勤奋工作的表率

要时刻意识到肩上沉甸甸的责任，在职工中的影响力。要始终保持旺盛的工作热情、强烈的事业心和责任感，心系职工，心系企业，献身事业，献身群众，不畏压力，勇挑重担，切实担负起强企富民的神圣使命，决不辜负广大员工寄予的厚望。在工作中不求名利、不计得失、不计报酬。发扬享受工作、追求卓越的企业精神，用自己实实在在的行动为职工办好事、办实事，把实现好、维护好、发展好广大职工的根本利益作为工作的出发点和落脚点。

六、树立以人为本的理念，做科学管理的表率

把尊重和重视人的价值，激励和发挥劳动者的主动性和创造性摆在重要位置，始终坚持以人为本的管理理念，做到严而有理、严而有情。建立和完善行之有效的管理制度，使管理工作有法可依；不断加强对管理人员

的监督考核，树立以身作则、严谨扎实的管理作风；同时把握好严格管理的尺度，做到严而有情，摒弃“家长式作风”和落后的管理理念，真正形成“企业与员工和谐发展”的良好局面。

衷心希望领导和同志们一如既往地对我予以支持和帮助，对于集团公司领导和同志们给予我的信任、支持，我将以积极的工作、努力的学习，不屈不挠的勇气和对企业的忠诚作为回报，不辜负大家的希望，也请同志们对我予以监督。

我相信，只要全局干部职工同心同德，携手并肩，真抓实干，就一定能够开创×电业局更加美好的明天。

第二章 宣传类讲话稿

第一节 领导广播讲话稿

一、领导广播讲话稿的含义

领导广播讲话稿在电视普及之前，曾经是最主要的讲话形式，远到建国之前的战争时期，毛泽东、朱德等就都曾通过延安新华广播电台对解放区军民以及对全国同胞，也对敌军发表过多次广播讲话。建国以来，中央和地方的各级领导同志也经常采用这种讲话方式。

二、领导广播讲话稿的写作技巧

1.准确：用恰当的词语、正确无误的句子反映客观事物的实际情况、本质特征，准确地表达需要传达的内容。准确是公文语言最基本的特点和起码的要求。

（1）认真辨析词义，恰当选词

A.使词义准确、清楚、无歧义；

B.认真辨别同义词、近义词，注意它们在表达范围、轻重、程度、褒贬等方面的细微差别；

C.恰当使用关联词，准确表达复句间的关系。

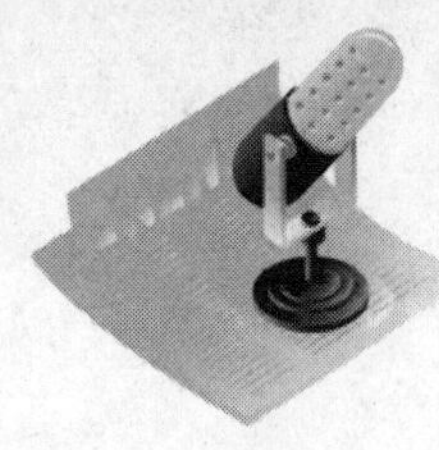

（2）讲究语法和逻辑

A.句子结构完整，成分搭配得当，词序合理，使表意准确；

B.恰当地使用修饰、限制的词语，句中词语搭配恰当，使句子表意更准确；

C.造句要讲究逻辑性。

2.简明：公文总是要直接、迅速地传递某种信息，因此其语言必须简洁明快、干净利落、言简意赅。

（1）删繁就简，禁绝空话、套话；用语精确，一以当十。

（2）尽量使用结构简单的句式（短句）和结构稳定的概括性词语。

（3）适当采用文言词语。

（4）适当运用数字、图表，恰当运用节缩、数概、引用等修辞方式。

三、领导广播讲话稿的注意事项

1.广播讲话要求简明扼要，篇幅不宜过长。

2.广播讲话要求通俗易懂，语言直白，要用“人民的语言”，要多用短句。

3.广播讲话要求富有感染力，或铿锵有力，或语重心长，富有激情。

四、范例

例文一

×县煤管局局长广播电台讲话

听众朋友们:

大家好!

我是×县煤管局局长杨××，今天来到×县人民广播电台，向广大听众朋友介绍×县煤炭行业发展状况，并听取大家对我县煤炭行业发展壮大及我本人的宝贵意见和建议。

×县煤管局的主要职责是负责《煤炭法》、《煤炭生产许可证管理办法》、《乡镇煤矿管理条例》、《煤矿安全规程》和国务院《关于促进煤炭工业健康发展的若干意见》等法律法规的组织实施，参与煤矿企业安全生产的日常监督管理工作；负责煤炭生产企业的基建、技术改造工程、接替工程项目立项、设计方案的审查、申报等有关工作的报批及煤炭生产许

可证的年审、管理等工作；负责拟定煤炭资源合理开发利用，促进产业结构调整，引导合理布局，负责煤炭企业安全日常监管，从业人员的培训、调训工作及完成县委、县政府交办的其他工作。近年来，全县煤炭行业在县委、县政府的正确引导下，在广大人民群众和听众朋友的大力支持下，取得了可喜的成绩。

一、业务工作完成情况

1.严格煤矿生产作业管理。年初在各企业上报头面审批的报告基础上，派员到各企业进行现场核实后，通过集中汇审，对8家煤矿企业的“采掘头面”、“以风定产”、“劳动定员”进行核定审批，共批准了17个采煤工作面、22个掘进工作面，核批采掘工人562人，并根据煤矿安全生产需要，核实了各煤矿安全生产所需最低风量。帮助企业统一制做标准公示牌，督促各核批的煤矿企业严格实行公示制度，大力控制了煤矿企业“三超”作业现象。

2.全力推进技改扩能工作。配合国土局，督促8家规划独立扩能煤矿上报划定矿区范围资料。技改扩能矿的规划设计工作全面展开，除新临江煤矿月台矿井扩建工程设计已经审批同意外，我局还组织初审了东升煤矿、妙山煤矿、白石硐煤矿、杉树坪煤矿扩能设计，并及时上报上级部门审查审批。同时，帮助各煤矿企业完善压风、防尘、排水系统“三条生命线”建设工作，组织部分企业外出学习采掘方式和支护方式的改革，在行业内大力推行新的采煤方法和支护方式。

3.狠抓煤矿安全管理工作。年初我局制定下发了《2008年煤炭行业安全生产工作意见》，对全年安全工作进行了总体部署。创新安全管理方式，与各煤矿企业签订了《煤矿安全目标责任书》和《安全生产主体责任承诺书》，制发了《煤矿安全目标考核办法》、《加强煤矿安全基础管理实施意见》。大力开展了安全生产百日督查专项活动和煤矿安全隐患排查治理专项活动，督促各煤矿企业进行隐患排查治理，强化煤矿的基础安全管理。“5·12”汶川地震后，我局立即启动《应急救援预案》，迅速通知各煤矿企业立即撤出井下作业人员，并及时分组奔赴煤矿现场督查，震后要求各煤矿企业必须开展一次彻底隐患排查专项工作，确保了特大地震对我县煤矿损失降到最低限度。

二、专项工作完成情况

1.全力促进龙门峡北矿工程加快进度。在政府下发了《关于加快龙门峡北矿项目建设进度的工作意见》后，我局就龙门峡北矿建设多次组织开展协调服务。2008年3月省政府批准了龙门峡北矿开工计划，2008年5月达

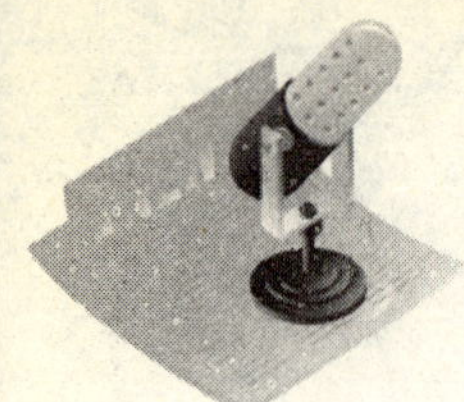

竹煤电集团同长江创业能源公司就仰天窝锶矿探矿权已达成协议，排除了龙门峡北矿工程的最大障碍。设计探矿钻孔15个，现有9个钻孔已分别见煤终钻。四川达竹煤电有限责任公司与国电深能四川华蓥山发电有限公司草签了股东协议，土地测绘工作已拉开序幕，环评、水文论证、矿井初设、可研报告不涉及地质报告部份已编制。6月13日，县政府组织召开了龙门峡北矿前期工作协调会，就相关部门的支持配合职责进行了明确。目前，已就龙门峡北矿力争11月开工建设的相关工作、时间进度达成一致意见。

2.强力推进国企改革。我局今年调整充实了改制力量，加大了各企业的改制力度。5月份，实现了琅琊煤矿成功拍卖，职工安置已达98%，遗留问题正在抓紧处理之间，通过精心组织实现了职工安置工作的平稳顺利。大峡煤矿职工安置工作正有序进行，汇南煤矿9月28日已公开拍卖，职工安置前期工作和债权债务清理核实正有序推进。工业供销公司已上报政府批准再次降价，资产处置变现工作正在依法进行。

3.努力开展资源整合工作。按川府函[2007]13号文件批复，我县有4组9家煤矿进行资源整合和资产重组，经过反复协调、多次督促，有3组7家煤矿已于4月中旬就资源整合及资产重组达成一致意见，并按要求上报矿区范围划定相关资源。其余1组2家煤矿虽经多次组织协商，可由于对资产重组和煤矿储量意见分歧很大，我局正与相关部门一道加紧进行储量核实工作，力争早日就两矿的资源整合纠纷依法予以解决。

4.尽力实现监控平台正常运转。在2007年12月×县煤矿安全监控县级平台安装调试结束的基础上，今年1月份起，我局在无正式工作人员、无工资保障的情况下，采取聘请临时工、欠付工资的方式启动全县煤矿监控系统的试运行，在运行中坚持了监控平台24小时不间断有人值班，并不断完善相关制度，不断对系统障碍进行调校完善，终于于6月5日通过省市组织的验收，确保了政府投资建设的监控设施最大限度地服务于全县煤矿安全生产工作。

三、加强机关效能建设

为切实转变机关作风，提高工作效率，增强服务能力，我局成立了机关效能领导小组，制定了《会议制度》、《财务制度》、《工作纪律》等十多个规章制度，规范了工作人员言行和机关办事程序。进一步明确各股室及各工作人员职责，做到了制度上墙，责任到人。在全体干部职工共同参与下，我局开展了“群众评效能”活动，通过采取各种形式广泛征求产煤乡镇，县级相关部门意见。机关效能建设活动的开展，提高了我局广大

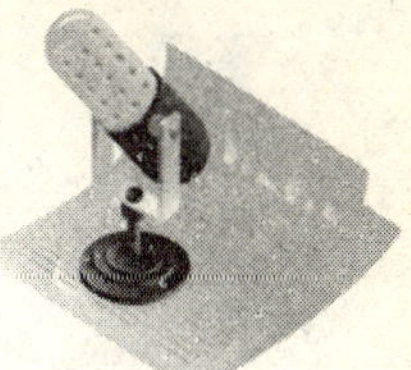

干部职工工作的积极性，化解了资源整合中的矛盾，推动了资源整合有序进行。加大对煤矿企业的服务力度，有力地推动煤矿企业向标准化建设的进程，从而壮大煤炭产业。可以说，营造了一支行为规范，运转协调，公正透明，廉洁高效的职工队伍。

总之，我局的工作虽然取得了一定的成绩，但距县委、县政府的要求仍然有一定差距，特别机关效能建设有待加强，我局将带领全体干部职工一道，百尺竿头，奋力拼搏，为圆满完成县委、县政府交办的各项工作任务而加倍努力！

在此，我诚挚地表示愿虚心听取广大听众朋友的意见和建议，积极改进我们的工作，并对听众朋友的良言表示衷心谢意。

例文二

关于做好征兵工作的电视广播讲话

××省副省长　李××

（二〇〇×年×月××日）

各位公民、同志们：

根据国务院、中央军委的征兵命令，我省今冬征兵工作将于11月1日全面展开。

做好征兵工作，为部队选送优秀青年，是加强国防和军队建设的基础性工作，更是关系国家安全稳定的大事。在当前形势下，要保证国家长治久安、人民安居乐业，完成祖国统一大业，实现全面建设小康社会的宏伟目标，需要有强大的国防作保障。我们一定要从时代发展和战略全局的高度增强做好征兵工作的责任感，尽职尽责地做好征兵工作，努力为国防和军队现代化建设作贡献。

我省广大人民群众历来有着热爱祖国、保卫祖国的优良传统。在南粤大地上，曾涌现了虎门销烟、三元里抗英等许许多多反抗外来侵略的英雄壮举和一大批英雄人物，谱写了一曲曲爱国主义和革命英雄主义的光辉篇章。近年来，我省征兵工作在各级党委、政府的领导下，兵役机关尽职尽责，有关部门密切配合，社会各界大力支持，广大青年积极应征，为部队输送了一批又一批优秀青年，为国防和军队建设作出了应有的贡献，也促进了我省经济社会的不断发展。

各级党委、政府要高度重视，切实加强对征兵工作的领导。征兵是国

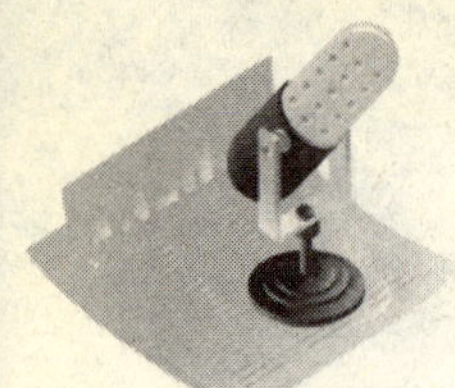

家法律赋予各级人民政府的职责。各级政府必须从国家安全稳定的高度，充分认识做好征兵工作的重大意义，认真分析征兵面临的新形势，进一步增强使命感和责任感，把做好征兵工作作为支持国防和军队建设的政治任务，作为践行“三个代表”重要思想和贯彻落实十六届四中全会精神的具体行动，摆上重要议事日程，切实抓紧抓好。各级兵役机关要充分发挥职能作用，采取有效措施，严格审查把关，确保新兵质量。

各有关部门要齐心协力，为征兵工作提供人力、物力、财力保障。宣传部门要充分运用各种舆论工具，通过多种渠道，采取多种形式，大力宣扬人民军队和武装警察部队在保卫祖国、建设祖国和抢险救灾中的英雄业绩，广泛开展爱国主义和依法服兵役教育，激发广大青年参军报国的热情，形成“一人参军，全家光荣”的社会风尚，营造关心、支持国防军队建设和征兵工作的良好氛围；医疗卫生部门要挑选业务熟、技术精的医护人员组成征兵体检队伍，按照《应征公民体格检查标准》和《应征公民体格检查办法》，严密组织征兵体检，确保新兵身体合格；公安部门要坚决执行有关规定，按照“严而又严，细而又细”的要求，认真组织政治审查，确保新兵政治合格；交通运输部门要为运送新兵提供优质服务，确保运输安全；教育部门要把好文化关，有征集任务的高校要全力配合征集部门做好在校大学生的征兵工作；民政部门要认真做好义务兵优抚和退伍安置工作，促进征兵工作的顺利开展。

社会各界要爱国拥军，积极支持应征青年报名参军。各企业、事业单位要自觉履行兵役法律义务，正确处理经济建设与国防建设、局部利益与国家利益的关系，积极支持、推荐优秀青年报名应征；广大家长要树立国家安全和利益高于一切的思想，增强为国家尽义务光荣的责任感，积极送子女参军，鼓励他们安心服役，为建设祖国、保卫祖国建功立业；广大适龄青年要以英雄人物为榜样，以国家需要为己任，积极响应祖国号召，踊跃报名应征，自觉接受祖国的挑选，立志到祖国最艰苦、最需要的地方去经受锻炼，以实际行动报效祖国。

各位公民、同志们：保卫祖国、抵抗侵略是中华人民共和国每一位公民的神圣职责；依照法律服兵役是适龄青年的光荣义务；军队是国家安全的钢铁长城，培养人才的大学校。选送优秀青年参军入伍，圆满完成征兵任务，是各级党委、政府义不容辞的责任。让我们在以胡锦涛同志为总书记的党中央领导下，以高度的政治责任感，扎实工作，开拓进取，圆满完成国务院、中央军委赋予我省的征兵任务，为巩固国防、维护国家稳定和促进发展作出新的贡献。

例文三

××省的环保局长发表的广播讲话

各位公民、同志们：

我是××省的环保局长××，今天来到××广播电台，就我省的环保工作、环保情况作一些介绍，并希望大家对我省的环保工作以及我本人提出建议与批评。

一、我省环保工作整体情况

我省目前环境形势趋向好转，全社会的环境意识明显增强。主要表现在：

1.围绕全省经济建设大局积极制定环保规划和政策标准

编制完成了《××省“一线两带”环境保护与建设规划》、《汉、丹江水污染防治规划》，制定了《××省专项规划环境影响报告书审查办法》，为促进循环经济发展，组织编制了韩城市龙门生态工业园规划大纲等一系列规划，为全省的环境保护提供了理论基础。

2.城市“双创”工作和环境污染治理卓有成效

西安、宝鸡、咸阳、杨凌四市（区）都编制了城市创模方案。目前西安市已完成创模指标28项中的18项，宝鸡市完成25项，咸阳市完成20项，杨凌区完成24项。渭南、铜川、延安、汉中等环保重点城市也按规划要求对城区环境进行了逐项整治，使城区环境质量得到进一步提高。城市治污基础设施建设的力度也加大了。

3.重点行业、区域、流域污染治理取得重要突破

为了彻底根治渭河污染，推进西咸一体化进程，组织编制了《西安--咸阳沣皂河水污染治理规划》。针对铜川水泥行业污染比较严重的情况，与省经贸委和铜川市有关部门共同研究提出了铜川市水泥行业结构调整的意见，铜川市制定了污染治理三年规划和实施方案。为保证“引黄济津”调水的安全，按照国家要求编制了《渭河流域水环境应急预案》，明确了当黄河污染加重并进入预警和应急状态时加强工业污染源监管的各项有效措施。为提高我省工业污染源污染防治水平，对区域或流域环境有较大影响的电力、水泥、化肥三个行业开展了污染物排放量核定办法及排污交易的研究。

4.生态环境保护力度进一步加大

积极推进生态良好区生态环境的保护，组织专家考察了商南新开岭等12个新建自然保护区，对其中9个自然保护区进行了评审。在全面完成15个国家级生态示范区规划评审的基础上，各市及所有国家级生态示范区试

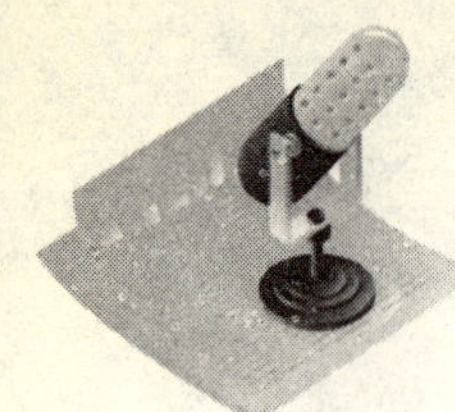

点市、县（区）都上报了年度计划完成的示范工程项目。

5.环境执法进一步加强

开展了"清理整顿违法排污企业保障群众健康"专项行动，对5个环境污染与生态破坏重点流域区域、5个重点行业以及6类重点违法问题进行了重点清理整顿。此项行动共检查企业4315家，立案查处612家，结案526家。开展了大规模的秦岭北麓生态环境综合整治行动，对秦岭北麓区域内的762家单位进行了整治，其中整治采矿企业、采石场372家、旅游服务设施、房地产开发项目96家、公路及水利建设项目13家、取缔"十五小"和"新五小"及淘汰产品、落后工艺127家、超标排放污染物单位52家。通过整治，基本上解决了"三不到位"的问题，有力遏制了因"三乱"而导致的生态环境恶化趋势。

我省环保工作虽然取得了一些成绩，但我们也清醒地看到，随着经济的快速增长，工业污染，尤其是"十五小"、"新五小"企业出现反弹、生活污染还在上升、农业和农村污染有所抬头、生态状况恶化的趋势还没有得到有效遏制，严重危害了人民群众健康的环境违法行为屡禁不止，全省环境形势仍相当严峻，突出表现为以下四个方面的问题。

一是全省污染总量的控制还不理想，大多数城市的空气质量未达到国家二级标准；地表水污染严重，尤其是渭河及其主要支流的污染，水质状况长期得不到改善，严重制约了"一线两带"建设；二是重点区域的污染仍未到有效遏制，给当地群众的生产生活带来了严重隐患；三是生态环境破坏事件时有发生，生态环境恶化加剧的趋势尚未得到明显遏制；四是有法不依、执法不严、违法不究的现象较为普遍，依法行政在具体工作实践中遇到的阻力相当大。

二、我省今年环保工作的思路和目标

2004年是环保"十五"计划的攻坚年，全省环保工作的总体思路是：以"三个代表"重要思想为指导，坚持以人为本，牢固树立和落实科学的发展观，坚持污染防治、生态保护、核安全监管并重，紧紧围绕建设西部经济强省和"一线两带"、三大区域和四大基地建设，按照统一规划、分类指导、整体推进、重点突破的思路组织实施好五大环境工程。严格环境执法，加快重点流域、区域环境治理，解决群众身边的突出环境问题，实现城市创模、渭河污染治理、铜川大气环境整治、秦岭生态保护、汉、丹江流域治理和产业发展、能力提升、行风建设上的新突破。

2004年环保工作的主要目标是：工业企业的主要污染物基本实现达标排放，城市空气、水环境和声环境质量继续改善，辐射环境管理得到加

强，生态环境恶化的趋势基本得到遏制，环境监督管理能力明显提高，环境保护国策地位进一步巩固，环保部门“三统一”职能得到切实加强，行风建设有新的进展，基本建立适应社会主义市场经济要求的环境与经济社会综合决策机制；渭河主要水体控断面满足三类标准的比例比上年提高10，大气质量二级和好于二级的天数增加10，化学需氧量、氨氮和二氧化硫控制区内二氧化硫3项污染物总量控制指标分别比2003年下降5.1、4.9、1.4；重点工程投资保持稳步增长。

三、今年工作的主要任务

今年我省的环保工作主要有以下9方面的任务:

1.以“城市双创”为重点，推动城市环境保护工作。强化城市环保基础设施建设，大幅度削减生活污水和垃圾排放量；优化生活和工业燃料结构，有效治理城市大气污染；加快城市园林化建设，增加城市绿地，改善城市生态环境，构建西部最佳人居、创业环境。年内宝鸡市、杨凌示范区创模工作要通过国家验收，西安市、咸阳市创模工作要有明显进展。

2.清理整顿违法排污企业和建设项目，促进产业结构调整，推行清洁生产。深入开展环保专项整治行动，把清理整顿违法排污企业和建设项目作为整治行动的重点。抓一批违法典型，遏制污染反弹，对2000年以来的钢铁、电解铝、水泥等行业的建设项目进行清理，严格执行《环境影响评价法》和国家产业政策，对没有进行环境影响评价的项目，已经投产的要立即停产，在建的马上停建，确保“环评”执行率和“三同时”合格率达到100，有效控制新的污染产生；加快对传统产业的提升改造，推行清洁生产，引导企业实施ISO14000环境管理体系，实现污染物稳定达标排放。

3.加强重点流域、区域和重点污染源的污染防治，努力解决群众最关切的环境问题。全面启动渭河流域综合治理工程，实施西咸同治沣皂河污染，启动沣皂河污染治理。以铜川水泥和陕北能源重化工基地为重点，实施大气污染综合治理，对以府谷地区为重点的重污染区进行环境综合治理，采取先进工艺和治理技术，确保污染源达标排放。加强辐射环境管理。

4.以秦岭生态功能保护区建设为重点，进一步加大生态环境保护力度。积极争取国务院批准设立××秦岭国家级生态功能保护区，加强农村环保工作。采取有效措施，保护农村饮用水源地。开展土壤污染监测工作，确保农产品环境安全。疏堵结合，积极推进秸秆综合利用，推广玉米秸秆环保资源综合利用项目，做好秸秆禁烧工作。

5.贯彻落实《行政许可法》，做好省人大对环保法规检查的配合工作。

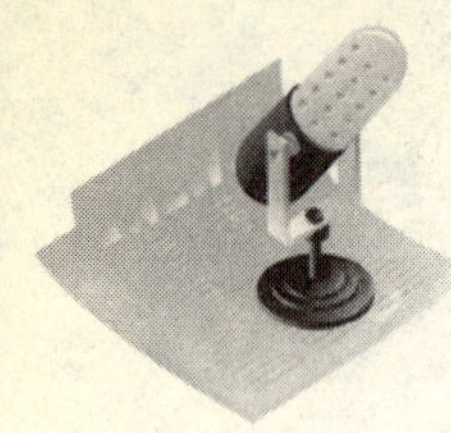

6. 完善市以下环保机构垂直管理改革，加强能力建设。

7. 倡导科学的发展观，搞好环境宣传教育。要以树立科学发展观为主题，开展形式多样的学习和宣传活动。以宣传新的环境理念和建立公众参与为重点，全面推进绿色文明示范工程行动计划和环境宣传教育网络体系建设，使绿色社区、绿色村庄、绿色企业和绿色学校覆盖全省。

8. 突出科技创新和地方环境标准建设，促进环保产业发展。发展具有我省特色的环保产业。大力发展循环经济，积极推进循环经济试点，完成韩城龙门生态工业园区（循环经济）规划，争取列入国家示范。

9. 加强廉政监督，促进行风建设。严格执行“四大纪律，八项要求”，加强教育，构筑好环保队伍的廉政思想道德防线，促进领导干部的廉洁自律培养和造就一支“思想好、作风正、懂业务、会管理”的“为民、务实、清廉、文明”的环保队伍。

四、近年来在我省环保治理工作中凸现的亮点

随着可持续发展战略和科学发展观的逐步确立，作为任重道远的西部省份，××省环境保护事业步入了崭新发展阶段。在××省委、省政府的高度重视和领导下，经过广大环保工作者的不懈努力，××省的环境保护工作逐渐凸显出五大亮点。

第一，环境保护在经济工作中的地位和作用明显增强

我省确立了以环境保护工作推动全省新型工业化的经济发展新思路，促使环境保护在经济工作中的地位和作用得到进一步加强。近年来，从改善投资环境、产业结构调整到实施“一线两带”战略，环境保护发挥了不可替代的作用。西安、宝鸡、咸阳、杨凌、渭南、铜川、延安、汉中等市（区）把创建国家环保模范城市和重点城市作为发展城市经济、提升城市综合竞争力的一项重要工作来抓；榆林市高度重视能源重化工开发建设中的生态环境保护；陕南各市则提出了经营绿色的经济发展战略构想，把环境保护提升到经济建设的主战场。

第二，可持续发展观逐步成为各级党委政府的决策核心

去年7月，省委组织召开了全省人口资源环境座谈会，提出了以实施可持续发展战略推动西部经济强省建设步伐的指导方针，并要求把环保目标责任的落实和省市目标任务的完成情况作为干部任期政绩考核的重要内容；省委常委会和省政府常务会多次专题听取环境保护工作汇报，并做出了关于秦岭北麓生态环境综合整治的决定；省人大和省政协也多次听取汇报，并专门组织有关厅局开展《环评法》的宣传贯彻活动；各市区政府都组织召开了环境保护工作会议，咸阳等市还召开了人口资源环境工作座谈

会，全面部署环境保护工作。

第三，实施项目带动战略，多元化环保投融资机制初步形成

以重大项目为依托，充分利用国内国际两个市场扩大招商引资，优化资源配置，拓展发展空间。仅去年一年通过各种渠道引资7.988亿元，争取国家专项资金270万元，调动企业自筹资金9059万元，通过排污费筹措补助资金2213万元，安排省级环保专项资金6351.57万元，争取社会闲置资金191万元。

第四，环保产业的发展成为新的经济增长点

近年来，我省环保产业由自发无序的初级阶段跨入行业规范化管理的有序发展阶段，具备了参与国内及周边国家或地区市场竞争的能力。截止去年年底，全省共有环保企业736家，从业6.86万人，固定资产超过50亿元，年产值达到102.28亿元；拥有国家和省上认证的环保产品160个，国家重点推广技术23个，中国环境标志产品39个。

第五，环境管理体制日趋完善

去年我省率先在全国实现了环境管理体制市以下垂直管理，使全省环境机构得到了进一步充实和加强，队伍得到有效整合。积极贯彻《清洁生产促进法》，全面推进排污许可证制度，使工业污染防治走上了规范化和法制化轨道。积极研究建立以全省生态系统整体性为核心的“四区”推进战略，在已有规划的基础上，使建设步伐不断加快，生态环境监管力度不断加大。围绕经济建设推动科技、标准、政策法规机制不断创新，促进环保技术进步和市场形成，使开发与保护中的政策法规和技术性难题逐步得到解决。

总之，我省的环保工作虽然取得了一定的成绩，但仍有一些不足之处，尚需我们所有环保工作者的不懈努力。

在此，我诚挚的表示愿虚心听取广大听众朋友的意见和建议，积极改进我们的工作，并对听众朋友的良言表示衷心谢意。

第二节　领导电视讲话稿

一、领导电视讲话稿的含义

通过电视发表的讲话所运用的稿件即为领导电视讲话稿。这是电视普及以来很多国家以及地方领导同志经常采用的一种讲话方式，主要用于纪念和庆祝某个节日。有时领导同志也会搞电视讲座，讲授某一方面的知识。

二、领导电视讲话稿的写作技巧

在电视讲话上，除了所有讲话稿都具备的给他特点外，还有一些自己的独特之处。

1. 可以适当多加上一些与观众朋友的互动，以吸引观众的注意力，如现场电话接入。

2. 注重语言的创新。电视讲话稿固然要求平实、朴素，但绝不等于排斥语言生动和创新；固然不需要像纯文学创作那样讲究辞藻华丽、绘声绘色、灵活动感，但也绝不能灰头土脸、味同嚼蜡。适当运用一些修辞手法，可以大大增强文稿的可持续性、新鲜感。

三、领导电视讲话稿的注意事项

1. 电视讲话也要求简短、通俗。电视讲话要求简短，这是因为电视时间是有限的，是要讲收视率，如果太长就会导致收视率不高，这也是对电视资源的浪费。

2. 观点要鲜明，中心要明确，态度要明朗，不能含糊其辞、模棱两可。

四、范例

例文一

×××市长纪念“六五”世界环境日电视讲话

×××

（××年×月×日）

同志们:

在“六五”世界环境日到来之际，我同大家一起，共叙环境话题，共同面对环境保护的重任。今年世界环境日的主题是：“人人参与、创建绿色家园”。环境保护是一项系统工程，需要全社会的关心和支持。借此，

我呼吁全市人民积极行动起来，共同关心、支持和参与到实施“生态立市”的伟大工程中来，为营造我们共同美好的家园而努力奋斗。

我市的环境保护工作，按照自治区党委、政府的安排部署，在全市上下的共同努力和广大环保战线干部职工的奋斗下，通过开展整治违法排污企业、河流、湖泊综合治理等环保专项行动，有效地打击了环境违法行为，加快了我市污染防治步伐，使我市区域环境质量得到不断改善，群众的环境保护意识明显增强。

面对取得的成绩，我们更应该清醒地认识到，我市的环保工作仍然面临比较严峻的形势，全市污染物排放总量居高不下，×伦湖、伊敏河等河流、湖泊治理，草原保护任务繁重，环境问题已成为制约我市经济社会可持续发展的重要因素。我们必须在发展经济、全面建设小康社会的同时，按照科学发展观的要求，大力加强环境保护工作，真正把环境保护作为经济社会可持续发展的重要内容，努力解决环保方面的突出问题，不断提高环境保护的质量和水平。

（1）着力解决“热点”问题。督促全市造纸企业加快技术改造、关停步伐，确保我市出境水稳定达标；加快城市污水处理厂建设步伐，逐步实现污水无害化处理；确保全年关闭取缔任务圆满完成；推行清洁生产技术，发展循环经济，改善能源结构，从源头控制污染。

（2）加大环保执法力度。环保部门要认真履行法律赋予的职责，进一步加大执法力度，对重点流域、重点区域和重点排污企业要严密监控，强化现场监督，对不法排污行为始终保持高压态势。对重大环境违法案件、群众反映强烈的环境问题，实施挂牌督办，从严、从重、从快予以查处。严格执行环境影响评价和“三同时”制度，对不符合产业政策的建设项目坚决不予审批，防止追求眼前利益而破坏长远利益，牺牲环境效益换取经济效益的行为发生。

（3）加强部门协作。工商、电业、煤炭、农业等部门要妥善处理环境保护与经济发展的关系，通力合作，密切协作，形成强大合力。监察部门要加强对贯彻执行环保法律法规的监督检查，对违反环保法律法规的单位和个人追究相应责任。各旗、市政府要支持环保部门依法行政，帮助解决管理和执法工作中存在的实际困难。同时，要落实企业责任，按照“谁污染、谁治理”的原则，把防治和治理落实到企业，做到任务、目标、责任三落实。

（4）加大环保宣传力度。通过广泛宣传环保法律、法规，形成人人重视和参与环境保护的良好氛围。深入开展环境警示教育，客观实际反映我市的环境质量现状，增强广大市民的环保意识。完善公众参与机制，引导、鼓励广大人民群众提高参与保护环境的热情，把保护环境工作变成全社会的自觉行动。要通过新闻媒体对污染严重企业曝光等措施，弘扬先进，鞭策落后，以促进环境热点、难点问题的解决，增强全社会的环境意识和环保法制观念。

同志们，环境保护工作功在当代，利在千秋，事关全局，意义重大。通过我们的努力，全民的环境意识必会有新的提高，我们的环境必然会更加美好。

例文二

区委书记迎新年电视讲话

×××

（2006年×月×日）

同志们、朋友们：

2007年新春佳节即将来临。在这辞旧迎新、欢乐祥和的喜庆时刻，我代表中共××区委、×××区人民政府，向全区广大工人、农民、知识分子和各级干部，向人民解放军驻军部队全体指战员以及烈军属、伤残、复退军人，向武警官兵、公安干警和离退休干部，向关心、支持×××发展的社会各界人士，致以诚挚的问候和良好的祝愿！向在节日期间坚守工作岗位的同志们表示亲切的慰问！向全区人民拜年！

刚刚过去的2006年是我区改革开放和经济建设进程中具有重大意义的一年，是全区人民团结奋斗、取得巨大成绩的一年。一年来，全区上下紧紧围绕全市经济工作会议明确的各项奋斗目标，坚持以邓小平理论和“三个代表”重要思想为指导，深入实施“能源重化工”战略，狠抓各项措施落实，圆满完成了全年的各项任务，促进了国民经济和社会事业健康快速发展。2006年，全区完成国内生产总值×亿元，比上年增长×%；财政总收入超过×亿元，其中地方财政收入×亿元，分别增长×%和×%。农业基础地位进一步加强，农村经济全面发展，农民收入稳步增加；工业投入力度加大，工业结构不断优化，运行质量明显提高；招商引资成效显著，对外开放不断扩大；第三产业繁荣活跃，民营经济蓬勃发展；文化、教育、科技、体育、卫生等各项社会事业成就喜人，人民生活进一步改善；社会主义民主法制建设和精神文明建设水平进一步提高，基层党组织建设得到加强。全县呈现出经济繁荣、事业昌盛、安定团结的大好局面。

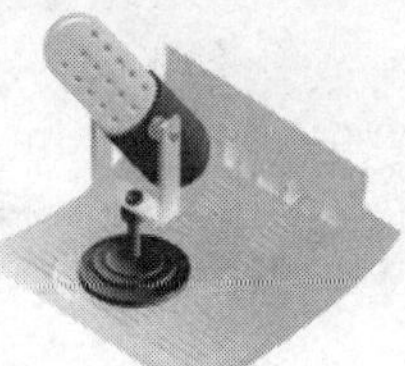

这些成绩的取得是我们坚定不移地贯彻执行党的路线、方针、政策的结果，是全区上下深化改革、扩大开放、加快发展的结果，是全区广大干部群众团结一致、艰苦奋斗、开拓创新的结果。在此，我代表区委、区政府，向辛勤工作在各条战线上的广大干部群众，向为我区两个文明建设作出积极贡献的驻军部队全体指战员和武警官兵，向关心支持全区发展的离退休干部及社会各界人士，表示衷心的感谢！

今年是深入贯彻落实党的十六大和十六届三中全会精神、实现“十一五”计划的关键年。新的一年的主要任务目标是：完成国内生产总值×亿元，比上年增长×%；规模以上工业实现增加值×亿元，利税×亿元，均增长×%；引进利用区外资金×亿美元，其中境外资金×万美元，分别增长×%和×%；出口创汇×亿美元，增长×%；全社会固定资产投资×亿元，增长×%；实现地方财政收入×亿元，增长×%。面对新的形势和任务，我们要继续坚持以邓小平理论和“三个代表”重要思想为指导，紧紧围绕2007年全区经济工作会议上确定的各项奋斗目标，突出抓好招商引资、民营经济、现有企业扩张“三个重点”，加快实现结构调整、外经外贸、体制改革、旅游开发“四个突破”，促进全区经济和社会事业的超常规、跨越式发展。

新春伊始万象更新。新的一年充满着新的机遇和希望，让我们更加紧密地团结在以胡锦涛同志为总书记的党中央周围，高举邓小平理论伟大旗帜，全面贯彻“三个代表”重要思想，与时俱进，开拓创新，凝心聚力，加快发展，为提前十年实现全面建设小康社会的宏伟目标而努力奋斗！

在新年钟声即将敲响的时刻，衷心祝愿全区各族人民身体健康、新春愉快、阖家欢乐！

例文三

电力局局长电视讲话稿

全县父老乡亲、全县各用电客户：

我是××县电力局局长×××。入夏以来，我县出现持续晴热高温天气，全县电网相对往年提前半个月进入用电高峰期。特别是最近一周以来，全县用电负荷节节攀升。7月18日21点05分，我县电网最高负荷达12.13万千瓦。是日，我县日供电量达247.97万千瓦时，均创造了××县电网历史之最。

在高温高负荷的考验下，我县城区电网出现了局部变压器过负荷、低压

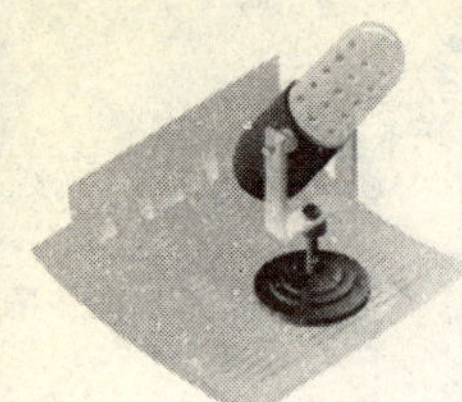

次干线烧毁、配电台区空气开关跳闸等问题。一些农村在用电高峰时段，末端电压低，家用电器难启动，在一定程度上影响了对客户的正常供电，影响了父老乡亲的正常生活。在此，我代表××县电力局表示诚挚的歉意。

为确保城乡居民生活用电，今年4月份以来，××县电力局就启动了电网迎峰度夏预案，着手开展了电网砍青扫障、配电变压器轮换、输配电设备红外测温和测负荷、部分地段变压器补点改造等工作，同时加强了电力抢修值班工作。全局生产系统员工和农电工日夜坚守在抢修值班岗位上，哪里出现故障就奔向哪里。

根据气象预报，高温天气将持续，城乡配电网供电能力将更加紧张。下一步，我们将从以下方面着手，采取超常措施，全力应对高温高负荷对电网的影响，尽最大努力做好全县城乡居民生活用电供应工作:

一是科学调度电网。根据城区各线路电力负荷的情况，及时做好用电负荷转移。

二是抓紧电网改造。一方面积极敦促上级物资采购部门，尽快组织物资到位；一方面采取向兄弟单位外借、向电力设备厂家预支等手段，对已安排改造计划的台区提前进行改造。

三是及时组织抢修。增加抢修力量，局班子成员、生产部门负责人轮流值班，跟班抢修劳动。

目前，我县城乡配电网络出现的问题，是阶段性的、季节性的问题，县城用电负荷主要是空调负荷。在电力部门积极应对的同时，也向全县所有用电客户呼吁，科学用电、安全用电，共同度过当前的难关:

一是请科学用电。我县电网用电高峰一般出现在上午11时至下午3时、下午6时半至夜间10时左右。在这一时段，请用电客户注意家用电器尤其是空调器的开启，一个家庭尽量只开一台空调器。农村大宗客户接在公用变压器上用电生产的，请错开这一时段用电生产，尽量避免与农村居民生活用电抢负荷。县城商家店铺的景观照明请尽量少开或不开。城市路灯尽量延时开启或只开启一部分。

二是请安全用电。当前正值农村“双抢”季节，农村更应重视安全用电的问题。在打稻脱粒、抗旱、排渍、鱼塘增氧等用电中，严禁挂钩搭火违章用电。严禁在高压线路下建房、爆破、取土，影响电力设施安全。严禁在高压线路下钓鱼。务请支持电力部门做好电力线路的砍青扫障工作，确保电力线路安全运行。一旦发现高压线路掉落或其他电力设备故障，要迅速向电力部门报告，看护好现场，并制止其他人员靠近现场。

三是请互相理解。电力企业是高危行业，电力安全重于泰山。在电力

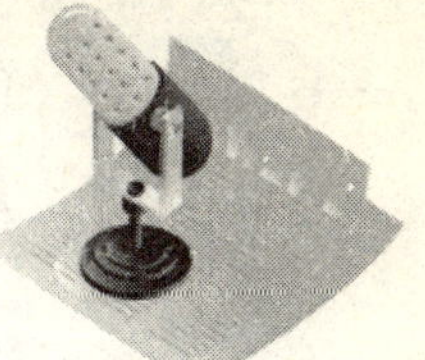

故障抢修、电力建设施工、电力线路砍青扫障中，请全县客户给予支持和理解。特别是炎热天气，电力员工夜以继日地奋战在抢修现场，不奢望清凉，但渴求理解。

总之，作为服务××县经济社会发展和人民生产生活电力需求的××县电力局，有责任有义务做好全县的电力保障工作。我们将在上级电力主管部门和县委、县政府的高度重视和支持下，千方百计、排除万难、尽力尽心地做好全县电力供应工作，确保××县电网平安度夏！

谢谢大家！

例文四

××县家电以旧换新推广工作电视讲话稿

××县人民政府副县长黄××

同志们:

家电以旧换新是国家拉动内需、扩大消费、改善民生、促进经济、社会又好又快发展的重大举措，为了把好事办好，现就我县贯彻落实家电以旧换新推广工作，讲几点意见:

一、准确把握家电以旧换新的主要内容和政策。家电以旧换新推广工作由国家商务部、财政部、环境保护部共同组织实施，县级商务部门、财政部门和环保部门具体承办。我县家电以旧换新工作采取“乡镇牵头组织，中标企业负责，网点承办，分批备案，联合监管”的工作模式。从2010年9月1日至2011年12月31日止，具有××地区户口的个人和在××地区登记注册的法人单位，将旧家电交售到“家电以旧换新回收指定店”并在“家电以旧换新销售指定店”购买新家电的，可以现场享受10%的财政专项补贴。补贴产品范围包括电视机、电冰箱（含冰柜）、洗衣机、空调、电脑等五个品种。购买新家电不受交售旧家电对应品种限制，但交售旧家电与购买新家电的购买人必须一致。已享受“家电下乡”补贴的新家电不再享受“以旧换新”补贴。个人购买新家电的，总量不超过5台；单位购买新家电的，总量不超过50台。

二、扎实做好家电以旧换新各项工作。商务、财政、环保等部门要全力以赴，保证工作有序运行。工商、质监部门要加强对以旧换新家电产品的质量监督，严禁假冒伪劣、严禁以次充好、严禁擅自提价，严厉打击借机欺骗、坑害消费者利益的违法行为，各相关部门要配合支持，及时解决

家电以旧换新工作中出现的问题。各乡镇要认真落实好辖区内家电以旧换新宣传推广工作，牵头组织当地工商、财政、公安，加大对当地家电以旧换新市场的规范整治，严肃查处非指定店销售、回收家电以旧换新产品的行为。按照县政府统一部署，明确职责，通力合作，圆满实现家电以旧换新工作目标。

三、严格规范家电以旧换新经营行为。各中标企业要认真履行中标承诺，自觉接受县级商务部门的管理，切实加强网点人员培训，严把销售渠道准入关，杜绝假冒伪劣、以次充好的产品流入家电以旧换新流通体系。各回收、销售备案网点要在醒目位置悬挂经县级商务部门备案授予的家电以旧换新指定店标识牌，张贴统一的家电以旧换新补贴流程和农民购买须知。要增强服务意识，优化工作流程，提供优质服务，做到废旧家电应收尽收、新家电直补到位，最大限度方便群众，最大限度让利消费者。

同志们，家电以旧换新推广工作事关广大消费者的切身利益，请大家要广泛宣传，相互转告，积极参与。同时，欢迎全县人民对我们的工作进行监督。

谢谢大家!

××县人民政府
2010年11月18日

例文五

200×年县长安全生产月电视讲话

同志们:

200×年的6月是第八个全国安全生产月，今年安全月活动的主题是“×××”。根据中央宣传部和国家安监总局等六部门的部署要求，我县从今天起开展“安全生产月”活动。活动的目的是要加强全民的安全意识教育，营造人人“关爱生命，关注安全”的社会氛围。借此机会，我讲几点意见:

一、认清当前我县的安全生产形势。当前我县安全生产形势总体趋于稳定、好转，但是当前安全生产形势依然严峻，如道路交通方面的无证、无照和“三超”情况屡禁不止；一线劳动者还存在冒险作业、违章作业、疲劳作业等现象；一些单位对安全生产资金投入不足，安全生产“三同时”建设进展滞后等，给安全生产留下了许多隐患。因此，各单位决不能有丝毫的松懈和麻痹，做好安全生产工作任重道远，必须常抓不懈，警钟长鸣。

二、切实组织好安全生产月宣传活动。全县各乡镇、各部门要认真总

结，深刻反思本乡镇、本部门、本单位在安全生产监管工作中存在的问题和漏洞，查找深层次原因，加强管理，制定切实可行的改进措施，使“安全月”成为深挖事故根源的“反思月”。要紧紧围绕“安全生产月”活动主题，按照贴近实际、贴近生活、贴近群众的要求，广泛发动，精心组织，开展形式新、声势大、效果好的宣传活动，使大家在活动中受到教育，在活动中学到知识，在活动中增强安全意识，使“安全月”成为群众积极参与的“动员月”。要强化措施，进一步建立健全工作制度，完善工作机制。认真落实安全生产责任制，特别是落实企业安全生产主体责任，解决好“严格不起来，落实不下去”的问题，使“安全生产月”成为重大决策部署的“落实月”。要紧紧围绕隐患排查治理这条主线，推动重点行业领域安全生产百日督查专项行动和隐患排查治理工作。动员全体干部职工深入排查治理隐患，使安全月成为事故隐患的“治理月”。各生产经营单位要加大对安全管理人员、特种作业人员的安全教育培训力度，使安全月成为职工安全教育的“培训月”。

三、严格执行安全生产责任追究制。各单位的主要领导是本单位安全生产工作的第一责任人，在开展“安全生产月”活动中要严格按照国家有关法律法规，层层建立和完善安全生产责任制，形成一级抓一级、层层抓落实、环环不脱节的安全生产工作新格局。对活动开展不力，任务不落实或造成不良后果的，要依法依纪进行责任追究。

同志们：做好安全生产工作，任务艰巨，责任重大，使命光荣。在安全月活动中我们有序安排了安全生产十佳人物电视专访、青年示范岗创建、应急救援演练、安全质量标准化创建活动、送安全文化到基层等10项活动，希望广大人民群众积极参与、支持，营造一个人人关心安全、自觉维护安全的社会环境，为创建富裕、民主、开放、和谐的新安而努力奋斗。

谢谢大家！

第三节　领导报纸讲话稿

一、领导报纸讲话稿的含义

领导报纸讲话稿通常是为了纪念和庆祝某个节日而发表在报纸上的领

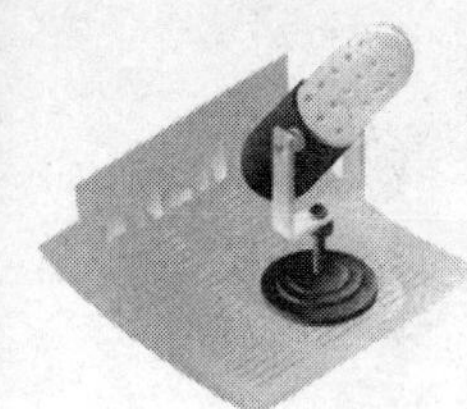

导讲话稿。

二、领导报纸讲话稿的写作技巧

起草领导讲话稿是文秘人员理论功底和文字水平的体现，但这决不是一天两天就能练出来的功夫，而是一个长期积累的过程，是一门综合性技艺。领导报纸讲是领导讲话稿中特点比较鲜明的，起草领导报纸讲话稿更能体现文秘工作者的功底。

1. 拔高层次。领导报纸讲话通常不是针对和着眼于某些局部和具体问题的，而是站在全局和时代的高度，用战略的眼光和广阔的视野来观察、分析和解决问题，政治理论、思想水平和工作层次都很高。因此在起草领导报纸讲话稿时，要不在其“位”而谋其“政”，“小人物说大话”，设身处地地站在领导者应有的水平和层次上思考问题。

2. 增强权威性。领导者的地位、职务与责任决定了领导的讲话具有很强的权威性，尤其是领导者在某些重要场合的讲话精神，很大程度上就是党的理论、政策和要求，是必须贯彻执行的。因此，在起草报纸领导讲话稿时，一定要做到用字严谨、立意准确，每一个重要观点都反复斟酌，每一个新的提法都多方论证，每一段文字都仔细研究，把领导需要讲的内容精当、恰如其分地反映出来。不随便照搬理论界的观点、社会上的看法，不把没把握、未定性的话、有争议的观点讲出来，更不可以为了标新立异、语出惊人而讲一些过头话。

3. 拓宽涉及面。领导报纸讲话稿要求视野广阔、知识面宽，尽可能了解各方面知识，尽可能熟悉各领域的工作。但在囊括四海的同时，也要做到收放自如，既能拿得起去，还要放得下，既要纵横捭阖，又能有依有据，使讲话既展现出较大的信息量，又不会把主要观点淹没在大量材料中。

4. 突出个性。领导报纸讲话必须能够充分体现出领导的个性。每一位领导讲话都有自己的风格、特征，有的领导讲话习惯纵横古今中外、旁征博引、引经据典；有的领导讲话立意高远、气势雄宏；有的领导讲话生动活泼、诙谐幽默，喜欢举例子；有的领导讲话朴实无华、通俗简洁，喜欢“使用人民的语言”。因此，领导报纸讲话稿在体现基本要求的同时，也要把领导的意图领会清楚、体现充分。

三、领导报纸讲话稿的注意事项

1. 要篇幅简短。发表在报纸上的讲话不宜过长，篇幅要短小精干。

2. 措词严谨。既要有书面语言的精练、准确、干净，又要有口头语的通俗、生动、易懂。

3. 富有文采。恰当地使用修辞手法，使语言富有感染力，注意用典引故，使讲话具有很强的感染力和时代感。运用排比、对仗等修辞手法，可使要说明的思想内容更丰富、逻辑更严密、层次更清晰、气势更恢宏。

四、范例

例文一

群策群力调结构团结奋进谋发展

——××同志在政协常州市××区第二届委员会第三次会议开幕式上的讲话各位委员、同志们：

区政协第二届委员会第三次会议今天隆重开幕了，这是全区人民政治生活中的一件大事。在此，我代表中共××区委向大会的召开表示热烈的祝贺！

刚刚过去的2009年是砥砺奋进、经受考验的一年。面对国际金融危机带来的严峻挑战，全区上下始终坚持以科学发展观为指导，突出重点，抓住关键，创新思路，积极应对，保持了经济社会平稳较快发展。主要体现五个“快”：一是各项指标增长快。全年完成地区生产总值405亿元，增长14%，高于全市平均增幅4个百分点，占全市的份额达16.7%，比去年提高2个百分点；地方一般预算收入41.3亿元，增长20.8%，高于全市平均增幅4.8个百分点，占全市的份额达19.1%，比去年提高1.5个百分点；全社会固定资产投资335亿元，增长19.2%，高于全市平均增幅2.1个百分点，占全市的份额达19.7%，比去年提高0.3个百分点。高新区在全省国家高新区中的位次进一步巩固，对全市的贡献份额进一步提升，体现了高新区的状态和作为。二是新兴产业成长快。突出新兴产业培育，强化产业链招商，抓好高新技术企业认定，全区累计拥有高新技术企业144家，占全市的41%；规模以上高新技术产业产值达650亿元，占全区规模以上工业总产值的59.6％，占全市的份额达23.2%，初步形成了以天合光能为龙头的

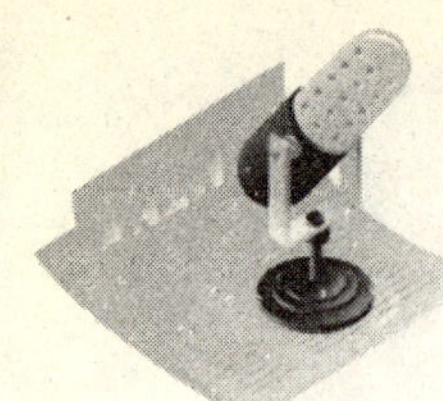

光伏产业战略合作链条，以创意—网游—旅游为上下游的文化旅游产业链条，以太平洋美诺克、千红生化、方圆制药等为主体的生物医药产业发展迅速。三是投融资体系建设快。完成黑牡丹定向增发及15亿元规模的“09常高新债”发行，常高新集团、龙控集团两大政府平台融资能力增强。引进了赛富常州、德丰杰常州、牡丹江南、常荣基金、和泰投资等一批基金、创投公司，增加恒泰担保公司资本金，参股成立商汇担保公司；推进政银企对接，截至2009年底，全区金融机构贷款余额259.5亿元，同比增长47.9%，其中工业贷款120.7亿元，同比增长38%，全年贷款新增量为2008年的3.32倍，为企业发展提供了有力支撑。四是新城建设推进快。完成70平方公里北部新城概念性规划及创意旅游、高铁枢纽、高新商务区等五大综合体城市设计，推进了高铁场站、机场改扩建、月星环球中心商业综合体等建设，引进了雅居乐等一批高档地产，深入推进城乡环境综合整治，城市品质、形象不断提升。五是人民生活提高快。春江小学、三井小学、西夏墅卫生院、龙虎塘卫生院建成投用，××人民医院、罗溪卫生院基本完工，菜市场改造、农村环境综合整治等为民办实事工程顺利实施。新型农村合作医疗筹资标准提高，新型农村养老保险制度惠及全区11万多人。

过去的一年，区政协牢牢把握团结和民主两大主题，认真履行政治协商、民主监督、参政议政三大职能，通过提案、社情民意等形式，积极建言献策，为区委、区政府科学决策提供了重要参考；围绕保增长促发展大局，积极搭建服务平台，协助政府为企业排忧解难；发挥自身优势，加强自身建设，政协工作制度化、规范化水平不断提升。借此机会，我代表中共××区委，向全体政协委员和各民主党派、工商联、各人民团体以及社会各界人士，表示衷心的感谢和崇高的敬意！

各位委员、同志们，今年是“十一五”收官年，也是谋划“十二五”发展年。在危机影响依然存在、宏观形势复杂多变、回升基础尚不牢固的情况下，周边开发区纷纷把加快结构调整，推进转型升级作为当前重大战略举措，大力度地推进创新型经济的发展。面对周边地区激烈的竞争态势，审视高新区自身的发展现实，把握我区基础条件与环境的变化，前不久召开的区委二届七次全委会对今年及今后一段时期工作作出了全面部署，明确了全年工作的总体思路：围绕建设经济发展领先区、高新技术产业集聚区、现代服务业增长区、生态环境文明区和现代化新城区，以招商引资、产业培育、自主创新和新城建设为重点，完善规划调结构，招商引资调结构，建设平台调结构，集聚资源调结构，创新机制调结构，在调结构中保持又好又快发展，确保地区生产总值、一般预算收入等主要经济指

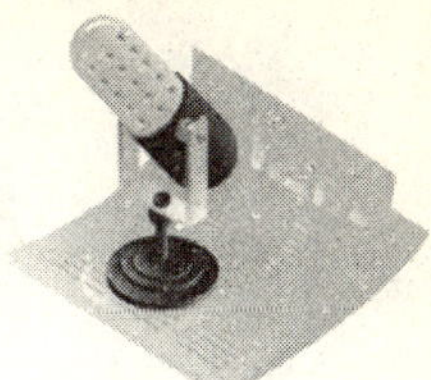

标高于全市平均增幅3—5个百分点，确保在全省开发区中的位置，全面完成“十一五”目标任务。面对发展的新形势、新任务，希望区政协和全体政协委员紧紧围绕全区工作大局，发挥自身优势，充分履行职能，为全区经济社会发展作出新的贡献。

一、服务大局履好职。服务大局是政协履行职能的第一要务。调结构是区委全年工作的重点。调结构涉及经济结构、产业结构、城乡结构等各个方面，调结构离不开各界政协委员的积极参与。希望区政协把全体政协委员的思想和行动统一到区委决策部署上来，充分调动各位委员的积极性、主动性和创造性，凝聚推进结构调整的最大合力。希望全体政协委员发挥层次高、眼界宽、思路活的优势，围绕产业培育、招商引资、新城建设等方面深入调查研究，提出有前瞻性、创造性、建设性的意见和建议，为区委科学决策提供帮助，更希望在座的企业界委员立足自身实际，积极参与结构调整，为全区经济社会转型升级贡献最大力量。

二、促进和谐聚人心。坚持团结民主、协调各方是人民政协的重要责任。希望区政协充分发挥桥梁纽带作用，加强同社会各阶层的联系沟通，调动积极因素，增进发展共识，凝聚各方力量，积极协助区委、区政府化解矛盾，维护稳定，为改革和发展减少阻力、增加动力、形成合力。希望全体政协委员多宣传我区改革开放取得的巨大成绩，做到团结鼓劲，凝聚人心；多释民所疑，解民所难，真实反映群众愿望，真正关心群众疾苦，为人民群众解难事、做好事、办实事，为促进社会和谐发挥应有作用。

三、提升素质增活力。加强政协自身建设是做好政协工作的基础。希望全体政协委员主动适应新形势新任务新要求，不断加强学习，优化知识结构，提高思想政治素质和理论政策水平，提升民主协商和参政议政能力；切实发挥在本职工作中的带头作用、政协工作中的主体作用、界别群众中的代表作用，增强履行职责的责任感和主动性，自觉树立和展示政协委员的良好形象。希望区政协机关进一步加强规范化、制度化建设，积极探索具有时代和政协特色的参政议政的新形式、新途径，努力把我区政协工作提高到一个新的水平。

政协工作是党的工作的重要组成部分，区委将一如既往地重视和支持政协工作。各单位各部门都要关心和支持政协工作，加强与政协委员的联系沟通，为政协委员知情参政创造条件，对政协组织的视察、调研积极提供帮助，对政协委员的提案在工作中积极采纳、认真办理。

各位委员、同志们，2010年全区各项目标任务已经确定，让我们深入学习贯彻十七届四中全会精神，深入贯彻落实科学发展观，抢抓机遇，加快结构调整，积极作为，提升发展质量，全力推动经济社会发展再上新台阶，努力开创高新区更加美好的未来。

预祝大会圆满成功！祝各位委员、同志们身体健康、阖家幸福！

例文二

决不要带血的GDP

——××省委书记张××在××省深入学习实践科学发展观活动动员大会上的讲话

安全发展既是科学发展的重要内容，又是科学发展的重要保证。对××这样的能源资源型省份来说，做不到安全发展就谈不上科学发展，也谈不上以人为本，谈不上维护人民群众的根本利益甚至基本生存权利，更谈不上社会的和谐、干部队伍的稳定。对××的各级领导干部来说，必须始终绷紧安全生产这根弦，安全生产意识不强，就是科学发展意识不强实现安全发展的能力不强就是领导科学发展的能力不强；对××实现安全生产形势稳定好转来说，既要靠投入、靠设施、靠科技，更要靠管理、靠制度，靠干部负责、靠群众和社会舆论监督。

发展是硬道理，但是没有安全保障的、盲目的、不科学的发展就没道理。如果连人民的生命财产安全这一基本要求都不能保证，发展得再快也失去了意义。××省委决定，将安全发展与转型发展、和谐发展并列，作为深入学习实践科学发展观活动的重要载体和战略重点，作为××省当前要解决的最突出的问题。我们要坚决纠正盲目的、粗放的、急功近利的、制造虚假政绩的发展，努力兴办人民希望办的实事好事，决不要污染的、带血的GDP。

××煤矿、非煤矿山和尾矿库有近万座，还有为数不少的化工企业，安全生产压力非常大。虽然近几年安全生产工作得到加强，特别是煤炭百万吨死亡率创出历史最好水平，但是安全生产形势时好时差，被动局面尚未根本转变，并且连续发生影响恶劣的重特大安全生产责任事故。全省上下要以坚强决心和过硬举措，建立安全生产长效机制，走出一条符合科学发展、切合××实际的安全生产、安全发展的新路子。

安全发展，重在抓实。要提高资源型企业准入门槛，严厉打击非法违法开采行为，深入排查隐患和漏洞，加大安全生产投入，提高生产和管理的机械化、信息化、现代化水平。同时还要深挖重大事故背后的腐败行

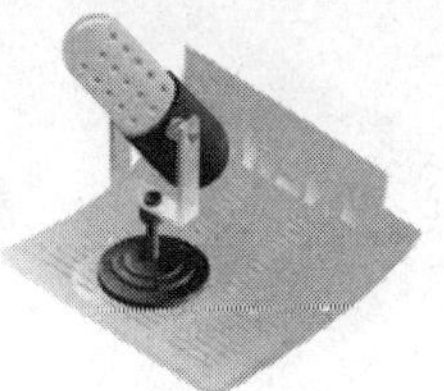

为，加大责任追究力度，实现事后追究向事前、事后追究并重转变。事前追究是对人民生命负责，是对干部队伍负责，也是对责任者本人负责，对重大安全隐患排查治理不力的，要视同发生事故严肃处理。因此，这在××要成为一个制度。

例文三

深入推进依法治省保障××转型跨越发展

今年12月4日是我国现行宪法颁布实施28周年纪念日暨全国第10个法制宣传日。从2001年12月4日至今，法制宣传日见证了新世纪十年来我国社会主义法治建设取得的成就，也记录了××省依法治省和“法治××”建设的历程。在纪念法制宣传日之际，我们更加深刻地认识到，发展是第一要务，稳定是第一责任，法治是第一保障。推进依法治省、建设“法治××”，是全面落实依法治国方略的具体实践，是提高执政能力和领导水平的重要途径，是促进经济社会发展和社会和谐稳定的必然选择。××省转型跨越的过程是经济社会又好又快发展的过程，也是法律不断健全、法制不断进步、依法治省水平不断提升的过程。各级各部门要把推进依法治省各项工作自觉放在转型跨越发展的大格局中来思考、谋划和推进。

第一，要全面提高依法治省水平。在依法治省这个系统工程中，有法可依是基础和前提，政府依法行政是关键，司法公正是生命线，宣传教育是重要手段，社会管理体制改革是重点任务，加强监督是重要保障。要结合××实际做好地方立法工作，制定和完善有关规范市场主体、保护知识产权、保障公平竞争、加强信用管理等方面的法规规章，加强社会领域的立法，抓好转型跨越发展亟需的地方性法规的立法工作。加大法规规章清理力度，使地方性法规能够适应不断发展变化的客观实际。坚持科学立法、民主立法，健全立法程序，创新立法方法，完善公众参与立法的机制、程序和方法，使××省地方性法规体系更科学、更合理、更完善。建立和完善司法、执法责任追究制，深入推进公正廉洁执法，确保各项执法活动在规范有序的轨道上运行，杜绝“以言代法”、“以权压法”、“以情乱法”。坚持司法为民、执法为民宗旨，推广“阳光执法”，高度重视涉及教育、医疗、就业、社保、住房等民生领域的执法和案件审理，有效保障公民的合法权益。加快政府职能转变，以贯彻落实《国务院关于加强法治政府建设的意见》为抓手，以提高依法行政能力为着力点，深化行政

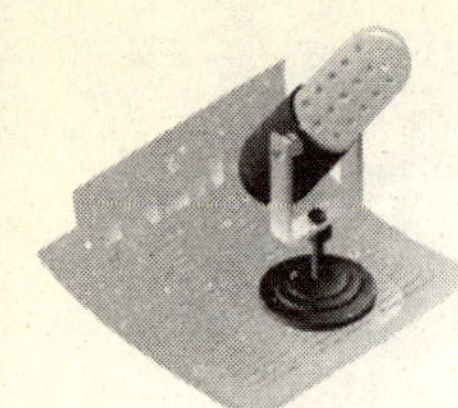

管理体制改革，严格按照法定权限和程序行使权力、履行职责，建设阳光政府、法治政府、服务政府、责任政府。健全完善行政决策机制，把维护广大人民群众根本利益作为决策的出发点、落脚点，将公众参与、专家论证、风险评估、合法性审查和集体讨论决定作为重大决策的必经程序，保证人民群众的意见建议得到充分表达，合理诉求得到应有重视，合法权益得到切实保障。要严格行政问责，对有令不行、有禁不止、行政不作为、违法行政等行为，特别是导致重大责任事故、重大事件或者其他严重后果的，要依法依纪严肃追究责任。

第二，要为转型跨越发展创造良好的法治环境。转型跨越发展是全省工作的主旋律，对包括依法治省在内的各项工作提出了新的要求。要牢固树立市场经济就是法治经济，抓法治建设就是抓经济发展的理念，把依法治省贯穿于经济社会发展各个方面，认真解决法治建设中不适应、不符合转型跨越发展的突出问题，注重从法治层面破解转型跨越发展的体制机制矛盾。着眼于绿色发展、清洁发展、安全发展，通过法治的途径和手段促进经济结构调整和经济发展方式转变，特别是要在推进产业升级、加强节能减排、改善生态环境等方面取得明显成效；通过法治的途径和手段化解社会矛盾、协调利益关系、加强社会管理，优化投资发展环境，为转型跨越发展营造民主团结的政治环境、公平竞争的经济环境、和谐稳定的社会环境。要把依法治省规划纳入“十二五”国民经济和社会发展总体规划，做到经济发展与法治建设互促互动。要充分认识到，工业新型化、农业现代化、市域城镇化、城乡生态化是转型发展的根本举措，是跨越发展的主要依托，也是统筹兼顾、有机统一、互促互动的战略布局。依法治省工作要紧紧围绕这一中心任务展开，通过富有成效的法治建设，体现好以煤为基、以煤兴产、以煤兴业、多元发展的要求，着力促进传统产业循环化、高端化，大力发展装备制造、现代煤化工、节能环保、现代物流、新能源新材料、文化旅游等新兴产业，加快推进农业产业化、县域工业化，推进新农村建设和农民增收，实施好“一核一圈三群”的城镇化发展思路，强化规划的引领力和建设的创新性，促进绿化××、气化××、净化××、健康××的建设，不断增强发展的协调性，提高全省人民的幸福指数，充分发挥法治建设在转型跨越发展中的促进和保障作用。

第三，要着力维护社会和谐稳定。“十二五”时期是××省的大发展期，首先要成为大稳定期。要推进社会管理创新，以发展社会事业和解决民生问题为重点，完善公共服务体系，改进公共服务方式。以法治城市和法治县区创建活动为抓手，扎实推进地方、行业、基层依法治理，突出抓

好基层民主自治管理。加强矛盾纠纷调处工作，完善信访、调解、综治三位一体的联动机制，努力把矛盾纠纷解决在基层、化解在萌芽状态。加强和改进信访工作，从源头上预防信访问题，从根本上减少信访问题，下大力气解决群众合理诉求，尤其是民生困难，实现“十二五”时期社会矛盾明显缓解。健全突发公共事件预警和应急机制，提高快速反应和处置能力。加强社会治安综合治理特别是基层基础工作，加大对严重刑事犯罪和多发性犯罪的严打严防严控力度，推进“平安三晋”建设，增强人民群众的安全感。

第四，要不断提高干部群众的法律素质。广大干部群众是推动转型跨越发展的主体，也是推进依法治省进程的主体。要进一步加强各级领导干部、公务员、青少年的学法用法工作，教育引导各级干部牢固树立社会主义法治理念，牢固树立在宪法和法律范围内活动的观念，牢固树立国家一切权力属于人民的观念，牢固树立尊重和保障人权的观念，熟悉和掌握履行职责所需要的法律知识，增强依法行政的意识和能力，善于运用法律思维和法律手段解决经济、社会发展中面临的问题，正确行使人民赋予的权力。以“法律六进”活动为载体，深入开展法制宣传教育，全面落实普法教育“三个纳入一个结合”的要求，充分发挥互联网等新兴媒体在法制宣传教育中的作用，构建大普法格局，培育社会主义法治文化。通过内容丰富、形式多样的普法活动，教育广大人民群众学法、懂法、守法、用法，使全民的法律素质不断提高。

转型跨越发展给××经济社会发展带来了新的机遇，也为“法治××”建设提供了开阔的舞台。各地各部门要深入贯彻党的十七届五中全会精神和省委九届十一次全会精神，进一步解放思想、增强信心、振奋精神、奋发进取，合力推进依法治省和“法治××”建设，为实现转型跨越发展、再造一个新××作出更大贡献！

例文四

凝聚侨力共谋跨越
加速推进国际性海滨城市建设

中共×××市委书记王××

×××市位于中国万里海疆的最中间，是新亚欧大陆桥东桥头堡、国

家首批沿海开放城市和中国优秀旅游城市，与海内外华侨联系密切、联谊深厚。近年来，在省侨办的密切关注与大力支持下，我们围绕“凝聚侨力、共谋跨越”，积极实施“与侨共进、联侨共赢”策略，富有成效地推进各项侨务工作，吸引了一大批华人华侨来连投资考察、参观访问、联谊交流，为×××的科学发展、跨越发展和国际性海滨城市建设汇聚了广泛的侨力支持。

一、顺应形势发展高度重视侨务工作，着力搭建凝聚侨力、共谋跨越的坚实平台。侨务工作是招商引资的重要渠道、合作交流的重要桥梁、扩大开放的重要载体，新时期的×××受到了党中央、国务院和省委、省政府越来越多的关注与重视。十七大期间，胡锦涛总书记在参加江苏代表团讨论时，对×××的战略区位给予充分肯定，勉励“×××地理位置有优势，要好好发展”；去年元旦，温家宝总理来连视察，将×××摆上全国发展大局来考虑，认为×××不仅是苏北发展的一个龙头，在全国经济发展特别是地区发展中都占有重要的位置；去年3月，江苏省委召开常委会专题研究×××的建设与发展，提出举全省之力振兴×××。面对形势的深刻变化，×××要如期实现科学发展、跨越发展，加快建成国际性的海滨城市，就迫切需要凝聚方方面面的要素与力量，而联侨引侨是其中非常重要的途径。省侨办从全局的、战略的高度，坚决贯彻中央和省委的决策部署，充分发挥侨务工作服务经济建设职能，全力支持×××的加快发展。市委、市政府将侨务工作摆上重要位置，市四套班子主要领导全程参与大型侨务活动，定期研究解决重大问题，建立目标与经费挂钩、经费与经济同步增长的机制，为侨务工作深入开展提供了坚强的组织保障，同时也坚定了侨商侨资在×××投资发展的信心和决心。

二、突出联侨引侨扎实开展侨务工作，着力提高凝聚侨力、共谋跨越的实际成效。更多地凝聚侨力投身国际性海滨城市建设主战场，关键在抓好联络联谊、宣传推介、招侨引侨三项重点工作。一是抓好联络联谊。在国侨办的大力支持下，在省侨办的精心策划、周密安排和积极推动下，我们举办了首届“国外侨务工作与地方经济社会发展论坛”，邀请林文镜、熊德龙等著名侨领和10多个国家和地区的海外侨商代表参加，在海内外产生了积极影响。近年来，我们利用侨务平台邀请来连参观访问的侨领侨商达3000余人次，组织赴外考察团组50余个，在美国、英国、西班牙、菲律宾和香港等12个国家或地区举办55次联络联谊活动，进一步融洽了与海外华侨华人的友谊和感情。二是抓好宣传推介。与《国际日报》、《星岛日报》、《欧洲侨报》、《南美侨报》等5家海外华文报刊建立合作关系，

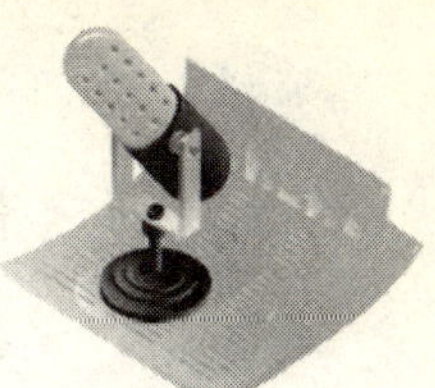

在《国际日报》开设×××周版，广泛宣传×××大开发、大建设、大发展的良好态势，增进了海外华侨华人的对×××的了解，扩大了×××的知名度与影响力。三是抓好招侨引侨。积极组织“海外江苏之友相聚×××”等招商引资活动，成功引进120多位侨领侨商来连投资兴业，投资项目涉及木材加工、机械制造、纺织服装、精细化工等数十类行业，协议利用外资20亿美元。在此过程中，省侨办充分发挥侨务资源信息多、渠道广、联络易的优势，大力帮助×××联系著名侨领，引进重大项目，助推×××广泛汇聚海内外优质资源和要素。

三、强化资源整合切实提升侨务工作，着力放大凝聚侨力、共谋跨越的良好效应。侨务资源是开展侨务工作的前提和基础。为了提升侨务工作水平，我们在省侨办的指导下，坚持开放的、发展的侨务资源观，辩证地、全面地看待侨务资源、整合侨务资源，进一步放宽眼界、拓宽思路，立足×××、着眼海内外，打破华侨华人资源的省市籍界限，牢固树立几千万侨胞都是×××宝贵资源的“大侨务”观念，通过省侨办引荐华侨、各级干部出访结交华侨、各级侨务部门积极走出去联系华侨、利用各种节会邀请华侨等多种形式，介绍×××、宣传×××，把蕴藏在海外侨胞中的潜在侨务资源转化为促进×××发展的宝贵财富，扩大了侨力竞相汇聚的效应，开创了侨务工作“全省有位置、全国有影响”的良好局面。

四、形成整体合力联手推进侨务工作，着力营造凝聚侨力、共谋跨越的浓厚氛围。积极探索为侨服务、凝聚侨心的新途径、新办法，在省侨办的支持帮助下，我们在赣榆县青下社区、新浦区龙尾社区建立侨法宣传示范基地并向全市推广，青下社区被国侨办确定为国内村级侨务工作联系点。认真做好对侨商的投资服务工作，在全市侨港资企业中设立45个服务联系点，其中省、市侨办挂牌重点服务企业13家，使在连的侨港资企业都能享受到零距离服务，切实做到急侨商之所急、帮侨商之所需。进一步完善“五侨”参与“大侨务”的统筹协调机制，做到上下联动、横向互动，促进资源共享，形成工作合力。引导全体港城市民树立与国际性海滨城市相适应的包容心态、开放胸怀和诚信程度，善待投资商，礼待外来人，让亲侨、安侨、扶侨、富侨成为全社会的自觉行动。

回顾过去，×××发展的每一步都包含着侨务工作的努力与侨商侨胞的支持；展望未来，×××国际性海滨城市建设的每一段征程都迫切希望得到侨资的注入与侨力的帮助。我们将进一步抢抓机遇，扎实工作，不断推动侨务工作登上新台阶，与海内外华侨携手书写互利共赢的新篇章。

例文五

在转型发展跨越发展中建功立业创先争优

先进性是我们党的本质属性，是党组织和广大党员的应有追求。创先争优活动是学习实践科学发展观活动的继续和延展，是党的先进性建设的有力抓手，也是以党建促发展、促和谐的战略之举。我们要认真贯彻落实胡锦涛总书记和习近平、李源潮等中央领导同志的一系列重要讲话精神，结合我省实际创造性地开展活动，不断取得实效。

第一，要把创先争优活动落实到转型发展、跨越发展上。落实科学发展观，对山西这样的资源型省份来说，最紧迫最重要的就是要全力抓好经济的全面转型。因此说，转型发展、跨越发展是全省工作的主题和主线，是时代赋予各级党组织和广大党员的神圣使命，也为开展创先争优活动提供了广阔平台。要结合活动的开展，找准本地区、本单位、本岗位服务转型发展、跨越发展的着力点，把基层党组织和广大党员的积极性和主动性调动起来，在转型发展、跨越发展的主战场建功立业、创先争优。要增强转型的责任感、跨越的紧迫感，解放思想、更新观念，勇于思考、勇于探索、勇于创新，以知难而进、奋发有为的状态抢抓机遇、迎接挑战，探求转型的新思路、新办法，拿出跨越的真招、硬招、实招，力争在转型跨越上走在前头、做得最好。要围绕加快推进工业新型化、农业现代化、市域城镇化、城乡生态化，围绕以煤为基、以煤兴产、以煤兴业、多元发展，围绕大气魄开放引进，围绕依托资源优势发展战略性新兴产业，加大深化改革、整合资源、激活要素的力度，推进全省发展由资源驱动向创新驱动转变，把党的组织资源转化为发展资源，把党的政治优势转化为发展优势。

第二，要把创先争优活动落实到服务人民群众、促进社会和谐上。群众观点是马克思主义的基本观点，群众路线是我们党的根本组织路线。依靠广大人民群众，服务广大人民群众，是深入开展创先争优活动的必然要求。当前社会利益多元化，不同的群体有不同的利益诉求。我省的工业化和城镇化在加速推进，经济与社会、人口与环境、资源与土地的不协调、不可持续问题突出，煤炭资源整合等经济转型带来利益格局的调整，不同行业、不同人群的收入分配差距在拉大，引发社会矛盾的“燃点”在降低。各级党组织和广大党员处于问题和矛盾的第一线，对此要有清醒的认识。要强化宗旨观念，创新群众工作方法，把解决实际问题与做好思

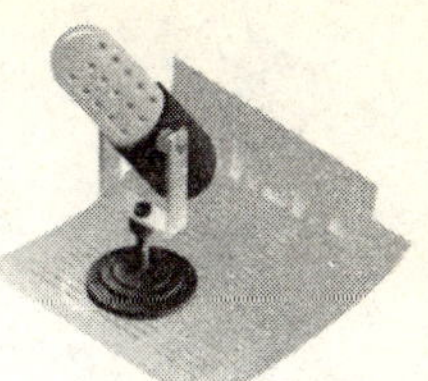

想政治工作结合起来，面对面、心贴心地与群众对话，了解所思所盼，弘扬和谐文化，疏导不良情绪，让群众感受到党组织的温暖，把问题和矛盾消解在基层和萌芽状态。要顺应人民群众对改善生活质量的新期待，在完善基本公共服务的基础上，把民生工程的重点转向提高人的素质和人的健康水平、人的幸福指数上来，帮助群众解决后顾之忧，通过再分配促进社会公平。要创新服务方式、拓宽服务领域、强化服务功能，让帮助群众排忧解难成为党员的一种自觉和经常性工作。积极推广"党员与群众结对帮扶"、"党员承诺制"、"党员责任区"、"无职党员设岗定责"等做法，群众有什么需要，党员就要有什么承诺作出什么承诺，就要兑现什么承诺，对干得好的要表扬，对表现差的要批评，调动党员服务群众的积极性和责任感，促进社会管理的法制化、规范化、科学化。

第三，要把创先争优活动落实到加强基层组织、夯实执政基础上。一个基层党组织就是一个战斗堡垒，一名优秀共产党员就是一面鲜艳旗帜。有了好班子、好干部，就能带动一方、富裕一方、和谐一方。面对经济社会转型的大背景，基层党组织建设也要加快转型。要进一步创新党组织的设置方式和活动方式，在以地域、单位为主设置党组织的基础上，因地制宜、灵活多样地设置党组织，不断扩大基层党组织的覆盖面，确保每一个党员都有明确的组织关系和正常的组织生活，组织流动党员参加创先争优活动。比如，在农民专业合作社、外出务工人员集中点建立党组织，在企业兼并重组整合中要搞好党员组织关系的结转，进一步加大非公有制经济组织和新社会组织的党组织组建力度等等。要把创先争优作为基层党建的经常性要求，加强薄弱环节，增强组织功能，发挥政治核心作用。要构建城乡统筹的基层党建新格局，有效整合城乡人才、智力、信息、经费等资源，发挥城市基层党组织的带动优势，实现城乡基层党建工作的全面协调发展。要深入挖掘各级基层党组织和广大党员在转型跨越中创先争优的先进典型，广泛宣传他们的先进事迹，用身边事教育身边人，充分激发基层党组织和广大党员的热情和动力，通过党员带群众、党内带党外，形成比学习、比工作、比奉献和学先进、赶先进、当先进的浓厚氛围，使创先争优成为全社会的价值取向，使各级基层党组织和广大党员成为全社会的行动标杆。

第四，要把创先争优活动落实到增强本领、改进作风上。基层党组织能不能发挥战斗堡垒作用，党员能不能发挥先锋模范作用，关键是看有没有过硬的本领，有没有良好的作风。共产党人的先进性既体现在政治上、信念上，又体现在知识上、本领上、发展上。科学发展观的真谛就是用科学的思想和方法指导发展。当前，对各级基层党组织和广大党员来说，首

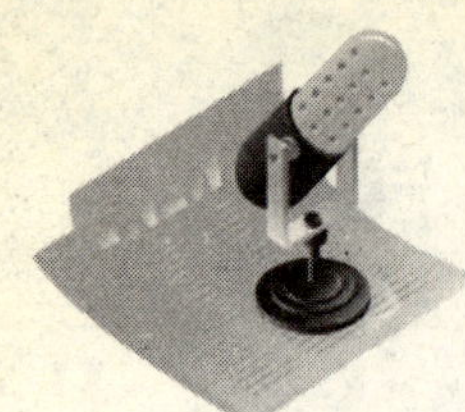

先要提高谋转型、促跨越的本领。为此，要来一个学习知识的竞赛、本领提高的竞赛，努力建设学习型党组织，充分利用党校、教育实践基地、党建学习频道等平台，组织基层党员干部进行政治理论、文化知识和致富技能方面的学习和培训，用别人的眼光来开阔自己的视野，用别人的创新来丰富自己的路径，用别人的经验来提高自己的本领。要把落实创先争优活动总体要求和落实基层党组织“五个好”、优秀共产党员“五带头”具体要求统一起来，围绕所承担的任务、所从事的工作，制定符合群众愿望的活动载体，研究制定提升素质、改进工作的措施，把创先争优活动的成效体现在职责明确、能力提升上。要结合学习弘扬右玉精神，在作风建设上出台一些管用的硬措施，教育引导广大党员干部践行正确政绩观，坚定强省富民信念，旗帜鲜明地反对歪风邪气，真正做到求真务实、真抓实干。

第五，要把创先争优活动落实到完善制度、健全机制上。创先争优活动是提高党建科学化水平的重要契机和动力。要尊重基层首创精神，延伸、拓展学习实践科学发展观活动，把好做法好经验用制度的形式巩固下来、坚持下去，努力在抓党建促发展、促转型、促和谐上形成一套长效机制。要以点带面推动工作，通过上下协调联动，把各级领导干部的联系点建设成为创先争优、转型跨越的先行区、示范点，为面上工作提供借鉴。要坚持“党建带群建，群建促党建”，做到党组织创先争优活动与工会、共青团、妇联等群团组织创先争优活动同部署、同推进、同考核。要适时组织党员和群众，对活动开展情况进行评议，把群众意见作为检验活动成效的重要标准，提高公信度和影响力。要加强对党建规律的研究，按照党章的要求，健全基层党建工作制度，增强制度的权威性和约束力，通过创先争优活动的常态化、长效化、规范化推动党建工作的科学化。

目前，创先争优活动正处于关键时期。各级党组织要从全局和战略高度，按照中央和省委的统一部署和要求，切实加强对创先争优活动的组织领导。各级党组织一把手要切实履行第一责任人的职责，坚持书记抓、抓书记。书记是主帅，主帅动起来了，就有号召力、说服力。党员领导干部要下功夫抓好联系点的创先争优工作。组织部门要负起组织领导和开展活动的双重职责，带头搞好创先争优活动。要加强分类指导，强化监督检查，及时解决活动中遇到的困难和问题，确保活动健康有序有效推进，用群众满意度检验活动成效。

第三章　礼仪类讲话稿

第一节　签约仪式上的讲话稿

一、签约仪式上的讲话稿的含义

签约仪式上的讲话稿主要是对所签合作契约予以积极评价，对合作方表示感谢，对合作事项充满信心、寄予厚望，要简短、礼貌。

二、签约仪式上的讲话稿的写作技巧

签约仪式上的讲话稿由标题、称呼、开头、主体、结尾五部分组成。

1.标题。主要有两种形式，即单标题与双标题。

单标题直接写明讲话者在什么会议讲话即可，由讲话者加上会议名称加上讲话内容构成；

双标题由主标题加上副标题构成，主标题由一句简洁、醒目的话揭示主题，而副标题与单标题结构相同。

2.称呼。领导讲话都是有具体对象的，所以在标题和讲话日期下有对参加会议或活动者的称呼，常见的有“同志们”或“尊敬的××领导、各

位嘉宾、同志们”等。称呼及顺序排列根据参加会议或活动的对象而定。

3. 开头。讲话稿的开头很重要，寥寥数言就能够起到很大的作用。讲话稿开头的总体要求是：做到充分调动听众的注意力，并引出主体内容。开头的方式很多，没有固定的模式，比较常用的主要有四种方式：一是平铺直叙式；二是开宗明义式；三是总结提要式；四是表态式。

4. 主体。讲话稿的主体是讲话稿的最重要部分，是讲话能否成功的关键。这一部分要承接开头部分所提到的观点展开阐述，要做到中心突出，条理分明，论据有力，论证严密。安排主体结构通常有两种方式：一是递进式，以事物发展为序，层层递进；二是并列式，把总论点分成几个分论点，每一部分阐述一个分论点，分论点之间的关系是并列的。

5. 结尾。讲话稿的结尾要对讲话的主要内容加以概括，使整个讲话的主要精神在听众的印象中进一步加深。常见结尾方式主要有以下几种：一是希望式，对与会者提出要求和希望，例文的结尾是典型的希望式结尾；二是展望式，在即将结束讲话时，对未来的前景作一番展望；三是总结式，对全文的主要内容加以总结概括。总之，结尾要求简明扼要，收笔自然，方可取得鼓舞人心或令人回味的效果。

三、签约仪式上的讲话稿的注意事项

1. 质朴自然。即尽量使用大众化语言，使用“群众喜闻乐见的语言”，使语言达到亲切自然、生动活泼、朴实无华、说理清晰的效果，给人留下深刻的印象。

2. 富于美感。即要恰当地运用修辞手法，使讲话语言富有感染力，注意用典引故，使讲话具有很强的感染力和时代感。讲话中运用排比、对仗等修辞手法，可使要说明的思想内容更丰富、逻辑更严密、层次更清晰、气势更恢宏；运用三字句、四字句、五字句、六字句等短句，可使语言更富有节奏和韵律，听来抑扬顿挫，铿锵有力，整洁优美，易于传颂。

四、范例

例文一

×××副市长在海×至牙×至扎×220千伏输变电工程开工仪式上的讲话

×××

（2002年×月×日）

各位领导、来宾、同志们：

在这初冬时节，我们怀着喜悦之情，隆重举行海×至牙×至扎×220千伏输变电工程开工仪式。这标志着呼×电力网向着大电网、高电压等级，实现统一、规范化管理的目标迈出了新步伐。值此喜庆时刻，我代表×市委、政府向工程的正式开工建设表示热烈的祝贺，向前来参加仪式的各级领导、各位朋友表示诚挚的欢迎和衷心的感谢！

建设海×至牙×至扎×220千伏输变电工程，是×电力集团公司和×市委、政府积极贯彻和落实“三个代表”的要求，抓住入世和西部大开发两大历史机遇，适应全区经济建设与发展的形势需要，为加快全区电力和×地区的经济发展，从全区电力整体规划和布局以及×电网的实际出发，超前谋划，作出的一项战略决策；是增强我市工业经济发展的后劲，优化地区投资环境，带动相关产业发展，加快全市工业化发展进程的一项重要举措，对促进全市特别是岭东地区经济的可持续发展具有极其重要的意义。海×至牙×至扎×220千伏输变电工程的开工建设，是×电力集团公司、×市委、政府为党的十六大即将召开献上的一份厚礼。

多年来，岭西与岭东电网各自独立运行。岭东四旗市主要依靠东北电网供电，由于电价高，地区经济的发展受到严重制约，给人民群众的生产生活带来沉重负担和不利影响。因此，建设海×至牙×至扎×220千伏输变电工程，实现岭东岭西电网联网，将岭西电网的低价电力输入岭东地区，由于大幅度降低了电价，可以大大减少企业成本支出，提高产品的市场竞争力，减轻各行各业的电费负担，不仅优化了地区的用电和投资环境，而且也为招商引资创造了良好的条件。对岭东地区乃至全市经济的发展都将产生极大的促进作用，具有极其重要的意义，符合市委、市政府提出的工业立市、工业强市的指导思想，具有良好地经济效益和社会效益，有利于提高国有资产的运营效益，实现资源优化配置。

统一×电网，实现×市电力供应的同网、同质、同价，统筹规划，统一管理是大势所趋，符合电力系统向大电网、高电压等级发展的方向和国

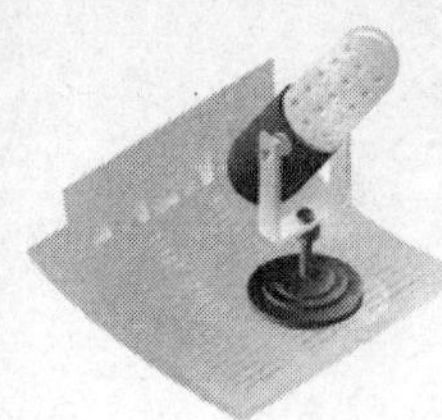

家电力体制改革的总体要求，唯其如此，才能提高地区电网发展水平与速度，最大限度地满足经济建设与发展对电力的需求。近年来，×电力集团公司、×市委、政府从发展经济，造福社会的大局出发，对建立统一、规范的呼×电力网给予了极大的关注和支持。海×至牙×至扎×220千伏输变电工程的实施，预示着×地区多家办电、多家管电的局面即将结束，同时也向内×、国家电力体制改革的总体要求又迈进了重要的一步。

在海×至牙×至扎×220千伏输变电工程筹建期间，×电力集团公司、×市委、政府及有关部门给予了高度重视和大力支持。市委、政府主要领导带领有关人员亲自到自治区参加项目论证会，与×集团公司领导就工程立项所涉及的问题进行反复磋商，多次召集会议，听取汇报，并及时作出指示，出具相关文件，从宏观上予以指导。×电力公司领导从完善全区电力的整体规划和布局，实现全区电力超常规发展、跨越，从而更快、更好地服务于地方经济建设的大局出发，对工程的筹建工作给予了细致入微的关怀和指导。×电力公司的广大干部职工作出了坚持不懈的努力，完成了大量艰苦细致的基础工作，使工程最终得以批复立项和开工建设。

就我市而言，没有工业的发展，就没有×市经济的大发展。海×至牙×至扎×220千伏输变电工程的实施，对加快×电力网的建设与发展，推进全市工业化进程，实现全市经济的稳步增长，促进呼×社会发展和经济繁荣，以及各项事业的兴旺发达，推进整个社会的文明、富裕进程必将产生深远的影响。同时，对×地区历史形成的几个孤立运行的电网的全面联网，结束多头管网，条块分割，制约经济发展的局面，最终形成统一、规范的呼×电力网，都有着现实而深远的战略意义，是利国利民、造福子孙后代的一项民心工程。海×至牙×至扎×220千伏输变电工程的开工建设，标志着×电网建设即将迈上一个新台阶，既是×电力公司建设与发展进程中的一件大事，同时也是全市人民经济生活中的一件大事。希望×电力公司要站在事关×市的国计民生、关系到全社会的文明进步，为×地区的改革开放和现代化建设提供有力保障，树立良好企业形象的高度，对工程建设予以高度重视，切实加强对工程建设的组织领导，形成强有力的组织保障体系。要与施工单位密切配合，本着高度负责的精神，全力抓好工程进度、质量和施工安全，保证工程建设顺利进行，确保按期投产和控制工程造价。×××、牙××、扎××市政府及工程建设涉及的有关部门、单位要予以积极支持和配合，为工程建设的顺利进行创造条件，做好服务工作。

多年来，×电力公司始终把最大限度的满足地区经济发展，以及城乡

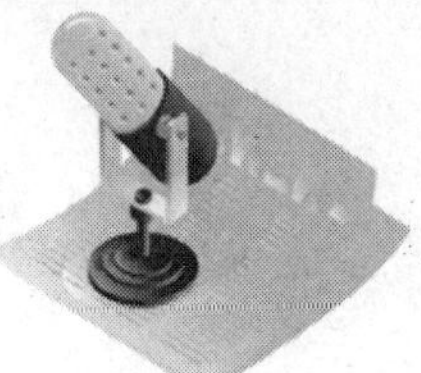

广大人民群众生活水平提高对电热力商品的需求作为自身的努力方向、奋斗目标和义不容辞的责任，积极实践江泽民总书记“三个代表”的重要思想，按照市委、政府实施区域经济一体化战略的有关要求，在加快自身发展、建设的同时，为全市的经济腾飞，为建设富裕、繁荣、文明的呼×作出了突出贡献。希望×电力公司在今后的工作中要始终坚持人民电业为人民的服务宗旨，结合×市经济社会发展的目标和重点，按照×集团公司、×市委、政府的安排部署，针对×地区及本企业的实际，特别是从当前电力改革的实际出发，抓住西部大开发的历史机遇，解放思想，开拓进取，发扬成绩，再接再厉，加快发展步伐，继续以高度的责任感和敬业精神，为×市的改革开放和现代化建设、为×市的经济腾飞作出新的更大的贡献。

例文二

在×电力有限责任公司成立大会暨揭牌仪式上的讲话

×××

（2000年×月×日）

尊敬的各位领导、各位来宾、同志们:

今天，我们怀着十分喜悦的心情，在这里隆重举行×电力有限责任公司成立大会暨揭牌仪式。值此喜庆时刻，我谨代表×电力公司领导班子和全公司万名职工，向冒着严寒，不辞辛苦专程赶来参加我公司成立大会暨揭牌仪式的×××书记、××盟长、×××电力集团公司×××董事长、××副总经理一行，盟委行署直属各委办局、各旗市委、政府的各位领导和各位来宾朋友们表示最热烈的欢迎!

×电力有限责任公司是×××电力集团公司直属企业。其前身为×电业局。自1962年建局以来，在×电力集团公司、盟委和公署以及各旗市党委、政府的正确领导和社会各界的大力支持下，两个文明建设取得了十分可喜的成果，为全盟的经济建设和发展作出了重要贡献。特别是经过“三项制度”改革、安全文明生产双达标、创星级企业等活动的开展，企业综合素质和管理水平得到了显著提高。但由于种种原因，从“七五”末期企业开始出现亏损，最高年份亏损额竟高达×多万元，企业生产经营陷入极其艰难的境地。

针对严峻的经营环境和本企业的实际，在盟委、公署和×电力公司的正确领导下，全体干部职工负重拼搏、艰苦奋斗，坚持主业与多经一体化

发展，坚持连年大幅度持续减亏不动摇，以实现扭亏为盈为主攻方向和奋斗目标，始终把学邯钢强化管理，提高效益贯穿生产经营的全过程，实施《学邯钢模拟电力市场工效挂钩运营考核办法》，将职工工资100%变成浮动工资，工作成果与工资挂钩；千方百计节能降耗，降低费用，压缩成本，增收节支；大力实施减人增效，模拟电力市场运作，增供扩销等一系列内抓管理外拓市场的减亏措施，并从1995年底亏损额高达×万元的基础上开始减亏，至1999年末当年实现盈利×万元，在全面完成×电力公司下达的各项经济技术指标的前提下，4年共减亏×万元，4年迈出四大步；实现了主业持续减亏，多经大发展，一举甩掉戴了20多年的亏损帽子，彻底扭转了巨额亏损的局面，企业整体经济实力和综合素质不断增强，企业面貌发生了翻天覆地的变化，形成了健康稳步发展的良好格局。今年底，我局将超额完成年初×电力集团公司下达的全年盈利×万元的经营目标，从而使企业综合经济实力再迈上一个新台阶。

自1996年以来，×电业局在抓主业大幅度减亏的同时，把大力发展多种经营作为企业主要发展战略之一，把多种经营工作提高到与主业同等重要的地位来抓，使多种经营由小到大、由弱到强不断发展壮大，形成了煤炭、农牧业生产、电器设备制造加工、电力设施安装、商贸旅游等，多门类、多层次开发的产业群体，产值由1995年的×万元上升到1999年的×亿元，实现利润×万元，税金×万元，三年迈上三个台阶。几年来，多经企业安置主业富余人员×多人，使主业职工人数由×人下降到现在的×人。正是多经的大发展为主业持续减亏创造了条件奠定了基础，为公司的改革与发展作出了重要贡献。

近几年来，×电业局作为国家大型一档企业，从国民经济发展的大局出发，积极为全盟经济建设和社会稳定作贡献。自1996年起，抓住资产流动与产权重组的机遇，经×电力公司批准，在盟委、行署和有关旗（市）委、市政府的支持下，先后托管、租赁经营和联营了满×煤矿等8家地方企业，盘活资产×万元，托管职工×人。托管这些企业后，充分发挥电力企业的管理、技术和行业优势，深化企业改革，强化经营管理，以提高产品质量、搞好优质服务拓宽销售市场，使这些已濒临破产倒闭的企业重新焕发了生机，走出了经营低谷，企业的综合实力得到了显著提高，涌现出满×开放山煤矿、×××电器设备厂等被地方政府誉为“名星”企业、创税大户的单位。成为我局多经新的经济增长点。特别是自1997年托管满×开放山等5家煤矿后，使我局形成了年产×万吨的煤炭生产能力，具有了稳定的燃料供应基地，实现了燃煤的自给自足有余，每年可为全局降低燃

料成本×多万元。

回顾过去，我们欣喜地看到，经过38年来的艰苦奋斗历程，×电力有限责任公司系统已经形成了以6家发热电厂、1家热力公司、5家供电局为主体，集发电、供电、供热、电网调度、研究试验、电力设计、调整试验、专业学校、多种经营等于一体的门类齐全、结构完整、多种经济成分并存的电力综合企业。下辖20余家基层单位，包括多经企业和行业直属管理的各旗（市）农电公司的职工，职工总数近万人；有35千伏以上输电线路×多公里，2000年发电量达×亿千瓦时，集中供热面积近×万平方米，为×盟地区的主要发供电企业。今天的呼×电业经过历届领导班子、几代电业职工的共同努力，已彻底扭转了设备、技术水平落后，生产方式单一，市场狭小，生产能力、管理水平严重滞后于地区经济发展和人民生活水平提高对电力需求的严峻局面；已经发展为管理先进、功能完备，以220千伏线路为主网架的岭西电网，设备也由低温低压、超期服役的老机组，逐步发展为高温高压的大机组，纵横交错的供电网络遍及呼盟广大城镇乡村和边远牧区，成为推动地区经济增长和城乡人民生活水平提高的巨大源动力，形成了主业多经齐头并进、共同发展的良好格局，各项工作呈现出了蒸蒸日上的喜人局面，企业真正走上了自我约束、自我完善、自我发展的良性轨道，为地方经济建设和发展发挥出日益突出的重要作用。

近年来，在坚持主业大幅度减亏、多种经营大发展的同时，按照×盟委、公署提出的区域经济一体化的发展战略，我公司积极参与地方经济体制的改革，与地方各级党委、政府及各有关部门间不断加强协调与合作，建立了融洽、和谐的工作关系，开辟了建局以来的全新局面，为企业今后的建设和发展营造了良好的外部经营环境，企业整体参与和融入了地方经济改革的大潮中。

回顾多年来的奋斗历程，我们深深感受到，没有盟委、公署和×电力公司的正确领导和亲切关怀，没有盟市各级党委、政府领导和社会各界朋友的大力支持，就不会×呼盟电力系统深化改革、强化管理、健康发展的今天；我们尤为深切地感受到，经过几年来的深化改革，强化经营管理，特别是在全系统不断深化学邯钢经验活动，已逐步形成了一整套行之有效、内容具体、功能完备的管理考核机制，企业的内部分配也发生了极大的变化，并将为下一步的改革奠定坚实的基础；同时，干部职工的市场意识、经营意识显著增强，忠于职守，爱岗敬业，甘于奉献已成为广大干部职工的自觉行动，这是使我们的事业得以兴旺发达，使企业得以快速发展的巨大的内在动力。

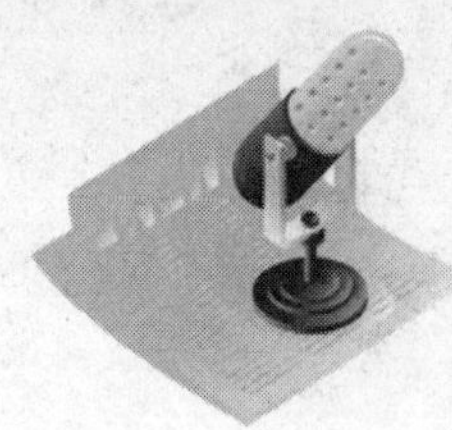

各位领导、各位来宾、同志们，自今日起，×电力有限责任公司正式成立并付诸运作，将由×××电力集团公司与我公司以资产为纽带建立母子公司关系，并按照母子公司组织结构的要求，确立×电力集团公司在我公司的出资主体地位。公司成立后，将不断完善法人治理结构和企业资产经营责任制，进一步深化企业内部改革，强化全员市场意识、效益意识，使×电力有限责任公司作为市场竞争主体和法人实体溶入市场经济的大潮中。与此同时，要积极努力创造条件，为迎接全国电力体制的进一步改革奠定基础。在公司今后的具体运营中，将严格按照《中华人民共和国公司法》和我公司《章程》的要求与规定开展生产经营活动。

×电力有限责任公司的成立，标志着呼×电业将进入一个新的改革与发展时期，必将有力地推动资本运营，实现国有资产的保值增值；必将使×电力有限责任公司这个已有38年创业历史的老企业，焕发出勃勃生机，开创全新的工作局面；也必将为进一步开拓市场，壮大企业的经济实力，以及促进呼盟地区的经济发展作出新的更大的贡献。

过去的成就与辉煌伴随着×电力有限责任公司的成立已成为历史。作为国营电力大型企业的×电力有限责任公司，自今日起，在改革发展史上将翻开崭新的一页。在今后的工作中，要一如既往地本着"人民电业为人民"的宗旨，贯彻落实党的十五届五中全会关于国有企业改革与发展的指导方针，坚持以安全生产为基础，以经济效益为中心，以优质服务为宗旨，按照×电力集团公司、呼盟委、行署确定的"十五"期间的总体发展目标，结合本地区本企业实际，继续实施主业与多经一体化发展战略，内抓管理，外拓市场；认真搞好子公司运作，不断完善法人治理结构；积极稳妥的推进企业内部改革，做好所属企业的公司化改组工作；充分把握国家有关产业结构调整政策，按多家办电一家管网的原则，在各级党委、政府及有关部门的大力支持下，依法规范电力市场，建立统一、规范的呼×电力网；不断完善电网结构，加快农村电网改造和建设步伐，以城农网改造及西部大开发为契机，筹集资金用于电网建设，形成以220千伏为主网架，110千伏为城市配网的呼盟电力网，并将实现岭东岭西联网，进而形成统一的呼×电力网；继续大力发展城市集中供热，在有条件的城市继续实施热电联产项目；通过组建上市公司融资，搞好资本运作，为我公司的大发展奠定坚实的物质基础；要进一步搞好搞活多经企业，实现多经产业的健康稳步发展；坚持两个文明一起抓，保持物质文明建设和神文明建设同步发展；全面强化企业经营管理，提高效益，进而把我公司建设成具有较强经济实力和市场竞争力、良好的社会形象、多种经济形式和产业并

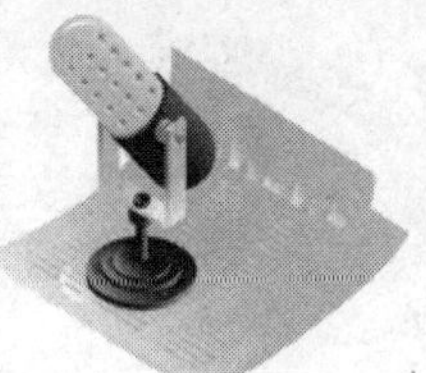

存，实力雄厚，管理一流的大型电力企业集团，从而为全盟经济的发展和社会的繁荣稳定作出新的贡献！

各位领导、各位来宾，同志们，多年来，我公司的各项工作，始终得到了×电力集团公司以及盟委公署各级党委、政府以及社会各界的关心与支持。在此，我代表呼×电力系统万名职工，一并表示崇高的敬意和诚挚的感谢！×电力有限责任公司今后的改革与发展，仍然离不开盟委、行署、电力公司及各级党委、政府的正确领导和各兄弟单位、社会各界的关心、支持和帮助。

目前，我们正处于世纪交替的重要历史时期。展望新世纪，任重而道远。面对新形势新任务，我公司全体干部职工要勇于肩负起呼×电业改革与发展的历史使命，统一思想，团结一致，艰苦奋斗，满怀信心地去开创新业绩，把一个更加欣欣向荣，朝气蓬勃的呼×电业全面推向21世纪！

新世纪和元旦佳节即将到来，在这美好的时刻，请允许我借此机会，祝愿各位领导、各位来宾身体健康、工作顺利、家庭幸福！

例文三

在东×发电厂等3企业整体移交仪式上的讲话

×××

（2001年×月×日）

尊敬的各位领导、各位来宾、同志们:

中国华×集团公司与×集团公司、盟行署，从适应社会主义市场经济的需要，深化改革，促进经济发展的大局出发，本着“平等协商、互惠互利”原则，经过积极的努力和磋商，就伊敏华能东电煤电有限责任公司所属东×发电厂、伊×供电局整体划转移交我公司，将东×水泥厂整体移交×市人民政府并由我公司代管事宜达成了协议，今天在这里隆重举行交接签字仪式。这是中国华×集团公司与×集团公司、盟行署、×市政府进一步深入贯彻党的十五届五中全会关于国有企业改革与发展的指导方针，建立适应市场经济要求的资本运营机制，优化资源配置和产业结构，加快经济结构调整步伐所采取的又一重要举措，是对盟委、盟行署提出的实施区域经济一体化等战略决策的具体贯彻和实施，是对全盟经济的发展所采取的一项具有战略意义的重要举措。在中国××集团与×集团公司协商过程中，盟委行署、×市委、政府给予了大力支持和帮助，我谨代表×电力公

司党政领导班子，向各位领导表示最衷心的感谢！

伊×供电局、东×电厂、东×水泥厂从伊敏煤电公司的主业中划出，符合国家产业政策导向，不仅有利于伊敏煤电公司调整结构，精干主体，减负增效，集中力量搞好主业，而且有利于我公司在盟委、行署的领导以及社会各界的大力支持和配合下逐步理顺全盟电力管理体制，优化资源配置，同时也是提高我盟经济的整合度，形成经济发展合力，具有战略性指导意义的重大决策。对全盟工业经济的发展、国有企业的改革、改组，以及加快建设统一、规范的呼×电力网的进程都具有极其重要的意义和深远影响。

由于历史上的原因，多年来呼×地区形成了多家办电，多家管电，低水平的发供电结构自成系统的现状。由于各自分别独立生产经营，没有联网形成统一的电力市场，制约了地区经济的发展。国家“多家办电，一家管网”的指导原则、调整产业结构政策的要求，全国逐步联网的改革趋向，以及全盟电力事业的长远规划与发展、区域经济一体化发展战略的实施，客观地要求盟内的国营大型企业自备的、还没有联网的供电网络进行联合与合作，实施统一调度管理，形成统一的电力市场，大幅度降低电价，解决分散独立运行、消耗大、生产安全水平低的实际问题，从而促进地区经济的发展、能源优化配置和生态环境改善。顺应这一形势发展的需要，近年来为加快呼×电力工业的发展，我公司从维护社会稳定、支持和配合区域经济一体化战略的实施，促进地区经济发展的高度出发，着眼于建立统一、规范的呼盟电力网，按照“三个有利于”的原则，采取联营、联合、托管等方式，加快与分散、孤立运行的小电网的联合的进程，逐步理顺呼盟地区的用电市场，不断促进呼盟地区多家办电、一家管网进程。东×发电厂、伊×供电局整体移交我公司，这无疑在理顺和统一我盟用电市场的道路上又大大地向前迈进了一步，其意义和影响是不言而喻的。东×发电厂的参网运行，使岭西电网机组台数增多，便于安排运行方式，进行合理经济调度，提高电网供电的可靠性。特别是，由于近年来×市城市建设发展迅速，供热负荷逐年大幅度增加，担负全市供热任务的海×热电厂现有机组已难以满足要求。东×电厂并网后，我公司将对其实施供热改造，以充分发挥热电联产的优势，满足呼×市电热负荷逐年大幅度增长的需求，创造更为良好的社会效益。

呼×电力公司作为呼×地区主要的国有大型电力生产企业，担负着向全盟广大城乡、牧区的经济发展和人民生活提供优质可靠的电力热力能源的重任。近年来，我公司响应盟委、盟行署的号召，积极通过资本运营、

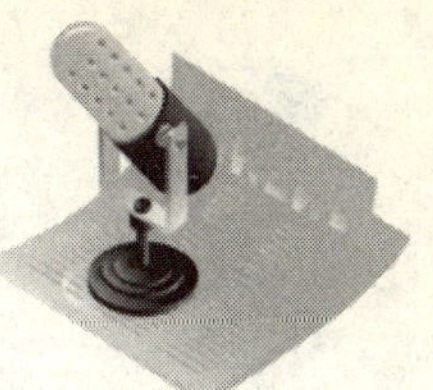

促进资产在全社会流动重组，实现资源的优化配置，造福于呼盟各族人民，以托管、联营、合作经营等方式，先后接管了盟内9家企业之后，今天又将接管东×发电厂等3家企业，这充分体现和寄托着中国××集团公司与×集团公司、盟委行署以及×市委市政府领导的信任和期望。在今后对3家企业的经营中，我公司要认真按照国家、自治区和盟市政府关于国有企业改革与发展的指导方针以及有关政策规定，要在深入调查研究3企业生产经营状况的基础上，认真研究制定加强管理，调整结构、深化改革、促进发展的方案。开拓好市场，按现代企业制度的要求强化和完善企业的经营管理。坚持以安全文明生产为基础，以经济效益为中心，以优质服务为宗旨，推动3家企业生产经营健康持续发展。同时我们也真诚地希望盟市各级领导在我公司今后对3家企业的经营过程中，特别是在开拓水泥市场、扩大销售方面继续给予各方面的关怀与支持。

3家企业的划转，在华能集团公司、×集团公司、××委行署、×市政府及盟工商银行、建设银行领导的关怀与大力支持下得以顺利实施，使我们再一次切身感受到各级领导对×电力公司的关心与厚爱。呼×电力系统的改革与发展离不开盟市领导及社会各界一如既往的关心和支持。在今后的工作中，要继续强化企业管理，加快建立和完善适应市场经济的现代企业制度，并将始终如一地本着“人民电业为人民”的宗旨，进一步搞好电网的安全、稳定运行，以优质的服务回报社会，以实际行动支持和配合全盟区域经济一体化发展战略的实施，为全盟经济的发展提供安全、稳定、优质的电热力能源，为建设富裕、文明、繁荣的××作出新的更大的贡献！

例文四

在东海×电厂、满×光明热电公司、扎×电厂扩建工程开工奠基仪式上的讲话

×××

（2003年×月×日）

各位领导、同志们：

在这金秋送爽的美好季节里，我们怀着十分喜悦的心情，在这里隆重举行东海×电厂、满×光明热电公司、扎×电厂扩建工程开工仪式。这标志着呼×电力公司向着做大做强的战略性目标又迈出了新步伐，这既是呼×电力发展史上的一件具有重要意义的盛事，同时也是全市经济生活中的

一件大事。其中凝聚着×电力公司、呼×市委政府和社会各界的关心与支持，凝结着呼×电力公司领导班子和干部职工的辛勤劳动与汗水。借此机会，我代表呼×市委、政府，向东海×电厂、满×光明热电公司、扎×电厂扩建工程的正式开工表示热烈祝贺！向始终辛勤工作、无私奉献，为呼×电力的改革与发展、为全市经济建设作出重要贡献的呼×电力公司广大干部职工同志致以亲切的问候和崇高的敬意！

近年来，为加快呼×电力工业的发展，呼×电力公司从支持和配合全市区域经济一体化战略的实施，促进地区经济发展的高度出发，积极贯彻市委、政府提出的进一步加快工业化、城镇化进程的战略部署，锁定做大做强呼×电力这个战略目标不动摇，举全公司之力，不断加快电力能源基地建设步伐，取得了令人瞩目的可喜成就。东×电厂2×5万千瓦机组、满×光明热力公司以及扎×电厂2×1.2万千瓦机组扩建工程的开工建设，加快了电力能源基地建设进程，尤其是在岭西电网与岭东电网、根河林业电网联网后，其重要意义和影响是不言而喻的。东海×电厂等三项扩建工程建成和投产后，使呼×电网机组台数增多，用电负荷增大，便于安排运行方式，提高电网的供电可靠性，极大地改善用电用热环境，有效地为全市经济的发展和人民生活水平的提高创造更优越的条件。特别是，由于近年来全市海拉尔区等城市建设发展迅速，供热负荷逐年大幅度增加，现有机组已难以满足要求，东×电厂、满×光明热力公司、扎×热电厂扩建工程并网后，将充分发挥热电联产的优势，最大限度地满足海拉尔区、满洲里市、扎兰屯市供热负荷逐年大幅度增长的需求，促进城市建设与繁荣，改善生产、生活和招商引资环境，节约能源、减少污染，加强城市基础设施建设，提升城市建设的品位，具有良好的综合经济效益和社会效益。同时，又对拉动地区经济的快速增长，有着现实而深远的战略意义。

2003年，自治区党委、政府将×××电力确立为自治区第一支柱产业，×电力公司今年已先后开工电源项目×万千瓦和一大批大中型电网项目，全年将达×万千瓦，已完成固定资产投资达×亿元，掀起了新一轮电力建设的高潮。当前，随着国家电力体制改革的逐步深入，特别是全区电力的迅速发展，呼×市工业化、城镇化战略的逐步实施，经济的稳步发展，使呼×电力公司正面临着一个前所未有的发展机遇。应当说，抓住机遇，做大做强呼×电力正当其时。而机遇，只给那些思想解放、勇于开拓的人；只给那些不怕困难、知难而上的人；只给那些脚踏实地、埋头苦干的人。如果墨守成规，不思进取，害怕困难，畏首畏尾，只说不干，作风虚浮，就是机遇摆在面前也抓不住。在人类历史长河中，大的机遇稍纵即

逝，谁将大的机遇把握住，谁就能获得大发展。×电力公司正是以高度的前瞻意识和责任感，紧紧抓住了当前难得的历史性机遇，及时调整发展战略，提出了实施煤电联营、“煤电资源转换”，新建、扩建一批大中型电源、电网项目，加快呼×电力能源基地建设，变输煤为输电，将资源优势转化为经济优势，使之真正成为地区的“龙头”和支柱产业，从而带动相关产业共同发展的目标和设想，明确了把呼×电力做大做强的工作思路和实现大跨越的宏伟目标。完全符合呼×市委、政府“按照市场配置资源和市域经济一体化，以理顺体制、激活机制、整合资源、调整结构、规范管理为重点，推进企业改革”的总体要求。不仅得到了×电力集团公司的充分肯定，同时也得到了呼×市委、政府的高度重视和大力支持。这一战略构想的全面实施，必将带来一个全新的电力大发展的局面。

希望呼×电力公司在上述3项工程的建设中，要始终不渝地贯彻“安全第一，预防为主”的电力生产方针，进一步加强对施工安全工作的组织领导，将保证安全生产的各项措施落到实处，做到精心组织，高标准、严要求，强化安全质量保证体系，落实各项安全措施，全面提高安全文明施工水平，杜绝各类事故。要采取有效措施，全力以赴抓工程进度、质量和施工安全，严格执行基本建设程序，确保安全、优质、高效地完成工程建设任务。

呼×电力公司是全市主要的国有大型电力生产企业，担负着向全市广大城乡、牧区的经济发展和人民生活提供优质可靠的电热力能源的重任。近年来，呼×电力公司领导班子和广大干部职工以满足全市不断增长的电热市场需求为己任，以创造更好的企业和社会效益为目标，解放思想，发愤图强，以一种不甘落后、务实争先的精神状态，埋头苦干，团结拼搏，使所管辖的机组容量不断扩大，热网不断延伸，发电、供热能力显著增强，开创了企业管理水平不断提高，经济效益逐年增长，职工思想稳定，团结进取，各项工作稳步发展的新局面。在自身发展壮大的同时，带动了相关产业的共同发展，有力地支持了全市经济的发展和社会进步，为全市经济建设与发展、各族人民生活水平的提高，以及市委、市政府提出和实施的“蓝天绿地”工程作出了重要贡献。

电力是国民经济的先行产业，是国民经济的晴雨表。根据预测，呼×电力公司今年电量增长将达14%，创历史最好水平。这也充分说明，呼×市国民经济进入了较快的发展时期，经济整体运行质量正在以较快的速度稳步提高。电力需求的持续快速增长，客观地要求电力要加快发展步伐。希望呼×电力公司各级领导干部和广大干部职工要以全新的思想观念、过硬的工作作风、饱满的精神状态，以时不我待、只争朝夕的精神，抢抓机遇，再接再厉，乘胜前进，把呼×电力全面推向一个新的发展阶段，为全市经济建设与发展当好先行。

同志们，今年是贯彻落实十六大提出的全面建设小康社会宏伟目标的第一年，也是呼×电力公司在改革、发展方面取得突出成效的一年。希望呼×电力公司乘电力改革、发展的东风，在×电力公司、呼×市委、市政府的正确领导和社会各界的大力支持下，继续发扬成绩，团结协作，开拓进取，以务期必成的信心和勇气，加快电力能源基地建设步伐，坚定不移地实现做大做强呼×电力的目标不动摇，为呼×市的经济建设与发展、社会的文明进步作出新的更大的贡献。

例文五

在×××发电有限责任公司揭牌仪式上的讲话

×××

（2003年×月×日）

各位领导、各位来宾、同志们、朋友们：

在这金风送爽的美好季节，我们怀着十分喜悦的心情，在这里隆重庆祝×××发电有限责任公司的成立。××××发电有限责任公司的成立，是×电力集团公司与呼×市委、市政府实行煤电联营，发展煤电一体化战略决策，加速×××电力能源基地建设的重要举措，也是×电力集团公司与×国际电力开发投资公司合作投资办电的又一成功范例。今天，××国际电力开发投资公司的各位领导、×各位领导、呼×市市委、人大、政府、政协的各位领导以及社会各界的朋友们共同出席今天的揭牌仪式，我们呼×电力公司的全体职工感到无比的欢欣和鼓舞。

×××发电有限责任公司筹建处成立于1992年，1995年因国家政策调整暂停工作。2002年重新恢复工作，前后历经十年时间，在迄今十年多的时间里，宝×发电有限责任公司筹建处做了大量的前期工作，积累了大量的珍贵资料，为本项目能够顺利启动奠定了非常好的基础。今年3月17日由自治区经贸委批准立项，4月30日自治区经贸委批复2×20万千瓦机组可行性研究报告。7月10日×总经理、×市长、×总经理签署在宝×实现煤电联营、煤电一体化发展的协议，从此为在宝日希勒实现煤电联营创造了条件。

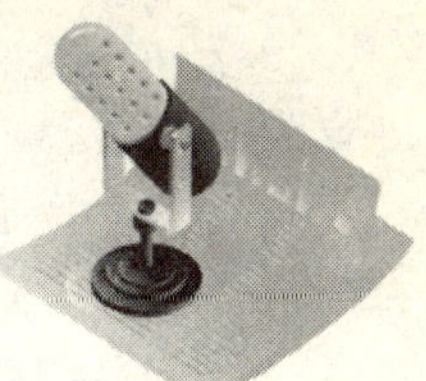

为了加速宝×煤电一体化发展，5×电力集团公司与呼×市委、政府共同商定，先期在宝×建设2×20万千瓦发电机组。7月31日×电力集团公司与北京×电力开发投资公司共同签署联合投资建设2×20万千瓦、4×60万千瓦机组投资协议，先期组建宝×发电有限责任公司，再与宝×煤业公司组建宝×煤电公司，实施煤电一体化，共同建设、共同发展。9月4日经呼×市工商局注册宝×发电有限责任公司。公司注册资本金×亿元。宝×发电有限责任公司一期工程建设××万千瓦机组，概算资金×亿元，今年开工建设，计划2005年投产一台机组，2006年上半年再投产一台机组。主设备已在哈尔滨×动力厂订货，第一台机组于2005年4月开始交货。××万千瓦机组投产后年可发电×亿度，上网电量×亿度，创产值×亿元，实现税金×万元，创利×万元，年可消耗煤炭×万吨。××万千瓦机组的投产将极大地拉动陈×旗、宝×煤业公司及其他相关产业的共同发展，从而对呼×市经济的发展产生极大的促进作用。

呼×市委、政府，陈旗、旗委政府对宝×发电有限责任公司的成立极为支持和关注，给予了宝×发电有限责任公司按西部大开发和招商引资进驻企业的各项优惠政策。这些都为宝×发电有限责任公司以及今后的煤电一体化发展奠定了一个非常好的基础，同时为二期×万机组以及更大的煤电一体化发展项目创造了一个非常好的投资环境。

近几年，在呼×市委和政府的正确领导下，呼×经济建设有了突飞猛进的发展，对电力有了更加强烈的需求。今年1—8月，与上年同期相比，全市售电量增加了16%，仅满×市电量销售与同期比增长50%。电力工业是国民经济和社会发展的晴雨表，直观地表明了呼×市经济发展的强劲势头。呼×市经济的迅猛发展、人民群众生活水平的提高、社会的进步，再加上得天独厚的电力资源条件，也为呼×电力工业的发展带来了一个良好的发展机遇。

各位领导、各位来宾、同志们、朋友们，宝×发电有限责任公司的成立为呼×市煤电一体化发展谱写了新的篇章，预示着一个新的现代化企业将矗立在呼×大草原。它必将对呼×市经济建设和社会进步起到强劲的拉动作用，必将对呼×市加快向小康目标迈进作出新的、更大的贡献。

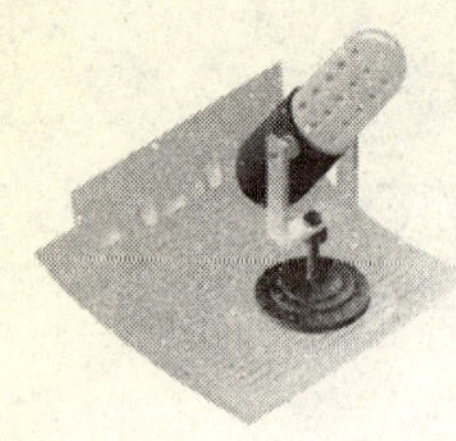

例文六

在项目签约仪式上的致辞

尊敬的各位领导、各位嘉宾、同志们、朋友们:

大家好!

春回大地，万物复苏。踏着春天的脚步，伴随着和煦的春风，刚刚辟建的工业园区迎来了她的开园之作——30万吨马铃薯精深加工项目；满怀喜悦的人民迎来了尊贵的远方客人——以董事局主席先生为首的集团的各位老总和朋友。在此，我代表县委、县人大、县政府、县政协及32万人民，向前来参加签约仪式的集团的各位朋友表示最热烈的欢迎！向长期以来关爱、支持，并在百忙之中光临的市级几大班子领导和有关部门领导表示诚挚的感谢！向所有为30万吨马铃薯精深加工项目落户付出辛勤努力、作出突出贡献的同志们、朋友们致以亲切的慰问和崇高的敬意！

按照市委的工作部署，奋发图强的人民始终把对外开放、招商引资和项目建设作为加快发展、富民强县的突破口。3年多来，全县共引进项目354个，资金到位10.5亿元。但是，受思维观念、区位条件、工作基础等因素的制约和影响，促进城乡联动、带动多个产业发展、牵动县域经济乃至更大范围区域经济进步的富民强县的主导产业始终没有形成。为此，县委、县政府提出要把振兴工业作为全县“十一五”期间的重中之重，要举全县之力辟建总占地面积300万平方米，以木材、石材及农副产品精深加工为主的工业园区。这个工作思路提出仅仅百天左右时间，我们就先后运作了10多个较大的项目。其中，集团的30万吨马铃薯精深加工项目，运行得最为顺利。从第一次接触到今天正式签约，只用了短短的22天时间。该项目总投资3亿多元，达产后年可生产马铃薯精制淀粉5万吨、变性淀粉1.5万吨、马铃薯蛋白500吨、生物饲料1万吨，年产值可达5亿元，税收超千万，就业超千人，拉动种植面积20万亩。可以说，这是一个互利多赢、前景广阔的农业产业化龙头项目，也是一个能够优化种植结构、提高比较效益、增加收入、增加就业岗位的富民项目，还是一个延伸产业链条、“变土豆为金豆”、培植财源的强县项目。同时，也为我们的工业园区建设拉开了序幕，开了个好局。

30万吨马铃薯精深加工项目，能够如此高效地落户，除了县委、县政府对该项目实施了“一把手工程”、各个环节都由各级“一把手”亲自上

阵之外，主要得益于市领导的亲切关怀和大力支持，特别是书记的厚爱。可以说书记是从引进国外上市公司入驻，推动寒地黑土品牌加速走进国际市场，促进东部市县工业崛起，带动和东部发展的战略高度运作这个项目的。精诚所至，金石为开，是书记感动了，也留住了。这个项目落户，也得到了市发改局、招商办、中小企业局、国土局、商务局、电业局、环保局、农委等十几个部门领导的鼎力相助。从某种意义上说，这个项目既是县的，也是市的。虽然这个项目今天签约，但也只相当于种子落地，刚刚播上希望的种子。这个项目的生根发芽、健康成长、开花结果，还离不开大家的浇水、施肥和呵护。诚望各位领导、各位同志一如既往地支持这个项目的建设，支持集团的发展。同时，敬请市领导放心，我们一定要把与集团合作的过程当作展示形象、展示形象的过程，把“一把手工程”贯穿在项目建设的始终，贯穿在服务人的始终，要把这个项目当作自己眼睛一样来爱护，把人奉为上宾，让他们感到与人打交道永远无憾无悔。

春风漫卷宏图，伟业催人奋进。集团是目前中国最大的马铃薯淀粉研发、生产、营销企业之一，已于去年在新加坡证券市场主版上市。这是一支人才济济、充满朝气、充满活力、充满希望、特别能战斗的团队。他们志存高远，立志要把马铃薯淀粉产业做到亚洲第一、全球第一。与这样有实力、有魄力、讲诚信、重情义的大集团合作，可以说是我们这届班子的福份，是全县人民的福份。集团落户是是对32万人民的最大信任，不仅为我们加快工业园区开发、实施“十一五”宏伟蓝图提供了强有力的支撑，而且将为我们提供十分难得的学习机会，使我们在观念、信息、管理、技术等多方面受益多多。同时，也必将极大地激发全县上下谋求跨越式发展、“小县要有大作为”的信心和决心。我们决心以此为契机，进一步振奋精神，统一思想，依托比较优势，打造竞争优势，以丰富的农林矿产资源换项目，以比哈大齐工业走廊更优惠的政策洼地效应换项目，以班子和谐诚信、尊商安商亲商富商的厚重氛围换项目，努力在加快工业园区建设、社会主义新农村建设，以及实施利民工程等方面，实现新的更大的突破，进一步开创加快发展的崭新局面。

最后，诚挚地祝愿我们共同的事业蒸蒸日上，再创辉煌！诚挚地祝愿全县人民生活美满，幸福安康！诚挚地祝愿各位领导、各位来宾、各位朋友快乐、健康！

谢谢大家！

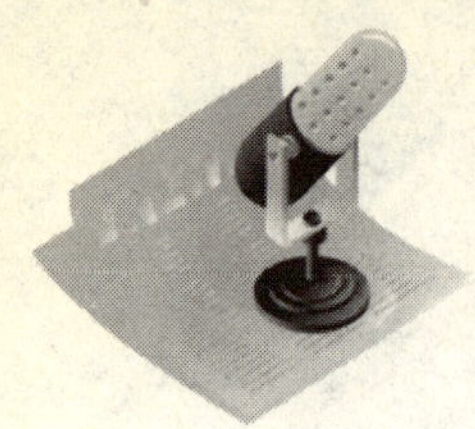

例文七

县区领导在重大项目签约仪式上的致辞讲话

尊敬的各位领导、各位来宾、女士们、先生们、朋友们:

在这秋高气爽、硕果累累的美好收获日子，在这动感十足、商机无限的金秋经贸时节，我们今天在这里隆重举行经济开发区重大项目签约仪式。首先，我代表中共×县委、×县人民政府，对项目的签约表示最热烈的祝贺！对各位领导、各位嘉宾的到来表示最热烈的欢迎！

×县素称×首府首县，三面环抱×市区，襟三江而带五湖，控蛮荆而引瓯越，是唯一毗邻珠三角、长三角和闽东南的内陆省会近郊县。独特的区位优势、便捷的交通网络、充裕的资源要素，使这方热土处处蕴藏着希望、奔涌着商机、流淌着财富。

近年来，在省委、省政府和市委、市政府的正确领导下，我县坚持大开放主战略，坚定不移地推进新型工业化、新型城镇化和农业农村现代化，县域经济社会呈现又快又好的发展势头，被评为“全国最具投资潜力50强县市”。今年1—9月，全县财政总收入完成6.09亿元，其中地方财政一般预算收入4.33亿元，同比分别增长31.6%和30.9%。尤其是在推动新型工业化方面，我们围绕打造“×现代制造业重要基地之一”和“外商来赣投资首选之地”的目标，举全县之力实施“×经济开发区五年新跨越工程”，培育了汽车汽配、医药医器、电机电器、轻纺服装和食品饮料等五大支柱产业。×经开区连续三年被评为全省工业崛起专项奖六大指标综合先进单位，昔日荒山荒漠矗立起工业新城。选择×县，说明你们企业决策层慧眼识金；投资×县，表明你们企业决策层高瞻远瞩。

签约是银，履约是金，成功是本。今天的签约只是合作的起点。我们将以最大的诚意，尽最大的努力，始终秉承“为投资者着想，帮投资者盈利，促投资者成功”的宗旨，一切为开发区让路，一切为重大项目让路，提供“零距离”贴身服务、“零缺陷”个性服务、“零干扰”优质服务，帮助企业早注册，早开工，早投产，早见效，真正做到成本最低，效率最高，回报最快，信誉最好，实现我们之间合作的互利双赢。在此，我们真诚邀请海内外一切客商来×县投资兴业，真心希望海内外一切客商在×县创造辉煌。同时，也希望在座的各位企业家、海内外朋友，通过各种方式宣传×县，推介×县，帮助×县，让更多的海内外朋友和客商，聚集×县施展才华，成就事业。我们坚信，×县的经济和社会发展，必将在各位友人的关

心、支持和帮助下，百尺竿头，更进一步，取得更大、更好的成绩！

最后，预祝我们的合作圆满成功！祝各位领导、各位来宾工作顺利、万事如意！

谢谢大家！

第二节　接见、会见讲话稿

一、接见、会见讲话稿的含义

1. 会见，国际上一般称接见或拜会，凡身份较高的人士会见身份较低者，或是主人会见客人，都称为接见。凡身份较低的人士会见身份较高者，或是客人会见主人，称为会见。在会见会接见时所用的发言稿即为接见、会见讲话稿。

二、接见、会见讲话稿的种类

会见分为礼节性、事务性和政治性三种。企业常用的会见主要是社交上的礼节性会见和涉及业务商谈、经贸洽谈等内容的事务性会见。政治性会见一般涉及双边关系及重大国际事务等。

三、接见、会见讲话稿的写作技巧

接见下级单位的代表并发表讲话，主要是表示某种褒奖、慰问和鼓励；会见客人，主要是表示友好和友谊。内容要简短、亲切。

四、接见、会见讲话稿的注意事项

会见的内容礼节性、事务性较强，因此在起草讲话稿语言应该平实而有礼貌。

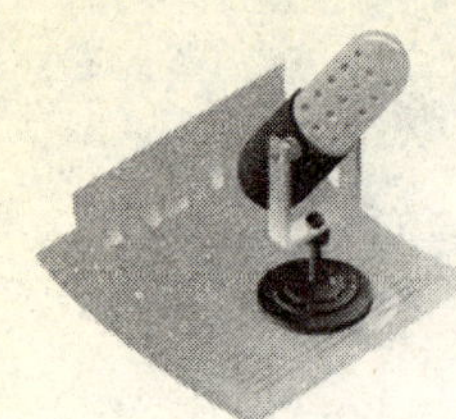

在起草讲话稿前，要做好准备工作：了解意图及收集对方的相关资料、确定参加人员、时间和地点、座次的安排、场所的布置等。

1. 了解意图及收集对方的相关资料。

对方求见的目的；对方的求见对象；对方相关社会背景，如习俗、禁忌、礼仪等特征；对方参加会见的人数、姓名、职务等；主要求见人的详细资料。

2. 确定参加人员、时间和地点。

五、范例

例文一

×××局长在××工书记会见时的讲话

（2010年4月18日）这次我们借河南这块宝地召开全国旅游纪检监察暨行风建设工作会议，同时签署局省合作协议，体现了河南省委、省政府对旅游业长期关心和支持，我代表国家旅游局表示衷心感谢！

去年，全国旅游业尽管受到金融危机的冲击，但还是呈现了平稳发展的势头。特别是按照中央的要求，加快了国内旅游发展，去年国内旅游达到19.2亿元，增长速度超过11%，旅游总收入增长了16.4%，出境旅游增长11.2%，入境旅游稍有下降，全球增长7%，我国增长约6%。今年以来，全国旅游业出现了持续快速增长的好势头，估计国内旅游的总收入要增加20%，入境旅游过夜增长5%，入境游消费增长超过10%。预计到2015年，全国旅游市场会达到30亿人次。中国国内旅游人数达到28亿人次，入境游1亿人次左右，出境游1亿人次左右。

国务院去年12月1号发布的《关于加快发展旅游业的意见》（国发[2009]41号）提出，要把旅游业培育成为国民经济的战略性支柱产业和人民群众更加满足的现代服务业。围绕这个目标，我们暂时展开一系列工作：

一是推动旅游立法。中国现在还没有一部旅游法，我们将协调全国人大财经委牵头建立一部《旅游法》。

二是建立、修订一批标准。酒店的五星级标准是国家标准，景区的5A级标准也是国家标准。随着整个旅游业的发展和不断的进步，这些标准都需要进一步修订，包括节能减排、保护生态等，我们按照这些要求来修订

和完善标准。

三是大力加强教育和培训。全国旅游业发展很快，但是我们的人才跟不上，直接从业人员（不包括农村搞乡村旅游、农家乐人员）有1100万人，而且今年继续呈增长态势，宾馆等服务接待场所发展较快，特别是五星级宾馆增长很快。一个五星级宾馆平均安排就业500—1000人次。厦门有一个酒店，就业超过了1000人。这就需要做大量的培训、教育等基础性工作。

四是推进体制改革、机制创新。这方面我们过去做得不够，现在仍然做得不够好，特别是按照转变发展方式的要求，我们还远远跟不上需要。如果我们转变发展方式只是提出目标和要求，不从体制机制上解决问题，不从工作方式上解决问题，发展方式就可能转变不了、转变不好。对旅游业这个行业和这个产业来说，市场承载率比较高，我们一定用市场来配置资源，发挥其基础性作用。

五是大力提升旅游服务质量。旅游业大发展，积累下来一系列的问题，我们需要解决。特别是行风建设方面还存在很多问题。我们要结合行风建设，把整个服务水平、服务质量提升上去。抓行风建设，除了做基础工作之外，也要注重解决具体的问题，比如服务标准、服务意识、服务态度、服务质量等问题，这些都需要不断提高。

这里不得不提的是，我每年都去福建，感受比较深的是卢书记在福建工作时除了抓整个经济社会发展非常有经验之外，对旅游业非常支持。具体来讲有两个方面：一是旅游规划的思路靠前让我印象深刻。卢书记把海西定位为发展面向台湾海峡两岸的一个文化旅游发展中心，制定了《海峡西岸经济区规划》，得到了国务院批准，体现了战略眼光和前瞻思维。二是重点景区策划和大的项目建设让我印象深刻。福建有一个非常好的地方叫白水洋，历史上就有的。一块大石板，8万多平方米，上面的水十分清澈，在上面可以骑自行车。多少年来，它的旅游价值都没有体现。卢书记发现以后，换了个思路，几年时间就就使它成为非常有影响的4A级景区了。白水洋看似只是名字上的简单改变，但体现了观念上的根本转变，观念一转变，就带动了几十亿的投资。

近年来，河南旅游业发展很快。我感到有三个方面是比较突出的。一是省委、省政府高度重视旅游业的发展。二是发展基础、发展前景很好。作为中原大地，我原来知道河南文化资源比较多，我第一次来河南没想到还有那么好的自然景观。特别是焦作的云台山给我的印象非常深刻。中央开展学习科学发展观教育活动的时候，我就主动把焦作作为我学习科学发

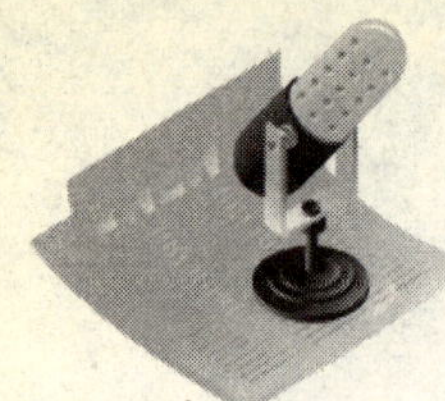

展观的联系点。因为中原地区我过去不是太熟悉，所以就重点考察了云台山。我感到这个景区从管理到理念都很先进，有很好的发展前景。三是旅游和文化的结合非常好。2007年，全国文艺演出院团改革创新经验现场交流会就在郑州召开，中宣部刘云山部长亲自到会，并提出：演艺业与旅游业的联系日益紧密，演艺业为旅游业注入了人文内涵，旅游业为演艺业提供了发展契机。宣传文化部门要加强与旅游部门的合作，推动形成演艺业与旅游业互利共赢的新模式，促进文化旅游业的积极健康发展。这对河南旅游和文化的结合，做了一个很大的推动。最近他在博鳌论坛上又系统地发表了演讲，深刻地阐述了旅游和文化结合的重大意义、发展趋势，讲得非常好。所以我们感觉到，河南省发展旅游业有很好的基础、很好的经验。

我注意到，这一轮大投资完成之后，河南出现一个现象，也是我们最近研究的，叫同城化现象。北京到天津乘高铁只需20多分钟，今年一个季度天津的旅游增加了38%。太原和石家庄通了高铁之后，凭身份证两城同时享受政策，同城效益开始显现了。西安到郑州的高铁开通之后，两个城市不到两小时就到了，直接促进了两个城市之间的旅游互动。所以，我们现在在新一轮全国提升性旅游规划中，要高度关注高铁、高速公路、民航大发展之后可能会带动一些什么变化，必须有与之相适应的规划、投资、管理、人才培训，而且这个逐步会迈向周边国家和地区。

在福建的时候，在卢书记的指导下，我们做了一点点工作。现在卢书记到河南来了，我们需要为河南做更多的工作。下一步，我们将按照合作备忘录的内容和要求，力所能及地做好工作，推动河南旅游业又好又快地发展。

例文二

文化节会见驻外使节时的讲话

尊敬的各位使节及夫人、尊敬的×××秘书长、各位来宾、女士们、先生们：

下午好！

今天，我们相聚在美丽的海天佛国、渔都港城，用佛家的话说，这是一种缘分。我有幸向在座的各位使节、各位朋友介绍舟山及普陀山，这就是结缘。

舟山地处中国东部沿海，是中国第一大群岛，是我国唯一以群岛设立的地级市。舟山是一座有着深厚文化底蕴的历史文化名城，悠久的历史和奇特的人文景观孕育了它既灵气又大气的海洋文化。近年来，我市依托区位优势、海洋资源优势，抓住发展的大好时机，以绿色生态、佛教文化和海岛特色旅游为重点，全力打造的“海天佛国、渔都港城”海洋旅游形象在国内外日益鲜明，“佛教文化、海洋休闲、海鲜美食”三大旅游品牌已在长三角地区唱响。

普陀山作为联合国命名的全球优秀生态旅游景区、首批国家重点风景名胜区和浙江省唯一的ISO14000国家示范景区，是汉传佛教的发祥地，是观世音菩萨弘法道场，也是舟山文化、旅游发展的窗口。

普陀山佛教历史悠久。观音信仰始于隋唐，当时常有僧人信徒远涉重洋上山求佛。观音道场成于唐916年，日本学问僧请观音圣像回国，在莲花洋上遇风飘至普陀山，观音像第一次被供奉在紫竹林，遂建不肯去观音院，自此香火兴旺，千余年延绵不绝。鼎盛时达到3大寺、88庵、128茅篷、4000余僧侣。唐宋元明清历代王朝均有封赐，故有“五朝恩赐无双地，四海推崇第一山”之殊荣，也由此确立了普陀山“震旦第一佛国”的宗教地位。

在普陀山佛教文化中，观音灵异是最神奇、最神秘的部分。这是观音信仰普遍性和信徒广泛性的重要原因。这里略举几例：据史书记载，在公元500多年前，印度僧人上山求佛，在紫竹林一带见到观音菩萨在潮音洞现身，遂燃指礼佛，之后常有人在此处以各种方式求佛现身，甚至舍身礼佛，至今仍留有“禁止舍身燃指碑”。公元916年日本僧慧锷请观音像回国，就在普陀山附近的莲花洋上多次出海受阻，后慧锷感悟观音不肯去日本，于是发出心愿：如果日本民众无缘供奉菩萨，那就供菩萨在普陀山，顿时风平浪静，这就有了今天的观音道场。慧锷也由此成为普陀山观音道场的开山祖师。1916年初，孙中山先生率众上普陀山游览，在登上佛顶山时，眼前浮现旗幡攒动，500罗汉开锣鸣道，大开山门前来迎接，场面壮观热烈，事后孙中山留下了《游普陀奇志》。1997年南海观音开光，乌云密布的天空突然洞开，一缕阳光直射开光仪式现场。2002年新方丈升座，再现1997年的天象，亲见亲历者成千上万。至于《西游记》记载的孙悟空上普陀洛迦山求法，请观音菩萨出面降魔，民间传说的观音应声救难的故事，更是数不胜数、家喻户晓。可以肯定地说，在佛教信仰中，观音信仰最为普及，同理，在佛教信徒中观音信徒最为普遍。因此，观音菩萨被称为“中国第一佛”，普陀山是“中国第一佛”的正宗道场。

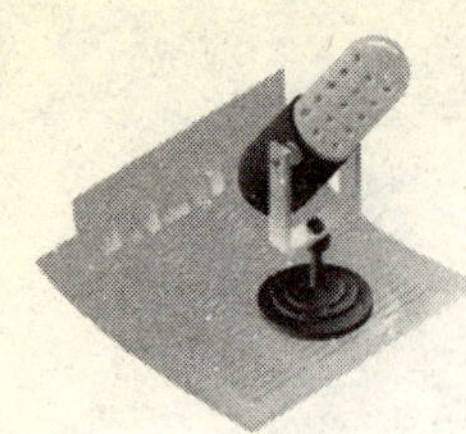

普陀山不仅佛灵，而且景美。众所周知，中国的风景名胜多为名山大川，而有点规模、有点历史、有点名气的寺院多数都建在名山大川，所谓天下名山僧占多。但唯有五台、普陀、峨嵋、九华为佛教四大菩萨弘法道场，真可谓“佛选名山”，可见佛教四大名山在华夏风景名胜中的突出地位。

佛教四大名山，或群山环抱似五台，或山峦巍峨似峨嵋，或莲台簇拥似九华，各以山之伟、山之雄、山之峻见长，唯有普陀有山有水，山在水之中，水在山之围，以山之秀、水之灵而“鹤立群山”、“傲视诸峰”。古人曰：“仁者乐山、智者乐水。”佛教四大名山中唯有普陀山能满足智者见智，仁者见仁，见仁见智各得其所。正如一诗人所言：“以山而兼湖之胜，当推西湖；以山而兼海之胜，当推普陀。”大家可以想象一下，“海上有仙山，山在虚无缥缈间”。这是一种什么境界，这是人间仙境，这就是普陀山。此外，普陀山也是休闲、观光、体验、科学考察的理想旅游目的地。

我说了这么多，还是挂一漏万，普陀山的神奇、神秘、神圣说不完，还是请大家一起去亲身体验吧，你一定会得到你所想得到的。特别是明天即将开幕的第三届南海普陀山观音文化节，更是普陀山观音文化的充分展示，是观音道场千载难逢的一大盛事。

借此机会，我们热诚欢迎更多的海外朋友到普陀山、到舟山观光考察，投资兴业。最后，祝在座各位身体健康、家庭幸福、万事如意！

谢谢大家！

例文三

×××副市长会见代表团团长时的讲话

尊敬的各位代表团团长：

今天，我很高兴与诸位代表团团长欢聚在美丽的“泉城”×××。首先，请允许我代表×××市和全市600万人民对参加“2007中国×××国际儿童联欢节暨儿童用品博览会”的各国代表团的到来表示热烈的欢迎。

少年儿童是人类的未来，是世界的明天。加强少年儿童间的友好交流，促使他们健康、快乐成长，是全世界的共同责任和期盼。

一年前，来自不同国家、不同民族的少年儿童曾在这里欢聚过，共同参加了丰富多彩的联谊活动，增进了相互了解，加深了彼此的友谊。今年，来自五大洲18个国家和地区的330多名少年儿童再次相聚在美丽的

×××，共同欣赏泉城风光，一起体验中华文明，携手谱写友谊新篇章。

与去年相比，今年的儿童联欢节的规模更加宏大，参加的国家和地区增多，国际化程度更高，人员构成更加多元化，规格更高，总体活动安排更加科学合理，我们在保证国外孩子迅速适应×××的水土、气候及饮食等因素的前提下，安排了一系列富有×××乃至中国特色的儿童联欢活动

相信通过本次活动，各代表团的少年儿童朋友能够真切感受到×××的风土人情和文化积淀，体验×××人民的友好和热情，结识一些×××当地的新朋友，提升自身对中国的认识和对中华文明的领悟。我们相信，少年儿童朋友是增进国家间的友谊和推动世界和谐的美好使者，少年儿童朋友间的交流将会更为长久有效地促进×××市与参加本届儿童联欢节的国家和地区的交往，也必将加深这些国家和地区之间的相互交往。

最后，诚挚祝愿各代表团在×××期间身体健康、心情愉快！祝愿少年儿童朋友们身心健康、快乐成长！

谢谢大家！

例文四

×××会见非洲青年代表时的讲话

青年朋友们：

大家上午好！很高兴有这样一个难得的机会，与这么多非洲青年朋友见面和交流。大家是非洲人民热情和友谊的使者，又是远涉重洋而来的，我首先代表商务部向大家表示热烈的欢迎！

下面，我想就中非传统友谊和互利合作谈几点看法，与大家进行交流和讨论。

非洲文明和华夏文明同样古老灿烂。在埃塞俄比亚发现的远古人类化石“露西”证明，非洲是人类的诞生地；而北京周口店的山顶洞人遗址，距今约三万年。埃及的金字塔是非洲辉煌灿烂的早期人类文明的见证；这次大家将要游览的长城和故宫，则是华夏文明留下的世界文化遗产。肯尼亚的马塞马拉国家公园、南非的克鲁格国家公园，蕴藏着人与自然和谐相处的古老哲学；这次大家将要参观的松花湖和丰满水电站，则体现了中国人民善于利用自然条件、积极建设生态文明的时代精神。非洲人民热情友好、勤劳智慧，民族文化多姿绚丽；中华民族吃苦耐劳、知书达礼，传统文化博大精深。

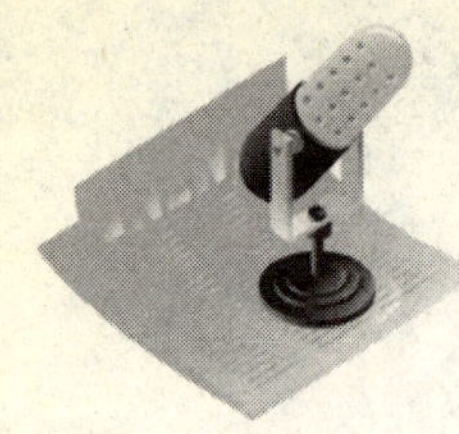

中非人民的传统友谊源远流长。中国和非洲相距万里，但中非友好交往的历史可以上溯到几千年前。早在公元前二世纪，中国的汉朝和非洲已开始间接地交换特产珍品，据说公元前一世纪埃及女皇克里奥帕特拉所穿的御衣就是用中国的丝绸织成的。自从汉朝的张骞开辟了“丝绸之路”，中国的黄金、丝绸就远销到地中海南岸。唐朝已有中国人踏上撒哈拉以南的非洲土地，文化艺术中也有很多技艺非凡、勇敢机智、侠肝义胆的非洲黑人形象。唐代的青白瓷器和钱币在埃及、肯尼亚、桑给巴尔等地多有发现。宋朝时中国的产品不仅大量出现在非洲北部和东部沿海，而且深入到津巴布韦等非洲内陆地带。元朝曾派遣使臣到马达加斯加，中国著名旅游家汪大渊曾到过坦桑尼亚，摩洛哥人拔图塔也曾访问中国的泉州、杭州和广州等城市。中国明朝的著名航海家郑和，曾率船队到达红海沿岸和非洲东海岸。

新中国更加注重中非友好。大家想必都知道，1955年万隆会议上，新中国领导人与非洲国家领导人实现了历史性握手；中非建设者并肩战斗，修筑了凝结中非友谊的坦赞铁路。从1963年派出第一支援非医疗队至今，中国先后向非洲派出医疗队员1.7万多人次。他们大多驻扎在贫困偏远地区，克服生活、医疗条件差等困难，以精湛的医术、高尚的医德为非洲人民提供了优质的医疗服务，甚至有40多名优秀医生献出了宝贵的生命。中国的农业专家冒着酷暑深入农村，手把手地教非洲农民兄弟播种、施肥，用辛勤的汗水促进了非洲农业的发展。中国人民将永远铭记，非洲朋友为我们打开了恢复联合国合法席位的大门；北京奥运会火炬在“和平之城”达累斯萨拉姆顺利传递，弘扬了崇高的奥林匹克精神。我们更要感谢，非洲人民在2008年中国遭受特大地震灾害时伸出了无私的援助之手。这些都是中非人民风雨同舟、患难与共的生动写照。中国和非洲永远是“好朋友、好兄弟、好伙伴”。

中非互利合作持续快速发展。中国与非洲经济互补性强，非洲有丰富的自然资源，中国有大量成熟技术和较强的加工制造能力。新中国建立，特别是改革开放以来，提倡发展中国家自力更生，主张缩小南北差距，对发展中非互利合作、扩大中非经贸往来高度重视。2006年中非合作论坛北京峰会的成功召开，揭开了中非经贸关系新的一页。两年多来，在中国与非洲各国的共同努力下，胡锦涛主席宣布的加强中非务实合作、支持非洲发展的8项政策措施逐步落实，中非经贸合作取得了新的成绩。中方通过设立中非发展基金、在非洲建立经贸合作区等方式，鼓励中国企业加大对非投资。在国际金融危机冲击不断加深、全球外商直接投资快速下滑的背

景下，中国企业对非投资却逆势而上，今年上半年对非直接投资5.52亿美元，尽管规模不大，但增长速度高达81%。据不完全统计，中国在非企业已超过1000家，非洲各个国家都能看到中国企业和中国人的身影；中方通过给予非洲国家部分输华产品免关税待遇、举办非洲商品展、派出采购团等措施，进一步向非洲开放市场，促进非洲商品向中国的出口。如今，南非的红酒、突尼斯的橄榄油、乌干达的咖啡、尼日利亚的木薯、埃塞俄比亚的芝麻，还有非洲著名的黑木雕等，已被中国消费者广为熟悉。中方通过提供优惠性质的贷款，支持非洲国家的基础设施建设，加纳布维水电站、津巴布韦水泥厂、赤道几内亚居民住宅、坦桑尼亚国家电信骨干网等一大批项目正在建设中，这必将促进非洲各国发展经济、改善民生。

中国对非洲的援助真诚无私。作为一个拥有13亿人口的国家，中国人均GDP水平还很低，有近2亿人口尚未达到世界银行每人每天1.25美元的生活标准，还有6000多万残疾人，自身发展任务艰巨，减贫压力巨大。尽管如此，新中国自成立以来，一直坚持向非洲提供力所能及的援助。迄今为止，中国为非洲50多个国家援建了900多个项目，培训了3万名各类人材，派遣技术人员35万人次，减免了33个非洲国家部分对华政府债务。我前面提到的中国援非医疗队和农业专家，对保障非洲人民的身体健康和生命安全，帮助非洲人民摆脱饥饿、摆脱贫困作出了重要贡献。中国对非洲的援助，从来不附带任何条件，是无私的，是诚心诚意的。

朋友们，中国的第一代领导人毛泽东同志曾经说过，青年是早晨八、九点钟的太阳。这句话的意思是，青年人朝气蓬勃，是世界的未来和希望。人类文明能否不断传承，世界能否实现和谐大同，需要全世界的青年人共同努力。中非传统友谊能否代代相传，也需要中非青年不断地加强交流、增进了解。中国领导人对此高度重视，大家这次能够来到中国，就是因为2007年胡锦涛主席在访问南非时宣布，三年内将邀请500名非洲青年访华。据我了解，温家宝总理也将出席第三届中非青年联欢节开幕式暨中国援非青年志愿者出征仪式的相关活动。青年朋友们，希望大家珍惜这次机会，尽可能多地走一走、看一看，更加深入地了解中国和中国人民，更加深入地了解中国的传统文化和现代文明。有一点需要提醒大家的是，由于大家访华时间较短，这次安排大家参观的都是经济比较发达的城市，来不及让大家到中国的农村去、中西部去。大家眼中看到的、感受到的主要是中国快速发展的一面，而中国还有不少贫穷落后的地方，还有不少没有实现温饱的人民群众。

青年朋友们，中非友好的今天是中非几代人共同努力的结果，中非友

好的明天还要靠中非青年去共同开创。中国有句古话，青出于蓝而胜于蓝，意思是说青年一代不但能够继承老一辈的传统，而且能够不断发扬光大。我相信，在你们河中国青年朋友的努力下，中非友谊之树一定能够万古长青，中非互利合作一定能够更加兴旺！

最后，祝青年朋友们在华期间生活愉快、身体健康。谢谢大家。

第三节　致辞

一、致辞的含义

致辞包括欢迎词、感谢词、答谢词、慰问词、祝贺词等，用于专门的仪式或宴会等场合。“致辞”必须有别于一般的讲话，要措词严谨、具有文采。

二、致辞的种类

1. 考察、检查活动欢迎辞。考察、检查活动欢迎辞是向上级领导所致的，因此要十分注意礼貌。

2. 节庆活动欢迎致辞。在节庆活动致欢迎辞时，应该注意的是，语言风格应热烈、喜庆，突出节庆活动的特点。

3. 领导干部的节日致辞是礼仪致辞的一种，用在节日中烘托热烈的气氛，对与会人员致以节日祝福；总结以往取得的成就，继往开来，鼓舞、激励员工或群众，在接下来的时间里努力奋斗，争取取得更大的成就。节日致辞情感应热烈、激昂，语言要真挚、诚恳。在致辞中，应结合实际情况总结上一个工作周期取得的成就，并对未来作出规划，最后表达殷切的期望。

4. 吊唁致辞。吊唁致辞有两种：一种是在追悼会上写的悼词；一种是在悼念烈士等活动中的致辞。

三、致辞的写作技巧

致辞的正文一般分为开头、中段和结尾三部分。

1. 开头

开头通常应说明庆祝的节日名称以及表达对与会人员的节日问候和祝福。如：

“新年钟声在耳，新春佳节又至。我们怀着喜庆的心情在此欢聚一堂，辞旧迎新，共贺佳节，备感亲切。我谨代表公司领导和医院全体领导班子成员向仍然坚持在一线忙碌工作的同志们，向全院职工以及热爱、支持我们事业的职工家属们致以亲切的问候！祝大家新春快乐、身体健康、合家幸福、万事如意。”

2. 中段

中段的内容一般为总结以往的工作成就，表扬广大群众、员工的上佳表现，分析在新的时期出现的新情况、新问题，继往开来，鼓励大家在新的目标和条件下将工作做好。例如：“历史雄辩地证明，无论是烽火连天的战争年代，还是和平建设和改革开放时期，中国人民解放军都不愧为人民民主专政的坚强柱石，是捍卫国家主权和领土完整的钢铁长城，是社会主义建设的重要力量，是全心全意为人民服务的人民子弟兵。

近年来，我市广大现退役军人、军烈属在投资创业、富农增收、产业结构调整以及各项社会事业发展中，贡献出了自己的智慧和力量，做出了较大的成绩，取得了良好的社会效益。在大家的共同努力下，全镇经济社会呈现出加快发展的良好势头……面对新形势、新问题，我们军人要继续保持和发扬军队的优良传统，严格按照党委、政府的要求，积极响应党委、政府的号召，全力支持党委、政府的工作，要主动配合党委、政府，在我镇社会发展的各个阶段、各个时期、各项任务中，和广大军烈属一起，以实际行动团结和带领全镇人民，积极参与地方经济建设，促进地方经济发展。无论何时何地，无论各行各业，我们广大军人、军烈属都要以更加奋发有为的精神面貌，更加团结务实的工作作风，争做表率，敢为先锋，在以后的工作中创造出更大、更好、更新的成绩。”

3. 结尾

结尾应再次表达对与会人员的节日问候和祝福，并以坚定的信心向大家致以殷切的期望。例如：“我相信，在党中央、国务院和教育部及省市的领导下，在学校党委、行政的统一指挥下，全校师生员工一定会以高昂的斗志、饱满的工作热情和严谨的工作态度，知难而上，全力以赴，打赢学校反××斗争的硬仗，为最终战胜这场严重的灾害作出我们财经大学人应有的贡献。”

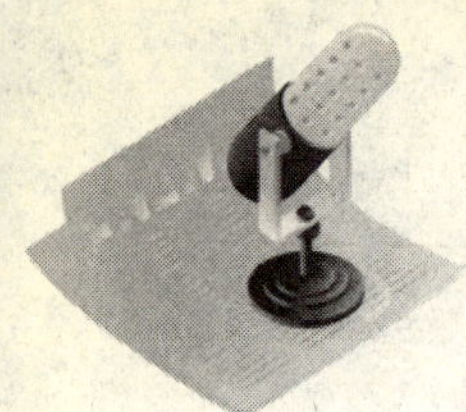

四、致辞的注意事项

具体而言，要注意以下四点：

1. 称呼要用尊称，感情要真挚，要能较得体地表达自己的原则、立场；

2. 措辞要慎重，勿信口开河，同时要注意尊重对方的风俗习惯，应避开对方的忌讳，以免发生误会；

3. 语言要精确、热情、友好、温和、礼貌；

4. 篇幅短小，言简意赅。一般的欢迎辞都是一种礼节性的外交或公关辞令，宜短小精悍，不必长篇大论。

五、范例

例文一

在接受抗洪救灾物资仪式上的答谢词

×××

（20××年×月×日）

尊敬的各位领导、朋友们：

今天，我们怀着无比激动、无比振奋的心情，在这里迎接为支援我局抗洪抢险捐赠电力物资的×总经理，×铁塔厂、×电杆厂、×电气设备厂的各位领导、朋友们。

自今年6月下旬至8月中旬以来，×盟岭东地区遭受了百年未遇的特大洪涝灾害，给安全供电、人民生活以及岭东地区的经济建设带来了严重的困难和巨大损失。虽经我局所属岭东电业各单位广大干部职工奋力抗灾，但由于缺少电杆、导线等电力器材，许多乡、镇一时仍难以恢复供电，这给岭东地区各行各业的抢险救灾工作带来严重困难。危难关头，各级党委政府、兄弟盟市纷纷伸出援助之手。今天，我们又接到了你们无私援助的大批电力救灾物资，这无异于雪中送炭。“一方有难，八方支援”，团结互助，无私奉献，这只有在今天优越的社会主义制度下，只有在我们伟大的社会主义祖国才能办得到！

衷心地感谢你们——远方的亲人。我们全局干部职工，特别是我局受灾地区的广大干部职工，一定从你们的援助中汲取力量，万众一心，团结奋战，克服困难，抗洪抢险，重建家园，以崭新的业绩回报党和人民的关怀，回报你们的深情厚谊！

例文二

在庆祝×××热电股份有限公司成立揭匾午宴上的答谢词

×公司董事长×××
（2002年×月×日）

尊敬的各位领导、各位嘉宾、各中介机构朋友、各位股东及股份公司员工：

大家好！

正值×市设立不久，新的市委、市政府领导班子带领全市各族人民满怀豪情迎来×市新的春天之际，我们今天怀着十分喜悦的心情，在这里隆重庆祝×××热电股份有限公司的正式成立。这是×市经济生活中的一件大喜事。值此喜庆时刻，我谨代表×××热电股份有限公司董事会，向在百忙中不辞辛苦前来参加揭匾仪式和午宴的×自治区经贸委领导、×市委、市政府、×电力集团公司以及市有关部门的领导和各中介机构的朋友们，表示最热烈的欢迎和衷心的感谢！向给予×××股份公司深切关怀、高度重视、大力支持、热情帮助的各级领导、中介机构的朋友、股东、同仁，表示崇高的敬意和诚挚的谢意！

×××热电股份有限公司经×自治区政府批准设立，经×自治区工商行政管理局于2002年5月28日注册、登记核发工商营业执照而正式成立。为顺应国企改革的需要，强化法人治理结构，加速建立产权清晰、权责明确、政企分开、管理科学的现代企业制度，不断适应市场经济的要求，提高企业经济效益，尽最大限度地满足地区经济发展对电、热力的需求，创造更好的经济效益和社会效益，×电力公司从深化改革、促进发展的大局出发，在考虑各方面条件和因素的前提下，经过充分研究和科学论证，提出了以发起设立方式组建热电股份公司，并争取在条件具备时上市融资，以提高国有资产的运营效益，实现资源优化配置，促进地区经济发展。

从2000年3月成立股份公司筹建领导小组到领取工商执照，股份公司筹建工作历时2年3个月。期间经历了资产重组及上市可行性论证阶段，资产评估、三年业绩审计、土地评估阶段，召开创立大会，股份公司设立申报、办理工商登记等阶段。在两年多的筹建工作中，相关工作人员做了大量艰苦细致的工作，得到了社会各界的关心支持，这才有了股份公司的成功设立。为此，我代表×××股份公司董事会，再次向给予我们工作真诚关怀、具体指导和大力支持的自治区、×市、×电力集团公司、各级、各部门领导，向协同配合，辛勤工作的各中介机构人员，向夜以继日辛苦工

作在第一线的员工和通力合作的所有发起人，表示衷心的感谢！

各位领导、各位嘉宾、各位股东、朋友们、同志们，组建×××热电股份公司，是×电力公司为建立适应市场经济要求的资本运营机制，优化资源配置和产业结构，加快经济结构调整步伐所实施的一项重要举措，是对国家关于“厂网分开”的电力体制改革政策和×市委、市政府提出的区域经济一体化等战略决策的具体贯彻和实施，对促进全市工业经济的发展、国有企业的改革、改组，都具有极其重要的战略意义和深远影响。

×××热电股份有限公司现已进入上市前的辅导期，在今后的具体运作中仍离不开×自治区、×市各级政府及有关部门的关心和支持，仍离不开各位嘉宾的热情帮助和有力提携。我们一定不辜负各级领导和朋友们的厚爱，全力以赴，加倍努力工作，在各股东和中介机构的共同配合下，早日完成股票公开发行和上市挂牌的目标，为×市的经济腾飞作出新的更大的贡献！

现在，我提议：为了早日实现×××热电股份有限公司上市融资的目标；

为了×市的经济繁荣、人民幸福；

为了全体来宾的身体健康、工作顺利；

干杯！

例文三

致全局干部职工的慰问词

×××

（2004年12月31日）

全局干部职工同志们：

元旦佳节即将来临。在这辞旧迎新之际，我代表×电业局党政领导班子向广大干部职工及家属同志们，表示亲切的慰问并致以新年的祝福！衷心感谢大家在即将过去的一年里为电网建设、发展和实现全年生产经营目标所付出的辛勤劳动和汗水！恭祝大家新年快乐、合家幸福。

即将过去的2004年，是我局发展史上极不平凡和具有突出意义的一年。在×公司、×市委、政府的正确领导，社会各界的大力支持下，全局广大干部职工积极贯彻落实局对全年工作的安排部署，克服厂网分开改革的特殊时期遇到的困难和不利因素，立足本岗，讲大局、识大体，以高度的主人翁责任感、饱满的热情和十足的干劲，在保证电网安全稳定运行的

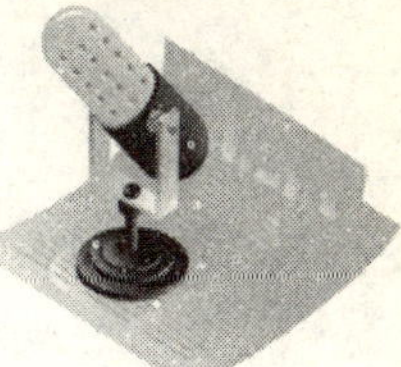

前提下，下大力气开拓市场，增供扩销，努力增加收入，保持和发展了良好的生产经营态势，售电量实现了历史性的突破，较好地完成了电力公司下达的全年生产经营各项经济技术指标；本着做大做强×电网的原则和思路，继续加快电网建设步伐，掀起了大规模的电网建设新高潮，谱写了×电网发展史上最绚丽的篇章；全局两个文明建设协调发展，企业文化建设方兴未艾、蓬勃开展。广大干部职工为全面完成电力公司下达的全面工作任务付出了大量辛勤劳动，做了大量卓有成效的工作，取得了十分可喜的成绩，表现出了不甘人后、自强不息、爱岗敬业、无私奉献的精神和可贵品质。

展望2005年，我们充满无限美好的憧憬。让我们满怀信心地迎接新的机遇和挑战，充分享受工作，热爱生活，不辜负时代赋予我们的重托，同心同德，再接再厉，夺取新的更加辉煌的成绩！

祝愿全局广大干部职工及家属同志们身体健康、工作顺利、家庭幸福！

例文四

在2003年迎新年联欢会上的致辞

×××

（2003年×月×日）

尊敬的各位领导、各位来宾、同志们：

在2003年就要过去，2004年的钟声即将敲响、元旦佳节即将来临之际，我们怀着十分喜悦的心情，在这里隆重集会，喜迎新年的到来。在这辞旧迎新的喜庆时刻，我谨代表×电力公司领导班子向×市委、人大、政府、政协、×军分区的领导及市委、政府有关部门领导，×区领导和各位来宾朋友们，表示最热烈的欢迎！

即将过去的2003年，是×电力公司发展史上非常重要和很不平凡的一年，同时也是继2002年之后又一个建设规模最大、投资最多、大事、喜事最多的一年。在×电力集团公司、×市委、政府的正确领导以及社会各界的大力支持下，我公司干部职工发扬知难而上、顽强拼搏、无私奉献的精神，克服困难，特别是面对非典疫情给生产经营、基建等工作带来的严重困难和影响，从讲政治、讲大局的高度，采取各方面的有力措施，保证了电网、热网的安全稳定运行，保证了全社会的经济建设与发展以及广大人民群众正常的生产生活用电、用热；始终坚持以经济效益为中心，以市场为导向，围绕全年经营目标，在确保电网安全稳定经济运行的前提下，下大力气开拓电热市场，增供扩销，努力增加收入，保持和发展了良好的生

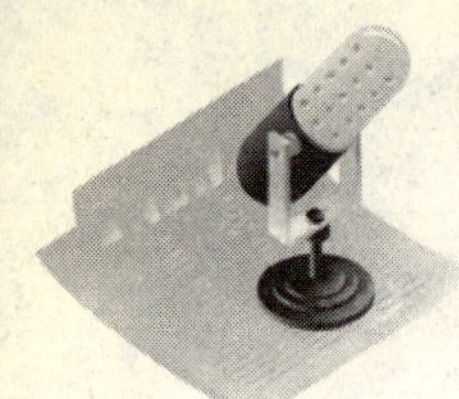

产经营态势，售电量首次突破×亿千瓦时大关，供热面积达×万平方米，实现了历史性的突破，较好地完成了全年各项经济技术指标，各项工作呈现出健康发展的喜人局面，在本企业获得较好的经济效益的同时，有力地支持了全市的经济建设与发展，实现了经济效益与社会效益的双赢。

在×电力集团公司、×市委、政府的大力支持下，经过我公司上下艰苦努力，×热电股份有限公司于7月25日进入上市前的辅导期，标志着×公司向实现上市的目标迈出了重要的一步。在自治区政府、×电力集团公司、×市委、政府的大力支持和协调下，7月9日×电力集团公司与×森工集团公司签署了将根×电业局整体移交我公司管理的协议，根×林区电力管理体制得到理顺，终于实现了×电网的统一。岭东与岭西联网工程是统一×电网的关键，关系到岭东地区的经济建设与发展。在各施工、监理、建设单位、有关部门的共同努力下，于12月30日正式投产运行，×电网建设迈上了新台阶，同时彻底结束了多年来形成的岭西与岭东电网相互独立运行的局面。为加快电热源点建设步伐，最大限度的满足全市经济发展和人民生活水平提高对电热力商品的需求，我公司于8月18日同时开工建设了东×电厂、满×光明热电公司、扎×热电厂扩建工程，并于年底前完成了今年的施工任务。三项工程共投入资金×亿元，将使我公司新增发电能力×万千瓦。阿×热力公司、陈×旗热力公司也分别于10月20日、11月13日开始供热，全市小城镇集中供热工作迈出了新步伐。

回顾一年来的奋斗历程，我们深深感受到，没有×市委、政府及有关部门、各市、区、旗党委、政府的大力支持，就不会有×电力健康、快速发展的良好格局。我们尤为感动的是，一年来×电力的整体规划与发展工作始终得到了市委、政府及各有关部门的极大关注和强有力的支持，各相关工作以超乎寻常的发展速度，取得了极其显著的成效。自年初以来，市委、政府按照自治区党委、政府把×工作确立为第一支持产业的要求和部署，多次召集会议专题研究电力发展、规划，以及实施煤电资源转换战略，加快电力能源基地建设，变×地区的资源优势为经济优势，从而促进和带动全市经济超常规、跨越式发展等方面的问题。市委、政府主要领导亲自率领有关人员不辞辛苦，奔赴北京、×和浩特、沈阳等地，与自治区政府有关部门、国家电力监管委员会、北京××国际电力开发投资公司、国家电网公司东北公司领导洽谈合作办电，电力送东北等相关事宜。通过多方努力，在短短的66天内完成了大量的前期工作，使×电厂2×20万千瓦机组工程于9月14日顺利开工建设，在此基础上又积极筹划了满×、东×电厂、汇×电厂4×60万千瓦机组项目，于11月19日审查通过了×电厂

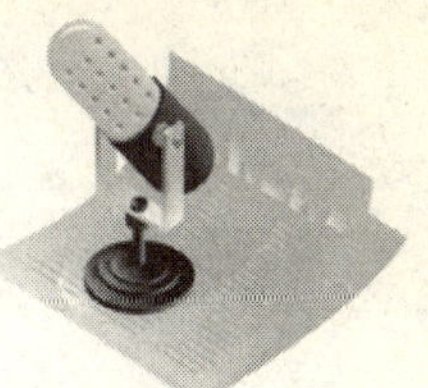

4×60万千瓦机组工程初步可行性研究报告，现已报国家发改委，从而拉开了×电力能源基地建设的序幕，奏响了加快发展的序曲，创造了×电力建设史上从未有过的新纪录，终于圆了几代×电业人让大机组、大电厂落户×草原的梦想。

2004年是×电力公司实施重大改革的一年，东×电厂等一批工程将实现年内投产的目标，将进一步加快电热源点建设步伐，我公司的经营规模、整体经济实力将进一步增强，但同时也使我公司面临更加繁重和艰巨的工作任务，做好明年的工作意义更加重大。为此，我公司要以高度的责任感和紧迫感，在×公司、×市委、政府的正确领导和社会各界的大力支持下，始终坚持以经济效益为中心，以安全生产为基础，以市场需求为导向，以优质服务为宗旨的指导思想，以发展为第一要务，进一步解放思想，提高认识，稳步推进“厂网分开、竞价上网”的改革工作，扎扎实实搞好安全生产，为全市经济建设与发展提供强大动力。全公司干部职工要更加坚定信心，勇于肩负起×电力改革与发展的历史使命，统一思想，团结一致，艰苦奋斗，满怀信心地去开创新业绩，保持×电力超常规跨越式的良性发展态势，为×市加快向小康目标迈进作出新的、更大的贡献！

我们即将以丰收的喜悦送走2003年，以昂扬的斗志、豪迈的姿态迎来新的一年。我们完全有理由相信，新一年将是充满生机、充满希望的一年，在这辞旧迎新的美好时刻，请允许我借此机会，祝愿各位领导、各位来宾身体健康、工作顺利、家庭幸福！

例文五

在×电业局老干部联欢会上的致辞

×××

（2007年×月×日）

尊敬的各位老领导、各位老同志：

在新春佳节即将来临之际，今天我们在这里欢聚一堂，一起回顾过去，展望未来，共叙友情，共贺新年。首先，我代表局领导班子，向在座的老领导、老同志拜个早年，恭祝你们新年快乐、幸福美满！

过去的一年是极不平凡的一年，是我局迈出科学发展步伐，取得丰硕成果的一年，也是对未来发展具有重大而又深远意义的一年。在×电力公司的正确领导和大力支持下，全局干部职工团结奋斗，面对发展任务繁重、电力供需矛盾突出的考验，全局上下树立和落实科学发展观，以做

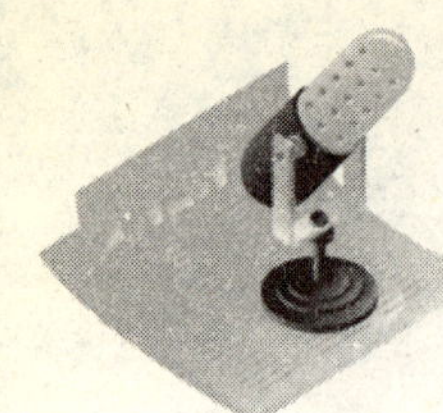

大做强×电业局的发展战略统领发展改革全局，确定新目标，全力保安全，精细抓管理，严格建队伍，电网建设全面加速，安全生产保持稳定，经济实力稳步提高，企业管理不断改进，精神文明建设成果丰硕，呈现出改革发展的新局面，全面完成了×电力公司下达的各项生产经营指标。全年售电量累计完成×亿千瓦时，完成年度计划的×%，与上年同期相比增长×%；销售收入累计完成×万元，完成年计划的×%，与上年同期相比增长×%；利润累计完成×万元，完成年度预算的×%；线损率累计完成×%，比计划降低×个百分点，与上年同期相比降低×个百分点。

一年来，全局生产经营等各项工作健康稳步发展，党建和精神文明建设、企业文化建设开创了新局面。这些成绩的取得，既是全局上下共同拼搏的结果，也包含了各位老领导、老同志付出的心血和洒下的汗水，更离不开历届老领导打下的坚实基础。

回首过去的一年，成绩激励人心；展望前程，我们倍感重任在肩。2007年是具有重要历史意义的一年，自治区将迎来成立60周年大庆，经济社会发展将进入一个新的历史阶段。党的十七大确定在年内召开，会议将全面部署社会主义现代化建设的重要任务，为构建社会主义和谐社会的伟大事业掀开新的篇章。2007年更是我局加快发展、深化改革的关键时期，是实现我局“十一五”改革发展目标的关键之年，机遇与挑战并存。在1月30日召开的2007年工作会暨一届四次职代会上，对全年工作进行了全面安排部署，明确了以安全生产为基础，以经济效益为中心，以发展为第一要务，以市场营销为龙头，以企业文化建设为动力，以机制、管理、技术创新为手段，认真开展“经营管理年”活动，全面提升企业管理水平、核心竞争力，全力以赴建设坚强电网，构建和谐企业，做强××××电网、做大××电业局的指导思想。制定了完成售电量×亿千瓦时，实现全口径销售收入×亿元，销售收入增长×%，完成固定资产投资×亿元，新建、扩建220千伏输变电工程×项，110千伏输变电工程×项等全年工作目标。

要完成上述光荣而又艰巨的任务，需要我们集中全局干部职工的智慧、激发全局的力量，调动方方面面的积极因素。老干部在长期的工作中积累了丰富经验，始终是我局的宝贵财富。全面完成全年工作任务，实现全年工作目标，这离不开你们的关心和支持。真诚希望你们继续发挥余热，一如既往地为全局改革发展献计献策，多向我们提出宝贵的意见和建议，促使我们把工作做得更加完美。

“天时人事日相催，冬至阳生春又来。”×电业局改革发展的前景光明、生机蓬勃，全局干部职工为之奋斗，力量无穷。让我们更加紧密地团

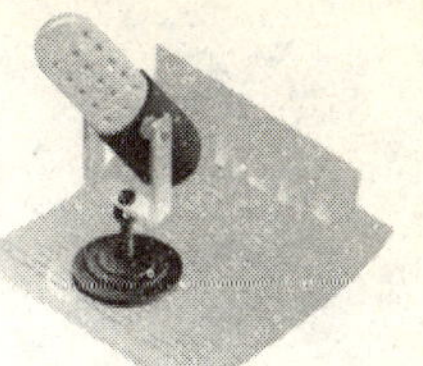

结起来，以新的奋斗、新的创造、新的成就迈进发展的新征程，为实现××电业局又好又快的发展而努力奋斗。

最后，衷心祝愿在座的各位老领导、老同志新春快乐、身体健康、阖家幸福、万事如意、福如东海、寿比南山！

例文六

×××市长元旦贺词

×××

（2005年×月×日）

同志们、朋友们：

伴随着新年的钟声，我们满怀喜悦地迎来了充满希望的2006年。在这辞旧迎新的美好时刻，我们十分高兴地通过新闻媒体，向在全市经济建设与社会发展中辛勤工作的广大工人、农民、干部、知识分子及社会各界人士，向××军分区全体指战员、武警官兵和驻在单位的同志们，向所有关心和支持×市经济建设与发展的朋友们表示诚挚的问候和美好的新年祝愿！

岁月不居，天道酬勤。在过去的一年里，全市人民解放思想、与时俱进、戮力同心、艰苦奋斗，经济建设和社会各项事业都取得了显著成就。特别是市委、政府以积极的姿态主动参与，融入振兴东北地区的整体发展战略中，确定了×应东北老工业基地振兴，把×市建设成资源接续基地、绿色产业基地、旅游资源开发基地、东北地区重要生态防线的战略定位，着力发展能源重化工业，全市的经济和社会发展将掀开新的篇章。

2006年是深入贯彻落实“十一五”规划的第一年。在新的一年里，我们有决心，也有信心站在新的起点上，以邓小平理论和“三个代表”重要思想为指导，以解放思想、与时俱进为统领，以加快发展为第一要务，按照自治区党委、政府的整体部署，进一步抢抓机遇，不断拓宽发展思路，坚持旅游和农、工、商并举，着力培植新的经济增长点，切实走出一条具有我市特色的发展之路。

在这里，我们郑重地向全市人民承诺，将努力践行“三个代表”重要思想，时刻牢记组织和人民对我们的厚望和重托，坚定地和全市人民站在一起，廉洁从政，勤政为民，尽心尽力，尽职尽责，全力把×市的各项工作搞上去。同时，我们也真诚地希望全市人民对我们的工作多提合理建议和宝贵意见，为×市的建设与发展贡献自己的聪明才智。只要我们全市上下万众一心、同舟共济、与时俱进，开拓创新，就一定能够战胜前进道路上的各种困难和挑战，×市的明天一定会更美好！

最后，衷心地祝愿大家身体健康、阖家欢乐、万事如意！

例文七

×市政府对×电业局的祝辞

×××

（2005年×月×日）

各位来领导、各位来宾、同志们、朋友们：

今天，我们欢聚一堂，共同庆祝×电业局荣获“全国精神文明建设工作先进单位”称号和通过“国家一流供电企业”验收，跻身于国家一流供电企业行列。在此，我谨代表×市政府向×电业局广大干部职工表示衷心的祝贺！

在即将过去的“十五”期间，××局的两个文明建设取得了丰硕成果，特别是厂网分开后，在×电力公司、×市委、政府的正确领导和大力支持下，××局紧紧抓住电力体制改革和×市委、政府实施“工业兴市”战略带来的良好外部环境和难得的发展机遇，全力推进企业改革发展进程，建成了以贯通×市东西的220千伏为主网架，以110千伏辐射向各个旗市区供电的××区域电网，实现统一调度、统一规划、统一管理、统一建设，与×××西部电网联网的新格局，翻开了×电网建设与发展的崭新一页；2005年在保持3405天长周期安全生产记录的基础上，售电量实现历史性突破，全年完成×亿千瓦时；通过启动客户服务中心和95598客户服务热线，开展“蒙电服务进万家工程”，大大提升了优质服务水平，被自治区评为“全区用户满意服务企业”、被中央文明委授予“全国精神文明建设工作先进单位”称号，通过了“国家一流供电企业”的验收，跻身国家一流供电企业行列。

变革、压力与奇迹共存的“十五”即将结束，充满挑战、机遇和希望的“十一五”已阔步走来，我们坚信在×电力公司、×市委、政府的正确领导和社会各界的大力支持下，有着优良传统和开拓进取精神的××局广大干部职工一定能够肩负起历史和时代赋予的神圣使命，确保电网更加坚强稳定，为构建和谐××作出新的、更大的贡献。

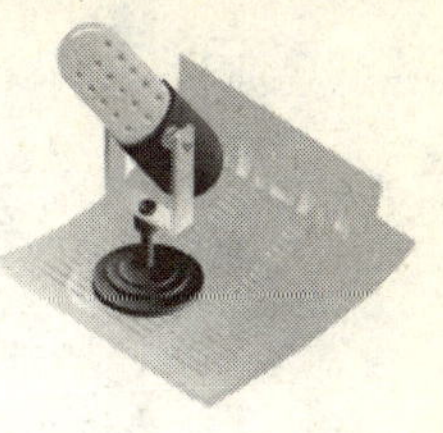

例文八

市委书记在×电 力公司迎新年联谊会上的致辞

×××

（2003年×月×日）

各位来宾、同志们、朋友们：

在这瑞雪缤纷、银装素裹的隆冬季节，我们和×电力公司的干部职工在这里欢聚一堂，共同迎接充满希望和挑战的新一年的到来。在这除旧迎新、举国欢庆的喜庆时刻，我代表市委、人大、政府、政协向××电力公司在过去的一年里所取得的成绩表示5祝贺，向×电力公司为我市的经济发展所做的巨大贡献表示衷心感谢，向节日期间依然坚守工作岗位的广大电业职工及其家属表示亲切慰问和崇高敬意。

多年来，××电力公司顺应时代潮流，抓机遇，促发展，加快改革步伐和体制创新，转变企业经营战略，战胜重重艰难险阻，企业面貌发生了翻天覆地的变化，从巨额亏损的困境中走了出来，一举成为我市工业经济的支柱性产业，为我市工业企业的发展树立了榜样。进入“十五”，×电力公司继续大步前行，紧紧把握市场脉搏，围绕发展抓管理，突出重点抓建设，进一步谋求企业跨越式发展，向更高的发展目标迈进。即将过去的2003年对××电力公司来说是不平凡的一年，是取得丰硕成果的一年。岭东、岭西联网工程经过电业职工和施工单位的密切配合，通力合作，胜利竣工，向统一××电网迈出了关键的一步。×电业局的平稳接收和拉×××至根×线路的建设，使统一的×电网初步形成。为满足我市经济发展和日益提高的人民生活水平对电力、热力的需求，×电力公司投入巨额资金开工建设东海×电厂××万千瓦机组扩建工程、满××和扎×××万千瓦机组集中供热扩建工程，阿×旗和×旗集中供热工程已经投产。宝×2×200兆瓦机组的开工建设拉开了××能源基地建设的序幕，实施煤电转换战略，把××建设成为毗邻东北的一个重要的能源基地，争取早日实现××经济的腾飞，早日让勤劳善良的××人民过上小康生活。

××电力公司在物质文明建设取得骄人成绩的同时，精神文明建设也取得了累累硕果，连续十年获得我市经济建设贡献奖、文明行业等荣誉，可谓企业物质文明和精神文明建设实现双丰收，×电力发展空前繁荣。成绩已成为过去，希望×电力公司继续开拓创新，与时俱进，加快发展的步伐。

“经济要发展，电力要先行”。×市委、政府将一如既往支持我市电力事业的发展。各位来宾、同志们、朋友们，让我们共同举杯，祝愿××能源基地的宏伟蓝图早日实现，祝愿我市在新的一年各项事业欣欣向荣、繁荣昌盛，祝大家在新的一年身体健康、阖家幸福、万事如意！